经以济世
建德尚美
贺教育部
（……）方向项目
（……）

教育部哲学社会科学研究重大课题攻关项目

"十三五"国家重点出版物出版规划项目

拔尖创新人才成长规律
与培养模式研究

RESEARCHES INTO DEVELOPMENT LAW
AND TRAINING MODELS
IN FIRST-CLASS INNOVATIVE TALENT

林崇德

等著

中国财经出版传媒集团

经济科学出版社
Economic Science Press

图书在版编目（CIP）数据

拔尖创新人才成长规律与培养模式研究/林崇德等著．
—北京：经济科学出版社，2018.9
教育部哲学社会科学研究重大课题攻关项目"十三五"
国家重点出版物出版规划项目
ISBN 978 - 7 - 5141 - 9605 - 4

Ⅰ.①拔…　Ⅱ.①林…　Ⅲ.①创造型人才 – 人才成长 –
研究②创造型人才 – 人才培养 – 培养模式 – 研究　Ⅳ.①C96

中国版本图书馆 CIP 数据核字（2018）第 178676 号

责任编辑：王　丹　蒯　冰
责任校对：刘　昕
责任印制：李　鹏

拔尖创新人才成长规律与培养模式研究
林崇德　等著
经济科学出版社出版、发行　新华书店经销
社址：北京市海淀区阜成路甲 28 号　邮编：100142
总编部电话：010 - 88191217　发行部电话：010 - 88191522
网址：www. esp. com. cn
电子邮件：esp@ esp. com. cn
天猫网店：经济科学出版社旗舰店
网址：http：//jjkxcbs. tmall. com
北京季蜂印刷有限公司印装
787 × 1092　16 开　28.25 印张　540000 字
2018 年 9 月第 1 版　2018 年 9 月第 1 次印刷
ISBN 978 - 7 - 5141 - 9605 - 4　定价：72.00 元
（图书出现印装问题，本社负责调换。电话：010 - 88191510）
（版权所有　侵权必究　打击盗版　举报热线：010 - 88191661
QQ：2242791300　营销中心电话：010 - 88191537
电子邮箱：dbts@ esp. com. cn）

课题组主要成员

（按姓氏笔画排序）

韦小满　刘春晖　芦咏莉　李艳玲　吴安春
张景焕　金　花　胡卫平　贾绪计　曹保义

编审委员会成员

总　序

哲学社会科学是人们认识世界、改造世界的重要工具，是推动历史发展和社会进步的重要力量，其发展水平反映了一个民族的思维能力、精神品格、文明素质，体现了一个国家的综合国力和国际竞争力。一个国家的发展水平，既取决于自然科学发展水平，也取决于哲学社会科学发展水平。

党和国家高度重视哲学社会科学。党的十八大提出要建设哲学社会科学创新体系，推进马克思主义中国化、时代化、大众化，坚持不懈用中国特色社会主义理论体系武装全党、教育人民。2016年5月17日，习近平总书记亲自主持召开哲学社会科学工作座谈会并发表重要讲话。讲话从坚持和发展中国特色社会主义事业全局的高度，深刻阐释了哲学社会科学的战略地位，全面分析了哲学社会科学面临的新形势，明确了加快构建中国特色哲学社会科学的新目标，对哲学社会科学工作者提出了新期待，体现了我们党对哲学社会科学发展规律的认识达到了一个新高度，是一篇新形势下繁荣发展我国哲学社会科学事业的纲领性文献，为哲学社会科学事业提供了强大精神动力，指明了前进方向。

高校是我国哲学社会科学事业的主力军。贯彻落实习近平总书记哲学社会科学座谈会重要讲话精神，加快构建中国特色哲学社会科学，高校应发挥重要作用：要坚持和巩固马克思主义的指导地位，用中国化的马克思主义指导哲学社会科学；要实施以育人育才为中心的哲学社会科学整体发展战略，构筑学生、学术、学科一体的综合发展体系；要以人为本，从人抓起，积极实施人才工程，构建种类齐全、梯队衔

1

接的高校哲学社会科学人才体系；要深化科研管理体制改革，发挥高校人才、智力和学科优势，提升学术原创能力，激发创新创造活力，建设中国特色新型高校智库；要加强组织领导、做好统筹规划、营造良好学术生态，形成统筹推进高校哲学社会科学发展新格局。

哲学社会科学研究重大课题攻关项目计划是教育部贯彻落实党中央决策部署的一项重大举措，是实施"高校哲学社会科学繁荣计划"的重要内容。重大攻关项目采取招投标的组织方式，按照"公平竞争，择优立项，严格管理，铸造精品"的要求进行，每年评审立项约 40 个项目。项目研究实行首席专家负责制，鼓励跨学科、跨学校、跨地区的联合研究，协同创新。重大攻关项目以解决国家现代化建设过程中重大理论和实际问题为主攻方向，以提升为党和政府咨询决策服务能力和推动哲学社会科学发展为战略目标，集合优秀研究团队和顶尖人才联合攻关。自 2003 年以来，项目开展取得了丰硕成果，形成了特色品牌。一大批标志性成果纷纷涌现，一大批科研名家脱颖而出，高校哲学社会科学整体实力和社会影响力快速提升。国务院副总理刘延东同志做出重要批示，指出重大攻关项目有效调动各方面的积极性，产生了一批重要成果，影响广泛，成效显著；要总结经验，再接再厉，紧密服务国家需求，更好地优化资源，突出重点，多出精品，多出人才，为经济社会发展做出新的贡献。

作为教育部社科研究项目中的拳头产品，我们始终秉持以管理创新服务学术创新的理念，坚持科学管理、民主管理、依法管理，切实增强服务意识，不断创新管理模式，健全管理制度，加强对重大攻关项目的选题遴选、评审立项、组织开题、中期检查到最终成果鉴定的全过程管理，逐渐探索并形成一套成熟有效、符合学术研究规律的管理办法，努力将重大攻关项目打造成学术精品工程。我们将项目最终成果汇编成"教育部哲学社会科学研究重大课题攻关项目成果文库"统一组织出版。经济科学出版社倾全社之力，精心组织编辑力量，努力铸造出版精品。国学大师季羡林先生为本文库题词："经时济世　继往开来——贺教育部重大攻关项目成果出版"；欧阳中石先生题写了"教育部哲学社会科学研究重大课题攻关项目"的书名，充分体现了他们对繁荣发展高校哲学社会科学的深切勉励和由衷期望。

　　伟大的时代呼唤伟大的理论，伟大的理论推动伟大的实践。高校哲学社会科学将不忘初心，继续前进。深入贯彻落实习近平总书记系列重要讲话精神，坚持道路自信、理论自信、制度自信、文化自信，立足中国、借鉴国外，挖掘历史、把握当代，关怀人类、面向未来，立时代之潮头、发思想之先声，为加快构建中国特色哲学社会科学，实现中华民族伟大复兴的中国梦作出新的更大贡献！

教育部社会科学司

前　言

　　"拔尖创新人才成长规律与培养模式研究"是 2011 年 10 月 31 日我们承担的教育部哲学社会科学重大攻关项目（项目批准号：11JZD040）。它主要研究两个方面：一是拔尖创新人才的成长规律，即研究拔尖创新人才的智力特征、人格特征、成长历程和创造性成果的获得过程；二是培养模式，即研究高校和中小学如何以学生为主体，以教师为主导，充分去发挥学生的主动性、创造性，努力培养创新人才。

　　创新是一个民族进步的灵魂，是一个国家兴旺发达的不竭动力，创新人才则是支撑国家创新发展的第一资源。创新或创造性心理学也是心理学的重点研究领域，在心理学界，通常将创新（innovation）和创造力（creativity）视为同义语。研究团队自 1978 年以来，开展创造性心理学研究至今已有 30 余年，早在 2003 年首批教育部哲学社会科学重大攻关项目立项时，团队组织就开展了"创新人才与教育创新"的研究，在这一课题中，我们对创新人才的心理特点与教育创新进行了系统、深入的掌握，让我们意识到研究这类课题的重要性；2007 年课题以"优秀成果"结题后，团队依旧扎根于创造性心理学研究领域中，期间，党和国家颁布《国家中长期人才发展规划纲要（2010 - 2020 年)》和《国家中长期教育改革和发展规划纲要（2010 - 2020 年)》，将培养造就创新人才作为国家的一项重点任务，把培养学生"创新精神"作为"办好人民满意的教育"的重要目标；国家和各地教育相关部门也启动了各具特色的创新人才培养实践项目：在基础教育阶段，一些省份采取了大学与中学联合培养创新人才的途径，如北京市启动"翔翔计划"，旨在推进普通高中课改，发挥首都教育资源优势，在青少年中培养拔尖创新人才；上海交通大学与上海中学等结盟组建"拔尖创新人才培养基地"，将大学的拔尖创新人才培养理念和方式向中学延伸；我们团队胡卫平教授作为主持人之一的"春笋计划"在陕西省全面铺开，该计划旨在将大学与高中结合，创建拔尖创新人才培养实践基地。在高等教育阶段，开展了一系列重大改革项目，包括培养各行业高质量创新型工程技术人才的"卓越工程师教育培养计划"、培养适应社会主义法治国家建设与经济社会发展需求的高素质政法人才的"卓越法律人才教育培养计划"以及国家为回应"钱学森之问"推出的"基础学科拔尖学生培养试验计划"；国家对创新人才培养的重视和工作部署更令我们感觉到继续开展相关研究的必要性和紧迫性，加之随着心理学研究理论、方法和手段的丰富，使我们能够以更广阔的视角研究创造性，探索之前课题中未曾涉猎的问题。因此，在2011年，当看到教育部哲学社会科学重大攻关项目的选题指南时，我们团队积极申报了"拔尖创新人才成长规律与培养模式研究"这一课题并顺利获批。

2011年，在申请阶段就已经明确了课题的研究任务；在获准承担课题后，我们立即按申请书的规划，吸收开题时各位专家的宝贵建议和意见，将课题分为四个子课题，力图达到探寻拔尖创新人才成长规律、了解在各阶段的影响因素、探究并实践拔尖创新人才培养模式的目的。四个子课题及其承担人分别为：第一，拔尖创新人才的成长规律与影响因素研究（张景焕、金花、王静、贾绪计等）；第二，高等教育中拔尖创新人才的培养模式研究（韦小满、李艳玲、刘春晖等）；第三，大学与中学联合培养创新人才的模式研究（胡卫平等）；第四，基础教育中拔尖创新人才的培养模式研究（芦咏莉、曹保义、相红英等）。此外，课题组也基于理论和实证研究，进行了政策分析并提出建议（吴安春等）。

经过课题组的不懈努力，我们获得了可喜的研究成果。第一，结合我国国情，从创造性人才的层次、创造性人才成长的环境因素、创造性人才的心理结果等方面系统建构了我们的创造性观。第二，揭示了我国拔尖创新人才的成长规律。在2003～2007年"创新人才与教育创新研究"课题的基础上，我们增加创造性人才的领域，关注科学创造人才、人文社会科学与艺术创造人才、创业型企业家三类拔尖创新人才，并对典型人物作全面分析，增加科学性与可读性，从而完善了上一课题初步形成的创新人才鉴定体系，建立了更为有效和权威的创新人才模型和理论构思。第三，研究了不同阶段创造力发展及影响因素，特别是对大学阶段（青年期）的研究，选取了"基础学科拔尖学生培养计划"的部分学生，充分探究拔尖人才的心理特征及影响因素。第四，开展创造性人才的脑科学的研究，运用生态效度较高的近红外光学脑成像技术，揭示了右大脑半球在创造性思维中的重要作用。第五，深入基础教育和高等教育实际，分析和总结了创新人才培养的多种典型模式，力图"脚踏实地"，解决教育真问题。第六，对拔尖创新人才培养进行了理论思考和政策建议，力图助力创新型国家建设，助推拔尖创新人才培养系列战略规划建立。

　　未来十几年，是我国人才事业发展的重要战略机遇期。期望能够通过我们的探索为国家培养造就各类创新人才尽绵薄之力，为实现中华民族伟大复兴的"中国梦"贡献力量！

摘　要

创新或创造力是一个国家的核心竞争力，是国家软实力的核心所在。世界各国都把创新人才的培养提升到国家战略层面，并出台一系列鼓励政策和措施，以期在日新月异的全球竞争中占据有利地位。我国《国家中长期人才发展规划纲要（2010－2020年）》把"突出培养造就创新型科技人才"作为未来的主要任务；党的十八大和《国家中长期教育改革和发展规划纲要（2010－2020年）》把培养学生"创新精神"作为"办好人民满意的教育"的重要目标。可见，开展创造力研究，探索如何发挥、培养、提高创造力，既是我国的重大需求，也是国际社会共同关心的重大课题。本书以"理论分析，实证研究，案例探索"为总体工作思路，主要聚焦两方面内容：一是研究拔尖创新人才的智力特征、人格特征、成长历程和创造性成果获得过程；二是研究高校和中小学如何以学生为主体，以教师为主导，充分发挥学生的主动性、创造性，努力培养造就创新人才。主要结果如下：

1. 拔尖创新人才成长规律与影响因素研究

探索拔尖创新人才成长规律及关键影响因素，是本课题的重要目的之一。课题组选取了科学创造人才、人文社会科学与艺术创造人才、杰出企业家等做出被社会所公认的杰出创造性成就的人才，通过他们所回顾的创造过程以及成长经历，从中发现并系统描述高创造力群体在心理特征、成长规律等方面的特点，最终揭示创造力的最初表现、发展及实现过程，进而为人才培养、人才管理与使用提供科学依据。研究发现：

（1）科学创造人才的重要心理特征可分为内部驱动的动机、问题

1

导向的知识构架、自主牵引性格、开放深刻的思维与研究风格、强基础智力等五个维度。其对科学创造成就的概念结构是二维的,分别是"成就取向/内心体验取向"和"主动进取/踏实肯干"。其成长过程分为自我探索期、才华展露与专业定向期、集中训练期、创造期与创造后期等五个阶段。早期促进经验、研究指引和支持以及关键发展阶段指引是影响科学创造人才的三类主要因素。

(2)人文社会科学与艺术创造者思维特征的系统结构以瞬间的思维突破为核心,外围受到天分和自身兴趣的影响。人格特征可分为积极的自我状态和良好的外界适应力等2个层面,共计19个特征;对自身人格特征的概念结构可分为四个类型,分别是独立,积极,自我状态和有效心理功能,可靠外界结合与成熟自我把握来满足。影响其成长的关键事件主要分为系统教育、时代特征、自身因素、人生际遇、文化环境、家庭环境六类。

(3)创业型企业家的创造性特征可分为创造性基础素养、创造性技能与品质、个性与品德、创造性驱动四个维度,其成长过程可分为自我探索、领域定向、才华初现、才华绽放等四个阶段,影响其创造性的因素可分为积极因素和阻碍因素。

2. 不同阶段的创造力发展及影响因素研究

课题组系统开展了基础教育阶段和高等教育阶段学生创造力发展特点及主要影响因素研究。研究发现,在小学阶段,以数学为例,学生在运算中思维创造性主要表现在独立性、发散性和有价值的新颖性上。在中学阶段,以科学创造力为例,学生发展存在着显著的年龄差异,随着年龄增长,科学创造力呈波浪式前进的持续发展趋势。在大学阶段,学科类别对学生创造力的发展有显著影响,且有显著的年级差异。在个体因素上,创造性人格和科学素养对创造性思维有显著的正向预测作用;创造性人格和科学素养直接作用于创造性思维,人文素养通过影响创造性人格间接地对创造性思维有促进作用。批判性思维倾向显著调节了信息素养对创造性问题提出能力的关系。在环境因素上,家庭物质支持正向预测创造性思维和创造性产品;学校精神支持正向预测创造性产品;社会物质支持负向预测创造性思维。个体因素与环境因素共同作用于创造力。

3. 创造性神经基础的近红外光学脑成像研究

近十几年来，创造性的脑机制日益成为国际前沿性研究热点，学者们运用多种脑成像技术探讨创造性的神经基础。课题组采用生态效度较高的近红外光学脑成像技术，基于"生成—探索模型"，分别以文字和图形为任务载体，借助任务过程中血氧信号的变化考查概念扩展和创造性想象两个过程的神经基础，进而探索右大脑半球在创造性思维中的作用。同时，用威廉姆斯创造性倾向测验获取被试创造性人格（特质创造性）的行为数据，通过对创造性思维过程相关脑区的激活强度和创造性人格行为数据间的相关分析来探讨状态创造性和特质创造性之间的关系。结果发现，以文字、图形分别为任务载体的过程，均诱发了右大脑半球更多脑区的功能变化；个体的创造性特质更多地与右半球的脑区存在关联关系。

4. 创新人才的培养模式研究

课题组系统研究了不同教育阶段中创新人才培养模式的典型范例。在小学阶段，选取了北京第二实验小学为样本学校，考查了"以爱育爱"的教育思想对学生创新精神、创新素质培养的效果。在中学阶段，选取了北师大二附中为样本学校，考查其在创新精神培养上的改革措施及成效；同时，以陕西省"春笋计划"为样本，深入研究了适合普通高中学生的"中学和大学联合培养创新人才"的模式，并进行了行动研究。在大学阶段，以教育部、中组部、财政部2009年启动的"基础学科拔尖学生培养试验计划"为研究对象，就该计划学生选拔、课程体系建设、培养过程、管理机制和国际化5方面对参与该计划的19所国内一流大学的工作进展状况和特点进行概括与分析，总结值得推广的经验。

5. 拔尖创新人才培养的政策建议

基于现实问题和文献分析、问卷调查和实验数据、教学实践的行动研究，课题组提出了针对我国拔尖创新人才培养的政策建议：第一，要努力创建一个创新人才成长的良好社会环境；第二，探索贯穿各级各类教育的创新中学教育，人才培养途径，让人才培养有延续性，人才成长有可持续性；第三，继续优化拔尖创新人才培养的工作发展与管理机制；第四，实行开放式培养，创立大科研协同创新育人机制。这些建议可为我国系统建构拔尖创新人才培养模式体系提供良好借鉴。

Abstract

Innovative or creative energies are the core of a country's competitive strength and is where the core of a country's soft power lies. Countries all over the world are moving training of innovative talents up on the list of strategic priorities and implementing a series of policies and measure to encourage such training in hopes of occupying an advantageous position in the midst of ever-changing global competition. China's "Outline for Mid – to – Longterm Program for the Development of Innovative Talent (2010 – 2020)" indicated that putting out creative, cutting-edge talents in science and technology is its main mission. The Eighteenth National Congress of the Communist Party of China and "Outline for Mid – to – Longterm National Educational Reform and Development (2010 – 2020)" lists the fostering of students' "spirit of innovation" as an important step in their goal to create a "satisfactory educational system for citizens". It can be seen that the launching of research into creativity, exploring how to exercise, foster and increase creativity is not only of great importance to China, but also something that the whole world is concerned with. After 4 years of extensive research, the "Development Standards and Training Models for First – Class Innovative Talent" program was set up by Prof. Lin Chongde of the Philosophy and Social Sciences Research Project of Ministry of Education in December of 2016. This issue should be approached on the pretenses of "theoretical analysis, empirical study and case study", mainly focusing on two aspects: (1) the intellectual and personal characteristics of first-class creative talent, as well as the developmental process and the process of achieving the fruits of creativity; (2) researching university and high school students as the body and the instructors as the head, bringing the students own will-power and creativity into play and train creative talent. The major results are as follows:

1. Research on Development Standards for First-class Creative Talent and Affecting Elements

Exploring development standards of first-class creative talents and their key affecting elements is a major goal of this project. Research groups selected scientific creative talent, social sciences/humanities creative talent, outstanding entrepreneurs, etc., as distinguished, widely recognized creative talent. Through reviewing their creative process and developmental experience, researchers discovered and systematically described the psychological characteristics of highly creative groups and distinctive developmental patterns. Ultimately, they were able to pinpoint the fruition of creativity, its development and the process of its realization and then foster creative talent, manage creative talent and provide a practical, scientific basis for doing so. The research discovered:

(1) The integral psychological characteristics of scientific creative talents are five-dimensional and can be separated into being internally motivated, having an inquisitive intellectual framework, possessing a profound and open mindedness and research style, self-determination and a strong intellectual foundation. In regards to the conceptual framework of scientific innovation, the talents are two-dimensional: "tending toward achievement/inner experience" and being "self-enterprising/consistently capable"; their process of development can be separated into five periods—self-exploration, revealing their talent and orienting their career paths, concentration on training, innovation and post-innovation. In the early stages moving forward with experience, research guidance and support, as well as guidance through key developmental steps influences the three key elements of creative scientific talent.

(2) At the core of the mental frameworks of innovators in the humanities and social sciences and art is sudden breakthroughs, influenced peripherally by inherent talent and interest. Their personality traits can be divided into positive ego states and a strong ability to adapt to external conditions. All of the characteristics together amount to nineteen. Their conceptual framework of their own personality traits are four-fold, independence, positive ego state and effective psychological functioning, dependable integration with the outside world and mature grasp of ego, as well as satisfaction. The six key factors influencing their development are education, characteristics of the times, personal factors, personal fate, the cultural environment and the family environment.

<u>2</u>

(3) The four creative characteristics of entrepreneurial business people are a

foundation of accomplishment, creative technique and character, personality and morality and creative drive. Their developmental process can also be separated into four stages, self-exploration, selection of a professional field, the manifestation of their talent and the flourishing of that talent. Key factors that influence this are enablers and hindrances.

2. Research into Different Stages of Creative Development and Influencing Factors

The research group broke ground in the areas of the characteristics of creative development in students during the stages of elementary and higher education and the key factors influencing this development. Taking mathematics as an example, it was discovered that during elementary education, students' creativity manifested in their independent, divergent and novel approaches to thinking about solutions. Using scientific creativity as an example, in middle and high school there were notable differences in development according to year, where scientific creativity can be seen as a trend of wave-like, continuous development. At the university level, branches of learning had an influence on students' creativity and there were notable differences between students of different grades. Among individual factors, creative personality and scientific accomplishment had a notable effect on the ability to positively predict orientation. Creative personality and scientific accomplishment had a direct effect on creative thinking. Accomplishment in the arts indirectly affected advancement in creative thinking via an influence on creative personality. Critical thinking, notably, tended to affect the relationship of attainment of information with the posing of creative problems. As far as environmental factors are concerned, substantial family support positively predicted creative thinking and output. Support of academic spirit positively predicted creative output as well. Substantial social support negatively predicted creative thinking. Individual and environmental factors work together to affect creative capability.

3. Research on the Neural Basis of Creativity via Near Infrared Spectroscopy Brain Imaging

In the past few years, research into the neurological systems involved in creativity has increasingly become the trend that researchers internationally are adhering to. Scholars are utilizing many types of brain imaging technologies to investigate the neural basis of creativity. The research group made use of near infrared brain imaging technologies with relatively high ecological validity based on the geneplore model to image the brain during script-based and image-based tasks, and with the aid of changes in blood oxygen signs during the experiment analyzed the neural basis of the processes of conceptual expansion and creative imagination and the use of the right hemisphere in creative think-ing. At the same time, creative tendencies obtained via Williams Scale testing was used to determine behavioral data of creative personality traits. The relation between creative states and creative characteristics was investigated through relevant analysis of the acti-vation of the various parts of the brain related to the creative thought and creative behav-ioral data. The results show that the process of purveying script and image based tasks, on average, bring about the biggest changes in right brain functioning. Individual crea-tive characteristics have more of a connected relationship with ares in the right hemi-sphere.

4. Research into Training Models of Creative Talent

The research group looked into classic examples of fostering new, creative talent during various stages of education. In the elementary stage, Beijing No. 2 Experimen-tal Primary School students were selected. The effects of a "using love to foster love" education on the fostering of students' creative spirit and character was investigated. At the middle and high school level students of the Second High School Attached to Bei-jing Normal University were selected and effects of reform and measures on the foste-ring of creative spirit were investigated. At the same time, using Shaanxi Province's "Spring Bamboo Plan" as reference, the "cooperative efforts between universities and middle schools in fostering creative talent" models were researched in regards to their suitability for average high school students. In the university stage, "experimental plan for fostering first-class creative talents in basic branches of education" Launched in 2009 by Ministry of Education, the Organization Department of the Central Commit-tee of the CPC and Ministry of Finance was used as an object of research. The five as-pects of this plan—student selection, course development, training processes, man-agement systems and internationalizations were used to carry out summarization and analysis of 19 top universities in China, and it was determined that it is worth expan-ding.

5. Suggestions for Policy-making in Fostering First-class Creative Talent

Taking into account concrete inquiry and analysis of the literature, surveys and ex-perimental data and active research into educational practice, the research group recom-mends the following policy aimed at fostering first-class creative talent. First, we must work hard to create a social environment conducive to development of innovative talent. Second, explore links between all levels and amid all types of middle and high school education and ways of fostering creativity to allow for continuity in the fostering and development of creativity. Third, optimize the development of the work of and management systems involved in fostering first-class creative talent. Finally, realize open-style training and establish cooperative efforts between scientific research and innovative educational systems. These recommendations can help to construct models to foster first-class creative talent.

目　录
Contents

Contents

绪　　论

人才是我国经济社会发展的第一资源。进入 21 世纪新阶段，党中央、国务院做出了实施人才强国战略的重大决策，人才强国战略已成为我国经济社会发展的一项基本战略。《国家中长期教育改革和发展规划纲要（2010－2020年）》明确指出，教育的发展对"实现我国从人口大国向人力资源大国的转变"起重要作用。党的十九大报告也明确提出："坚定实施科教兴国战略、人才强国战略""培养造就一大批具有国际水平的战略人才、科技领军人才、青年科技人才和高水平创新团队。"因此，培养和造就创新人才是深入贯彻党的十九大的精神，全面落实《国家中长期人才发展规划纲要》和实施《国家中长期教育改革和发展规划纲要》的迫切需要，是建设创新型国家、全面推进小康社会建设的必要条件。因此，有关创造力的研究和创新人才的培养，成为心理学和教育学当前亟需解决的一个重要问题。创新（innovation）和创造性或创造力（creativity）在心理学界被视为同义语，在本绪论中，我们首先系统地梳理了当前国内外有关创新人才或创造性人才研究的主要理论与实践，然后介绍我们团队的创造力观和对创造性人才的理解三个方面的内容。

一、创新人才研究的理论与实践

拔尖创新人才成长规律与培养模式是国内外学术界、心理学界和教育界所共同关注的问题，早在 20 世纪 50 年代前后，就有韦克斯勒（D. Wechsler）研究诺贝尔奖获得者的成长规律，之后的 50 余年认知心理学、认知神经科学和人才科学都在探索拔尖创新人才发展阶段、认知与人格特征、内外机制影响因素和教育要求这几个方面。

但在我国，这类研究仅刚刚开始，尽管中国科学院超常心理研究组和北京师范大学创新人才与教育创新研究组做了一些工作，仍还存在着三个问题：一是与国际研究的深度存在着一定差距；二是中国国情不够突出；三是取样的广泛性不足，影响其科学性。深入研究这个问题，在学术上能提高我国心理学、认知科学、人才科学和教育科学的水平，缩短我们与发达国家学术研究的差距，使符合中国国情创造性科学在国际学术界崭露头角。

基于上述思考，本研究课题组试图系统地探索拔尖创新人才成长的规律与培养模式。拔尖创新人才是较高层次的创新人才（详细阐述见绪论第三部分"本书对创造性人才的理解"），因此，通过对国内外近些年创新人才培养的理论、教程、创新技能训练方法和世界发达国家实践的系统梳理，能够为研究拔尖创新人才提供有价值的资料与基础。

（一）创新人才培养的理论

20 世纪 50 年代以来，人们提出了一些拔尖创新人才培养理论，比较典型的有如下几种。

第一，吉尔福特（Guilford）[1] 提出了智力的三维智力结构模型（The Structure of Intelligence，简称 SOI 模型），在此基础上，设计了一种以解决问题为主的思维培育教学模式。该模型强调记忆储存（知识经验）是问题解决的基础，问题解决的过程始于环境和个体的资料对系统的输入，经过注意的过程以个人的知识经验基础对资料加以过滤选择，然后引起认知操作，了解问题的存在及本质。接着进行发散思维，酝酿各种解决问题的方法，通过集中思维选择解决问题的方案。有时可能未经发散思维而直接以集中思维解决问题，而在这一过程中，如有反对观点时，则必须靠评鉴的运用，但在发散思维的情况下，有些取出的资料则避开评鉴的作用，也就是所谓的"拒绝批判"，这在创造性思维能力的培养中是非常重要的。

第二，泰勒（Taylor）的三维课程模型[2]。泰勒提出的这一模型用于培养学生的创造力：第一维是知识维，即学生所学的学科知识，包括生物、物理、艺术、数学、语言、历史、音乐、各种技能等；第二维是心理过程维，即学生学习学科知识的过程中发展起来的心理能力及所需要的心理过程，包括认知、记忆、发散思维、聚合思维、评估、学习策略等智力因素和直觉、敏感性、情绪、情感、需要等非智力因素；第三维是教师行为维，包括教师的教学方法、教学媒体

---

[1]　Guilford, J. P. Some theoretical views of creativity. in H. Hecson and W. Bevan (eds.) Contemporary approaches to psychology. Princeton NJ: Van Nostrand, 1967, pp. 419 –459.

[2]　Taylor, I. A. Psychological sources of creativity. The Journal of Creativity Behavior, 1976, pp. 193 – 202, P. 218.

以及影响思维及学习过程的教师、学生和环境因素等。该模型强调通过学科教学来培养学生的创造力。

第三，威廉姆斯（Williams）的认知－情感交互作用理论[1]。威廉姆斯提出了一种创造性思维培养的理论，叫做认知－情感交互作用理论（Cognitive - Affective Interaction Theory，简称 CAI 理论）。在这一理论的指导下，他设计了思维培育方案。整个方案包括指导手册、张贴部分和磁带。威廉姆斯的创造性思维培养的理论是一种强调教师通过课堂教学，运用启发创造性思维的策略以提高学生创造性思维的教学模式，强调教师在课堂教学和课外活动中的渗透。教学中宜采取游戏和活动方式，以便学生在宽松自由的氛围中，大胆猜测，多方向发散，最大限度地发挥自己的想象力，从而有效地培养学生的创造性思维能力。

第四，崔芬格（Treffinger）的创造性学习模型[2]。崔芬格提出了创造性学习模型（MCL）。该模型包括创造性学习的三级水平，并且在每一级都考虑到认知与情感两个维度。第一级水平包括一类具有发散功能认知与情感因素，强调开放性，即发现或感觉到许多不同的可能性。因为这一级水平包括对创造性学习来说是基本的和重要的一类发散思维和情感过程，因此构成创造性学习的基础。第二级水平包括更高级的或更复杂的思维过程，如应用、分析、综合、评价、方法论和研究技能、迁移、比喻和类比，同时还包括更高级或更复杂的情感过程如认知冲突、善于想象等。第三级是学习者真正融入真实的问题和挑战。认知方面包括独立探究、自我指向学习、资源管理和产品的发展，情感方面包括价值的内化、对有效生活的承诺、自我实现。

第五，兰祖利（Renzulli）的创造力培养理论[3]。兰祖利提出了一种通过追求理想的学习活动促进青少年发展的一般理论。该理论认为，一个理想的学习行为应处理好教师、学生及课程之间的相互作用及其关系，同时要处理好教师内部（包括教师的学科知识、教学技能和对该学科的热爱）、学生内部（包括能力、学习风格和兴趣）、课程内部（包括学科结构、学科内容及方法和激发想象）各因素之间的相互作用及其关系。

（二）创新人才培养教程

近几十年来，国外发展了几种影响较大的创新人才培养课程，主要有如下

① Williams F. E. Creativity assessment packet. Buffalo, NY：DOK, 1980.

② Treffinger D. J., Selby E. C., Isaksen S. G. Understanding individual problem-solving style：A key to learning and applying creative problem solving. Learning and Individual Difference, 2008, 18（4），pp. 390 - 401.

③ Renzulli J. S. & Reis S. M. The schoolwide enrichment model：A focus on student strengths & interests, Systems & models for developing programs for the gifted and talented, Mansfield Center, CT：Creative Learning Press, Inc, 2009, pp. 323 - 352.

几种：

第一，卡温顿（Covington）的创造性思维教程[①]。卡温顿等人编写了《创造性思维教程》（Productive Thinking Program），该教程共有 15 本卡通风格的小册子，每册 30 页，每册讲述一个侦探故事，故事中主要有四个人物，两个儿童（吉姆和莱拉），两个成人（吉姆的叔叔约翰和大侦探塞奇先生）。故事先就某个谜案提出一些线索，要求读者回答问题，目的是让读者"用自己的话陈述问题""自己提出问题""产生能解释谜案的各种想法"。当读者产生了某些想法之后，小册子中的吉姆和莱拉通过对话提出他们的想法，实际上，吉姆和莱拉就成了思维方法的"榜样"。就像真正的破案过程一样，他们起先会产生一些错误的想法，但后来在两个成人的评析和帮助下，最终揭示了要侦破的谜案。每个故事中成人评析都针对解决问题的一些策略。多项研究表明这一思维教程有效地提高了青少年的思维能力。

第二，德·波诺（De Bono）的 CoRT（Cognitive Research Trust）教程[②]。教程起初是为成人设计的，目的是通过训练发散思维来改进他们的思维能力。该教程并不是基于某一学习理论或发展心理学理论，而是学习一套思维策略并将其应用于更广泛的情境。CoRT 教程共有 6 个单元，每一单元包括 10 节课，每一节课训练在一个问题情境中的一种特定的思维策略。在每一节课开始时，先由老师简要地解释所要学习的思维策略，然后将学习者分成小组，讨论如何解决问题。几分钟后，各小组汇报他们的进展情况，并在老师的引导下进行讨论。CoRT 教程的大部分问题来自于实际生活和实践中。这一教程在全世界有广泛的应用，有数千个班的人参加了训练。但到目前为止还没有经过严格的实验检验。

第三，阿迪（Adey）的思维科学课程[③]。阿迪等人对英国青少年思维能力的发展进行了研究，结果发现，青少年的思维能力达不到皮亚杰提出的水平，而英国中学的课程是按照皮亚杰思维能力发展阶段设计的，故学生在学习科学等课程时产生困难。在这一研究的基础上，阿迪等实施了通过科学教育对学生进行认知（思维）加速的研究（Cognitive Acceleration through Science Education，CASE）。CASE 项目的理论依据是皮亚杰的认知发展理论和维果斯基的社会文化理论，具有事实准备（concrete preparation）、认知冲突（cognitive conflict）、元认知（metacognition）、架桥（bridging）等特点，特别强调在学生大脑中产生认知冲突，并通过

---

①　Covington M V，Crutchfield R R，Davies L B，et al. The Productive Thinking Program：Reply booklet for the basic lessons. Ch. E Merril，1972.

②　De Bono，E. CoRT Thinking Program：Work cards and teachers，notes. Chicago：Science Research Associates，1987.

③　Adey，P.，Shayer，M. & Yates，C. Thinking Science. London：Thomas Nelson and Sons Ltd，1995.

学生之间以及学生与教师之间的交谈来寻求解决问题的思路和方法，建构认知结构，然后让学生总结自己的思维与解决问题的策略，发展自己的元认知能力。最后，将在活动中形成的这些策略应用到其他的问题，推广到其他的领域。阿迪等人在理论建构和发展研究的基础上，出版了训练教程《思维科学》，用于指导认知（思维）加速实验。其中包括 30 个活动，这些活动可以分为变量问题、比例问题、守衡问题、组合问题、相关问题、分类问题、模型问题、平衡问题等类型。CASE 项目特别重视教师培训，培训内容包括 CASE 理论及每一个活动的实施方法，强调将这种教学思想和方法迁移到课堂教学活动中。有近 20% 的英国中学生及南非、欧洲等国家和地区的中学生参加了这一项目，大量的数据表明，CASE 不仅有效地提高了学生的科学、数学、英语成绩，以及学生的思维能力，同时，学生的创造力也有大幅度的提高。

（三）创新技能训练方法

训练创新技能是国外创新人才培养的主要方法，比较著名的有如下几种：

第一，奥斯本（Osborn）的头脑风暴法[①]。奥斯本从心理功能的角度将人的心理能力分为信息输入能力、记忆能力、思维能力、创造能力四种，将思维分为判断思维和创造思维。他认为，经验是产生新思想的源泉，数量中包含质量，推迟判断能使人们产生更多的想法，并提出了一种创造技能——头脑风暴法（brainstorming）。这种方法既可以用于在特定的情景中产生创造性的想法，也可以用于创造性思维能力的培养。它是利用集体思维的方式，使思想互相激励，发生连锁反应，以引导创造性思维。

第二，德·波诺侧向思维训练[②]。他将思维分为纵向思维和侧向思维。纵向思维即逻辑思维，是一步一步进行推理的，在推理过程中，每一步都必须是正确的；侧向思维是跳跃式的，为了得出正确的结论，在思维的某一阶段可能是错误的。纵向思维关心的是提供或发展思维模式，侧向思维则关心改变原有的模式，建立新的模式。在整个思维过程中，纵向思维和侧向思维都是必要的，它们具有互补的关系。由于侧向思维是一种创造性的思维方法，且被人们忽视，故需对其进行训练。侧向思维的训练材料主要有视觉材料、言语材料、问题材料、主题材料、轶事与故事以及物资材料，训练方法主要有改变想法、挑战假设、推迟判断、分解问题、逆向思维、头脑风暴、任意激发、类比、寻找核心概念和关键因

---

① Osborn, A. F. Applied imagination. New York: Charles Scribner's Sons, 1963.

② De Bono, E. Six thinking hats. the cognitive spiral: creative thinking and cognitive processing. The Journal of Creative Behavior, Boston: Little Brown, 1985, 28 (4), pp. 275-290.

素、选择切入点和注意范围等。

第三，托伦斯（Torrance）的创造技能训练[1]。托伦斯将儿童的创造技能分为 6 级水平，并通过阅读活动对其进行训练，他列举了课前、课中、课后能促进创造力发展的 71 个行为特征，并强调期望的作用，帮助学生想象未来。在以上研究的基础上，人们提出了各种各样的创造技能，共有 100 多种。在这些技能中，既有内部联系技能，又有外部联系技能；既有强迫联想技能，又有自由联想技能；既有问题相关技能，又有问题无关技能；既有言语技能，又有非言语技能。最常用的技能有任意输入、反转问题、提出问题、总结问题、侧向思维、列举项目、头脑风暴、强迫类比、列举属性、心理图示、比喻思维、形象思维、优选假设、模糊思维、模仿、训练六种思维风格、遵循不连续原理、从形态上强迫联系、莲花开放技能等。

（四）发达国家创新人才培养的实践

1. 美国创新人才培养的实践

美国注重创新教育，各级各类学校在加强基础知识和基本理论教学的同时，高度重视学生创新能力的培养。在基础教育中，美国的中小学除了将创新能力的培养贯穿在整个教学活动之中，使所有学生都有机会提高其创新能力外，还设立专门的天才班级和天才学校。

中小学教育在创新人才培养方面的具体做法和特点是：（1）教学内容丰富，重视培养学生的实际动手能力；（2）学校与社区密切联系，强调学生的社会责任感；（3）师生平等交流，鼓励学生的参与意识；（4）课堂教学活动除教师以外，还有同学互教、小组讨论或团队协作等形式；（5）教师通常作为协调人和协作人的角色出现在课堂；（6）学生不仅是为了教师而且是为了教师以外的现实社会而完成作业；（7）课内外活动丰富多彩，为激发学生开发和发挥其想象力和创造力提供机会；（8）强调理解并掌握新知识，坚持重温所学内容；（9）实行定期或不定期测试与评估。

2. 英国创新人才培养的实践

英国是创造力研究的发源地，20 世纪 80 年代以来，英国实施了国家课程，强调学生创新精神和实践能力的培养，特别是科学领域创造力的培养。英国在《学校课程框架》中提出了发展创新思维、了解世界群体和个人、养成正确道德观念等教育目标要求。具体来说，创新人才具有这几方面素质：（1）创新意识，

---

① Torrance E. P. Forty years of watching creative ability and creative achievement. Newsletter of the Creative Division of the National Association for Gifted Children, 1999, 10, pp. 3 –5.

包括追求创新，推崇创新，乐于创新等。（2）创新思维，包括创造性想象，积极的求异思维；直觉思维、敏锐的观察力，敏捷而持久的记忆力、良好思维品质等。（3）创新技能，包括获取、处理信息的技能，动手操作、与他人合作，善于捕捉灵感技能等。

英国教育部担负创新人才早期培养的主要责任，并且特别重视加强小学、中学和大学之间的联系，指定牛津布鲁克斯大学"高能儿童研究中心"为中小学校的超常人才计划协调人进行培训。同时，鼓励地方企业、公司资助超常学生，为超常生的长期培养奠定基础。

3. 澳大利亚创新人才培养的实践

在澳大利亚英才教育过程中，教师对每个学生都有充分的了解，学校专门存放这些学生的档案包，记录着对其学习兴趣、认知风格的详细分析。教育重点是教会学生用辩证的眼光、批判的思维来学习和思考，教师经常采用诸如辩论的方式，培养学生独立学习、合作学习和研究性学习的能力。

澳大利亚鉴别创新人才的标准，可以归纳成以下几个方面：全面的综合智能、特殊的学术能力、创造性思维能力、领导能力、艺术表现能力、体育运动能力等。具体鉴别的方法是，先由学生主动申请，通过教师评估、水平测试、IQ测试后，综合三方面判断这个学生的学习潜能——学习和思考的能力。当学生被认定为天才学生后，学校将与学生及家长签订一份特别教育协议，明确规定发展要求、预期成就以及所需时间等。

澳大利亚各地教育部门都在研究英才教育，众多高校纷纷建立了英才教育研究中心。1997年，新南威尔士大学成立的英才教育研究、咨询和信息中心成为南半球的第一个英才教育研究中心，先后有60多名教师已经拿到了英才教育硕士学位，600多名来自澳大利亚各地以及新西兰、中国香港等地的教师在此完成了关于英才教育课程的学习。

4. 日本创新人才培养的实践

日本人提出教育要成为"打开能够发挥每个人的创造力大门的钥匙"，"教育要适应技术新时代而提高学生的人格品位，发展学生的想象力、谋划能力和创造性智力以及为创造而进取的不屈不挠的意志力"，使受教育者成为"面向世界的日本人"。

日本心理学教授宫城音弥认为创新素质应包括四个方面：活力（精力、魄力、冲动性、行为性）；扩力（发展力、思考力和探索力）；结力（组合信息能力、灵感、感知能力、联想力、构成力）以及个性。创新首先要通过活力即身心的精力，使扩力发挥作用，扩力扩散出来的东西又依靠结力而结合。个性能调控活力、扩力和结力。

坚持个性化是促进创新的必不可少的条件。可以这样说，没有个性化就不会有创新。日本第三次教育改革为了实现培养创新人才的教育目标，把实行个性化作为基本价值指向和最重要的原则，并贯彻于整个教育教学过程之中。坚持个性化原则，首先要实行教学民主化，师生之间必须建立真诚、平等、共融的密切关系；其次要尊重学生的人格，提倡学生在共同性前提下的独特性；再次，废除给予性学习，实行自主的解决问题学习，实行知识、技能与培养创造力三位一体的教育；最后，必须使教育环境"人性化"，创造有利于个性发展的环境。

5. 法国创新人才培养的实践

法国的教育改革高度重视培养儿童的创造性或创造力，强调帮助儿童树立正确的观念，认识到学生是学习活动的主体和主人，使其充分得到自由发展；启发学生的求知欲望，培养学生的学习兴趣，尊重学生的人格；通过创新构思、造型艺术、素描、绘画等各种实验活动，培养学生的创造力。在教学时间上，分成创造时间、吸收时间、对话时间、探索时间、自学时间等。

6. 新加坡创新人才培养的实践

《新加坡教育法》（1993 年）明确规定：使学生具备活跃的和具有探索精神的思维方法，使他们能够理性的思考和提出问题，讨论问题和争论问题并具备解决问题的能力。新加坡发表的《理想的教育成果》提出了新加坡 21 世纪的教育目标，规定了应达到的八大成果：人格发展、自我管理技巧、社交与合作技巧、读写与计算技巧、沟通技巧、资讯技能、知识应用技巧、思维技巧与创意。

新加坡实施创新教育的主要手段：第一，营造创新环境。鼓励教师培养学生的创新思维、创新能力，地铁站、街道口等人来人往的地方都悬挂大幅标语，宣传创意，鼓励创新。第二，推行课程改革。为了培养学生的创造性，新加坡教育部自 1987 年起，开始试行"思考"课程。1997 年，新加坡教育部将思维技能、资讯科技与国民教育规定为各个学科中必须融入与落实的"三大教育创导"。第三，课堂教学改革。创新教育要求创造自由、安全、和谐和无拘无束的情境与气氛。新加坡教育部要求教师在课堂上少讲一点，把更多的时间交给学生。新加坡的"少教多学"取得了良好的效果。第四，改革评估办法。教育评估重点包括对学校、教师、学生的评价，特别是国家对人才的甄别制度的改革是创新教育能够顺利实施的关键。第五，搭建展示平台。各中小学纷纷搭建了不同级别、不同形式的平台来展示学生的创新才能。新加坡各校在发展学生的创新意识上都制定了相关的计划，开辟了专门的场地，设置了专门的创新校本教材，安排了专门的教师来引导学生发挥创意。第六，加强教师培训。为了发展教师的创意，新加坡政府主要采用了三种方法：一是扩大教师的资讯信息；二是有计划、有目的地把教师送到企业、银行、工厂等部门工作、学习，开阔眼界，了解企业的创新制度、方案、技术等；三是分层次培训教师的创意思维和创意教学法。

7. 我国创新人才培养的实践

在我国，自 20 世纪 80 年代以来，国家与政府逐渐认识到拔尖创新人才培养的重要性，明确提出要培养学生的"创新精神"（《中共中央关于教育体制改革的决定》，1985），推行了以创造力培养为核心的素质教育，进行了基础教育课程的改革；提倡课程与教学的创造性，强调学生的自主学习、合作学习、探究性学习、研究性学习，激发学生的学习兴趣，突出学生的主体地位，培养学生创造性的问题提出能力和问题解决能力；改革评价制度，重视形成性评价和促进学生发展的发展性评价；重视教师的培养和培训，启动了教育创新平台等。从 1985 年开始，在中国科技大学、西安交通大学等 14 所学校开设了少年班，实施了超常教育。近年来，各地也积极探索基础教育与高等教育联合培养创新人才的途径，例如 2008 年北京市的"翱翔计划"；同年上海交通大学与上海交大附中、上海中学等结盟组建"拔尖创新人才培养基地"；以及 2014 年我们团队胡卫平教授主持的将大学与高中结合创建拔尖创新人才培养实践基地的"春笋计划"。在高等教育阶段，近年来，教育部为了贯彻落实《国家中长期教育改革和发展规划纲要（2010－2020 年）》和《国家中长期人才发展规划纲要（2010－2020 年）》，开展了一系列重大改革项目，包括培养各行业高质量创新型工程技术人才的"卓越工程师教育培养计划"、培养适应社会主义法治国家建设与经济社会发展需求的高素质政法人才的"卓越法律人才教育培养计划"，以及国家为回应"钱学森之问"推出的"基础学科拔尖学生培养试验计划"。除此之外，还有陈龙安（1999）[1]、王灿明（2004）[2]、谢贤杨（2000）[3] 等一批国内学者的教育实践。

尤其应指出的是我们自己对创新人才与教育创新的研究，2003 年至 2006 年我们团队主持了教育哲学社会科学重大攻关项目"创新人才与教育创新"的研究。我们将这一课题分成八个子课题：第一，教育创新的理论研究；第二，创新型拔尖人才效标群体的研究；第三，创造性人才测量工具的研制；第四，青少年创造力的跨文化研究；第五，学校教育中的创造力培养实施；第六，中小学课堂教学创新研究；第七，教育信息化与创造性的培养；第八，创造性与心理健康的关系。对该课题的研究，不仅让我们对创新人才的心理特点与教育创新进行了系统、深入的掌握，而且让我们意识到研究这类课题的重要性。

国内外关于创新人才的培养可以概括为如下几个方面：一是营造创新环境；二是设计创新课程和训练创造技能；三是加强课堂教学的改革；四是小学、中学

---

① 陈龙安：《创造性思维与教学》，中国轻工业出版社 1999 年版。
② 王灿明：《儿童创造教育论》，上海教育出版社 2004 年版。
③ 谢贤杨：《21 世纪中小学生创新能力的培养与开发丛书》，武汉大学出版社 2000 年版。

和大学联合培养拔尖人才。由此可见，为有效培养高素质创新人才，我们需要加强创新人才培养的理论研究，系统总结我国创新人才培养的实践，借鉴国外创新人才培养的经验，研究创新人才的人格特征、知识结构、影响因素、成长规律等，树立有利于学生创新能力发展的环境，将学科课程与活动课程有机结合，加强小学、中学和大学的联合，共同设计高素质创新人才的培养方案并实施。

基于上述思考，本书的内容主要聚焦在两个方面：一是拔尖创新人才成长规律，即研究拔尖创新人才的智力特征、人格特征、成长历程和创造性成果获得过程；二是培养模式，即研究高校和中小学如何以学生为主体，以教师为主导，充分发挥学生的主动性、创造性，努力培养造就数以亿计的高素质劳动者、数以千万计的专门人才和一大批拔尖创新人才。

二、本书的创造性观

在心理学上，创造性（creativity，又译创造力）是一个极有争议的概念。有人说其无解，有人说其无数解，但也有人给其下了操作性定义，即使是操作性定义，多达百余种，这是由于研究者观点的分歧和侧重点的不同，采用的判别标准自然地各有差异。

尽管众多定义存在着分歧，但一般比较容易接受的是三种成分：过程、产品和个性。20 世纪 80 年代前后就有研究者对三种成分分别作了分析，即有人在谈论创造性时强调过程，有人着重以作品作为分析创造性的基础，有人则强调创造性是人与人之间的差异，属于个人、个体或个性。到 20 世纪 90 年代前后，又出现两种观点：一是美国的布朗（R. T. Brown）认为创造性应有四种成分：创造性的过程（process）、创造性的产品（product）、创造性的个人（person）和创造性的环境（environment）[1]。二是认为创造性是一个极其复杂的概念，并提出了所谓多"P"的概念。从 1961 年美国的罗兹（M. Rhodes）[2] 提出 4P 研究取向（Person 个人，Place 地点，Process 过程，Product 产品）到 1990 年法国的俄班（K. K. Urban）[3] 提出的 4P 模型 [（Problem（问题）、Person（个人）、Process（过程）、Product（产品）]，还有 1988 年美国心理学家西蒙顿（D. K. Simonton）[4] 的 6P 创造

---

① Brown R. T. . Creativity：What are we to measure? In JA Glover, Handbook of creativity. New York Plenum Press, 1989, pp. 3 – 32.

② Rhodes, M. An analysis of creativity. The Phi Delta Kappan, 1961, 42（7）, pp. 305 – 310.

③ Urban K K. On the development of creativity in children. Creativity Research Journal, 1991, 4（2）, pp. 177 – 191.

④ Simonton, D. K. . Age and outstanding achievement：What do we know after a century of research? Psychological bulletin, 1988, 104（2）, pp. 251 – 267.

性要素（Person 个人，Place 地点或环境，Process 过程，Product 产品，Persuasion 信念，Press 压力）。但它们的共同点仍是过程、产品和个体（或个性）。在一定程度上，也构成从某个侧面去研究创造性：把创造性理解为过程，则从人们的创造过程去研究创造性；把创造性理解为产品，则将创造性的研究对象视为产品的创造性特征，把创造性理解为是个体的差异结晶，则可以从个体的创造性特质去研究创造性。也就是说，研究创造性的不同侧面，即"过程""产品"和"个体或个性"揭示的创造性结论就有差异，必然会出现其局限性。这里我们不妨先从"过程""产品"和"个体或个性"入手来做一一分析。

强调创造性过程的研究者主要强调的是，人们在产生创造性时的认知过程或思维过程。从早期代表人物华莱士（Wallas）在1926年提出创造性思维的"准备—酝酿—明朗—验证"时期，到当前创造性问题解决的"发现问题—分析问题—提出假设—验证假设"四个阶段，都是强调过程，构建了创造性思维的过程。华莱士的准备期，是指创造活动前，积累相关的知识经验，搜集包括前人对同类问题研究成果在内的有关资料；酝酿期，是指创造者对问题和资料进行深入探索和思考的过程；明朗期，是指新思路、新发现、新形象的产生时期；验证期，是对新成果加以检验，进行修正补充使之完善的阶段。而今天我们常讲的创造性问题的解决，是按一定的目的，运用各种认知过程和知识技能，经过一系列的心理活动，产生创造的结果。其中包括问题情境、动机激发、定势克服、变式与策略、顿悟与灵感等一系列的过程。当代心理学家斯滕伯格（R. T. Sternberg）等在1991年和1995年提出创造力的投资理论，认为创造者是那些把自己的观念低买高卖的人，低买就是寻求大家不知道或不感兴趣的观念，但这些观念有潜力，逐渐以高价卖出，最后产生另一种新观念，这也是一种主张创造性是过程的理论[1][2]。

创造性的产品是指创造性活动最终产生的结果和成果，可以是物质的，可以是精神的。创造性产品有认知性的产品，如调查报告、科学考查、社会动态等；有表现性的产品，如文学艺术作品等；有指导性的产品，如工程设计、改革方案、远景规划等；有科技实验的产品，如革新技术、创造、发明等。社会更关注的往往是创造性的产品，如果人们只关注某种创造性活动，毫无结果和成果的话，那创造性活动还有什么价值呢？所以麦金农（D. Mackinnon）提到："对于

[1] Sternberg, R. J. An investment theory of creativity and its development. Human Development, 1991, 34, pp. 1 – 31.

[2] Sternberg, R. J., & Lubart, T. I. Defying the crowd: Cultivating Creativity in a Culture of onformity. New York: Free Press, 1995.

创造性的产品的研究是所有创造性研究的基础，要是这个基础再夯实一点的话，创造性研究就会取得更好的结果。"① 这是有道理的，产品是基础，这是创造性者在创造性活动中的外化表现和价值所在。

创造性的个体是指创造性活动的主体。任何创造性活动都是由人来完成，于是有些研究者指出，创造性是人与人之间的个体差异。拔尖创新人才在创造性活动中，都会或多或少表现出与众不同的特点来，于是从早期创造性开始到现在，创造性的研究方法中都要研究创造者的智力因素（创造性思维）和非智力因素（创造性人格）的特点；创造发明家的传记研究，也正是去分析有关创造发明家的个性特点，进而运用这些拔尖创新人才的特点去预测被试的创造性水平的高低。早在1961年罗兹不仅强调了创造性由创造性的个体所决定，而且还把这种相关研究，作为分析人们创造性高低的一种方法。

什么是创造性？目前的研究存在如前面所述的三种倾向的争议：一是认为创造性是一种或多种心理过程；二是认为创造性是一种产品；三是认为创造性是一种个性。不同人有不尽相同的创造性。哪种观点对呢？我们认为全对，只不过各自从不同的角度去分析问题罢了。也就是说，创造性既是一种心理过程，又是一种复杂而新颖的产品，还是一种个性的特征或品质。这样，早在1984年和1986年，朱智贤教授与林崇德教授就把创造性定义为：根据一定目的，运用一切已知信息，产生出某种新颖、独特、有社会或个人价值的产品的智力品质。

先作最概括的说明："根据一定目的，运用一切已知信息，产生出某种……产品"，这是"过程"，是一种创造性解决问题的过程，是创造性思维的过程；什么样的产品呢？"某种新颖、独特、有社会意义或个人价值的产品"，显然，是对"产品"作了概括；问题是我们没有停留在产品上，从"种"与"属"的关系来看，最后所锁定的是"智力品质"。众所周知，个性特征包含智能、气质和性格，智力与能力属于个性，智力或智能的个性差异，叫做智力品质，因为思维是智力或智能的核心，故又叫做思维的智力品质或思维品质。由此可见，最后我们落实的是"个性"，也就是创造性的个体或创造性的人。

下面我们来进一步分析自己的定义。这里的产品是指以某种形式存在的思维成果，如上所说，它既可以是一个新概念、新思想、新理论，也可以是一项新技术、新工艺、新作品。很显然，这一定义是根据结果来判别创造性的，其判断标准有三，即产品是否新颖，是否独特，是否具有社会或个人价值。"新颖"主要指不墨守成规、敢于破旧立新、前所未有，这是就相对历史而言的，为一种纵向比较；"独特"主要指不同凡俗、别出心裁，这是相对他人而言的，为一种横向

---

① Mackinnon, Donald W. The Creative Person. American Biology Teacher, 1975, 37 (9), pp. 535 – 535.

比较；"有社会价值"是指对人类、国家和社会的进步具有重要意义，如重大的发明、创造和革新；"有个人价值"则是指对个体的发展有意义。可以说，人类的文明史实际上是一部灿烂的创造史，对这个定义，我们还需要作一些解释。

毋庸置疑，个体的创造性通常是通过进行创造活动，产生创造产品体现出来的，因此根据产品来判断个体是否具有创造性是合理的。另一方面，产品看得见，摸得着，易于把握，而目前人们对个体的心理过程、个性特征的本质和结构并不十分清楚。因此，以产品为标准比以心理过程或创造者的个性特征为标准，其可信度更高些，也符合心理学研究的操作性原则。可以认为，在没有更好的办法之前，根据产品或结果来判定创造性是切实可行的方法和途径。此外，我们之所以强调创造性是一种个性，一种智力品质，主要是把创造性视为一种思维品质，重视思维能力的个体差异的智力品质[1][2][3]。简言之，创造性是根据一定目的产生有社会（或个人）价值的具有新颖性成分的智力品质。

尽管智力是创造力的必要条件，而不是充分条件，然而谁都不否认，创造性是人类的智慧活动，是思维的高级形态，是智力的高级表现，是人类最美丽的花朵，这就是我们平时所说的高素质。要了解与认识创造性的概念与实质，还得先从智力入手。智力属于个性的范畴，其核心成分是思维，其基本特征是概括。智力是创造性的基础。

无独有偶，心理学家德雷夫达尔（J. Drevdarl）指出，创造力是个体产生任何一种形式思维结果的能力，而这些结果在本质上是新颖的，是产生它们的人事先所不知道的，它有可能是一种想象力或是一种不只局限于概括的思维综合。也正是在这个前提下，苏联有部分心理学家把创造力与"幻想"等同起来。创造力本身就包括由已知信息建立起新的系统和组合的能力，此外，它还包含把已知的关系运用到新的情境中去和建立新的相互关系的能力。与此同时，创造性活动必须有明确目标，尽管产品不必直接得到实际应用，也不见得尽善尽美，但产品必须是目标所追求的。这种产品可以是一种艺术的、文学的或科学的形式，或是可以实施的技术、设计或方式方法。这一点对于更好地理解创造性的定义是很有帮助的。

虽然产品的新颖性、独特性和价值大小是判断一个人是否具有创造力的标准之一，但这并不意味着由此可以判断没有进行过创造活动、没有产生出创造产品

---

① 林崇德：《试论思维的心理结构研究》，载于《北京师范大学学报》（社会科学版）1986年第1期，第18～26页。

② 林崇德：《智力活动中的非智力因素》，载于《华东师范大学学报：教育科学版》1992年第4期，第65～72页。

③ 林崇德：《培养和造就高素质的创造性人才》，载于《北京师范大学学报》（社会科学版）1999年第1期，第5～13页。

的个体就一定不具有创造力。有无创造力和创造力是否体现出来并不是一回事，具有创造力并不一定能保证产生出创造产品。创造产品的产生除了具有一定创造性的智力品质外，还需要有将创造性观念转化为实际创造产品的相应知识、技能以及保证创造性活动顺利进行的一般智力背景和个性品质，同时它还受到外部因素，如机遇、环境条件等的影响。由此可见，犹如智力有外显内隐之分，创造力也有内隐和外显两种形态。内隐的创造力是指创造性以某种心理、行为能力的静态形式存在，它从主体角度提供并保证个体产生创造产品的可能性。但在没有产生创造产品之前，个体的这种创造能力是不能被人们直接觉察到的。当个体产生出创造产品时，这种内隐的创造力就外化为物质形态，被人们所觉知，这时人们所觉知的创造力是主体外显的创造力。

根据本书所倡导的创造性观，以及对此"拔尖创新人才的成长规律与培养模式"的研究，提出如下看法：

其一，关于过程。

创造性过程有着不同阶段，每个阶段都有不同的认知活动参与，需要建立不同的知识系统。

传统的知识与创造关系，有张力说和地基说。前者强调知识，可以是创造者的创新基础，也可能由于定势妨碍人的创造；而后者则强调知识和创造性之间的关系犹如地基与大楼之间的关系。不管怎样说，知识是创造性或成就的前提。

当代的知识与创造关系理论更为丰富，研究了图示知识、联结知识、样例知识、程序性知识、策略性知识、元认知知识等在创造性思维中的作用，研究了专家和新手由于知识不同产生创造性思维的差异特征。

而本书对这个问题表述则强调了智力或认知材料，即内容或知识与创造性之间的关系，并指出：一是智力的材料、内容或知识的发展是由具体形象朝抽象方向转化；二是智力的材料、内容或知识的不断抽象化或认知表征的不断概括化，是人的智能、包括创造力发展的重要特征之一；三是不能忽略视觉表征、听觉表征和言语表征与物理表征、语义表征和概念及命题表征的区别，应该区分不同水平表征形式，从感性认识与理性认识的本质区别度上来讨论在创造性上的意义；四是理性认知或抽象思维的材料主要有三种：语言（语义、概念和命题等）、数（标点符、运算符、代码符等）、形（几何图形、设计图、草图、曲线、示意图、形象和情境的表述等），这构成创造性的材料或知识的形式。

针对"根据一定目的、运用已知的一切知识（信息），产生出产品"的创造性过程，在我们课题中应研究：

第一，创新人才成长过程是一个认知或智能发展的过程，所以我们要研究创造性人才，尤其是各类拔尖创新人才，如我们被试中自然科学领域、社会科学领域、企业领域三类不同的拔尖创新人才的认知过程或智能特征及其过程，也就是创造性过程的特征及其实质。

第二，按本课题立项的要求，我们的任务主要研讨大学生创造性的培养模式，所以我们要揭示大学生的科技知识与人文知识的特点，以及这些知识与创新人才成长的关系。

第三，创造性思维过程是创造性问题解决的过程，所以我们要探讨大学生提出创新问题、解决创新问题的过程。

其二，关于产品。

创造性产品是创造性研究的基础，分析创造性产品的特征，就成了对创造者研究的出发点。

如何研究创造性产品呢？主要是剖析创造性产品与普通产品有什么特征，这些特征不管是传统的研究还是现代的研究都要分析产品的新颖性、独特性与对社会和个人的意义或价值三个方面。研究创造性产品的特征，其重要意义在于满足研究者对建立外部标准的需要。

其实，分析创造性产品的特征更深层的原因是要揭示创造性产品所隐含的创造者的创造性思维的表现。具体的工具是评定量表，常见的有成人评定量表、教师评定量表、学生作品评定量表。例如，教师评定学生作品的"创造性产品语义量表"，要求教师判断学生作品的新颖性、问题解决的有效性、精密性以及其他综合性特征。我们课题组的胡卫平教授的"青少年科技创造力评定量表"涉及物品非常规用途、问题发现、产品设计、产品改进、问题解决、科学实验和创造性想象等项特征。

针对"产生出新颖、独特、有社会意义和个人价值的产品"的创造性成果或结果，在我们的课题中应研究：

第一，创造性人才成长过程是创造者成果或产生呈现和完善的过程，所以我们要研究上述三类不同领域即自然科学、社会科学和企业领域的拔尖创新人才的成就或成果形式与特征，进而探索他们创造性产品的形成过程。

第二，为了探讨大学生创造性培养模式，我们要研究大学生对产品的新颖性、独特的程度与社会意义和个人价值程度的理解或评价水平。

第三，产品有物质的、精神的，因此我们采用言语与图形材料的问卷，测量大学生关于产品的认知与改进能力，以揭示不同专业大学生对不同产品的倾向。

其三，关于个性。

创造性产品哪里来？来自创造者的个体、个人或个性，每个产品的背后是活生生的人，是充满着智慧且有智力品质差异的人，这就构成对创造性人格的研究，且成为创造性心理学及其测量研究取向的重要内容。

15

创造性心理学主要涉及下面三个方面的问题：

一是探讨各个领域创造性水平高的人的人格或个性特征，例如比较高创造者与低创造者人格特征或个性特点的差异性。个体创造性与人格因素之间的关系，有传统的人格或个性的内外倾向性与创造性的关系，个性心理特征和个性心理倾向与创造性之间的关系，个性心理动力特征与创造性的关系，有 20 世纪八九十年代形成的人格结构模式，尤其是"大五"模型（神经质、外向性、开放性、宜人性和尽责性）与创造性的关系等。

二是探讨完整的个性或人格的因素。当然，不同心理学家有不同的归类，例如进取心、信心、果断、独立、冒险性、竞争性、挫折性、动机、情感、兴趣、需要、好奇心、想象力、挑战性、探索性、意志等与创造性的关系。在研究中不可能把这么多因素混在一起，而是需按照不同心理学家的个性或人格的结构定义或理论，分别进行不同组合来探讨与创造性的关系。

三是探讨不同领域的创造者所具不同的人格或个性的特征，我们看到的资料中有科学领域（自然科学家、社会科学家等）。艺术领域（画家、雕刻师、建筑师甚至是文学家等）、社交领域（管理部门、社会学、心理学等）。企业领域（各国大企业家等）的研究报告，从中看出不同人格或个人特征与各种不同活动领域创造性的特殊密切，也就是说，不同人格或个性特征往往反映了不同领域创造性本身的特殊性。

对于"智力品质的人格或个性特征"我们在课题中应研究：

第一，由于不同领域的创造者所具有的人格或个性特征是有差异的，所以我们对自然科学领域、社会科学领域和企业领域的三类拔尖创新人才的人格或个性特征展开深入的研究，确定其差异性，尤其是分别探讨他们各自在智力品质方面的特征。

第二，为了培养各专业大学生成才，我们对大学不同专业的大学生的人格或个性特征尤其是智力品质的表现作深入的探讨。

第三，为了进一步建立创新人才的培养模式，我们要研究大学生对智力品质与创造性关系的认识，以增强大学生智力品质的认识机制。

第四，为了探讨动机系统与创造性的关系，我们准备深入研究大学生创造性与自我决定动机支持之间的关系，以揭示创造性与个性动力系统的内在关系。

第五，创造性的脑机制研究，以揭示智力品质的神经科学基础。

三、本书对创造性人才的理解

相对论的发现者爱因斯坦，裸体雕像《大卫》的塑造者米开朗基罗，《命运》交响曲的创作者贝多芬,《红楼梦》的作者曹雪芹,《本草纲目》的编著者李时珍,无疑都是创造性或创造能力的典型,用今天的语言,属于"拔尖创新人才"的典型。然而,有创造性的人并非都是这样的"大家""大师"或"巨匠"。这就涉及如何来理解创造性的人才或创新人才。

(一) 创造性人才的层次

中央文件多次指出,"培养和造就数以亿计的高素质创造性的劳动者、数以千万计的高素质专门人才和一大批创新拔尖人才,这是国家发展战略的核心,是提高综合国力的关键。"这段话至少有两重含义。一是培养和造就创造性或创新人才,它关系到我们整个民族的命运;二是创造性或创新人才是分层次的,即分三个层次。第一也是最广泛的层次是数以亿计的高素质创造性的劳动者。在一定程度上说,人人都有创造性,我们要关心每一个劳动者的创造力或创新能力。在过去的心理学中,创造性的研究对象仅仅局限于少数杰出的发明家和艺术家身上。实际上,创造性是一种连续的而不是全有全无的品质。人人乃至儿童都有创造性思维或创造性;人的创造性素质及其发展,只是类型和层次上的差异,因此,不能用同一模式来看待社会成员和培养每个学生的创造性。由此可见,我们应该提倡创造性或创新的大众化,创造性教育或创造性人才培养模式也要大众化,尤其在大、中、小学里人人都可通过创造性教育获得创造性的发展,只不过是人与人之间的创造性大小不同罢了。

第二层次是数以千万计的高素质创造性的专门人才。这就是我们平时说的各行各业的创造性人才或创新专门人才,即"行行出状元"的人才。这类人才的创新最佳年龄或创新第一高峰期在 25～40 岁,根据雷曼(H. C. Lehman, 1958, 1966, 1966)提供的数据①②③,各个行业的创新人才的最佳创新年龄,数学家为 30～34 岁,化学家为 30～34 岁,物理学家为 30～34 岁,哲学家为 35～39 岁,发明家为 25～29 岁,医学家为 30～39 岁,植物学家为 30～34 岁,心理学家为 35～39 岁,生理学家为 35～39 岁,作曲家为 35～39 岁,油画家为 32～36 岁,诗人为 25～29 岁,军事家为 50～70 岁,运动健将为 30～34 岁。为什么创造性高峰出现在风华正茂的青年期?从国际上重要的智力理论"流体智力"与"晶

---

① Lehman, H. C. The most creative years of engineers and other technologists. The Journal of Genetic Psychology, 1966, 108 (2), P. 263.

② Lehman, H. C. The Chemist's Most Creative Years: The 2500 ablest of the world's chemists attained their maximum production rate at ages 30 through 34. Science, 1958, 127 (3308), pp. 1213 – 1222.

③ Lehman, H. C. The psychologist's most creative years. American Psychologist, 1966, 21 (4), pp. 363 – 369.

体智力"观来分析，前者来自先天的因素，与生理发育有关，26～34 岁呈现高峰，34～50 岁处于高原期，50 岁以后会走下坡路。后者依靠经验、知识，来自教育与学习，16 岁的时候刚刚起步，到了 20 岁进入发展期，直到 50 岁达到高峰，50～70 岁为高原期，70 岁以后走下坡路。这两种智力（即流体智力与晶体智力）都能用上，并都有助创新性发展的年龄约为 20～34 岁，这就是各行各业专门人才成长的年龄特征，它有助于我们分析创新人才成长规律与培养模式的研究。

第三层次是一大批"拔尖创新人才"。这类人才是时代的需求，实际上比起前两种创造性或创新人才来要少得多。我们认为拔尖创新人才至少有如下几个特点：一是从发展顺序来看，它属于创造后期，是在上述最佳创造期的基础上，经过质疑反思、勇于竞争、不怕挫折，一步步由时空、社会、实践的检验，直到最后获取重大的成果；二是从产品质量来看，其原创性的成果具有重大发现发明和社会影响，甚至于有历史意义；三是从同行中地位来看，应该是所在行业或专业的领军人物，在国外，以诺贝尔奖获得者、杰出的总统和部长、有名声的企业家作为研究拔尖人才的被试，在我国则以院士、德高望重的社会科学家和有声望的企业家为拔尖创新人才的代表。

根据我们团队对创造性人才的认识，我们针对自己的"拔尖创新人才的成长规律与培养模式"的研究任务，着重探索拔尖创新人才的成长规律。

有关文件强调，要推进科技进步，努力提高自主创新能力，为加快转变经济发展方式提供重要支撑。这是建设创新型国家、促进国家发展战略的核心，是提高综合国力的关键，是应对国际经济形势深刻变化的必然选择。可以看出，探索建立拔尖创新人才的成长规律，从而建立创新人才培养的有效机制，促进拔尖创新人才脱颖而出，是建设创新型国家、实现中华民族伟大复兴的历史要求，也是当前对教育改革的迫切需求。

具体来讲，在 2003～2007 年我们承担重大攻关课题"创新人才与教育创新"的研究基础上，我们进一步通过以下几方面来研究拔尖创新人才的成长规律：第一，创新人才的特点；第二，创新人才成长的影响因素；第三，创新人才成长阶段的再探索。探究创新人才的成长阶段，回顾性地研究他们的思维、个性、代表性的实际创造成就及个人成长经历，能够揭示其创造才能的形成机制。

最终，我们选取了 34 位科学创造人才、38 位人文社会科学与艺术创造人才、33 位杰出企业家做出被社会所公认的杰出创造性成就的人才，通过他们所回顾的创造过程以及成长经历，从中发现并系统描述高创造力群体在心理特征、成长规律等方面的特点，最终揭示创造力的最初表现、发展及实现过程，进而为人才培养、人才管理与使用提供科学依据。

总之，只有深入了解拔尖创新人才的成长规律，才能更好地确定、探索他们的培养模式。伴随着创新人才的成长，在不同年龄段如何进行培养值得心理学工作者深入研究。因此，本课题组采用了多年龄段的研究方式，拟从小学、中学、大学以及高等教育与基础教育相结合的模式等方面，进行创新人才培养的实验研究。

（二）创造性人才成长的环境因素

创造性人才成长的外因是创造性的环境，其内因是创造性人才的心理结构。环境是指周围所在的条件。当然，环境的概念非常宽泛，广义的环境（environment）泛指存在于有机体之外，并且对有机体产生影响的一切要素之和。与有机体没有联系的外部世界，对有机体来说，环境影响最弱。从受精卵开始，人与环境之间的相互作用就从未间断过。布朗芬伯伦纳（Bronfenbrenner，1988）认为，个体的行为不仅受社会环境中生活事件的直接影响，而且也受到更大范围的世界、国家、社区中的事件的间接影响。因此，他把个体的社会生态系统划分为5个子系统[①]：（1）微系统，指与个体直接的、面对面水平上的交流系统，例如，家庭、学校、同伴群体、工作场所、游戏场所中的个人的交互作用关系；（2）中系统，是几个微系统之间的交互作用关系；（3）外系统，是指两个或更多的环境之间的连接与关系，其中一个环境中不包含这个个体；（4）大系统，是指与个人有关的所有微系统、中系统与外系统的交互作用；（5）长期系统，是指个体发展过程中所有的社会生态系统，随着时间的变化而发生变化。对不同的对象和不同科学学科来说，环境的内容也显出差异来。

对生物学家来说，环境是指生物周围的气候、生态系统、周围群体和其他种群。例如，毛泽东当年提出了农业八字方针：土、肥、水、种、密、保、管、工。这里内因是什么？农业种植，不管是水稻、大豆还是玉米，都是"种瓜得瓜，种豆得豆"，种子是内因，另外七个字实际上就是外因——环境。如果一点水都没有，那干巴巴的种子永远是种子；而土和肥是促使种子成长根本性的外部条件。我们平时经常说"庄稼一枝花，全靠肥当家"，这就说明，对于生物学来说，周边的气候、生态系统、周围的群体包括其他的种群对生物的成长起到了环境的作用。

对社会科学来说，人是社会化的动物，人建立了社会。而社会的实质就是人

---

① Bronfenbrenner, U., & Morris, P. A. The ecology of developmental processes. In W. Damon（Series Ed.）& RM Lerner（Vol. Ed.），Handbook of child psychology：Vol. 1：Theoretical models of human development，1998，pp. 993 – 1028.

与人之间的关系，因此，社会环境就是具体人生活周围的情况和条件。奇凯岑特米哈伊（Csikszentmihalyi，2001）曾经说过，如果没有社会和文化的支持，即便是最伟大的天才也将一事无成[①]。一个创新人才的成长，要靠其生活条件、科研情况和科研条件为人际关系等一系列的环境。当然，创造性人才的心理结构是内因，属于个体变量，环境变量是外因。只有外因与内因共同作用，才是创造性人才成长所必需的，如果没有环境和文化的支持，即便最伟大的天才也将一事无成[②]。如果心理学强调心理是脑的机能，客观现实产生心理内容的话，那么创造性既是一种产生于脑的机能的现象，同时又是环境和文化因素的产物。

影响创造型人才的培养环境主要有五个方面。一是创造性环境，它是创造活动的背景因素，既包括创造活动所必须具备的物理环境（如场地、设备、器材等），也包括人文环境（如团队、文化氛围、组织管理、资料等）。因为创造活动是一种重要的社会活动，它从来不是孤立发生的，所以成功的创造必须具有必要的环境条件，在创造性环境因素的研究中，我们看到创造型人才的成长需要一个民主、和谐的环境，而民主、和谐的环境包括文化环境，如文化、传统、时代特点等，某种文化环境或某种传统文化比其他文化环境更能促进创造性的发展，这种能较好促进创造性发展的文化环境和这种文化所赖以生存的时代，被人称为"创造基因"（阿瑞提，1987）[③]。二是教育环境，包括家庭、学校，特别是教师、导师等。创造性教育是创造性研究的一种归宿，是创造性人才培养的一种必然[④]。三是社会环境，包括政府环境、行政支持、社会条件、社会支持及其对创造性的重视程度。四是创造性所在的微环境或小环境，包括单位的性质、职务、所处地位、人际关系合作或协作状况等。民主、和谐的小环境，不仅为个体创设了一个从事创新的良好条件，而且也形成了一个创新的团队。五是资源环境，如投入、硬件条件，也包括自然环境等。几乎所有的创造性研究资料都强调"巧妇难为无米之炊"，就是指资源的环境。个体的创造性思维和创造性人格正是通过不同环境的作用成长、发展起来的。

创造性人才的成长需要一个和谐的环境。所谓和谐，主要是指处理好和协调好各种各样的关系，心理和谐和社会和谐是一致的。和谐社会有三个空间，即自我关系、个人与他人的关系、个人与社会的关系。从心理和谐角度说，在创造性人才的成长中，围绕这三个空间，必须处理好六个关系：人与自我的关系、人与他人的关系、人与社会的关系、人与自然的关系、硬件与软件的关系、中国与外国的关系。创造性环境是创造性人才成长的重要条件。中国共产党在十七大报告

---

① ②　奇凯岑特米哈伊著，夏镇平译：《创造性：发现和发明的心理学》，上海译文出版社 2001 年版。
③　阿瑞提著，钱岗南译：《创造的秘密》，辽宁人民出版社 1987 年版。
④　林崇德：《教育与发展》，北京师范大学出版社 2013 年版。

中所指出的，要进一步营造鼓励创新的环境，努力造就世界一流科学家和科技领军人才，注重培养一流的创新人才，使社会创新智慧竞相迸发，各方面创新人才大量涌现。

1. 小学创新教育

我们从 2003 年"创新人才与教育创新的研究"这个课题中体会到，人人都有创造性，创新教育要面向全体学生。在中小学开展创新教育，培养学生的创新精神和实践能力，是当前基础教育的伟大使命。北京实验二小在创新教育方面有独特的见解，学校开展了多样的创新教育模式，本课题拟通过对这些创新培养模式的调查，探索出适合中小学培养创新精神的模式，以便开展具体的创新教育。

2. 中学创新教育——北师大第二附属中学的创新教育

在高素质创新人才培养方面，北京师范大学第二附属中学一直在努力探索，并取得了一些成果。为满足社会发展以及不同类型学生的需求，该校构建了一系列个性化课程。学校的"6+1+1"课程体系目的是在完成国家和北京市必修、必选课程，为学生打好全面而坚实的基础上，以"学科拓展类校本选修课程"和"综合实践类校本选修课程"为依托，开发个性化课程，培养创造型人才。其中包括为培养数理优秀人才而开设的理科实验班特选课程、为培养工科优秀人才而开设的项目研究课程以及为培养文科优秀人才而开设的文科实验班特选课程。"十二五"期间，学校将继续探索不同类型学生的思维特点和成长规律，从而优化课程体系和课堂教学策略。本书选取北京师范大学第二附属中学的优秀学生（高素质创新人才）进行研究和考查，对教师进行了人才培养模式的实验研究，并特别针对教学课和活动课的设计与安排进行了研究。

3. 大学与高中联合培养创新型人才

通过高校的专家参与高中研究性学习的指导和选修课的开设，部分具有创造性潜质的中学生进入高校重点实验室参加课题研究等方式，激发学生的求知欲望和科学兴趣，培养学生的创造性思维和创造性人格，探索高校与高中联合培养创造人才的模式。通过这种模式，充分利用高校丰富的科技和教育资源，发挥高校的优势，对于高素质创新人才的培养具有重要意义。课题组重要参与者已在这种模式上进行了探索和实践。

4. 大学创新教育

高层次的有重大意义的创新成果主要来源于受到高等教育的高层次人才。因此，加强大学创新教育对于建立创新型国家具有特别重要的意义。

高等教育与基础教育的不同之处在于，基础教育的重点在于其普及性，教授的知识大致相同，而高等教育的重点就有所不同。高等教育为的是能够向社会输送高质量的骨干型人才，最重要的是在文化、科技、工程等各个领域开拓创新，

21

不断进取。因此，相对于中小学创新教育来说，大学创新教育也应从两方面进行：一是重视教育教学方法，保护和激发学生的创新意识和创新精神；二是增加实践性教学的比重，强化实践性教学的质量控制，为基础学科拔尖创新人才培养的选拔机制、培养方案的制定、管理体制的建设以及人才培养效果的评价摸索经验。

（三）创造性人才的心理结构

本书认为，创造性人才＝创造性思维（智力因素）＋创造性人格（非智力因素），这就是创造性人才的心理结构，它是创造性人才成才的内因。事实上，国际创造性心理学界也十分重视创造性思维（智力因素）和创造性人格（非智力因素）的研究。

1. 创造性思维或创造性智力因素

要创造或创新，就离不开创造性的智力活动，即创造性思维，创造性思维在人类创造性活动中发挥着重要的作用。被誉为美国"创造性之父"的吉尔福特过多地强调创造性思维就是发散思维，且创造性心理学研究者较多地采取心理测量学取向研究发散思维，这就使得我国心理学界也产生了一种片面的认识，似乎创造性思维等同于发散思维。实际上，创造性思维的形式十分丰富，发散思维仅仅是其中的一个组成部分，还有诸如辐合思维、类比思维、创造性想象、言语创造、顿悟或灵感、直觉、酝酿效应等。本书多次提出如下五个方面。

一是新颖、独特且有意义的思维活动。也就是所谓"新"而"好"，创造性的首要特点是创新性，"新颖"是指"前所未有"；"独特"是指"与众不同"；"有意义"是指对"社会或个人的价值"。在我们自己教学实验中，首先强调创新的解题、作文、活动等。例如，本研究曾抓小学生自编应用题，以此突破难点，使学生进一步理解数量间的相依关系，不仅提高他们解应用题的能力，而且也促进其智力创造力的发展。又如，我们要求中学生在写作时做到：观察问题的角度新，分析问题的眼光新，叙述事物的方式新；选材力求新颖，立意不同一般；语言表达上逐步形成自己的个性及风格。因为人类的创造性活动的过程，体现出新颖、独特且有意义的特点，表现出积极的创造能力来，所以，创造性与创造力就如同一个词义，英文用 creativity 表示。

二是思维加想象，即通过想象，加以构思，才能解别人所未解决的问题。创造性想象的水平高低，取决于表象基础、形象言语的水平和意识倾向特征。所以我们在自己的教学实验中看到：学校里哪一学科成效都与学生的想象力有着密切的关系。因此，我们在教学实验中的做法是：（1）丰富学生有关的表象；（2）教师善于运用生动的、带有情感的语言来描述学生所要想象的事物的形象；（3）培养学生正确的、符合现实的想象；（4）指导学生阅读文艺作品和科幻作品。以此来培养学生的创造性想象。

三是在智力创造性或创造性思维的过程中，新形象和新架设的产生带有突发性，常被称为"顿悟"或上升为"灵感"。灵感是长期思考和巨大劳动的结果，是人的全部高度积极的精神力量。灵感跟创造动机和对思维方法的不断寻觅联系着，"原型"启发就是最好的说明。灵感状态的特征，表现为人的注意力完全集中在创造的对象上，所以在灵感状态下，创造性思维的工作效率极高。小学生没有灵感；在中学阶段，灵感也只是一个萌芽，还很不明显；18岁以后，灵感获得较迅速地发展，所以课题组十分重视中小学生有意注意的培养。在此期间，除了从非智力因素入手之外，我们在改革教学内容和教学方法上下功夫。我们课题组所编的中学语数两科补充教材和中小学语数两科实验教材、思维品质练习材料都有利于调动学生学习的积极性，增强有意注意，为灵感的萌芽和形成奠定基础。

四是分析思维和直觉思维的统一。分析思维就是按部就班的逻辑思维；而直觉思维则是直接领悟的思维。人在进行思维时，存在着两种不同的方式：一是分析思维，即遵循严密的逻辑规律；逐步推导，最后获得符合逻辑的正确答案或做出合理的结论；二是具有快速性、直接性和跳跃性（看不出推导过程）的直觉思维。例如，一位数学教师在黑板上出了一道有一定难度的因式分解式，题刚出完，就见一名学生冲上去用"十字相乘"的方法解了题。老师问："能否说出解题的道理？"学生直摇头。"你是怎么想的？""说不出来"，"那你为什么要用'十字相乘'法？""我也说不清，只是一看就知这么做对。"这是较典型的直觉思维例子。从中也可以看出直觉思维的个性，对结论的"坚信感"和表现并不都是一贯的"或然性"。从表面看来，直觉思维过程没有思维"间接性""语言化"或"内化"的表现，是高度集中地"同化"或"知识迁移"和概括化的结果。难怪直觉思维被爱因斯坦视为创造性思维的基础。所以，我们在教学中对学生直觉思维，一是要保护，二是要引导，尤其是初二以后，逐步引导学生学会"知其然，又知其所以然"。分析思维和直觉思维是处于相互补充、彼此统一的状态，按概念－判断－推理－证明逻辑规律的分析思维，被人概括化和内化形成直觉思维的基础，而直觉思维的出现，促进人类对问题无意而简便、突破性地获得解决，两者统一就促进创造性思维的产生和发展。

五是智力创造性是辐合思维和发散性思维的统一。辐合思维与发散性思维是相辅相成、辩证统一的，它们是智力活动中求同与求异的两种形式，前者强调主体找到对问题的"正确答案"，强调智力活动中记忆的作用；后者则被吉尔福特团队界定为有流畅性、灵活性和独特性的创造性思维，它强调主体去主动寻找问题的"一解"之外的答案，强调智力活动的灵活和知识迁移。前者是后者的基础，后者是前者的发展。在一个完整的智力活动中，离开了过去的知识经验，即离开了辐合思维所获得的一个"正确答案"，就会使智力灵活失去了出发点；离开了发散思维，缺乏对学生灵活思路的训练和培养，就会使思维呆板，即使学会一定知识，也不能展开和具有创造性，进而影响知识的获得和辐合思维的发展。因此，我们在培养智力灵活性的时候，既要重视"一解"，又要重视"多解"，且能将两者结合起来，我们可以称它为合理而灵活的智力品质。

2. 创造性人格或创造性非智力因素

创造性人才更需要创造性人格（或个性）。所谓创造性人格，即创造性的非智力因素。美国心理学家韦克斯勒曾收集了众多诺贝尔奖获得者青少年时代的智商资料，结果发现，这些获得者大多数不是高智商，而是中等或中上等智商，但他们的非智力因素与一般人有很大差别。

然而，由于人格因素的复杂性，所以创造性与各种人格维度之间关系的研究必然会获得各不相同的结论。下边我们略举一些研究结论：人格五因素与创造性的关系，其中开放性普遍地被看好，认为它可以显著地预测个体创造性的水平；精神病学特征与创造性的关系，较多研究者获得高创造性个体的精神质得分较高，这些被试具有更高的敏感性；认知风格与创造性的关系，研究者倾向场独立性的创造性高于场依存性的创造性；动机与创造性的关系，普遍地认为成就动机可直接或间接地影响学生的学业成绩，从而为创造性发展奠定某种基础，而较强的内部动机可以促进个体学习与任务相关的技能以提高创造能力，等等。此外，近年来，研究者还探索了创造性人格的领域特殊性，例如自然科学领域、社会科学领域、企业领域、艺术领域、社交等创造性人格的特点。

关于创造性活动需要哪些较优秀的创造性人格品质的研究吉尔福特（1967）[1]提出八条：（1）有高度的自觉性和独立性；（2）有旺盛的求知欲；（3）有强烈的好奇心，对事物的运动动机有深究的动机；（4）知识面广，善于观察；（5）工作中讲求条理性、准确性、严格性；（6）有丰富的想象力，敏锐的直觉，喜好抽象思维，对智力活动与游戏有广泛的兴趣；（7）富有幽默感，表现出卓越的文艺天赋；（8）意志品质出众，能排除外界干扰，长时间地专注于某个感兴趣的问题。斯滕伯格（1988）[2]提出创造力的三维模型理论，第三维为人格特质，由七个因素组成：（1）对含糊的容忍；（2）愿意克服障碍；（3）愿意让自己的观点不断

---

① Guilford, J. P. Some theoretical views of creativity. Contemporary approaches to psychology. Princeton NJ: Van Nostrand, 1967, pp. 419 –459.

② Sternberg, R. J. A three-facet model of creativity. The natural of creativity: contemporary psychological perspectives. New York: Cambridge University Press, 1988.

发展；（4）活动受内在动机的驱动；（5）有适度的冒险精神；（6）期望被人认可；（7）愿意为争取再次被认可而努力。事实上，中小学阶段智商不及格的斯滕伯格，坚持不信智商，而是信奉非智力因素或人格因素，用他自己在心理学研究上所取得的辉煌成就诠释了他的"成功智力"观和创造性人格品质的理论。

经过多年研究（林崇德，1986，1992，1999）①②③，将创造性人才的非智力因素或创造性人格概括为五个方面的特点及其表现，即：（1）健康的情感，包括情感的程度、性质及其理智感；（2）坚强的意志，即意志的目的性、坚持性（毅力）、果断性和自制力；（3）积极的个性意识倾向，特别是兴趣、动机和理想；（4）刚毅的性格，特别是性格的态度特征，例如勤奋，以及动力特征；（5）良好的习惯。与此同时，强调不论是基础教育阶段，还是在大学时期，应把创造性的非智力因素或人格因素渗透到日常教育教学中，并着重从兴趣、志向、毅力、质疑精神、信心和社会责任感入手作为培养学生创造性人格的突破点。

从2003年起，本书团队承担了教育部人文社会科学首批重大攻关项目之一"创新人才与教育创新"的课题时，开始研究创造性人格的领域特殊性问题。2006～2009年对创新拔尖人才的心理特征进一步进行了系统地研究，结果发现，这些拔尖创新人才所属领域不同，他们在创造性人格方面既有共性，又有个性；人文社会科学与艺术创造主要有六个关键影响因素；政治人物、思想引领者、虚体人物、老师、家庭成员和密切交往对象，其影响效应体现在引导建立信仰、启蒙、入门、领域内发展引导、镜映现象和支持作用。与此同时，我们在中、美、日、德、英五国青少年创造性对比研究中发现，我国的学生与其他国家学生在创新自信方面有明显差距。这表明，创造性人格在创新过程中起着更为重要的作用，所以在重视智力、知识、发散思维技能等认知因素的同时，更注重强调培养学生的自信心、好奇心、探索性、挑战性和意志力等创新人格品质。

由此可见，培养和造就创造性人才，不仅要重视培养创造性思维，而且要特别关注创造性人格的训练；不能简单地将创造性视为天赋，而更重要的是要把它看作是后天培养的结果；不要把创造性的教育仅限于智育，而是整个教育，即德、智、体、美、育的整体任务。

根据对创造性人才心理结构的理解，总体框架就探索"拔尖创新人才成长规律与培养模式"中成长规律指拔尖创新人才的智力特点、人格特点、成长历程和

① 林崇德：《试论思维的心理结构研究》，载于《北京师范大学学报》（社会科学版）1986年第1期，第18～26页。

② 林崇德：《智力活动中的非智力因素》，载于《华东师范大学学报：教育科学版》1992年第4期，第65～72页。

③ 林崇德：《培养和造就高素质的创造性人才》，载于《北京师范大学学报》（社会科学版）1999年第1期，第5～13页。

创造性成果获得过程。主要研究：

　　第一，拔尖创新人才有关智力（创造性思维）、非智力（创造力人格）特点，以及内在的兴趣、动机、理想等创造性动机系统等。本书在"创新人才与教育创新"的研究中，已经初步建立了一个创新人才鉴定体系，本次课题一是增加创造性人才的领域，从自然科学和社会科学界的拔尖创新人才，增加企业家（私企）和创造性教师；二是对典型人物作全面分析，增加科学性与可读性；三是深入探讨丰富完善这一体系，建立更为有效和权威的创新人才模型和理论构思。

　　第二，开展创造性人才的脑科学的研究，初步获得创造性人才认知神经科学的数据并作深入的理论分析。

第一章

拔尖创新人才成长规律与影响因素研究

如绪论所述，创造活动对科学进步、国家发展乃至全世界都有着重要的影响，哪个国家能最大限度地发现、发展、鼓励人民的潜在创造性，哪个国家就可以立于不败之地。因此，世界各主要发达国家都力图通过最大限度地培养、开发自己国民的创造潜力，从而带动整个国民经济和社会的全面发展与进步。拔尖创新人才在国家经济社会发展进程中更是中流砥柱，探索建立拔尖创新人才培养的有效机制，是建设创新型国家、实现中华民族伟大复兴的历史要求，也是当前对教育改革的迫切要求。因此在心理学领域进行关于拔尖创新人才的研究具有重大的战略意义。

我们前面提到，各时期的心理学家对创造力开展的研究也基本是沿着这四条线路进行的：①创造性个体；②创造性产品；③创造性过程；④创造性环境。其中对创造性个体的研究一直是创造力研究的重点，该类研究的主要思路就是通过对创造主体认知特征、人格特征的研究，总结创造人才的特点和成长规律，并挖掘其可培养性或可塑部分以及遗传特征，以对创造、创新人才的发现、培养、管理和使用提供基础。对拔尖创新人才的研究即关于创造人才的研究，就属于创造性个体研究的范畴。

人本主义心理学家认为，创造是人与生俱来的潜能，只是表现的水平不同而已。根据表现水平的差异，创造力可分为日常创造力（little-c）和杰出创造力（big-c）。日常创造力体现在普通个体的日常活动中，杰出创造力则是指个体创造出了影响力持续数十年甚至几个世纪的创造性产品，这些里程碑式的产品让其创作者也流芳百世①。后来，创造力研究者对这一思想进行了进一步拓展，提出了创造力的 4C 模型。该模型将日常创造力进一步划分为微创造力（mini-c）、小创造力（little-c）和专业创造力（pro-c），再加上杰出创造力（big-c），构成了创造力的四种发展水平②。拔尖创新人才是在领域内做出公认的杰出成就的人，因此本研究关注的是创造力的最高发展水平——杰出创造力。

长期以来，大多数研究者都坚持一种假设，即创造力是一种跨领域的统一能力。从概念的产生来看，创造力作为一种与其他能力相区别的心理品质可以在一般意义上使用。但是，从 20 世纪 90 年代起，一些学者开始怀疑一般的或跨领域的创造力的存在③④⑤。尽管创造力的领域一般性和领域特殊性问题一直存在争议，从科学认识论的角度来说，对特殊性的认识有助于深化对一般性的认识，研究者可以从对创造力作为特殊领域的才能开始来认识"一般创造力"的问题。

王极盛⑥在《科学创造心理学》中提到"创造是将创造力运用到科学、技术与艺术等各种不同的活动领域，产生新的、具有社会意义产物的过程"。人类的社会生活实践领域可分为科学、社会与艺术，相应地，创造力也可以表现为科学创造力、人文社会科学方面的创造力与艺术创造力。除了这三个最主要的领域外，由于企业家是经济发展的中流砥柱，他们的能力决定着企业的兴衰，而创新是企业家能力的重要组成部分。因此，本书除了对科学创造人才、人文社会科学与艺术创造人才的研究外，还增加了对企业家创造力的研究。

林崇德（2009）⑦在"创新人才与创新教育"研究中提出，拔尖创新人才的研究就是选取那些做出被社会所公认的有杰出创造性成就的人才，在前一个课题研究的基础上，我们以自然科学、社会科学和企业家中杰出人才为被试，通过他们所回顾的创造过程以及成长经历，从中发现并系统描述高创造力群体在心理特征、成长规律等方面的特点，最终揭示创造力的最初表现、发展及实现过程，进

---

① Simonton K D., Creativity in Highly Eminent Individuals. In James C. Kaufman & Robert, J. Sternberg（Eds），The Cambridge Handbook of Creativity. New York：Cambridge University Press，2010，P. 413.

② Kaufman，J. C，Beghetto，R A. Beyond big and little：The four c model of creativity. Review of General Psychology，2009，13（1），P. 1.

③ Csikszentmihalyi，M. Implications of a system perspective for the study of creativity. Handbook of Creativity. New York：Cambridge University Press，1999，pp. 313 – 335.

④ Amabile，T. M. The meaning and measurement of creativity. The social psychology of creativity. US：Westview Press，1996，pp. 19 – 79.

⑤ Kaufman，J. C，Baer J. The Amusement Park Theoretical（APT）model of creativity. The Korean Journal of Thinking & Problem Solving，2004，14（2），pp. 15 – 25.

⑥ 王极盛：《科学创造心理学》，科学出版社 1986 年版，第 301～304 页。

⑦ 林崇德：《创新人才与教育创新研究》，经济科学出版社 2009 年版。

而为人才培养、人才管理与使用提供科学依据。

第一节　科学创造人才成长规律与影响因素

科学创造人才是指生活于特定的历史时期、在所在学科中做出了创造性成就并得到社会认可的科学家。这些成就不仅是他们自身创造潜能的体现，也积极推动了社会的发展与进步。然而，关于科学创造人才的研究在我国尚处于起步阶段。20世纪以来，中国出现了一大批杰出的科学创造人才，他们在不同的学科领域做出了重大贡献，这为研究工作提供了有利条件。同时在当今高度重视培养科学对社会发展的驱动作用的背景下，研究科学创造人才具有重要意义。本章内容以杰出科学创造人才为研究对象，分别使用质性研究（访谈法）和量化研究（历史测量法）的方法，揭示科学创造人才的个体特征及成长规律。

一、研究目的

创造人才的研究不仅是社会发展的需要，更是探索个人实现人生价值的需要。本研究不仅可以为科学创造人才的培养以及教育科研管理提供关于科学创造人才成长规律的实证研究基础，从而设计出符合科学创造人才成长规律的教育与管理措施服务，同时可以使科学工作者从这些规律中获得自我教育与发展的启发，从而自觉磨练自己，积累做出创造性成就的学术背景和人生经历。

二、研究程序和步骤

为了达到以上目的，本课题分别进行了两次研究：科学创造人才的访谈研究和传记研究。访谈研究是对具有创造性成就的科学家进行访谈，了解其心理特点并总结科学创造人才的重要特征；传记研究是通过传记阅读对已过世或年事已高不宜接受访谈的科学家进行研究。通过深入细致地分析访谈研究和传记分析，总结出科学创造人才的成长规律。这两次研究都是以科学家为研究被试，有助于研究结果相互印证和补充，以形成规律性的认识，进而揭示创造的本质。最后，以一个典型案例具体分析和展现科学创造人才的心理特征、影响因素及成长阶段，生动形象地说明创造人才的成长历程及心理特点。

（一）科学创造人才的访谈研究

1. 研究对象

访谈研究的被试者来自于数学、物理学、化学、生命科学和地学 5 个领域，包括两院院士以及获得国家自然科学一、二等奖的青年科学家。每个学科各 100 人，共计 500 人。查询他们的代表性成果，请该专业在读的三年级博士生对该成果的创造性进行评价。在这些研究对象中，由于找不到合适的评判者，或者评判者不能准确认定其成果的创造性特征等原因不能成为本研究被试的有 393 名，筛选出可选被试 107 名。

研究者给剩余 107 名合乎标准的潜在被试发送电子邮件，说明本研究目的，请他们配合。3 天后打电话预约访谈时间，共收集到 34 名科学家的访谈资料，其中 2 名女性，32 名男性。学科分布如下：数学学科 6 人，物理学科 8 人，化学学科 6 人，地学学科 7 人，生命科学学科 7 人。在这 34 名科学家中，40 岁以下的 3 人，41～50 岁的 7 人，51～60 岁的 6 人，61～70 岁的 8 人，71～80 岁的 7 人，80 岁以上的 3 人。

2. 研究过程

（1）被试访谈。

访谈结构：访谈主体的设计分为两个部分，一是让被访者讲述自己最有代表性的科学研究工作的研究过程；二是让被访者谈谈对他们的成长以及进行创造性活动具有影响的重要生活事件，并说明这些事件对创造活动的意义。为了进行反复、深入的分析，研究人员用录音笔对访谈进行全程录音（约 60 分钟）。

访谈准备：为了使访谈达到预期效果，除了在访谈说明中说明研究的目的和意义外，研究人员还需要在正式访谈前，了解并熟悉被访者的主要研究领域，尤其是熟知科学家取得的创造性研究成果的内容。

预访谈：在正式对科学家进行访谈前，研究人员对 3 位科学研究工作者进行了预访谈（分别为物理、数学和生命科学 3 个领域），熟悉研究过程与程序。

访谈过程的控制：访谈包括两个大的主题，每个大的主题下面还有次级主题，提出次级主题的次序在访谈中是灵活的，依赖于被访者的陈述。在访谈过程中，访谈问题可以根据访谈实际过程的发展而变化。如果被访者没有进行解释则进一步追问，让他们进一步描述、比较、解释并举例。

访谈笔记：访谈结束，关闭录音笔后，请科学家简要谈谈对本研究的建议。研究人员在回到住所后立即将这些谈话以及访谈的情景等以"访谈笔记"的形式记录下来，以备分析之用。

（2）访谈资料的整理与分析。

访谈资料转录：将访谈获得的录音资料全部逐字转录（转录字数共有大约51万字），转录工作由心理学专业硕士研究生完成。转录信度由研究人员听录音复查、校对保证。

访谈资料分析：本研究运用主题分析法对访谈资料进行内容分析。主题分析（thematic analysis）是一种用来进行质性资料分析的方法，可以将质性资料转变成量化资料。主题分析的目的是对研究材料进行编码，制定出编码手册。在检测出重要心理特征的基础上，根据每项特征的具体内容以及表现程度，对每项心理特征进行5级评分。1分为"不确定"，2分为"有点符合"，3分为"基本符合"，4分为"大部分符合"，5分为"完全符合"。检验评分信度，对科学创造人才心理特征的评分进行统计分析。

利用计算机辅助软件包 NVivo2.0 做辅助分析，编码与评分结果导入SPSS10.0，并用 SPSS10.0 进行数据管理与分析。

（二）科学创造人才的传记研究

"科学创造性人才的传记研究"是这次"拔尖创新人才成长规律与培养模式"课题的全新内容。

1. 研究对象

需要运用历史测量法来开展研究的被试者多为已经去世或者年龄非常大的科学家。参考《辞海》第六版[①]，研究者初步筛选出20世纪以来的65位做出创造性成就的科学家，主要涉及数学、信息科学与系统科学、物理学、天文学、地球科学等学科领域。为了控制社会环境的影响，选取的被试都经历了抗日战争、解放战争、"文革"等重大历史性事件。同时，鉴于本研究要考查的对象是杰出科学创造人才，为了便于与访谈资料相比较与归纳，传记分析同样将两院院士作为入选的基本条件。根据以上条件，研究者进一步筛选出50名典型的科学创造人才。搜集科学创造人才的传记材料，包括自传、纪实性他传等，从中选取33名传记资料相对充分、纪实性程度较高的科学家作为研究对象。

由于在中国封建社会妇女的社会地位很低，很少有外出求学、接受科学文化教育的机会，因而那个时代真正符合科学创造人才标准的女性人物相对较少，且可供研究的传记资料也十分有限。因此，本研究选取的对象全是男性。学科分布如下：物理学科22人，数学学科4人，信息与系统工程学科2人，土木工程1人，气象学1人，地球科学2人，农学1人。在33位科学家中，70～80岁的2

---

① 舒新城：《辞海（第六版）》，上海辞书出版社2009年版。

人，81 ~ 90 岁的 11 人，91 ~ 100 岁的 19 人，100 岁以上的 1 人。

2. 研究过程

（1）评分手册的制定。

根据已有文献，听取有关心理学专家的意见，对相关量表进行改编并商讨评分标准，制定适合本研究的评分手册。在这一过程中，综合考虑评分手册的年龄普适性（即用到的量表适用于特定年龄阶段的人物）。评分手册具体包括以下六个部分。

家庭社会经济地位量表（SES）：在西蒙顿（Simonton）[①] 研究的基础上，结合我国职业分类的标准，研究者对问卷做了补充、完善。其中，父亲职业分为五个等级，从低到高分别是：①无技术劳动者（如农民）；②半技术劳动者（如建筑工人）；③简单从事商业活动或技术劳动者（如司机、售货员）；④专门从事商业活动或半专业人士（如教师、医生）；⑤专业人士（如领导干部、公司经理）。父亲受教育水平分为五个等级，由低到高分别是：①没有接受正式教育；②高中毕业或学徒期结束；③大学学历或同等学力；④硕士；⑤博士。如果一个人的受教育水平落在上述两者之间，则在低水平的基础上加 0.5 分（如某人没上完大学，则计 1.5 分）。参考师保国和申继亮[②]的计分方法，把职业等级和受教育程度所得的值加起来，总分作为家庭社会经济地位（SES）的指标值。

只将父亲的职业和受教育水平作为家庭社会经济地位的测量指标，是考虑到被试群体出生于 20 世纪初至 20 世纪 30 年代之间，当时的中国仍处于旧社会，时代背景决定了父亲在家庭中的主导地位。父亲作为一家之主，是家庭收入的主要来源，也是家庭中的"权威人物"。因此，父亲的职业和受教育水平在很大程度上可以代表家庭的社会经济地位。

父母教养行为量表：采用波梅兰茨（Pomerantz）等人[③]编制的父母教养行为问卷评定父母的自主支持、心理控制和行为控制。修订后的量表包括自主决策、交换意见、引发内疚、爱的撤回、权利专断、主动询问、行为约束 7 个维度。研究者根据父母教养行为的完整问卷，对每个维度的所包含题目做了归纳、整合，建构了由父母教养行为问卷各维度及具体含义构成的"简式量表"，每个项目后

---

① Simonton, D. K., Biographical determinants of achieved eminence: a multivariate approach to the Cox data. Journal of Personality and Social Psychology, 1976, 33（2），P. 218.

② 师保国、申继亮：《家庭社会经济地位，智力和内部动机与创造性的关系》，载于《心理发展与教育》2007 年第 1 期，第 30 ~ 34 页。

③ Wang, Q., Pomerantz, E. M., & Chen, H. The role of parents' control in early adolescents' psychological functioning: A longitudinal investigation in the United States and China. Child Development, 2007, 78（5），pp. 1592 - 1610.

设有"从不、偶尔、经常、总是"四个选项，分别记为1、2、3、4分。"从不"表示从未提及可以说明父母的某种行为或事件，"偶尔"表示在绝大部分情境下都没有提到可以说明父母的某种行为或事件，但在个别情境下却表现出该行为倾向，"经常"表示在绝大部分情境下都提到了可以说明父母的某种行为或事件，但在个别情境下却未表现出该行为倾向，"总是"表示在所有情境下都提到了可以说明父母的某种行为或事件。结果表明，上述七个维度的评分者一致性系数在0.35~0.77之间，除主动询问较低（0.35）以外，其余各维度的信度系数均在0.70以上。因此，在计算父母的行为控制时，排除主动询问这一维度，用行为约束表示父母的行为控制水平。

正规受教育水平和多元文化经历：正规受教育水平分为五个层次，由低到高分别是：没有接受正式教育、高中毕业或学徒期结束、大学学历或同等学力、硕士学历和博士或其他专业水平学历，与之对应的分值为0、1、2、3、4分。如果一个人的受教育水平落在上述两者之间，则在低水平的基础上加0.5分（如某人没上完大学，则计1.5分）。多元文化经历是指是否有过留学经历，无计为0，有计为1。

师徒关系量表：该量表是德勒埃（Dreher）等人[1]编制，后经特南鲍姆（Tenenbaum）等人[2]修订而成，用于测量师徒关系中的社会情感性支持、工具性支持和人际支持。其中，导师的社会情感支持包括尊重他、做他的榜样等题目；工具性支持即与学术、工作相关的支持，包括在论文写作上给予指导和帮助、同他探索未来的职业选择等题目；导师的人际支持包括帮助他认识这一领域的其他人士、保护他免于外在事物的干扰等题目。结合本研究的目的和整理后传略的内容，研究者对该量表进行了改编。具体的做法是在每个维度上对原有的题目进行归纳、总结，构建师徒关系"简式量表"，每个维度后设有"从不、偶尔、经常、总是"四个选项，分别计为1、2、3、4分。两名评分者在评分前必须熟悉每名科学家的传略，并能准确无误地理解各个选项的具体意义（同上）。如果传略中只提到了某一导师，则根据传记资料单独评分；如果同时提到了两名导师，则根据资料对两名导师进行综合评定；如果未提到研究生导师，则对大学阶段提到的类似于导师角色的大学教师进行评定。结果表明，上述三个维度的评分者一致性系数在0.73~0.89之间。

大五人格量表：本研究采用大五人格量表简版（15题），该量表是兰格

① Dreher, G. F, Ash R A. A comparative study of mentoring among men and women in managerial, professional, and technical positions. Journal of applied psychology, 1990, 75 (5), P. 539.

② Tenenbaum, H. R, Crosby F. J, Gliner M. D. Mentoring relationships in graduate school. Journal of Vocational Behavior, 2001, 59 (3), pp. 326-341.

（Lang）等人[1]在原有的大五人格量表的基础之上开发的。每个维度包括 3 个题目，采取 7 级评定，分别为"完全不符合""不符合""有点不符合""不能确定"（或在该特征上不明显）"有点符合""符合""完全符合"。由两名研究者按照预先制定的统一标准，根据人物的具体行为表现，对量表各个项目进行赋分。本研究选用该量表作为研究工具的原因有二：第一，该量表是在相关人格量表的基础上形成的，汲取了其他量表的优点。已有研究者将该量表与其他人格量表，如 16PF、大五人格量表完整版的测量结果进行相关分析，发现该量表具有良好的效度；第二，本研究是对人物传略中人物的具体行为进行评分，如果人格量表中题目描述太过详细，就会增加研究者赋分的难度。该量表简洁方便，比较符合本研究对象的特点，增强了适用性。结果表明，大五人格各维度的评分者信度系数在 0.80 ~ 0.96 之间，评分者信度良好。

科学创造力：根据参考文献，使用产出量和杰出性来综合评价科学创造力。通过百度百科、维基百科及相关传记资料，查找每名科学创造人才已经做出的成就，包括已发表的论文、著作、创造发明等。

参考斯顿夫（Stumpf）[2]的综述研究，查阅世界范围内科学领域的相关奖项，研究者制定了评价（各项成就的）创造力水平的标准。本研究用某项成就获得的外部奖励作为评价其创造力水平的指标，量化赋分标准为：诺贝尔奖，计 10 分；沃尔夫奖、泰勒环境奖等国际性大奖，计 9 分；国家科学技术最高奖，计 8 分；国家自然科学、国家技术发明一等奖或国家科技进步特等奖，计 7 分；国家自然科学、国家技术发明二等奖或国家科技进步一等奖，计 6 分；国家自然科学、国家技术发明三等奖或国家科技进步二等奖，计 5 分；国家科技进步三等奖，计 4 分；省部级自然科学或技术发明一等奖，计 3 分；省部级自然科学或技术发明二等奖，计 2 分；省部级自然科学或技术发明三等奖，计 1 分。这样就从总体上构成了创造力评价的十点量表。

创造力水平的计算方式是每名科学家取得的各项成就所对应的奖项得分之和（同一项成就按最高分一次计分，不重复累加）。杰出性等于每名科学家在所在领域中获得过的最高荣誉及影响范围得分，如袁隆平获得的最高奖项是国家科学技术最高奖（计 8 分），且是第三世界院士（另加 1 分），他在杰出性上得分为 9 分。需要指出的是，有些科学创造人才从事的工作是团队性质的，如某些科学家在同一年同一个科研项目中同时获奖，在团队合作中，很难说明哪一个人的工作

① Lang, F. R, John D, Lüdtke O, Schupp J, Wagner G G. Short assessment of the Big Five: robust across survey methods except telephone interviewing. Behavior research methods, 2011, 43 (2), pp. 548 – 567.

② Stumpf, H. Scientific creativity: A short overview. Educational Psychology Review, 1995, 7 (3), pp. 225 – 241.

更重要。因此，为了尽可能保证评分的公正性，针对团队合作所获得的奖项，该项成就的创造力得分减半。

（2）具体研究程序。

①搜集传记资料。科学家传记资料以自传或纪实性的他传为主，选取传记的出版单位要有较高的社会知名度。如果某位科学家同时具有多本传记，则根据纪实性程度、作者情况及其所掌握的材料来源、充分性和真实性选择权威性更高的一本作为主要分析材料，对不一致的记录以大多数传记为准。

②整理传略。根据本研究目的及评分手册内容，研究者将每位科学家的传记资料整理成 4 000 字左右的传略。为了防止因传记资料整理不全面而造成的评分偏差，研究者在整理传记的过程中翻阅同一人物不同版本的传记，去粗取精，保证每名科学创造人才传略内容全面、客观。

③商讨评分标准并量化赋分。为了减少评分者主观性的影响，在人格特征的评定过程中，对评分一致性问题进行了考查。随机选择 10 位人物，隐去人物姓名，由研究者与另一位经过培训的心理学研究生，按照预先制定的统一标准，对人物进行评价。根据统计结果，对评分标准进行反复讨论，直到达成较高的评分一致性。

④正式赋分。对所有传略中的被试姓名均以编号代替，由一名心理学专家和两名经过培训的心理学研究生根据传略资料同时对每位被试进行赋分。采用 SPSS16.0 对数据进行录入、统计与分析。考虑到本研究中的样本量较小（$n = 33$），且缺失值所占比例比较低（$< 5\%$），因此，研究者处理缺失值的方式是剔除有缺失值的观测单位。

三、研究结果

（一）杰出科学创造人才的心理特征

在访谈研究中，利用编码手册，研究者对科学创造人才的主要心理特征进行分析。界定重要心理特征时采用的标准是：某一特征的出现频次不少于总人数的 25%，即不少于 9 次（$34 \times 25\% = 8.5 \approx 9$），共有 26 项心理特征符合这一标准。按重要程度排序分别为一般智力强、勤奋努力、内在兴趣、研究技能与策略、洞察力、坚持有毅力、有理想有抱负、愉快感、发现问题的能力、专业素质与功底、独立自主、积极进取、注意吸收新信息、愿意尝试、自信、系统的研究风格、思维灵活变通、乐于合作、冒险性、思维独特新颖、综合思维能力强、知识广博、联想能力强、开放性、分析思维能力强和寻求规律的倾向。

根据被访科学家对筛选出来的 26 项特征的排序进行主成分分析，对科学创造心理特征进行探索性因素分析。根据数据分析结果及其意义的可解释性，最后抽取了 5 个主成分，可以解释总体变异的 51.65%。根据每个主成分所包含的具体内容，将科学创造人才的心理特征划分为 5 个方面：内部驱动的动机（有理想有抱负、积极进取、愉快感、内在兴趣），问题导向的知识构架（专业素质与功底、研究技能与策略、知识广博、愿意尝试、发现问题的能力），自主牵引性格（勤奋努力、乐于合作、坚持有毅力、独立自主、自信），开放深刻的思维与研究风格（开放性、思维独特新颖、思维灵活变通、洞察力、系统的研究风格）以及强基础智力（分析思维能力强、综合思维能力强、一般智力强、联想能力强）（具体见表 1 - 1）。

表 1 - 1　　　　　　科学创造人才心理特征的主成分分析

心理特征名称	因素 1	因素 2	因素 3	因素 4	因素 5
专业素质与功底	0.682				
研究技能与策略	0.661				
知识广博	0.654				
愿意尝试	0.579				
发现问题的能力	0.546				
勤奋努力		0.698			
乐于合作		0.668			
坚持有毅力		0.599			
独立自主		0.559			
自信		0.551			
有理想有抱负			0.740		
积极进取			0.505		
愉快感			0.502		
内在兴趣			0.430		
开放性				0.670	
思维独特新颖				0.569	
思想灵活变通				0.520	
洞察力				0.512	
系统的研究风格				0.493	
分析思维能力					0.575

心理特征名称	因素1	因素2	因素3	因素4	因素5
综合思维能力					0.561
一般智力强					0.491
联想能力					0.434
贡献率（%）	17.320	12.145	8.320	7.619	6.242
贡献率之和（%）	17.320	29.456	37.785	45.405	51.647

注：因素1为问题导向的知识构架；因素2为自主牵引性格；因素3为内部驱动的动机；因素4为开放深刻的思维与研究风格；因素5为强基础智力。

（二）杰出科学创造人才的概念结构

当我们了解了科学创造人才的心理特征后，研究需要进一步回答的问题是：科学家做出"创造性成就"与"一般成就"是否具有明显不同的心理特征？科学创造人才的心理特征有许多，一些心理特征在一定程度上存在意义的重叠或互相包含，能否用简洁的形式来概括这些概念？因此，需要对这些心理特征进行进一步分析整理，以发现其深层心理含义。

这一部分的结果主要区分了科学家在做出"创造性成就"与"一般成就"时的心理特征是否不同以及是否存在几个潜在维度来归纳科学创造人才的心理特征。30位科学创造者作答了由30个词构成的"科学创造人才重要心理特征调查表"，研究者使用多维尺度法对调查结果进行了分析。

1. 创造性科学成就及一般科学成就中重要的心理特征

所有科学家都认为做出创造性成就需要许多重要心理特征，例如，勤奋努力、有理想有抱负、内在兴趣、积极进取、思维综合能力强、专业素质与技能、注意吸收新信息、自信、乐于合作、思想独特有新意、坚持有毅力、善于发现问题、富于洞察力、开放性、分析能力强、独立自主、知识广博这17项特征是重要的特征（重要程度平均在3.0以上）。最不重要的特征有3项：工作中的愉快感、内向性和爱好艺术（重要程度平均在2.0以下）。但是，整个项目评价的标准差变异较大，最小值为0.72，最大值为1.56，标准差平均为1.06。有11项特征的标准差在1以下，有19项特征的标准差在1以上，说明科学家在这方面的认识上存在一定差异。

而当科学家在做出一般成就时，最为重要的心理特征有2项（重要程度平均在4.0以上），它们是：勤奋努力和坚持有毅力。此外还有13项特征也较重要（重要程度平均在3.0以上），它们是：责任心强、专业素质与技能、积极进取、思维综合能力强、善于驾驭已有知识、注意吸收新信息、自信、精力充沛、乐于合作、善于观察、有理想有抱负、分析能力强、善于发现问题。最不重要的心理特征有两项（重要程度平均在 2.0 以下），它们是：内向性和爱好艺术。考查所有项目评价的标准差发现，在取得"一般成就"的重要心理特征问题上，科学家们的认识比较一致，而且更加强调勤奋努力、坚持与毅力、责任心以及专业素质的作用。

2. 科学创造人才关于创造成就的概念结构

研究者运用多尺度分析法对调查数据进行分析，发现科学创造人才在评价各个心理特征在科学创造中的重要意义时使用的概念可划分成两个维度，这两个维度解释了 81.5% 的数据变异。每一维度都有正负两个方向，根据每一维度所包含的几个极端心理特征的内涵命名，用这个维度可以将处于两个极端的心理特征分开。第一维度命名为"成就取向/内心体验取向"，其正向是积极追求成就的心理特征，包括勤奋努力、内在兴趣、开放性、自信、注意吸收新信息、积极进取和专业素质与技能；其负向为注重内心感受的心理特征，包括内向性、爱好艺术和工作中的愉快感，这些特点也是被科学家评价为相对不重要的心理特征。第二维度为"主动进取/踏实肯干"，其正向为"主动进取"，包括有理想有抱负、思维综合能力强、内在兴趣、敢于冒险、愿意尝试和积极进取；其负向为"踏实肯干"，包括勤奋努力和寻求规律的倾向（见表 1-2）。分析组成这两个维度各成分的心理特征以及各个特征在创造性成就中的重要程度可以看出，具有创造性成就的科学家的概念结构中，对做出创造性成就具有重要意义的概括性特征是"成就取向"与"主动进取"。

表 1-2　　　　　　科学创造人才关于创造心理特征的维度

特征名称	特征赋值（weight）
维度 1	
正向：成就取向	
工作勤奋、努力	1.6889
内在兴趣	1.5216
开放性	1.4249
自信	1.2589
注意吸收新信息	1.1730
积极进取	1.0795
专业素质与技能	1.0422
坚持、有毅力	0.8784

续表

特征名称	特征赋值（weight）
负向：内心体验取向	
内向性	−2.5716
爱好艺术	−2.675
工作中体验到愉快	−2.8217
维度2	
正向：主动进取	
有理想有抱负	1.8552
思维综合能力强	1.3328
内在兴趣	1.0813
敢于冒险	0.9500
愿意尝试	0.9169
积极进取	0.8776
负向：踏实肯干	
勤奋努力	−1.5437
寻求规律的倾向	−1.5037

3. 科学创造人才关于一般成就的概念结构

对科学创造人才取得"一般成就"的心理特征同样进行多尺度分析，发现它也是由两个维度构成的：第一个是"成就取向/内心体验取向"，其正向是"成就取向"，包括工作勤奋努力、坚持有毅力、积极进取、专业素质与技能和责任心强；其负向为"内心体验取向"，包括内在兴趣、敢于冒险、灵活系统的研究风格、思维独特新颖、追求秩序、工作中的愉快感、内向性和爱好艺术。第二个是"知识/动机"，其正向为"知识"，包括善于驾驭已有知识、知识广博和工作中精力充沛；负向为"动机"，包括内在兴趣、坚持有毅力和有理想有抱负（见表1−3）。分析组成这两个维度各成分心理特征以及各个特征在创造性成就中的重要程度可以看出，具有创造性成就的科学家的概念结构中，对做出一般成就具有重要意义的概括性的特征是"成就取向"与"知识"。

表 1 – 3　　　　　对"一般成就基础"的进一步分析

特征名称	特征赋值（weight）
维度 1	
正向：成就取向	
坚持、有毅力	1.7991
工作勤奋、努力	1.7346
专业素质与技能	1.2049
积极进取	0.8022
注意吸收新信息	0.4015
负向：内心体验取向	
内在兴趣	− 0.5929
工作中体验到愉快	− 1.4150
内向性	− 1.6357
爱好艺术	− 2.2432
维度 2	
正向：知识	
内在兴趣	1.2352
坚持、有毅力	0.6621
专业素质与技能	0.5645
爱好艺术	0.5462
负向：动机	
工作中体验到愉快	− 0.6356
积极进取	− 0.9157
工作勤奋、努力	− 1.0201

将具有创造成就的科学家关于"创造成就"的概念结构与关于"一般成就"的概念结构相比较，可以看出，二者既有相同点也存在明显差异。相同之处体现为，二者的第一个维度基本相同，都是"成就取向/内心体验取向"。但是在"成就取向"的构成上既有共同成分，也有不同成分。最大的不同则体现在它们的第二个维度上，关于创造成就概念结构的第二个维度是"主动进取/踏实肯干"，而关于一般成就的概念结构却是"知识/动机"，二者没有任何共同成分。

（三） 科学创造力的影响因素

无论是科学创造人才的访谈研究还是传记研究，二者都关注科学创造人才的成长过程及其影响因素。在访谈研究中，研究者利用编码手册对影响科学创造人才成长的主要因素进行了分析，得出了 10 个主要的影响因素，分别为中小学教师的作用、导师的作用、父母的作用、科研环境氛围、成长环境氛围、大学教师的作用、青少年时爱好广泛、挑战性的经历、交流与合作以及多样化的经历。

研究者进一步用主成分分析法抽取了 3 个主成分，根据每个主成分所包含的心理特征，分别命名为早期促进经验、研究指引和支持、关键发展阶段指引。其中早期促进经验包括父母的作用、成长环境氛围、青少年时期爱好广泛、具有挑战性经历与多样化的经历；研究指引和支持包括导师的作用、科研环境氛围、交流与合作的氛围；关键发展阶段指引包括中小学教师的作用和大学教师的作用（见表 1 - 4）。

表 1 - 4　　　　　　　　科学创造人才影响因素的主成分分析

心理特征名称	因素 1	因素 2	因素 3
父母的作用	0.894		
成长环境氛围	0.758		
青少年时爱好广泛	0.532		
挑战性的经历	0.440		
多样化的经历	0.405		
导师的作用		0.961	
科研环境氛围		0.762	
交流与合作		0.411	
中小学教师的作用			0.988
大学教师的作用			0.591
贡献率（%）	22.837	19.667	18.057
贡献率之和（%）	22.837	42.504	60.561
因素命名	早期促进经验	研究指引和支持	关键发展阶段指引

（四） 传记研究对科学创造力影响因素的进一步验证

传记法的结果部分支持了访谈法的研究结果。

41

1. 家庭对科学创造力的影响

在传记法中，当考查家庭社会经济地位与创造力水平、杰出性的相关时发现，家庭社会经济地位与杰出性呈显著正相关（$r = 0.37$，$p < 0.05$）；考查父母教养行为与创造力水平、杰出性的相关，结果表明，父母的行为控制与创造力水平（边缘）有显著正相关（$r = 0.35$，$p = 0.06$）（具体见表 1 - 5）。以杰出性为因变量，家庭社会经济地位为自变量，进行回归分析。结果表明，家庭社会经济地位的回归系数不显著；以创造力水平为因变量，父母的行为控制为自变量，进行回归分析，结果表明，父母的行为控制对个体的创造力水平具有（边缘）显著的正向预测作用（$\beta = 0.35$，$p = 0.06$）。这一结果支持了"父母的作用"是影响科学创造人才的重要因素。

表 1 - 5 家庭环境与科学创造力的相关分析

分类	创造力水平	杰出性
家庭社会经济地位	0.27	0.37*
自主支持	0.16	0.17
心理控制	0.07	-0.11
行为控制	0.35*	0.10

注：* 表示 $p < 0.05$，** 表示 $p < 0.01$，*** 表示 $p < 0.001$，无星号表示 $p > 0.05$，全书同。

2. 正规教育对科学创造力的影响

在对杰出科学创造人才的正规受教育水平和多元文化经历进行描述统计时发现，34 名杰出科学创造人才都上过大学，其中大学毕业人数 10 人，硕士毕业人数 1 人，博士毕业人数 23 人，占总人数的 67%；有留学经历的人数为 27 人，占总人数 79%，没有留学经历的人数为 7 人，占总人数的 21%。这从侧面说明了"多样化的经历"对科学创造人才来说也非常重要。

3. 导师作为重要他人对科学创造力的影响

分别考查师徒关系（社会情感、工具性支持和人际支持）与创造力水平、杰出性的相关，结果表明，情感支持与创造力水平呈显著正相关（$r = 0.39$，$p < 0.05$）；以创造力水平为因变量，导师的情感支持为自变量，进行回归分析，结果表明，导师的情感支持对创造力水平具有显著的正向预测作用（$\beta = 0.40$，$p < 0.05$）。这补充证明了访谈法中得出的"导师的作用"也是一个重要影响因素。

（五）科学创造人才的成长阶段

拔尖创新人才的成长阶段是其成长规律的重要表现。对于科学创造人才的成长阶段，访谈与传记研究得出了类似的结果，那就是创造才能的发展是一个连续的过程，具有阶段性，每一阶段都涉及情感与认知的发展，经历一些重要的生活事件，不同的发展阶段会有一个或几个重要他人在发展中起到重要作用。创造者最终的创造成就是以前各个阶段发展的最终体现，但是每个发展阶段都有特定的发展重点，涉及各种关系，其中关系的性质对发展的作用极其重要，每一阶段链条的断裂或发展不完善都会使创造人才成长中止。通过对我国科学创造人才资料的分析可以看出，科学创造人才的发展大致经历 5 个基本阶段：自我探索期、才华展露与专业定向期、集中训练期、创造期和创造后期，且不同的影响因素在不同的阶段所占比重也是不同的。

1. 自我探索期

这一阶段以当事人从事各种各样探索性活动为出现标志，以确定自己的兴趣点以及在某一方面有突出表现为这个阶段的结束标志，年龄大约为从出生到小学毕业。这一阶段对科学创造人才成长起作用的人主要是父母与小学教师，起作用的方式是创造宽松的探索环境，创造条件让他们接受好的教育，使得当事人能够从事自己喜欢的活动，在从事活动的过程中发现自己可以在哪里获得成功的乐趣。同时也包括帮助他们养成良好的学习习惯，引导或鼓励探索，激发好奇心，特别是以极其简单、朴素的语言奠定人生价值观的基础，那就是"做一个有用的人"。这一时期的自我探索是以游戏的形式出现的，学习也是游戏。表面上是探索外部世界，其实是一个探索自己的内心世界、自我发现的历程。成人提供的指导是个别的、非正式的和娱乐性的，早期努力往往伴随着热情与鼓舞。这一阶段的探索不一定与日后从事学术创造性工作有直接关系，但是却为后来的创造提供重要的心理准备，是个体主动性形成的重要阶段。

2. 才华展露与专业定向期

在这一阶段，经过前一时期的广泛探索，当事人逐渐地将兴趣集中于探索某一方面。之所以将研究的兴趣集中于某一方面，是由于他发现这方面的学习能给他带来更多的快乐，这与他学习的进展速度有关。如果学习进展较快，就是一个极大的内部奖赏。有时内部兴趣也与偶然发生的事件有关，比如，当事人做的某件事得到了意外的奖赏，使得他发现自己有这一方面的才华，而这种才能他人不具备，这种才华使得他与众不同，并且反应是积极的，给他带来正向的强化。愉悦的情感与对自己优势才能的发现共同促使当事人确立自己的主攻方向。

3. 集中训练期

经过上一阶段，当事人发现自己特别喜欢某一学科，或者在某一方面展露出特别的才华，以至于他们决定将这一领域作为自己终生奋斗的方向以后，他们就投入到集中学习与训练的阶段。在这一阶段中，重要他人是大学本科阶段的教师和硕士、博士研究生阶段的指导教师。本科阶段教师的作用在于使学生通过教学了解到这个学科的意义与研究前景，大学教师的榜样使他们看到从事这方面研究的乐趣，使他们认识到这个学科是生动有趣的。大学期间老师的作用是用自己对学科的敏感影响学生，同时为学生打下坚实的专业基础。硕士或博士期间导师的作用是，锤炼学生的研究技能，使学生通过实际的研究学习掌握研究技能，了解并形成一定的研究策略。导师们往往是用自己对学科的热爱塑造学生对学科的热爱，学生的科研态度也是通过与导师一起做研究培养起来的。导师的研究思路、研究方法对学生有巨大影响。在老师的激发下，他们大多勤学苦练，加上个人的聪颖，学习进展很快。学业上的进展反过来也激发了他们进一步学习与探究的兴趣，职业兴趣和专业方向更加坚定，特别是到了硕士研究生或博士研究生阶段，他们大多数考入著名的大学、拜专业领域里顶尖的学者为师。有的已经参与到导师的研究工作中来，有的已经开始自己喜欢的课题的研究。这期间的主要收获体现在两个方面：一是获得了扎实的专业基础知识，掌握了基本的研究技能，通过与导师的合作研究或做导师的研究助手，了解了进行科学研究的一般策略，开始进行一些有意义的研究工作；二是通过学习和研究工作，更加坚定了专业方向，热爱自己的研究工作，研究工作中的一些进展使得他们相信自己可以做得比较好，以至于最终能够实现自己的人生价值。

4. 创造期

这一阶段以发表一系列高质量的研究论文或研究成果为标志，最后做出了具有代表性的创造性研究成果。在前一阶段的基础上，当事人形成了对本学科研究的整体把握，形成了对自己所在学科的品位、学术理想和学术追求。这一阶段如果研究者来到一个适宜的学术环境中，在著名导师或研究者的指导与影响下，创造性的研究成果就会出现。在创造性成就中，确立正确的研究方向很重要，有些人的研究方向是导师确定的，但是具体的研究课题、研究思路都是由自己在研究过程中根据学科发展和自己的特长确定的。

5. 创造后期

这一时期研究者的工作精力大不如前，但是对科学研究有丰富的经验，有人经过短暂的调整之后，还可以继续做出创造性的成果，但是大多数人主要把精力投入到培养学生上，或将自己的研究成果转换成实际的产品，从事研究成果的产品开发工作。

这五个相对独立的阶段对科学创造人才具有不同的意义，前两个阶段以个体主动性的发展为主，三、四阶段是作为一般成就基础的特征发展的阶段，以领域知识的积累、技能的形成以及创造性工作为主，第五个阶段以培养创造人才以及其他社会工作为主。各个阶段都需要有比较完善的发展，特别是创造阶段，创造成就的出现既需要以前各个阶段的良好发展，也需要这个时期有解决问题的动机与目标，同时不断吸收新信息，还要有鼓励创造以及交流合作的环境与气氛，促使个体选定有意义的课题、产生具有洞察力的观点，只有这样才能最终成就科学创造人才。

四、典型案例分析——钱学森的科技人生

科学创造人才的访谈和传记研究都发现了共同的规律，但是规律往往以抽象的形式存在，为了生动形象地说明这些规律，我们以钱学森为个案，采用江来、肖芬所著的《中国航天之父：钱学森》[①] 和张纯如所著的《蚕丝——钱学森传》[②] 为材料来源，说明杰出科学创造人才的成长规律及影响因素。

（一）家庭环境的影响

钱学森拥有良好的家庭经济条件，表现在父亲拥有较高的受教育水平，接受过国外文化的熏陶，从事与教育有关的、体面的工作，母亲也受过良好的文化熏陶。良好的家庭经济与社会背景条件使其父母有更多精力和经济基础以合适的方式培养他们的子女。

一是父母有更多的时间陪伴孩子，采用自主支持、民主的方式教养子女，发展子女的兴趣。"母亲无需受到家务劳动的束缚，她有足够多的时间教育自己唯一的儿子。""钱家治从不硬性向儿子头脑中灌输常识，与之相反，他喜欢激发儿子的好奇心，鼓励钱学森追求自己的兴趣爱好。"

二是父母为子女提供了良好的文化环境，子女在智力上不断经受挑战，不断获得新的经验。"只读浅显的儿童读物，已经不能满足钱学森的需要，他看着爸爸高高的书架，上面是一摞摞厚厚的书。什么时候才能读懂这些书呢？爸爸告诉他：'这些书，将来都是你的。你不光读这些古书，还要读新书，读外国书，还要学习科学。'""北京有许多文物古迹，很多优美的风景名胜，每年春暖花开的季节，秋高气爽的时候，钱家治总爱带着孩子郊游。他们到过松柏苍翠的西山，欣赏过漫山遍野的红叶。北海、景山、颐和园，都留下了他们的足迹。知识渊博的钱家治给孩子讲祖国山川的壮丽，讲民族的危机和苦难，讲春耕秋收及粮食的得来不易。"

三是父母对子女的期望和要求。"钱家既富又贵，但他们却是教育和勤勉的

---

① 江来、肖芬：《中国航天之父：钱学森》，中国少年儿童出版社 2011 年版。
② ［美］张纯如著，鲁伊译：《蚕丝——钱学森传》，中信出版社 2011 年版。

忠实信徒。钱学森的父母希望自己唯一的儿子成为一名学者，为社会作出长远的贡献。""父亲对儿子的管教十分严格，从小培养他良好的学习习惯和生活习惯。每天早晨按时起床，晚上按时睡觉。上学的时候一定要衣帽整洁，书包要整理得井井有条。回家以后，帽子、外衣、书包，不能乱扔乱放，有一定的规矩。做作业、写字、背书等都要一丝不苟。"

四是父亲的自主支持激发了钱学森的想象力、独创性，培养了钱学森的兴趣爱好。"他用很大精力培养孩子，抽出时间陪孩子玩儿，给孩子买低幼读物，看图画，学认字，培养孩子的兴趣。""钱学森是一位业余标本制作家，爱好音乐，兴趣广泛""敢于质疑权威"。父母的行为控制帮助钱学森养成了良好的行为习惯和思维习惯。"他叠得非常精细，非常小心让机身严格对称，折痕又光又平。从这个小游戏中就能看出，尽管年纪还小，要做什么事的时候，他就已经习惯于周密思索，用科学的办法达成目的。""安静且守规矩。钱学森的生活一丝不苟，井井有条。他偶尔也会和其他的男孩子一起打球，但每天下午总是会在同一时间准时回家。当朋友们登门拜访时，发现他的房间总是一尘不染。"这种周密、严谨的作风在他身上保持了一生。

由此可见，父母的自主支持和行为控制影响了钱学森的兴趣、爱好、开放性和行为、思维习惯，对他的人格特征的养成和创造力的发展产生了重要影响。

（二）教育环境的影响

钱学森接受过良好的教育，获得了物理学领域的博士学位，而且在校期间功课成绩门门优秀，"上大学的第一年，钱学森各门功课的成绩都在 90 分以上，成为全班全系出名的优等生"，"1934 年，钱学森通过申请、竞争选拔，获得中国最高等的奖学金——庚子赔款奖学金，远赴麻省理工学院攻读航空学"，"留学期间，钱学森的功课还是遥遥领先。他对学业专注、刻苦，成为同学们学习的榜样"，这为他以后的工作及出国深造打下了良好的知识基础。这说明要做出创造性的成就，一方面要智力超群，另一方面也需具有良好的非智力条件，同时也要具有良好的知识积累。

钱学森留学国外长达 15 年，留学经历对他的人格特征和创造力都产生了重要影响。留学经历的影响首先体现在为钱学森提供了一个广阔的环境，在民主、自由的文化氛围中，他结交朋友，发展兴趣，做着自己喜欢的事。"这些年轻人都是各门学科的尖子，又富有正义感。他们在一起学习恩格斯的《反杜林论》《自然辩证法》和马克思的著作，赞同书中的辩证法和唯物主义观点。他们在一起还听过美国共产党总书记白劳德的讲演。朋友们都喜欢音乐，他们经常在一起欣赏优美的音乐，谈论世界各国古老的文化。""出于对艺术的敏感，钱学森经常造访博物馆,欣赏印象派和现代艺术作品,并察觉到艺术、音乐和科学之间的内在联系。"

留学经历对钱学森的影响还体现在科学精神的养成上。"在一次学术讨论的时候,钱学森和冯·卡门教授出现了不同看法。两个人各自坚持自己的意见,争论得非常激烈。最后,冯·卡门发火了,他把钱学森的论文往地上一摔,中途退席而去。第二天一早,有人轻轻地敲门。钱学森打开门,在门口竟站着冯·卡门教授。冯·卡门的眼睛也熬红了,向着钱学森端端正正地鞠了一个躬,说:'钱,昨天的争论你是正确的,我错了!'老师的态度让钱学森非常感动。他连忙向老师行礼,两个人的手紧紧地握在一起。"事后,钱学森久久不能平静,导师这种求真务实的精神深深地影响了他。可以说,是留学期间的民主自由的氛围、求真务实的科研精神影响了钱学森的人格特征(经验开放性)和科学精神,为他以后做出创造性成就奠定了基础。

与冯·卡门教授之间的师徒关系,对钱学森的人格特征、自信心、科学思维等方面也产生了重要影响。这种影响体现在钱学森与导师的互动之中,特别是导师的社会情感支持之中。正是在导师的信任、鼓励和支持下,钱学森的开放性、独创性和想象力得到了最大程度的开发,科学思维得到了最大程度的锻炼。"冯·卡门教授对钱学森非常欣赏,他曾经说钱学森非常有想象力,具有非凡的数学才能,能够成功地把准确洞察自然现象的物理图像和非凡的能力结合在一起。钱学森非常有天分。钱学森帮助他提炼艰深的思想,使得一些复杂的问题豁然开朗。"同时,"名师"的信任也提升了钱学森的自豪感,让他更感到智识优越,更加自信独断、特立独行,显得与周围的人格格不入。"按照两人在加州理工学院共同的熟人的说法,他们个性中都有桀骜不驯的一面,深信自己的智力水平高人一等。矜持沉静、自命不凡的钱学森被人奉送上'天子'的外号。"

可以说,是钱学森智识上的优越、见解的独特引起了导师的关注和支持,同时导师的关注和支持又助长了钱学森的开放性和优越性。在这一过程中,钱学森成为冯·卡门精神上的"继承者",逐渐成长为一位优秀的科学工作者。

(三) 钱学森的心理特征

钱学森独特的人格特征,尤其是经验开放性和尽责性对他后来取得的创造性成就产生了重要影响。钱学森的经验开放性与他对艺术的喜爱是分不开的,对艺术的喜爱又潜移默化地影响着他在科学上的想象力和创造力。"出于对艺术的敏感,钱学森经常造访博物馆,欣赏印象派和现代艺术作品,并察觉到艺术、音乐和科学之间的内在联系。""冯·卡门曾经说钱学森非常有想象力,具有非凡的数学才能,能够成功地把准确洞察自然现象的物理图像和非凡的能力结合在一起。"

47

创造性成就的取得也离不开坚持不懈的努力，而钱学森正是勤奋、专注的典范。"每个星期他都用自己在家中的休息时间做这件事，然后每星期交出一章誊写得整整齐齐的文摘。""钱学森有着异乎寻常的自律。他是研究所里最勤奋的人之一，每天早上 7 点 30 分准时到达办公室，通常比其他人早到半个小时。他常常奋笔疾书数小时之久，要不就是埋头研读技术专著，只有午饭和晚饭时才短暂离开一下。晚上 7 点到 10 点之间，他常常还要回到办公室工作。"

勤奋努力、持之以恒、严格自律贯穿在钱学森的工作和生活中，正是这些人格品质让他不断做出创造性的贡献。

总之，钱学森先生的成长成才与其父母营造的开放民主的家庭环境，以及其人生中丰富的教育经历都有密不可分的联系，由此而培养出的独特的心理特征也成为钱老功勋卓著，获得创造性成就的重要基础。

五、研究结论

总结关于科学创造人才的访谈研究以及传记研究的结果，结合杰出科学创造人才的个案资料，我们可以得出以下五个主要研究结论：

第一，科学创造人才重要的心理特征可以分为五个维度：一是内部驱动的动机、问题导向的知识构架、自主牵引性格、开放深刻的思维与研究风格、强基础智力。其中内部驱动的动机包括有理想有抱负、积极进取、内在兴趣和工作中的愉快感。二是问题导向的知识构架包括专业素质与功底、研究技能与策略、知识广博、愿意尝试和发现问题的能力。三是自主牵引性格包括勤奋努力、乐于交流与合作、坚持有毅力、独立自主和自信。四是开放深刻的思维与研究风格包括开放性、思维独特新颖、思维灵活变通、洞察力、系统的研究风格。五是强基础智力包括一般智力水平、综合思维能力、分析思维能力、联想能力。

第二，科学创造人才关于科学创造成就的概念结构是二维的，分别是"成就取向/内心体验取向"和"主动进取/踏实肯干"。取得科学创造成就的重要特征是"成就取向"和"主动进取"。

第三，影响科学创造人才的主要因素可以分为三类：早期促进经验、研究指引和支持以及关键发展阶段指引。其中早期促进经验包括父母的作用、成长环境氛围、青少年时爱好广泛、挑战性的经历与多样化的经历；研究指引和支持包括导师的作用、科研环境氛围和交流与合作氛围；关键发展阶段指引包括中小学教师的作用和大学教师的作用。

第四，以科学创造人才在不同阶段中的主要活动为标志，根据科学创造人才在知识积累、情感发展和才华发展的进程将科学创造人才的成长过程划分为五个阶段：自我探索期、才华展露与专业定向期、集中训练期、创造期与创造后期。

第五，钱学森的典例分析充分说明，家庭环境、教育环境的经历作为早期促进经验和导师的研究指引与支持对科学创造人才成长会产生重大影响，个人心理特征对科学创造人才的创造性成就具有巨大贡献。

第二节　人文社会科学与艺术创造人才
成长规律与影响因素

社会与艺术领域的创造，不但对个人的发展与价值实现紧密关联，也是社会价值观和国家软实力的体现。纵观国内关于创造群体的研究，涉及自然科学、社会科学、艺术等诸多领域。因此，对于人文社会科学与艺术创造人才的研究不仅具有深刻的社会价值，还进一步扩大了拔尖创新人才研究样本范围。以往对于社会和艺术领域效标群体的研究未能将人格特征与成长历程结合起来，且研究方法多立足于历史测量学的角度。本章以 38 位人文社会科学与艺术创造人才为被试，通过结构化访谈与半结构化访谈相结合，利用质性研究的方法，全面分析其心理特征及影响因素。

一、研究目的

人文社会科学与艺术领域的发展推动了社会文明进步，增强了人类的精神力量。对人文社会科学与艺术领域创造人才的研究不仅是人类社会发展的需要，也是个体自身发展的需要。本研究为阐明人文社会科学与艺术创造人才的成才机制提供了实证基础，为培养人文社会科学与艺术创新人才提供了借鉴意义，为提高个体自身的人文与艺术气质提供了重要启示。

二、研究程序和步骤

基于以上研究目的，本书对中国文化背景下人文社会科学与艺术领域杰出创造人才的心理特征与成长历程进行了深入细致的分析。严格的被试筛选程序，确保每一位被试均为领域内拔尖创造人才；多元化的数据收集方式基本用在同一批被试上，使研究得出更加系统完整的结果。如对于心理特征的研究采用半结构化访谈的方法获得信息资料，而对于概念结构的探索则使用了结构化访谈中的形容词表为工具进行考查。最后，以一个典型案例具体分析和展现人文社会科学与艺术创造人才的心理特征、关键事件及重要他人，生动形象地说明创造人才的成长历程及影响因素。

（一）研究对象

基于社会科学领域的复杂性和多元化特点，本书选定的人文社会、艺术领域的创造人才分为两类：一类是人文社会科学创造者，主要指从事人文社会领域相关学科研究，并在其领域取得了独创性成果的人员；另一类是艺术创造者，主要指社会认可程度较高，有一定的为世人所瞩目的作品和成就，并且这些成就具备原创性特点的人员。

本书选择的创造性人文社会科学与艺术人才，主要考虑的条件有三个：

第一，选定的被试在其所在的领域必须有所创新，这个条件的满足主要用产品的创造性来标定。即当其创作的产品足以被社会文化和特定领域所认可与接受时，就可以做为目标被试。对于人文社会科学创造者，主要是以他们研究成果的独创性来判断其创造性所达到的水平，而对于艺术创造者，则是以其作品的创新性以及由此延伸出来的社会认可程度和领域知名度为标准；

第二，选定的被试目前仍然活跃在所在领域或相关领域；

第三，考虑到领域特殊性的要求，研究采用的被试必须在所在领域从事相关工作或研究 20 年以上。

这三个条件的重要性依次递减，因此，整个被试的选取和操作以创造性产品的标定为核心。

1. 人文社会科学创造人才的遴选

在人文社会科学创造人才具体的遴选上，依据教育部《学科分类手册》和中国社会科学院的机构设置来框定研究对象的范围。考虑到某些学科的特殊性，本研究主要选择了有重大社会影响的社会学、哲学、历史、语言学和文学研究五个领域。

具体从两个途径来选取被试：一是初步框定了中国社会科学院学部委员和教育部人文社会科学委员会中有关领域的顶级专家群体，共 122 名。进入两个委员会的成员，基本代表了目前活跃在我国有关人文社会科学研究领域最高水平的群体。二是由以上两个群体的人文社会科学家推荐产生另一个原创性水平高的效标群体。如果每个学科有 2～3 名以上的学者推荐，且公认他做出了创造性成就，也能称之为创造性人才，由此又获得另外 54 人的提名。最后共选出 176 名人文社会科学家作为候选被试。

随后将 176 名候选被试的代表性成果列出，隐去姓名，请有关领域研究专业人员对这些研究成果是否具备创造性进行评价，要求至少 3 人对其创造性程度进行评定，被 2 人以上认可的，确定为研究对象。最终，有 120 名人文社会科学家符合该被试标准。

2. 艺术类创造人才的遴选

在对艺术类创造人才进行遴选时，是以教育部《学科分类手册》为依据的。将文学创作和艺术领域（书法、美术、电影导演、媒体和建筑设计）作为本书的学科范围。在上述各有关领域内，每个领域都有相应的国家级奖项评选活动。这些奖项的评选标准除必要的意识形态评定外，核心内容都是艺术家的创新水平及其在领域内的开创性价值。如文学界的茅盾文学奖授予长篇小说有杰出创造的作家，书法界的兰亭书法奖授予有重大成就、突出贡献的书法家。因此，本书根据这些领域内国家级最高水平的获奖者名单，选出了 903 名艺术家作为候选被试。

接下来，让 1~2 名文学和艺术各个专业的博士在名单范围内进一步进行提名筛选。结果保留了 120 名候选被试进入下一轮筛选。

最后，列出 120 名候选被试的代表性作品及介绍，隐去姓名，分别请该领域内 1 名专家，1 名博士生，1 名普通大学生，对其作品的创造性进行评价。如果有 2 人以上认为该作品具有高度的创造性，则确定作者为正式访谈和研究对象。通过这一程序，确定出 92 名合格的被试人。加上人文社会科学的 120 名合格候选被试，共有 212 名人文社会科学与艺术创造者，构成本研究可以进入实际操作的合格被试库。经过多方协商，最终收集到 38 名被试的访谈资料。

被访者中艺术领域专家有 22 人，社会领域专家有 16 人，艺术领域所涉及的学科有视觉艺术、舞蹈、书法、音乐、导演、作家，社会领域所涉及的学科有中文、历史、语言、哲学以及社会学。被试中有 6 位为女性，32 位为男性。受访者出生年代在 1906~1962 年间，其中 41~50 岁的有 10 人，51~60 岁的有 8 人，61~70 岁的有 6 人，71~80 岁的有 10 人，80 岁以上的有 4 人。他们在兄弟姐妹中的排行以居中的最多，有 17 人，其次是排行为老大的，有 13 人，排行老小的人数最少，仅 6 人。受访人士的出生地与童年成长地遍布我国大部分省市自治区。

（二）研究过程

本研究以质性研究的范式为主要研究模式，通过访谈，期待被试通过"讲故事"的形式，追溯被试有创造性成就的产生过程和自身成长经历，通过人格特征自评问卷，获取被试对创造过程中的核心人格要素的反身认知。

1. 访谈

访谈过程：访谈多采用开放式提问和回答方式，尽量不打断受访者的谈话，以便使被访者更多地进入到自己回忆的情境之中，获得最为真实的回溯数据信息。

文本资料形成：访谈结束后，由小组成员分工，将收集到的录音材料逐字转录成文本稿。访谈38位被试，总访谈时间为3 831分钟，平均每位被试的访谈时长为101分钟，其中访谈时间最长的进行了171分钟。访谈之后形成的文本资料总计771 588字，平均每位被试的文本字数为20 304字。

粗编：这一步的工作主要是将文本稿的主体信息根据研究主题的需要拆分。比如研究主题是人文社会科学与艺术创造者思维过程的特征，那么编码者需要仔细阅读文本稿，将涉及此主题的段落提取出来。为每个被试建立专门的备注笔记。

开放编码形成意义单元：采用逐段逐句的研究，从提取出来的关于思维过程特征的段落进行再提取、合并和初步概括，抽取出相应的意义单元。这些意义单元有的直接来自于被试陈述的原文，这种方式形成的编码通常称为"实境代码"。有的语句是被试讲述了一个故事，或是描述了一个情境，编码者将其叙述进行概括，获得一个意义单元，编码者概括为"环境类比迁移"。另外还有一种形式是数个被试都提及了相同的一个因素，但是讲述的故事可能并不相同，这个时候编码者也会通过总结概括，合并成为一个意义单元。

主轴编码形成概念词：主轴编码是对开放编码得到有意义单元进行进一步归纳、概括，将隶属于同一层次的概念进一步归类，赋予概念词更大的解释力，以便对现象进行更为精确全面的解释。

选择编码：选择编码是对概念词的进一步归纳，发展成为核心类别，它代表着研究主题的核心内容，并能够更好地解释研究问题的本质。

量化数据：在进行质性方法编码的同时，也要将各个意义单元、概念词和核心类别出现的频次记录下来，形成量化数据，并进行统计分析。

2. 人格特征自评问卷

创造性人才人格特质、行为特征的研究一直是创造力研究的一个主要的研究取向。本研究在利用访谈资料对人文社会科学与艺术创造人才的人格特征进行研究分析的同时，也研究了被试对于自身特征所形成的概念结构，通过被试的自我评价，获得人文社会科学与艺术创造者自述的人格特征，从而得到被试完整的人格特征信息。

量表编制：针对人文社会科学与艺术人才群体，参考张景焕总结的人格特征形容词表，以及以往同类研究中与人格特征有关的形容词和特征描述语句，形成一个由192个词构成的描述人格特征的形容词表。然后将前后重复，意义相同但表述不同的形容词进行归类合并，保留了120个形容词，由此形成初试问卷。在进行正式测验前，先邀请社会学和艺术学科领域的研究生各3人进行预测，根据预测验的过程和结果反馈，删除词义模糊、社会赞许性高的词汇。为鉴别社会赞许效应或作答应付，专门设计测谎词组 3 对。最后形成由 111 个形容词组成的人格特征自评问卷。

被试选取：填答量表的被试仍是从 38 名被访者中选取的，由于有些被访者的年龄过高（有的甚至超过百岁）或是其他特殊原因没有参与此项研究，因此共有 30 位被试参与了此项关于概念结构的研究。

问卷施测：词表问卷的施测安排在研究者对受访者的访谈之后。研究者在访谈过程中通过特定主题的提问，已经引发受访者对自己的创造过程、成长过程进行了比较系统的回忆，整个过程都包含有受访者对自己人格特征的一个反思。这种激发有助于之后受访者更为准确和客观地作答自评人格特征问卷。

填答方式：让被访者在一个 5 点量表上标出每种特征和受访者本人性格特征的符合程度，其中 1~5 的含义分别是：5 = 非常符合；4 = 比较符合；3 = 基本符合；2 = 比较不符合；1 = 非常不符合。数据最后用 Excel 记录，然后使用 SPSS 软件进行统计分析。

数据分析：首先将每个被访者在 5 种不同程度上的特征词加以分类整理，然后将 108 个测量词汇根据所有被试的评价结果，按照群体作答确定的词性进行分类，归为正向（符合特征）和负向（不符合特征）两大类。其中包含四个亚类：纯正向特征词、偏正向特征词、纯负向特征词、偏负向特征词。分类的标准为：如果评价为"符合"和"比较符合"的频次大于评价为"比较不符合"和"非常不符合"的频次，那么这个特征词就记为正向特征词。如果该特征词被评为负向特征的频次为零，则该词就是纯正向特征词，其他的词则为偏正向特征词。反之，如果回答为"符合"和"比较符合"的频次，小于"比较不符合"和"非常不符合"的频次，那么这个特征词就记为负向特征词。此时如果该词的正向特征被选频次为零，则为纯负向特征词，其他词则为偏负向特征词。最后使用聚类分析深入揭示人文社会科学与艺术人士人格特征自评特征。

三、研究结果

（一）人文社会科学与艺术创造人才心理特征

本研究通过访谈法收集人文社会与艺术创造者关于产生创造性产品历程的描述，并据此从思维与人格两个方面来分析人文社会科学与艺术创造人才的心理特征。访谈材料的分析以创作过程为主线，分析创造者思维的结构性特征以及其中所反映出来的人格特征。

1. 人文社会与艺术创造人才的思维特征

首先，抽取意义单元形成思维过程中思维特征的要素点。参照开放编码的步骤，对 38 位受访者的相关文本资料进行逐段逐句的阅读，提取重点语句，标定关键信息，进行开放编码。分析结果得到 150 个表征其思维特征的要素点。

其次，将开放编码中抽取出来的要素点加以归纳，将本质上同属于一个性质的要素加以归类，概括成一个概念词。共得出 21 个思维属性概念词，包括思维的系统性、思维的综合性、类比迁移能力、天分、兴趣、思维的批判性、思维的连续性、瞬间的突破、围绕特定目标的发散思维、聚合思维、抽象逻辑思维、形象具体思维、思维的对比性、辩证思维、目标明确、求新求变、想象、被激发性、精确性、多向思考、敏锐。

最后，对概念词进一步归纳，发展出核心类别。通过将 21 个概念词进一步归纳连接，获得 4 个核心类别，它们分别是：

思维的特点：包括思维的系统性、思维的综合性、类比迁移能力、思维的批判性、思维的连续性、思维的对比性、目标明确、求新求变、想象、被激发性、精确性、辩证思维、多向思考、敏锐；

思维的形式：围绕特定目标的发散思维、聚合思维、抽象逻辑思维、形象具体思维；

此外，还包括外围辅助因素，如天分和兴趣；

思维的核心因素是瞬间的突破。

结果表明，创造性思维特征是在创造过程中表现出来的，瞬间的突破是创造性思维最核心的要素，是创造的关键步骤。连续不断地思考和坚持的投入最终都会以瞬间的思维突破作为创造的巅峰状态表现出来。另外，创造性思维还有外围的影响要素，即天分和自身的兴趣。虽然天分和兴趣不是思维本身的特征，但却影响思维的整个过程，在很大程度上决定了创造性观点的产生。

2. 人文社会与艺术创造人才的人格特征

首先，通过对 38 位受访者的相关文本资料进行逐段逐句的阅读，提取重点语句，标定关键信息，进行开放编码，分析结果，得到 125 个要素点来表征人文社会科学与艺术创造者的人格特征。

其次，通过主轴编码概括出 19 个概念词，包括计划性、坚持、投入、追求完美、有抱负、责任感、迎难而上、淡泊名利、严谨、不服输、目的性、勤奋、自信、独立性、反思、强执行力、平衡、执着、沉着。

最后，对这 19 个概念词进一步归纳，发展出人文社会与艺术创造人才人格特征可以归纳为 2 个核心类别：积极的自我状态、良好的外界适应力。其中，积极的自我状态包括坚持、投入、追求完美、有抱负、责任感、迎难而上、不服输、平衡、执着、沉着、勤奋等特征；良好的外界适应包括计划性、淡泊名利、严谨、目的性、自信、独立性、反思、强执行力等特征。大部分受访者提及的人格特征都包含了上述两个层面上的特征，只有这两个层面的人格特征都表现出了比较良好的积极的状态，才可能为创造力的实现打下牢固的基础。

进一步针对 38 位受访者的访谈文本资料进行分析。将主轴编码形成的 19 个概念词进行频次统计。凡是受访者文本资料出现过的，在该概念词上该受访者就计分为 "1"，重复出现都为 "1"，最后得到 38 位受访者在 21 个概念词上的频次表（见表 1-6）。

表 1-6　　人文社会科学与艺术创造者人格特征出现频次及排序

核心类别	概念词	频次	占所有频次的比例（%）	概念词比例排序	核心类别比例排序
积极的自我状态	坚持	20	12.26	1	
	投入	12	7.36	6	
	追求完美	8	4.90	11	
	有抱负	14	8.59	3	
	责任感	14	8.59	3	
	迎难而上	6	3.68	12	
	不服输	17	10.43	2	
	平衡	2	1.23	16	
	执着	4	2.45	14	
	沉着	1	0.61	18	
	勤奋	11	6.75	7	
	总计		66.85		1
良好的外界的适应力	计划性	2	1.23	16	
	淡泊名利	6	3.68	13	
	严谨	8	4.90	10	
	目的性	3	1.84	15	
	自信	10	6.13	8	
	独立性	10	6.13	8	
	反思	1	0.61	18	
	强执行力	14	8.59	3	
	总计		33.11		2

结果发现,"坚持"是所有创造人格中表现最为突出的一个特征。这和以往的采用其他研究方法总结出的坚持毅力、意志坚韧性等人格特征的描述是相同的。坚持性是非常重要的一种创造性人格特征。在外界适应的几个概念词中,强执行力、独立性和自信被提及的频率明显高于其他几个特征。

(二)人文社会科学与艺术创造人才概念结构

获得人文社会科学与艺术创造人才的心理特征后,研究进一步回答的问题是"人文社会科学与艺术创造者对自身的心理特征是如何认识的?"为回答这一问题,30位人文社会科学与艺术创造者参与并作答了111个词汇(包括3个测谎题)组成的人格特征形容词自评量表。根据上文数据分析中介绍的方法,将各个词汇分到了三个层次:纯正向特征,偏正向特征和偏负向特征。在前两个层次的特征中,非常符合选项上有频次、同时非常不符合选项上频次为0的特征词可以标定为核心特征词,根据这些创造人士的作答,有45个对于他们创造性成就至关重要的核心特征词。采用Q型聚类分析对这45个核心特征词的结构进行聚类,分别得到聚类成2类、3类和4类的结果(见表1-7)。

表1-7　　　　人文社会和艺术创造者心理特征的聚类结果

核心特征词	4类	3类	2类
独立	1	1	1
积极	2	2	2
爱好艺术	2	2	2
自信	2	2	2
有尊严	2	2	2
坦率	2	2	2
诚实	2	2	2
聚精会神	2	2	2
有责任感	2	2	2
有爱心	2	2	2
宽容	2	2	2
心理健康	2	2	2
爱思考	2	2	2
好学	2	2	2
有决心	2	2	2

续表

核心特征词	4类	3类	2类
开放	2	2	2
有洞察力	2	2	2
精力充沛	2	2	2
坚持	2	2	2
亲切	2	2	2
朴素	3	2	2
感情丰富	2	2	2
可靠	3	2	2
敏感	3	2	2
乐于合作	3	2	2
感激	3	2	2
有礼貌	3	2	2
要求严格	3	2	2
友好	3	2	2
果断	3	2	2
有说服力	3	2	2
慷慨	3	2	2
心肠软	3	2	2
无私	3	2	2
庄重	3	2	2
一丝不苟	3	2	2
理性	3	2	2
适应力强	3	2	2
沉着	3	2	2
镇定	3	2	2
成熟	3	2	2
有计划	3	2	2
勇敢	3	2	2
有吸引力	3	2	2
心满意足	4	3	2

57

　　将结果加以比较，参考已获得的人格特征的研究结果，结合聚类之后的特征词词义和以往研究最终选择聚合成 4 类的结果，分别命名，获得四个人文社会科学与艺术创造人才所认为的对创造成就有重大影响的关键人格特征类型。包括独立，积极自我状态和有效心理功能，可靠外界结合与成熟的自我把握以及满足（见表 1 - 8）。

表 1 - 8　　　　　　　　　核心人格特征聚类分析结果

类型 1：独立	独立
类型 2：积极自我状态和有效心理功能	积极　爱好艺术　自信　有尊严　坦率　诚实　聚精会神　有责任感　有爱心　宽容　心理健康　爱思考　好学　有决心　开放　有洞察力　精力充沛　坚持　亲切　感情丰富
类型 3：可靠外界结合与成熟自我把握	朴素　可靠　敏感　乐于合作　感激　有礼貌　要求严格　友好　果断　有说服力　慷慨　心肠软　无私　庄重　一丝不苟　理性　适应力强　沉着　镇定　成熟　有计划　勇敢　有吸引力
类型 4：满足	心满意足

　　其中第一个类型是只有一个特征词的维度，即"独立"，有 27 人都选择为非常符合自己的特征，是一个选择最为集中的特征词。以往文献中往往强调譬如创造型人士的"独立思考""不喜欢与人打交道""孤独""个性的独立性"等与"独立"特征词意义一致或接近的特点[1]，可见独立性对于一个人取得创造性成果的重要性。这种独立性一般是指独立思考，不受他人影响的人格特征，并且它和其他特征词无法合并成一类，可见该特征在人格中的特殊地位。

　　第二个类型是"自我积极有效"。构成这一类的 20 个特征词主要在两个紧密关联的上位特征上汇聚。这两个上位特征可以分别命名为"积极自我状态"和"有效心理功能"。属于心态积极进取、自我状态健康向上的特征有"积极、爱好艺术、自信、有尊严、坦率、诚实、有责任感、有爱心、宽容、心理健康、爱思考、好学、开放、亲切"等，属于心理功能发挥有效的特征有"有决心、聚精

---

　　① Guilford, J. P., Creativity: retrospect and prospect *. The Journal of Creative Behavior, 1970, 4 (3), pp. 149 - 168.

　　Sternberg, R. J, O'Hara L A, Lubart T I., Creativity as investment. California Management Review, 1997, 40 (1), pp. 8 - 21.

　　Sternberg, R. J., & Lubart, T. I. Investing in creativity. American Psychologist, 1996, 51 (7), pp. 677 - 688.

　　McCrae, R. R., Costa, P. T., Comparison of EPI and psychoticism scales with measures of the five-factor model of personality. Personal and Individual Differences, 1985, 6, pp. 587 - 597.

会神、有洞察力、精力充沛、坚持、感情丰富"等。

第三个类型是"可靠外界结合与成熟自我把握",共包含了 22 个特征。这 22 个特征概念的核心内涵都指向了个人与外界的积极、可靠、有效的结合以及对自我的有效把握之上。"可靠、乐于合作、感激、有礼貌、友好、慷慨、心肠软、无私、有吸引力"等 9 个特征主要描述了个体联结外部世界的主动、可靠的方式。而"敏感、要求严格、果断、有说服力、庄重、一丝不苟、理性、适应力强、沉着、镇定、成熟、有计划、勇敢"等 13 特征,描述的主要是个人对自身的成熟把握。

第四个类型又是一个单一特征构成的维度,这个特征为"心满意足",研究者将其命名为"满足"。不过,受访者对这个特征词的选择已经较为分散,是核心特征中较为不重要的特征词,该特征还需要在日后的研究中进一步探讨和验证。

(三) 人文社会与艺术创造人才的影响因素

创造力的发挥和实现得益于内外部因素的共同作用,社会科学和艺术领域创造者成长过程中影响事件是由环境、时代、学校和家庭等多方面因素广泛构成的,此外,出现在受访者生命中的重要他人,包括父母、教师、同事及自己所崇敬的对象,都对受访者的成长发挥了不同的作用。研究者系统的分析和研究分别揭示了关键事件与重要他人对于人文社会科学与艺术创造者发展的具体影响作用。

1. 成长过程中的关键影响事件

研究者运用质性研究中的分析方法,通过逐段逐句的编码分析,最终获得 6 个成长过程中关键影响事件的核心类别,分别为文化环境(文化事件,自由竞争的外在条件,生活经历的积累,传统文化影响)、时代特征("文革"的影响,大事件的影响,改革开放)、系统教育(早期专业启蒙,中小学的教育,大学的教育,出国留学)、家庭环境(家庭教育方式,家庭的经济条件,家庭的文化条件)、自身因素(兴趣的早期表现、优秀体验、天生的给予、争取、合作、多元知识背景)和人生际遇(人生信念产生的偶然事件、进入领域的偶然事件、发展阶段的偶然事件)(如图 1 - 1 所示)。

研究者进一步针对 38 位受访者的访谈文本资料进行分析,获得他们在 90 个要素点上的频次。然后再依照主轴编码形成的概念词,将频次求和,得到人文社会科学与艺术创造者成长关键影响事件的频次及排序。结果发现,受访者提及的具有重大影响的事件中最多的是与系统教育相关的事件,其次分别是时代特征、自身因素、人生际遇、文化及家庭环境(见表 1 - 9)。

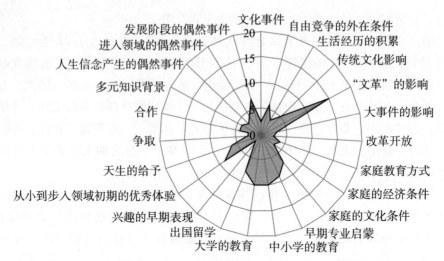

图 1-1 人文社会科学与艺术创造者成长关键影响事件雷达

表 1-9 人文社会科学与艺术创造者成长关键影响事件频次及排序

核心类别	概念词	频次	占所有频次的比例（%）	概念词比例排序	核心类别比例排序
系统教育	早期专业启蒙	9	6.87	4	
	中小学的教育	10	7.63	2	
	大学的教育	10	7.63	2	
	留学经历	8	6.11	6	
	总计	37	28.2		1
时代特征	"文革"的影响	16	12.21	1	
	大事件的影响	5	3.82	11	
	改革开放	2	3.05	21	
	总计	23	17.6		2
自身因素	兴趣的早期表现	2	1.53	21	
	优秀体验	9	6.87	4	
	天生的给予	6	4.58	9	
	争取	2	1.53	21	
	合作	4	3.05	13	
	多元知识背景	4	3.05	13	
	总计	27	18.3		3

核心类别	概念词	频次	占所有频次的比例（%）	概念词比例排序	核心类别比例排序
人生际遇	人生信念确立的偶然事件	3	2.29	17	
	进入领域的偶然事件	5	3.82	11	
	发展阶段的偶然事件	7	5.34	7	
	总计	15	11.5		4
文化环境	文化事件	2	1.53	21	
	自由竞争的外在条件	6	4.58	9	
	生活经历的积累	3	2.29	17	
	传统文化影响	4	3.05	13	
	总计	15	11.5		4
家庭环境	家庭教育方式	4	3.05	13	
	家庭的经济条件	3	2.29	17	
	家庭的文化条件	7	5.34	7	
	总计	14	10.7		6

六大核心类别及其概念词包含了从个人自身到教育、家庭、时代以及机遇等对个人发展与成长具有至关重要影响的因素，这些因素组成了一套全面而完整的生态系统。

①系统教育。对系统教育的划分是从一个小孩子在家中受到的熏陶开始，直到走上工作岗位的初期为止。包括启蒙教育、大学教育、中小学教育、出国留学。系统教育在一个人在取得创造性成就过程中起着非常重要的作用。

启蒙教育发生在儿童还不具备验证知识的能力时，他们忽略证明的过程，只能简单记住知识的结果而加以应用。当儿童提出问题时，作为启蒙的人，不论是老师还是父母，如果能够耐心倾听，因势利导，鼓励其大胆质疑，积极去观察、发现、探索，就能激起他们对知识获取的积极性与主动性。启蒙教育的非强制性不要求孩子一定完成某个目标，也不要求为特定目的去学习。孩子都是在无意识的情况下产生了极强的兴趣，但却为日后的发展埋下了伏笔。

61

大学正统教育是创造的基本训练，38 位受访者中，无论经历过什么样的时代，都是从系统的大学教育中走出来的。即使有一位没有进过正式的大学校门，但是进入了当时国家一流的文艺团体，受到了正统艺术院校教育的熏陶与影响。

在系统教育中除了知识与经验的积累，还有对于中小学自由开放、多元化教育的回溯。例如："学校民主开放思想""中学老师教会了学习，还教会了锻炼身体""功课少，自由探索""参加多种活动，在学校演话剧"等。

在所有的影响事件的提及频率比例中，出国留学影响作用被提及的比例占 6.11%，排在第六位。可见出国对于一个人的创造性成就的取得有着至关重要的作用。

②时代特征。时代特征的影响作用排在系统教育之后，名列第二。这种影响是全方位的，它可以影响人的思维方式、行为方式以及世界观的形成。更为重要的是，本项研究受访者的专业领域大都与人们的社会生活息息相关，他们的创造大多是来源于生活的体会和感悟，因此时代特征中大的政治事件都是他们进行创造的第一手资料，是他们创造的源泉。在所有的事件中，作用最为突出的是"文革的影响"。

③自身因素。自身因素是外在家庭、环境、文化等因素发挥作用的内因条件。兴趣与天分对其领域选择具有重要作用，如果一个人在早期就表现出对某一领域的兴趣，同时又具有独特的天分，那么他在这一领域必然会发展迅速，出类拔萃，为进一步取得创造性成就做好铺垫。

同时，一个人从小一直到步入领域初期这段时期如果获得优秀体验，根据镜像自我理论，个体在别人对自己的赞美和认可中获得了快乐和满足感，逐渐在成功中找到自信，形成高的自我效能。这种良好的自我状况又会激发个体进一步追求更高成就的欲望，从而有了创造的前提条件。

④人生际遇。虽然偶然的际遇不是成功的充分条件，但是一个人的成功大多数又离不开特殊的人生际遇，他在一个人的成功中也起到相当重要的作用。在 36 位受访者中，将机遇列为对自己或是某项成就有着关键作用的人占 11.5%（一个中等水平的比例）。

⑤文化环境。阿玛拜尔（Amabile）提出一个人的创造性成就不仅仅依赖天赋、个体的努力、内在的动机或是其他人格特质，还要考虑社会环境各个要素对其产生的影响[1][2]。在本研究中此结论得到了验证。这里的环境更多是考虑一个

---

① Sternberg, R. J, Todd, I. L. Investing in Creativity, American Psychologist, 1996, 51（7）, pp. 677 - 689.

② Howard, E. G, Doris B W. Creative work: The case of Charles Darwin. American Psychologist, 2001, 56（4）, pp. 346 - 340.

人所处的团体环境，得出的环境要素包括自由竞争的外在条件、生活经历的积累、传统文化影响、文化事件几个方面。

⑥家庭环境。在本研究中提取的 6 个核心类别中，家庭也是一个不可忽视的影响因素。家庭对于个体创造性的影响主要表现在家庭教养方式、家庭良好的经济条件和文化条件三个方面。父母民主的教育方式让孩子体会到自由的感觉，这种自由的体验为这些孩子日后的创造能力带来了积极的影响，这一点在访谈文本资料中多次被提到。良好的家庭经济状况，能够使受访者接触到更广泛的知识，接受更为全面的教育。尤其是很多受访者都提到较高的英语水平使得自己日后能够站在领域的前端，比别人赢得更多的机会，而这一点恰恰和良好的家庭经济条件息息相关。家庭中的文化氛围，如父母或是祖辈的较高文化水平的知识素养、家庭中的大量藏书、家庭人际关系、父母的做人态度等这样一些无形的文化条件要素对于一个人的影响作用更为重大。很多影响都是在潜移默化中潜入到人的内心，固化到子女的性格当中，成为对其日后取得成就发挥重要作用。

从六大核心因素的现有数据分析来看，似乎家庭环境是占比最小的因素，但是仔细分析各要素及其构成，则会发现早期专业启蒙占 6.87%，兴趣早期表现占 1.53%，加上家庭环境自身的 10.7%，家庭因素占比可达 19.1%。因此，总体来说，家庭环境有关因素是六大核心要素中最重要的影响因素（除系统教育外）。

2. 成长过程中的重要他人

出现在受访者生命中的重要他人对他们自身的成长发挥了不同的作用。研究者采用开放编码和主轴编码同时进行的方式，对访谈文本进行了深入分析。受访者在访谈过程中提到的对自己有重要影响的具体对象和类别对象共有 20 种，本书将这 20 种被提及的人物加以归纳，获得 6 个核心类别，包括政治人物（政治人物 1、政治人物 2、政治人物 3），思想引领者（中学时期美国牧师、地下党），虚体人物（著名科学家、书籍），教师（名师、中小学老师、大学老师、工作中的领导或老师），家庭成员（父母、兄弟姐妹、子女、爱人、爷爷辈），社会交往中他人（邻居、同行、合作者、同学）。

进一步针对 38 位受访者的访谈文本资料进行分析。统计 20 个影响源出现的频次并将频次求和，得到人文社会科学与艺术创造者成长重要他人频次及排序。统计结果发现各核心类别出现频次从高到低依次为：教师，家庭成员，社会交往中的他人，虚体人物，政治人物，宗教人物（见表 1-10）。

表 1-10   人文社会科学与艺术创造者成长重要他人频次及排序

核心类别	概念词	频次	占所有频次的比例（%）	概念词比例排序	核心类别比例排序
教师	名师	7	8.14	3	
	中小学老师	3	3.49	7	
	领域内老师	20	23.26	1	
	总计	30	34.9		1
家庭成员	父母	19	22.09	2	
	兄弟姐妹	3	3.49	7	
	子女	1	1.16	14	
	爱人	4	4.65	6	
	爷爷辈	1	1.16	14	
	总计	28	32.6		2
社会交往中的他人	邻居	1	1.16	14	
	同行	6	6.98	5	
	合作者	2	2.33	10	
	同学	2	2.33	10	
	总计	11	12.8		3
虚体人物	著名科学家	1	1.16	14	
	书籍	7	8.14	3	
	总计	8	9.30		4
政治人物	政治人物1	3	3.49	7	
	政治人物2	1	1.16	14	
	政治人物3	2	2.33	10	
	总计	6	6.98		5
宗教人物	中学时期美国牧师	1	1.16	14	
	地下党	2	2.33	10	
	总计	3	3.49		6

可以看出，教师与家庭成员的影响作用最大，最持久，此外业内人士也是创造性成果产生的重要影响源。这几类重要他人（除政治人物以外），对被试的影响并不是单一的，而是同时对被试的多个方面都产生影响。

（1）教师。从统计结果以及人文社会科学与艺术创造者成长影响源雷达图（如图1-2所示）可以看出，教师对创造人才的影响处于最重要的地位。与其他影响源作用不同的是，教师的影响常常是系统和长期的。一个人的成长要经历不同的阶段，但是任何人都必须在特定时期接受学校教师的系统培养，这一点任何领域的创造者都不例外。教师对于人文社会科学与艺术创造者的影响作用居于第一位，并且是高度综合的。他们的作用可以广泛渗透到激发、启蒙、引领、规范、赞赏、参照等多个方面。

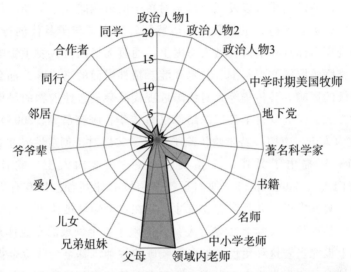

图1-2　人文社会科学与艺术创造者成长影响源雷达图

在教师中，大师级人物对于人文社会科学与艺术创造者的学业成长、做人，以至信仰追求的影响都是很大的，与大师级人物直接接触，包括听课、听讲座，或有幸成为这些大师的弟子，都可能与人文社会科学与艺术创造者的成功和创造性成就发生实质关联。这从另一个侧面验证了"名师出高徒"的千古名言。名师不仅提供了一种环境，也提供了一种参照，使得创造者从自我定位开始就赢得超越的优势。

从具体的影响机制分析，首先，优秀教师可以提供一个良好的专业资源，为学生专业的积累奠定一个良好的基础。这些教师在研究方法上往往胜人一筹，学生可以相应地得到最为直接的训练。其次，优秀教师提供的指导能够使受访者直接站到领域前沿，更容易帮助其把握研究方向，找准突破点。优秀教师带来的良好环境和氛围，能够推动学生的全方位发展。还有一点不能忽视，那就是优秀教师，特别是名家大师的无形魅力更容易激发学生、带动学生。最后，教师的作用还体现在引发学生思考，使学生行为以师为镜等方面。

（2）父母。受访者提到父母对自己影响的频次仅次于领域内教师，居于第二位。父母对孩子早期生活的影响，直接关系到孩子未来的成就，这已经被很多研究证实。奇凯岑特米哈伊（Csikszentmihalyi，M.）通过对美国杰出人士的研究，发现高成就者的家庭大多平等地对待子女、尊重孩子，家庭教育主要是以鼓励孩子为主①。本次访谈的结果也充分证明了这一点。父母营造的开放民主、充满爱的氛围，以及父母为人风格、尊重知识的态度，都对受访者产生了深远影响，并且这种影响直接延伸到了他所在专业领域的研究。

比较父母影响的大小可以发现，母亲对孩子的影响略大于父亲。母亲影响多数是通过具体行为来实行，主要影响人格特征，教会了孩子具体的行为和态度；父亲的影响则更多体现在信仰和做人态度上，通过无形的方式发生影响。研究结果还表明，家庭浓厚的知识氛围、艺术积淀、精神层面的高追求，都会对孩子的成长产生积极的影响。谷传华等人对我国近现代社会创造性人物的早期家庭环境和父母教养方式的研究获得了类似的结果（谷传华，陈会昌等，2003）。

（3）业内人士。奇凯岑特米哈伊除了提出了父母对于创造性人才有着重要影响作用以外，还提出了另外一个重要影响源——业内人士，或者叫做学门（Field），守门人（Gatekeeper）。他们是各个领域的评判者，只有有幸接触到这些业内人士，被其赏识，并且获有成就才可能在这个领域被认可，从而更好地激发创造性成就的取得。实际上"守门人"并不限于各个领域的专业评判者，很多其他人事实上也充当着这种角色，如专业领域的教师，基金会的资金提供者，甚至同学同行都有可能提供机会，发挥实际意义上的"学门"作用。他们通过自己的影响力，在不同程度上帮助受访者在领域内寻找到机会，获得成长过程中的关键支持。

（4）各种影响源的多重作用。通过对各类重要他人的影响机制的具体分析还发现，对于这6类影响源，除政治人物的影响作用限于影响信仰建立以外，其他5类影响源的影响作用都是多重的。即每一类影响源的作用并不是单一的，而是一种影响源同时起着不同的作用，由此形成了如下影响源影响作用的重叠模型（如图1-3所示）。

其中最重要的是虚体人物的作用。在这里虚体人物主要指国际知名的科学家和书籍。课题组发现，很多人多次提及一些著名科学家对自己的重要影响，这些科学家对受访者树立科学信仰、建立追求科学精神的决心都起着非常重要的作用。另外，课题组发现，人文社会科学与艺术创造者对于书都是情有独钟的。他

---

① ［美］米哈伊·奇凯岑特米哈伊：《创造性——发现和发明的心理学》，夏镇平译，上海译文出版社2001年版。

们认为，书籍可以开阔眼界并潜移默化地影响自己。

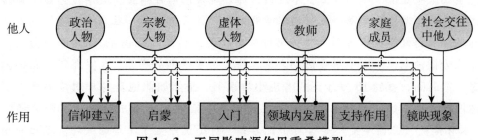

图1-3　不同影响源作用重叠模型

社会交往中的他人也在各个方面影响着人文社会科学与艺术创造者的发展和成功。不少受访者都提及社会交往中他人对于自己成长的启蒙作用，影响之大甚至可以排到对自己产生最重要影响的三人当中。密切交往对象是多种多样的：邻居家姐姐（哥哥）的专业启蒙；堂兄的榜样力量；中学老师倡导的新思想；小学老师的高期望；外婆或外祖父的早期领域启蒙。他们的作用或者是使得受访者接受了相关领域最早的专业启蒙教育，或者引导受访者建立了献身科学的决心。这些往往是无意识地发挥作用的，只有当受访者追溯往事时，才发现它的价值和作用。

四、典型案例分析——钱钟书的书香气质

著名学者钱钟书一生成就非凡。他的小说《围城》令人拍案叫绝，蜚声世界；他的诗话《谈艺录》知识广博，论述严密，开创了中国比较诗学的先河；他的学术巨著《管锥篇》气魄宏伟，又独创新见，给学术研究和文化研究开辟了一个新的方向。下面以钱钟书为个案，以孔庆茂所著的《钱钟书传》[①] 和吴泰昌所著的《我认识的钱钟书》[②] 为材料，分析探讨人格特征、关键事件以及重要他人对其创造性成就起到的重要作用。

（一）成长中的关键影响事件

钱钟书出生于书香世家，祖父是当地受人尊敬的乡绅，大伯父是个很有才气的人，书法非常好，其生父基博是个大学问家。这样一个旧式文人家庭很注重国学教育。充满文墨气息的家庭环境对钱钟书也形成了潜移默化的影响。"他小小

---

① 孔庆茂：《钱钟书传》，江苏文艺出版社1992年版。
② 吴泰昌：《我认识的钱钟书》，上海文艺出版社2005年版。

年纪已经在点读《尔雅》、《毛诗》、《唐诗三百首》了。钱家有一个良好的家风，对学校里布置给孩子的作业多不过问，课外却为他们再布置一些学习内容，如读文史著作、写议论文章。良好的家学渊源与'谈笑有鸿儒，往来无白丁'的家庭环境对他的发展极为有利。钱钟书四岁时，由大伯父教他识字。"然而大伯父过于溺爱钱钟书，不愿他早受读书之累，每天带着他四处游玩，6 岁那年入私塾读过一段时间，直到 10 岁才正式考进小学读书。虽然如此他自身却对读书产生了浓厚的兴趣，如"钟书在七岁以前已囫囵吞枣地读完了家中所藏的《西游记》、《水浒传》、《三国演义》等古典小说名著。对小说产生了深厚的兴趣。往往一坐就是两三个小时，读得津津有味，连回家也忘了。他开始迷上了外文原版小说，一本接一本阅读，看得很快且很有兴趣。动力来自于兴趣，完全凭着对文学的热情与天赋。常常把古今中外的学问做"比较"或"打通"的研究，也许正是小时候培养起的兴趣和习惯的发扬光大吧。"这种兴趣伴随他一生，成为他最直接的动力。钱钟书从小就表现出卓尔不群的记忆与对文字的敏感天赋。"记忆力很好，一回到家中便能把书上的内容原原本本讲给两个弟弟听。他不仅记忆力好，口才好，还善于想象和联想，常常思考一些"可笑"的问题。他从小就善于在阅读中前后联想对照比较。阅读了《圣经》《天演论》等不少的西方文学、哲学原著，英文成绩突飞猛进。他的英文完全自学，既不能归于家教，也不能说得益于听课，而是他语言天才的体现和大量阅读外文原版书的收获。凡浏览过一遍的书，他几乎过目不忘。"在学校期间，钱钟书的才华不断被老师赏识，被同学所崇拜，也被父亲夸赞，逐渐成为父亲的骄傲，这种步入领域初期的优秀体验，大大激发了他的自尊心和自信心，确立了他在学习上出人头地的愿望，并从中发现了自己的天才和出路有超越一切人的信心，这种信心又为他增添了发愤读书的动力。"取得了中文竞赛全校第七名。一个刚入校的初中新生取得了这样高的名次，这在桃坞中学是史无前例的。大受校长和老师们的青睐，把他作为重点保护对象。连外籍教师也夸奖他的英语地道纯正，不夹杂一点中式英语的腔调。姆妈听到后很高兴，马上就把这消息告诉了钱钟书：'阿大啊，爹爹称赞你呢！说你文章做得好。'钟书高兴得简直要蹦起来。钱氏兄弟俩以绝对优势压倒高年级优秀生，在校内引起了极大轰动。"

由此可见，家庭教育方式、兴趣的早期表现和从小到大步入领域初期的优秀体验是钱钟书成长中最为关键的影响事件。

（二）成长中的重要他人

钱钟书的天才展露不仅依赖于其自身的兴趣与努力，也与其周围的重要他人离不开关系。钱钟书的父亲作为一位大学问家，对其从小就严格要求，不仅敦促学业，还在性格与为人上时时提点。"钱基博广泛选取了经史、古文中的名篇佳作，略加圈评，编为《斯文宗统》让他们兄弟俩诵读，这对钱钟书的影响很大。特为他改字'默存'，意思是告诫他沉默少言，存念于心。父亲恨其荒疏学业，非常生气，狠狠的把他痛打一顿。由口授到代笔，由代笔写信到代写文章。但又担心儿子过于自喜自傲，锋芒过露，写信给钱钟书，诫他'勿太自喜'。"书籍是始终伴随其左右的虚体人物，不论何时何地，钱钟书总也不忘阅读，正是因为其博览群书，博闻强记，使他取得非凡成就。"利用所有的时间读书，如海纳百川，巨细无遗。他最大的志愿是'横扫清华图书馆'。建通中西文学，博极群书，宋以后集部骀无不过目。钱钟书在牛津留学时，……他读了大量西方现代小说。嗜书如命。他找出一部德文原版的《马克思、恩格斯书信集》来阅读，读得很有兴趣，书中的辩证法思想也给了钱钟书不小的影响。在当时，读这样的书最合理合法。"更有一批爱才惜才的教师，对钱钟书的才学表示出极大的赏识，辛勤的浇灌使其才学开放出更灿烂的花。"罗家伦看到钱钟书的国文、英文成绩：特别兴奋，赞叹备至，不管清华的规定，打破常规，做主录取了钱钟书。受到系里师长赏识尤其是得蒙叶公超、温源宁、吴宓等名家一致赏识的只有钱钟书一人而已。在石遗老人的指点下，钱钟书的诗进步很快，写得也越来越好。年长的吴宓教授宽厚和蔼，乐于奖掖后学。"此外，钱钟书身边也不乏不断鼓励支持他的家人与朋友，这些人都是他努力的动力与坚强的后盾"钟书、钟韩是手足情深的兄弟，又是形影不离的伙伴，还是暗中赶超的竞争对手。杨绛事业上她是知音解人，与钱钟书志同道合，生活上又是贤妻良母，温柔体贴，富有牺牲精神。"

可见，家庭成员、书、教师这三类重要他人的影响作用在钱钟书身上得到了充分体现。

（三）钱钟书的人格特质

钱钟书的人格特质是其创造性成就的内在动因，其中持之以恒的努力，勤学苦练是一切成就的基石，钱钟书的勤奋总是别人所不能及的："他不能算是循规蹈矩的好学生，但可以说是勤奋好学的好青年。他用功之勤也是超人一等。"

钱钟书自始至终都具有不服输的性格，这种性格对于他达成一件件创造性成就起到了激励作用。他年轻的时候便勇于挑战权威，"20出头的钱钟书年轻气盛，血气方刚，秉性如此，不愿因为周作人的地位、名气而说违心话或恭维奉承。其实钱钟书对师长是很尊敬的，至于在学问上的挑战，则又当别论了。"

钱钟书也是一个非常有责任感的人，"对待工作认真负责，一丝不苟。"这一品质让他做事追求尽善尽美，做学问时认真而执着。在编写《宋诗选注》时"从几部宋诗大书中选出二三百首诗，简直太容易了，可以一挥而就。但钱钟书

并没有仅靠这几套大书来敷衍了事。他把这些书仔细再读一遍，又不放心，还把
《宋诗纪事》《宋诗钞》等书——和本集善本核对，把这些书里的错误都找出来
了。""钱钟书不甘屈服，他对选目提出自己的不同意见，极力争取主动权"。

钱钟书治学严谨，淡泊名利，更为可贵的是，他勤于反思，在其学术著作中
都体现了他创造性的观点："在学术上，他又是极为严肃认真的学者。""对此番
美国之行海外报章的大加渲染颇不以为然，对自己以前的作品戏称为贾宝玉所说
的'小时干的营生'，讳莫如深，自己从不提及，也反对别人再来'效颦帏之
启'，使自己'献丑'。""他把'通感'这个西方术语引入中国诗词中，却赋予
这个术语新的含义，做了新的发展。"

从传记中不难判断出钱钟书具备积极的自我状态和良好的外界适应力，这使
他不论沉浮都能静心钻研自己的学问。正是这些优秀的人格特质，不仅使钱钟书
不断创作出优秀的作品，更令他成为让人敬仰、钦佩的大学问家。

总之，钱钟书先生在成长过程中也受到关键事件与重要他人的影响。家庭氛
围的熏陶，加上钱钟书早期对文学的兴趣和擅长，成为决定他未来努力方向的关
键影响事件，而父母、老师以及书籍成为对他成长有重大影响的重要因素。加之
钱老积极的自我状态与良好的外界适应力使其始终安心钻研学问，最终取得一系
列令人惊叹的创造性成果。

五、研究结论

总结关于人文社会科学与艺术创造人才的访谈研究以及传记研究的结果，可
以得出以下四个主要结论：

第一，人文社会科学与艺术创造者思维特征的系统结构以瞬间的思维突破为
核心，依托创造性思维的突出特点，以思维的形式为主要载体，外围受到天分和
自身兴趣的影响。人文社会科学与艺术创造者的人格特征有坚持、投入、有抱
负、迎难而上、淡泊名利、严谨、挑战、勤奋、自信、独立性、平衡、执着、计
划性、追求完美、责任感、目的性、强执行力、沉着、反思等19个。从大的分
层上看可以分为两个层面，分别是积极的自我状态和良好的外界适应力。创造者
的人格特征中非常强调个体的独立性这一特征。

第二，人文社会科学与艺术创造者对自身人格特征的概念结构可以分为四个
类型，分别是独立，积极自我状态和有效心理功能，可靠外界结合与成熟自我把
握，满足。与人文社会科学与艺术创造人士自身特点符合程度最高的特征被称为
纯正向特征，结果表明，独立、自信、诚实、爱思考、有爱心、坦率、开放等7
个词汇构成这个层次。

　　第三，人文社会科学与艺术创造者成长关键影响事件主要有 6 类，按重要程度从大到小依次为：系统教育、时代特征、自身因素、人生际遇、文化环境、家庭环境。影响最重要的是可控的教育要素，即系统的教育。人文社会科学与艺术创造者成长的重要他人主要有 6 类，分别是教师、家庭成员、社会交往中的他人、虚体人物、政治人物、宗教人物。其中最为重要的三个影响源按照重要程度序列依次为：领域内教师、父母和虚体人物（书籍）。

　　第四，钱钟书的个案分析充分证明了关键影响事件和重要他人作为重要影响源对人文社会科学与艺术创造人才的作用，也从第三方的视角证实人文艺术创造人才具有积极的自我状态和良好的外界适应力。

第三节　创业型民营企业家成长规律与影响因素

　　我国的民营企业家在改革开放的特定历史条件下，敢为人先，抢抓机遇，勇担风险，最终成为中国特色社会主义市场经济中的"弄潮儿"；他们具有强烈的创新精神，以最富有创造性的活动创办企业，并在市场竞争中占据优势地位，因此，他们是企业领域的杰出创造性人才。党的十八大报告提出，要实施创新驱动的发展战略，把创新摆在国家发展全局的核心位置，坚持走中国特色自主创新道路；党的十九大报告再次强调，创新是引领发展的第一动力，是建设现代化经济体系的战略支撑。习近平同志在党的十八届五中全会上也提出创新、协调、绿色、开放、共享的"五大发展理念"，并且把创新放在"五大发展理念"的首要位置。这些指明了我国发展的方向和要求——实施创新驱动发展战略。创新驱动实质上是人才驱动，谁拥有一流的创新人才，谁就拥有了创新的优势和主导权。如果说一流创新人才是"关键少数"，那么要用"关键少数"引领社会的"绝大多数"。毫无疑问，创业型民营企业家属于创新驱动的"关键少数"之一，应主动承担创新驱动发展重任，实现新常态下企业持续健康发展，推动我国经济的平稳、快速发展。鉴于民营企业家在国家创新驱动战略和企业创新中的关键作用，必须加强民营企业家创造性的研究。为此，本章以杰出创业型民营企业家为研究对象，采用质性研究和量化研究相结合的方法，揭示创业型民营企业家的创造性特征及其影响因素。

一、研究目的

　　民营企业家作为创新驱动的特殊的、宝贵的人才资源，在调配企业资源、主

71

导企业决策、决定企业创新行为中起关键性作用。加强民营企业家创造性的研究、探索影响民营企业家创造性的关键因素,有助于为增强民营企业家的创造性、营造有利于民营企业家健康成长的环境和氛围、培育和造就更多优秀的民营企业家提供重要启示。

二、研究程序和步骤

基于以上研究目的,本书采用深度访谈法对中国文化背景下杰出创业型民营企业家的创造性特征进行深入研究,并从杰出创业型民营企业家成长历程出发,分析影响他们创造性特征的促进因素和阻碍因素。深度访谈法可以更灵活、更深入地收集杰出创业型民营企业家的相关资料,了解企业家的内部心理历程。严格的被试筛选程序,确保每一位被试均为企业领域的杰出创造人才。通过对访谈数据的编码,归纳出创业型民营企业家的创造性特征,以及影响创造性特征的促进因素和阻碍因素。最后,以一个典型案例具体分析和展现创业型民营企业家的创造性特征以及相关影响因素。

1. 研究对象

本研究的访谈对象是"杰出创业型民营企业家"。为了保证选取的创业型民营企业家是"杰出"的,而不会出现常说的企业"一年发家,两年发财,三年倒闭"的情况,我们确定的标准为:民营企业家的企业创立时间至少在 7 年以上;且企业的利润在同行业同等规模企业中处于前 20%。杰出创业型民营企业家作为企业的主导者,通常领导多个不同领域的公司,如某企业家可能是某电子公司的董事长/总裁,在该公司取得一定规模和效益后,又创立了房地产公司、投资公司等,即兼任多家不同公司的董事长/总裁。考虑到此研究更关注企业家创造性,而成功创业无疑是企业家创造性的集中体现。因此,我们主要采用民营企业家创业成功的企业名称及所在的行业作为标准,因为这也是民营企业家做得最成功、最为自豪的企业。

(1) 访谈对象的选择范围。

访谈对象来源主要分为两部分:一是 2013 年、2014 年全国富豪排行榜中属于自主创业成功的民营企业家;二是通过北京市、上海市、浙江省、山东省商会、驻京办或相关领导的推荐,按照既定标准选取,共获得 240 名不同行业、不同规模的杰出创业型民营企业家的推荐名单,这形成我们研究的备选对象。然后邀请 1 位企业家和 1 名创造性研究专家对 240 位民营企业家的创造性成就作评定,最终根据评定结果选取 60 人作为正式的潜在访谈对象。

（2）访谈对象的确认。

研究人员给 60 名合乎要求的潜在访谈对象发邮件或电话，说明研究目的，恳请他们能够接受访谈。最终在商会、驻京办或相关领导的推荐和沟通协调，以及课题组所有成员的共同努力下，历时 6 个多月，共访谈了 34 名杰出创业型民营企业家，其中 1 名企业家答应电话访谈，但由于电话信号不好，访谈效果不佳，因此在样本中予以删除；其余 33 名企业家都是面对面访谈。他们中既包括财富榜排名前十的创业型民营企业的董事长，全国排名前四的电商的董事长、上海最大的建筑企业之一的总经理等，也包括领导小型但效益非常好的新兴科技公司的杰出企业家。企业家所属的行业类别，参照国民经济行业分类（GB/T4754 - 2011）进行划分，最终样本中，小型企业 9 个（27.3%），中型企业 13 个（39.4%），大型企业 11 个（33.3%）。访谈企业家的性别、受教育程度、年龄、企业规模、行业类别等分布见表 1 - 11。

表1 - 11　　访谈的创业型民营企业家样本分布表（N = 33）

变量	类别	人数	比例（%）
性别	男性	28	84.8
	女性	5	15.2
受教育程度	高中及以下	6	18.2
	大学学历（含专科）	16	48.5
	研究生	11	33.3
年龄	30～40 岁	12	36.4
	40～50 岁	9	27.3
	50 岁以上	12	36.4
企业规模	小型企业	9	27.3
	中型企业	13	39.4
	大型企业	11	33.3
行业类别	房地产业	2	6.1
	建筑业	2	6.1
	教育业	2	6.1
	金融业	2	6.1
	居民服务业	4	12.1
	批发和零售业	5	15.2
	文化、体育和娱乐业	2	6.1

续表

变量	类别	人数	比例（%）
行业类别	信息传输、软件和信息技术服务	4	12.1
	制造业	6	18.2
	住宿和餐饮业	1	3.0
	租赁和商务服务业	3	9.1

2. 研究过程

（1）被试访谈。

由于访谈的对象是杰出创业型民营企业家，所以正式访谈前，访谈者（研究者本人）做了大量的准备工作：熟悉访谈内容，在具体访谈过程中，访谈题目的顺序会根据具体情况略做调整；尽可能多地了解访谈对象的背景信息；进行预访谈，根据企业家的反馈修改访谈提纲，并请课题组成员听访谈录音，指出访谈过程中需要注意的问题以及应该如何改进。访谈过程中，访谈时间一般都以企业家方便的时间为主，时间长度为 90 分钟。访谈采用开放式问答的形式，过程中会根据访谈具体情境适当调整访谈问题的顺序。

（2）访谈资料整理。

委托专业的数据录入公司，将访谈的录音材料转化成电子文本。最后整理出的文字材料共计 40 余万字。

访谈资料的编码主要根据扎根理论原则进行。作为质性研究的重要理论，它提供了一套明确、系统的策略，帮助研究者思考、分析和整理资料，为研究者提供了明确的研究指南[1]。扎根理论在研究之前一般没有理论假设，直接从实际观察入手，从原始资料中归纳出新的经验和概括，然后上升到理论，这是一种自下而上建立理论的方法。在哲学思想上，扎根理论方法基于的是后实证主义的范式，强调对目前已经建构的理论进行证伪。我们采用基于扎根理论的内容分析方法，将电子文本导入 NVivo 10.0 软件中进行编码。根据材料的抽象程度不同，对文本进行三个不同层次的编码：开放式编码、关联式编码和核心编码。

开放式编码是质性分析的第一步，是对庞杂的资料进行初步分类。具体方法是将企业家提到的与主题有关的资料进行逐行、逐段落的分析，并思考其中是否包含或隐含了与研究主题有关的概念或属性，尽量不要遗漏任何信息。在该分析中，采取的是一种完全开放式的态度，不带任何理论框架的全身心地投入到原始

---

[1]　吴继霞、黄希庭：《诚信结构初探》，载于《心理学报》2012 年第 3 期，第 354～368 页。

资料之中。

关联式编码的主要任务是发现和建立类别类属之间的关系（如相似关系、对等关系、因果关系等），对开放式编码中的资料进行抽象和概括，即努力找出不同表述之间的联系，将相同或相近意思的资料编码成一组，从而产生一些范畴，使得这些范畴之间既有内部一致性又有外部异质性。

核心编码的主要任务是进一步根据范畴的属性做归纳概括。此处的核心编码结果作为正式的企业家创造性特征以及影响因素的编码索引，在后面的量化分析中，采用的是企业家在该类别的选择频数（即 NVivo 中的资料来源数量）。如果某企业家在访谈中 3 次提及诚信，虽然参考点的数量为 3 次，但选择频数（资料来源的数量）仍为 1。所以，每位企业家在每个创造性特征或影响因素上只有两种情况：1（有该特征或影响因素）和 0（无该特征或影响因素）。

编码过程中，研究者本人与一位硕士研究生共同对文本资料进行编码，并彼此商讨，不断修改和完善民营企业家创造性及其影响因素编码表。为了验证编码表的可靠性，请另一位研究生参照编码索引表重新进行独立编码，然后根据两个人（研究者和研究生）的编码结果，计算编码一致性。结果表明每个创造性特征及其影响因素的编码一致性都在 85% 以上。可见，我们编码的结果是稳定可靠的。

在后面的具体统计分析中，并没有按照传统的将两个独立编码者的分数相加求平均分的方法。因为采用两人编码结果相加后的平均分，将可能出现三种情况（0、0.5 和 1 分）：即如果研究者 A 编码为 1，研究者 B 编码为 0，则加总后的平均分为 0.5 分；如果研究者 A 编码为 0，研究者 B 编码为 0，则加总后的平均分为 0 分；如果研究者 A 编码为 1，研究者 B 编码为 1，则加总后的平均分为 1 分。这样的结果不利于结果的统计分析。鉴于编码有较高的一致性，统计分析中采用研究者本人一人的编码结果，因此只有 0 和 1 两种情况。此时可采用二分变量的探索性因素分析进行考查心理结构。在后面的结果分析和呈现中，只呈现研究者一人的编码结果。

三、研 究 结 果

1. 民营企业家创造性特征的频次分布

在资料编码的基础上，获得了民营企业家强调的创造性特征出现的频次。为突出比较重要的创造性特征，对"比较重要"作了界定，即以某一特征出现频次不少于 5 次作为入选标准。按照该标准，民营企业家的创造性特征分别有（见表 1 - 12）：坚持性、德行修为、有理想和抱负、全局思维、责任心、勤奋、胸怀宽广、创新精神、团队合作、自信、知识广博、感染力、终身学习、冒险性、沟通协调、机会识别、执行力和独立自主。

表 1－12　　　　民营企业家创造性特征的频次分布表 （$N=33$）

序号	特征名称	频次	占受访人数比例（%）	重要程度排序
1	坚持性	21	63.64	1
2	德行修为	15	45.45	2
3	有理想和抱负	14	42.42	3
4	全局思维	14	42.42	3
5	责任心	13	39.39	5
6	勤奋	12	36.36	6
7	胸怀宽广	12	36.36	6
8	创新精神	11	33.33	8
9	团队合作	11	33.33	8
10	自信	10	30.30	10
11	知识广博	10	30.30	10
12	感染力	9	27.27	12
13	终身学习	9	27.27	12
14	冒险性	7	21.21	14
15	沟通协调	7	21.21	14
16	机会识别	6	18.18	16
17	执行力	6	18.18	16
18	独立自主	6	18.18	16

2. 民营企业家创造性特征的探索性因素分析

为探索创业型民营企业家创造性特征的心理结构，采用二分变量的探索性因素考查分析其创造性特征的潜在心理结构。在研究中，根据企业家在访谈过程中是否强调某一特征，将每个特征分成两类：0（未强调）和 1（强调）。如果某一特征被同一位企业家在不同情境中多次强调，也记为"1"。

由于采用传统线性因素分析模型拟合二分变量会扭曲变量的潜在结构，从而导致错误的因素分析结果[1]。稳健加权最小二乘法（WLSMV）采用对角加权矩阵

---

① 王孟成：《潜变量建模与 Mplus 应用·基础篇》，重庆大学出版社 2014 年版，第 65～66 页。

的加权最小二乘法，并采用均值—方差校正卡方检验[①]，是二分变量因素分析的最好方法[②]，且该方法能在 Mplus 7.0 软件中实现。因此，本研究采用 WLSWV 法进行参数估计，因素旋转的方法采用的是 GEOMIN 斜交旋转法。在确定因素数目时，研究者并没有按照对连续性变量进行探索性因素分析时，以特征值大于 1 作为确定公因素数量的标准。我们主要的参考标准是：①公因素的特征值大于 2；②每个因素至少包括 3 个项目；③理论上容易解释。根据这些标准，最终确定了4 个公因素。其中，公因素 1 可以解释方差总变异的 19.51%；公因素 2 可以解释方差总变异的 15.88%；公因素 3 可以解释方差总变异的 14.50%；公因素 4 可以解释方差总变异的 12.14%。四个公因素共解释方差总变异的 62.03%。

从表 1-13 可以看出，第一个公因素包括知识广博、全局思维、创新思维、沟通协调和坚持性五个特征。由于这些特征都在个体创造性的产生和发展中起基础性作用，命名为"创造性基础素养"。第二个公因素包括终身学习、机会识别、自信、团队合作和执行力五个特征。由于这些特征更多地与创造性观念或产品的获取以及执行过程有关，命名为"创造性技能与品质"。第三个公因素包括勤奋、德行修为、责任心和胸怀宽广四个特征，这些主要与个性品质等有关，命名为"个性与品德"。第四个公因素包括冒险性、独立自主、有理想和抱负和感染力四个特征，这些都具有明显的驱动力特征，命名为"创造性驱动"。

表 1-13   旋转后的因素载荷表

特征名称	公因素 1	公因素 2	公因素 3	公因素 4
知识广博	0.83			
全局思维	0.73			
创新思维	0.66			
沟通协调	0.59			
坚持性	0.55			
终身学习		0.76		
机会识别		0.74		
执行力		0.68		
自信		0.63		
团队合作		0.60		

① Muthen, L. K. & Muthen, B. O. Mplus user's guide (7th ed.). Los Angeles：Muthen & Muthen, 2012.
② Browne, T. A.. Confirmatory factor analysis for applied research. New York：Guilford Press, 2006.

续表

特征名称	公因素 1	公因素 2	公因素 3	公因素 4
勤奋			0.86	
德行修为			0.73	
责任心			0.52	
胸怀宽广			0.48	
冒险性				0.78
独立自主				0.55
有理想和抱负				0.52
感染力				0.42
因素命名	创造性基础素养	创造技能与品质	个性与品德	创造性驱动

3. 民营企业家创造性的促进因素结果分析

根据访谈文本，编码出民营企业家提及的对创造性有促进作用的因素，整理结果见表 1-14。

表 1-14 **民营企业家创造性的促进因素编码结果**

促进因素名称		提及次数	占总人数的比例（%）
家庭因素	父母职业		
	事业单位	14	42.42
	商人	8	24.24
	农民	6	18.18
	家庭环境		
	刺激性环境	9	27.27
	支持性环境	15	45.45
学校教育	中小学教育（中小学教师）	10	30.30
	高等教育（大学教师）	8	24.24
宏观环境	时代特征	13	39.39
	国家政策扶持	10	30.30
	丰富的职业经历	14	42.42
	伯乐和贵人扶持	13	39.39

促进因素名称		提及次数	占总人数的比例（％）
	良好的社会网络		
宏观环境	与朋友关系	9	27.27
	与家庭关系	4	12.12
	与政府关系	8	24.24
	团队与组织文化	9	27.27
	市场需求	9	27.27
机遇	机遇	13	39.39

（1）家庭因素。

企业家的许多创造性特征都直接或间接的受到家庭因素的影响。家庭中最重要的就是父母，父母通过塑造良好的支持性环境（选择次数15次，45.45%）和刺激性环境（9次，27.27%），促使孩子主动探索世界，发现自己的兴趣，这对于孩子主动性、创新精神的培养非常有帮助。虽然企业家的父母职业比例不相同（父母为事业单位的比例为42.42%，商人家庭为24.24%，农民家庭为18.18%），但无论是家庭富足（父母是事业单位职员和商人）还是家庭贫寒（农民），都有可能成为杰出民营企业家，具有较高的创造性。这说明，虽然两类家庭的起点不同，但都不妨碍促进个体创造性。

（2）中小学教育。

中小学教育的影响中，企业家主要强调教师对自己的激励、赞赏和支持，增强了自己学习自我效能感，从而在学习上取得优异成绩。另外，中小学的挫折经历也影响到个体的坚持性。

（3）高等教育。

主要是通过大学教师的"角色榜样"、激励和赞赏等实现的。

（4）丰富的职业经历。

有14位企业家（42.42%）明确表示，以前的职业经历对自己的创造性的发展有积极促进作用。而且在创业前的相关工作，通常与自己当前从事的企业行业密切相关。

（5）时代特征和国家政策扶持。

创造性的发挥，离不开宏观大环境。在访谈中，很多民营企业家表示时代背景（主要是改革开放和互联网时代）对自己取得当前成绩的促进作用。国家或政府的鼓励和扶持，既为企业家创造性的发挥提供了必要的支持性环境，又在一定程度提供了创新创业所需要的资源。

（6）伯乐和贵人的扶持。

有 13 位企业家（39.39%）提到伯乐和贵人的扶持和帮助（尤其是在创业阶段）。这种扶持主要体现在：作为业内人士／"守门人"角色，通过提供重要市场信息，让企业家了解行业发展趋势，协助评估创业的优势或劣势，以及成功的可能性，从而影响到企业家是否会进入该领域内创业；为企业家提供创业或创造性发挥所需要的资源。

（7）良好的社会网络。

这里的社会网络包括与朋友的关系、与客户（上下游经销商）的关系、与家庭的关系、与政府的关系。创造性的发展和发挥离不开资源的支持，关系网络的建立，无疑是创造性资源获取的重要途径。

（8）团队与组织文化。

9 位民营企业家（27.27%）谈到团队与组织文化的重要性。

（9）市场需求。

有 9 位企业家（27.27%）提到市场需求对企业创新的影响，从某种意义上讲，市场需求会起到决定你是否有资格继续留在市场竞争大潮中，即"守门人"的角色。

（10）机遇。

企业发展都与机遇分不开，机遇往往与企业家个人的能力和准备有关，有能力的人更能抓住机遇。有 13 位企业家（39.39%）强调了机遇的重要性。

4. 民营企业家创造性的阻碍因素结果分析

在访谈中，企业家不仅谈及对创造性有促进作用的因素，也谈到阻碍企业家创造性的因素（见表 1-15）。归纳起来，阻碍企业家创造性的关键因素就是缺少资源，或者说缺乏良好的企业发展生态，主要表现为：①缺少人才资源，如何招募到合适的人才，如何组建高效的企业团队，有 12 位企业家（36.36%）在访谈中提到。他们认为，缺少人才，缺乏有凝聚力的团队，是影响创造性的重要因素。②缺少资金，缺乏好的融资平台等问题，有 8 位企业家（24.24%）在访谈中提到。③法制不健全。有 8 位企业家（24.24%）在访谈中提到，目前我国法制不健全，对企业家有歧视；同时需要加强知识产权保护的力度，维护企业创新的活力。④职业压力大。有 5 位企业家（15.15%）在访谈中提到，企业家的职业压力大，需要承受来自各个方面的压力，这也在一定程度上影响到创造性动机等。

表 1 - 15　　　　　　民营企业家创造性的阻碍因素编码结果

序号	阻碍因素	提及次数	占比（%）
1	人才资源匮乏	12	36.36
2	融资困难	8	24.24
3	法制不健全	8	24.24
4	职业压力大	5	15.15

5. 民营企业家创造性的发展阶段划分

创业型民营企业家创造性的发展阶段是一个连续发展的过程，是不断学习、不断实践、不断创造的过程。布鲁姆对取得杰出成就的年轻人的成长历程进行考查，将杰出才能的发展划分为探索阶段、精炼阶段和表达自我阶段。本章第一节的结论中，将科学创造人才创造性的发展分为自由探索期、才华展露与专业定向期、集中训练期、创造期和创造后期。我们在对访谈资料进行整理分析的基础上，结合以往研究对创造性人才发展阶段的划分，将创业型民营企业家创造性的发展划分为自由探索期、领域定向期、才华初现期、才华绽放期四个阶段，其中后两个发展阶段，企业家创造性的发展与企业的创新和发展息息相关。不同发展阶段表现出不同的特征，有不同的发展任务，且受不同因素的影响。

自我探索期。该阶段的主要任务是通过良好成长环境氛围的塑造、榜样作用的引领等，塑造个体的道德品质或创造性人格，如诚信、独立性、兴趣等。年龄大约为从出生到正规基础教育阶段的结束，由于时代、家庭条件等的不同，正规教育的结束时间不一，多数是高中毕业。这一阶段的探索不一定与日后创业或者经商有直接关系，但是却为以后的发展提供重要的心理准备。在该阶段，影响创造性的关键因素有家庭因素（尤其是父母的作用）和中小学教育（尤其是中小学老师的作用）。

领域定向期。在该阶段，主要是领域知识的获取和运用，以及从事该领域的动机的激发。这些领域知识一方面来源于大学的专业教育，另一方面来源于企业家的实践经验，有 6 名企业家（18.18%）表示在大学时代就开始做小生意，为自己挖了"人生第一桶金"。最后，来源于创业前丰富的职业经历，而且企业家创立的企业都与自己过去从事的行业有关。这些经历，是企业家习得领域知识、获得相关资源的途径之一，都为企业家创业或创造性的发挥提供了良好的知识基础和可资利用的资源。在该阶段，重要的影响因素有高等教育（尤其是大学教师）和丰富的职业经历。

才华初现期。在该阶段，企业家的创造性突出表现为在适当的时机做适合自己的事情，从创业的角度讲，就是在综合分析国内外经济形势和发展趋势的基础上，寻找、识别市场机遇，并整合已有资源牢牢抓住机遇，使自己的想法得以实施。至于具体表现形式则可能是自主或合伙开创新企业，也可能把国营企业转变为创业型企业。就创业动机而言，有为了经济利益，改善自己和家庭的生活条件；有为了实现自己的理想，主动挑战自我；有不喜欢为他人工作的；有受到家庭影响的等。不管初始动机如何，都不影响他们创业才能的展现。在该阶段，企业家要有深刻的洞察力，围绕市场需求开展技术创新、产品/服务创新等；要有人格魅力，能感染身边的人愿意相信和追随，愿意为企业未来的美好愿景而奋斗；要有一定的关系能力，能为企业争取各种发展所需的资源。从该阶段开始，影响因素的多元化、重叠化趋向越来越明显，访谈中发现的主要因素有时代特征、国家政策的扶持、伯乐和贵人的扶持、良好的社会网络，以及机遇。

才华绽放期。在该阶段，企业家的创造性表现为从"如何做到从无到有"，转向"从可能没有到继续拥有"或"从平庸生存到独特发展"；企业发展从企业家个人决策逐渐转向团队决策，从个人创造性逐渐转向团队创造性和组织创造性。企业家的动机已从"单纯追逐经济利益、短期利益"转向"追求大众利益"的使命驱动，"企业家是追求自己的事业，顺带赚钱"。他们会努力挖掘市场潜力，抓住一切有利时机，把产品或服务做到极致，占有一定的市场率；已经具备一定的经济实力和人才资源，开始逐渐放权给下属，自己专心考虑企业的长远发展。在该阶段，重要的影响因素除了与才华初现阶段的影响因素重合外，更强调企业家团队的重要性。

四、结果讨论

本研究结果发现，民营企业家创造性特征中以坚持性和德行修为最为重要，频次分别为21次（63.6%）和15次（30.3%）。坚持性包括面对困难和挫折时的坚持、甘于寂寞的坚持和执着追求目标的坚持等。以往研究也表明坚持有毅力、意志坚强等都是创造性人才的重要特征[①]。这说明，坚持性对于个体发挥潜能、激发创力有非常重要的积极促进作用。另外，民营企业家特别重视"德行修为"。这也与已有对企业家的研究结果一致[②]。商业领域特别看重德行修为，这可能与商业领域问题情境的复杂性有关。商业领域的问题情境比科学和艺术领域更加复杂多变，经济形势、市场需求在不断变化，人际互动（企业与企业、企

---

① Feist，G. J. A meta-analysis of personality in scientific and artistic creativity. Personality and Social Psychology Review，1998，2（4），pp. 290 – 309.

② 白光林、李国昊：《农民企业家胜任特征模型构建——基于43位农民企业家案例的内容分析研究》，载于《中国农学通报》2012年第5期，第191～194页。

业与消费者、企业与员工、企业与政府等）频繁，从某种意义上讲，很少出现完全相同或重复发生的问题情境，这就需要企业家具有高尚的品德，能与客户/消费者、员工、合作伙伴等形成彼此信任的关系，而相对稳定的品德因素是维系商业活动的重要桥梁和纽带。

研究结果表明，民营企业家的创造性特征包括：坚持性、德行修为、有理想和抱负、全局思维、责任心、勤奋、胸怀宽广、创新思维、团队合作、自信、知识广博、感染力、终身学习、冒险性、沟通协调、机会识别、执行力和独立自主等多种不同的复杂特征。这些特征分为创造性基础素养、创造性技能与品质、个性与品德、创造性驱动四个维度。奇凯岑特米哈伊认为，复杂性是高创造者的特征，既然创造性是复杂系统的属性，那么其中任何一个单独的构成要素都无法解释它。而且，高创造者具有良好的适应性，能将很多看起来彼此冲突的特征完美地融合起来。本研究中，杰出民营企业家的创造性也呈现出几个貌似冲突，但又有机融合的特征：①既强调独立性，又重视团队合作，能在保持自身思想和决策独立的同时又尊重团队的意见；②在自信、坚持性与自我否定之间进行灵活转换，做决策时，既能坚信、坚持自己的判断和决策，又能及时否定自己，修正自己的错误。③在保持高创造性的同时，兼顾良好的个人道德修养。有研究表明，独创思维水平高者，更容易且擅长为自己的行为找出合理的理由辩护，因此更容易出现欺骗或不诚实行为[1]，这说明高创造者也存在"阴暗面"，而杰出民营企业家在从事高创造活动的同时又兼顾个人的道德良心，在二者之间找到了平衡点。④个人责任与冒险性相结合。敢于冒险是企业家的特质，从某种角度讲，创新也是一种冒险，它是一把双刃剑，能为企业带来更大利益，也可以带企业走向灭顶之灾。但是企业家的责任又要求必须对员工、对股东、对合作伙伴负责，要保证企业的利益。因此在冒险的同时评估自身抗风险能力，是责任心的重要体现。总之，杰出民营企业家能够根据情境需要，灵活地从一个极端特征转变为另一个极端特征，却又不会感觉到内心冲突，因此，似乎他们秉持的是创造性的"均衡模型"，这种均衡模型，并不是中国传统文化的"中庸"，而是随情境变化的动态平衡。

五、典例案例分析——宗庆后的创业人生

宗庆后先生是改革开放以来中国第一代创业型民营企业家的典范人物。他一

---

① Gino, F. & Ariely, D. The dark side of creativity: Original thinkers can be more dishonest. Journal of Personality and Social Psychology, 2012, 102（3），pp. 445–459.

手创业的娃哈哈集团，目前已经发展成为一家集产品研发、生产、销售为一体的大型食品饮料企业集团，为中国最大的饮料生产企业。2010 年，宗庆后先后被福布斯全球富豪榜、胡润百富榜、福布斯中国富豪榜评为内地首富，胡润特别评价说"这是中国第一次有'饮料大王'成为全国首富"。2012 年，再次登上福布斯中国富豪榜首富位置。2016 年，胡润全球富豪榜中，宗庆后家族财富位列大陆第一。下面以宗庆后为个案，分析宗庆后的创造性特征及其影响因素。

1. 宗庆后的创造性特征

在我们上述访谈研究中提到的创造性特征中，宗庆后在以下几个方面的特征尤为突出，这些对他创造性成就的取得、娃哈哈商业帝国的开创产生了重要影响。

勤奋：为了将娃哈哈打造成更加强大的百年企业，宗庆后几十年如一日地勤奋工作，平时都是 7 点钟上班，晚上 11 点下班，每年出国考查洽谈约 3 个月；到全国各地做市场调查约 5 个月。迟宇宙在《宗庆后：万有引力原理》中描绘说，"就连春节，他也会在厂区、办公楼或者深潜到各地。每个月，宗庆后都会召集全国的部厂长商量战略，往往要探讨到深夜。只要他没有出差，每天晚上，在娃哈哈清泰街总部那幢不起眼的六层小楼里，他办公室的灯总是最后才熄……"[1]

坚持性："一旦决定了的事，一定要坚定不移地走下去，即使暂时碰了个壁，拐了个弯，还是要走下去。"

责任心："我觉得我办好企业，让它强大是我的本分，让更多的人生活得更好是我的最大愿望。娃哈哈 30 000 人同在一个锅里吃饭，不和谐、不幸福、不快乐、不健康，那怎么行呢？"

机会识别：在 20 世纪 70 年代后期，可口可乐和百事可乐占据着我国饮料市场的半壁江山。1998 年，娃哈哈推出非常可乐，紧紧抓住"两乐"在广大农村认知度相对较低的状况，坚持"农村包围城市"的策略，最终很快异军突起，2002 年娃哈哈"非常系列"碳酸饮料产销量达到 62 万吨，约占全国碳酸饮料市场 12% 的份额，在单项产品上已逼近百事可乐在中国的销量。这凸显了宗庆后善于识别机会，抓住市场空档，把每个机会都当作救命稻草，牢牢抓在手中。

自信："在娃哈哈，没有我，以后的发展会出现问题"。这是宗庆后对自己掌控企业的自信的表现。"外资也是纸老虎，他们对中国市场不了解，水土不服。他们不可能比我更了解中国的市场。""达能要么妥协，要么退出中国，我们赢定了。""谁说碳酸饮料市场就一定是可口可乐、百事可乐的，我的非常可乐一定会

---

① 迟宇宙：《宗庆后：万有引力原理》，红旗出版社 2015 年版，第 333 页。

三分天下有其一。"这都是对抗竞争的自信表现。

冒险性：1988 年，娃哈哈儿童营养液上市，只有 10 万元流动资金的宗庆后面不改色地签下了杭州电视台 20 万元的广告合同。1991 年，100 多人的小厂兼并 2 000 多人（包括 700 多退休职工）的杭州罐头食品厂，并承担近 7 000 万元的债务。自 1994 年起，投资数十亿元，在全国 29 个省市组建 100 余家生产型企业，冒着生产、管理失控的风险，率先完成中国饮料业的"销地产"生产力布局，极力打造成本领先的竞争优势。这些都是宗庆后冒险性的生动体现。

执行力：宗庆后有很大的抱负，也有很强烈而直接的方法去实施。在他心目中，没有试点这样的说法。创业以来，宗庆后就没有给自己留下任何回旋余地，总是在强力、高效地推行自己的计划。《宗庆后：万有引力原理》中描述说："娃哈哈人经常谈项目，一旦确定下来，他们就要迅速准备文字材料，包括项目背景、合作条件、收益预测、分配比例等等。这些都是连夜做，包括协议都是连夜签，这就是'娃哈哈速度'。"①

2. 影响创造性特征的因素

宗庆后的人生也是一部创业的人生历程，其人生历程与娃哈哈的成长是合二为一的，各种影响创造性的因素也都相互叠加交织在一起：

家庭环境的影响：宗庆后出生的家庭条件比较差，对于儿时的记忆，就是吃了上顿没下顿。艰苦的生活，让天生内向的宗庆后总是默默地看着母亲为家操劳忙碌着，每天工作 12 小时以上，没有时间和精力陪伴自己，这使得他在很小时候就学会了独立；母亲经常教育他"做人要有志气，不怕吃苦；做人要老老实实，工作一丝不苟；做人要厚道，不怕自己吃亏。"童年的艰苦经历，虽然没有直接促进宗庆后的创造性，但锻炼了他的独立性、自制力和坚持性等优秀品质，这对于日后的创造性成就的取得有重要影响。

中小学教育的影响：宗庆后上小学时，尽管家境贫寒，母亲还是想方设法把宗庆后送到离家比较远，但师资力量雄厚、办学质量较好的杭师附小读书。杭师附小校风严谨，宗庆后在此受到良好学习环境的熏陶，以至于在成年后，仍然是一个十分热爱学习的人。同时，学校生活也给了宗庆后一个释放自我才能的空间。在学校里，他一直刻苦学习，成绩优异，积极参加学校组织的各项活动，如一次学校要邀请解放军为学生做辅导报告，身为少先队中队长的宗庆后担任了此次工作的主持人，这不仅考验了他的语言表达能力和反应能力，也显示了他较强的人际沟通能力。

多样化的职业经历：宗庆后很早就告别了校园生活，1963 年，为了减轻家

---

① 迟宇宙：《宗庆后：万有引力原理》，红旗出版社 2015 年版，第 178 页。

里的负担，他只身来到舟山农场工作，几经辗转又到了绍兴茶场。后来，他赶上知青下乡的热潮，成了先遣知青，在茶场的十几年，他只要一有空就抱着书不放，补习文化知识。在农村隐忍15年，回杭州后一年里，他踏着三轮车送货，风里来雨里去，再后来推销电表跑遍大半个中国而一无所获……在校办工厂推三轮车，宗庆后积累了校园渠道资源；推销电表让宗庆后见识了县乡市场的长尾力量；天南地北的奔波，让宗庆后了解了不同地域的市场差异，这些都为日后娃哈哈集团的成长助力不小。

时代特征和政府扶持："我是一个普通人，是改革开放解放了生产力，给了我机会……是改革开放的好政策，是小平同志的恩泽，使我从一个草民成长为一个企业家，成长为一个中国著名品牌的掌门人，也使娃哈哈以白手起家的校办工厂，发展为中国最大的民族饮料企业。"政府对娃哈哈发扶持最明显的事例是1991年娃哈哈"小鱼吃大鱼"的案例。当年，对改革开放是姓"社"还是姓"资"的争论中，杭州市政府决定，同意由杭州娃哈哈营养食品厂以8 000万元的代价，兼并国营老厂杭州罐头食品厂，正式成立杭州娃哈哈集团公司，有力地推动了娃哈哈的发展，也在中国改革开放史上留下了重要的一笔。宗庆后及娃哈哈集团的创新发展与改革开放以及当地政府的支持是密不可分的。

市场需求：市场一直都是宗庆后及娃哈哈集团创新的直接推动力。从娃哈哈营养液的诞生，到果奶、纯净水、非常可乐、营养快线、呦呦奶茶、富氧水……无不凸显出娃哈哈根据市场需求所做出的创新。宗庆后回忆创业史时说，娃哈哈做营养液的时候，全国有38家企业生产营养液，但是他发现了一个市场空白点，就是儿童营养液。那个时候，爷爷、奶奶、爸爸、妈妈追着喂食的情景几乎日复一日地在每个家庭上演。因此，他选择了"促进儿童食欲"作为进入点。而当时，其他营养液生产企业没有一家注意这个即将浮出水面的巨大商机，给娃哈哈留出了极大的市场空档。而富氧水的研发则是由于随着大众寿命的提高和健康意识的增强，消费者对饮料从解渴升级为健康保健的需求越来越强烈，因此娃哈哈顺应这一市场需求，将现代生物工程和传统中医保健理论结合起来，研发了兼备营养、保健功能又符合消费者口味的富氧水。宗庆后及其娃哈哈集团懂得自主创新，不断跟进市场，其发展历程中间充满了商场创业的智慧，机遇与挑战并存，各种因素彼此交织，最终成就了中国的饮料王国。

总之，宗庆后的成功经历，不仅仅与家庭教育有关，而且得益于对市场需求恰如其分的把握。特定的时代催生出一大批勤劳能干的创业者，这与政府对创业的开放性态度是分不开的。在这些创业者中，宗庆后脱颖而出，成为民营企业的领军人物，他勤奋、坚韧、敢于冒险、把握机遇、执行力强、自信等优秀品质，值得广大创业者认真学习与效仿。

六、研究结论

总结关于创新型民营企业家的访谈研究以及传记研究的结果，可以得出以下四个主要研究结论：

第一，创业型民营企业家的创造性特征包括：坚持性、德行修为、有理想和抱负、全局思维、责任心、勤奋、胸怀宽广、创新思维、团队合作、自信、知识广博、感染力、终身学习、冒险性、沟通协调、机会识别、执行力和独立自主等18个特征。这些特征分为创造性基础素养、创造性技能与品质、个性与品德、创造性驱动四个维度。

第二，影响创业型民营企业家创造性的因素有：家庭环境、中小学教育、高等教育、丰富的职业经历、时代特征和国家政策的扶持、伯乐和贵人的扶持、良好的关系网络、团队与组织文化、市场需求、机遇的作用。阻碍因素有：人才匮乏、融资困难、法制环境不健全和职业压力大。

第三，以不同的发展任务为标志，将企业家创造性的发展划分为自我探索、领域定向、才华初现、才华绽放四个不同的阶段。在企业家创造性不同的发展阶段，其心理发展的任务不同，重要的生活事件或意义也不同。在自我探索阶段，父母、中小学教育对个体主动性、优良品质的行程有重要意义；在领域定向阶段，丰富的职场经历（尤其是前任领导的作用）、高等教育（大学教师）是领域知识积累、创新动机激发的重要影响因素；在才华初现期，时代特征和国家政策的扶持、伯乐和贵人的帮助、关系网络的建构、市场需求、机遇尤为重要；在才华绽放期，主要是由个人创造转向团队创造，此时团队和组织文化的作用更加突出。

第四，由宗庆后的个人经历可以得出，具有创造性的人格特征对于他取得创业成功起到至关重要的作用，其创造性特征的养成受到家庭环境、中小学教育、职业经历、时代特征和政府扶持、市场需求等多方面的影响，验证了实证研究的结果。

课题组采用动态的视角，分析企业家创造性的发展历程，摆脱了过去研究影响因素的单一性，研究的生态效度更高，也能更加深刻地体现人与环境的交互作用。结果表明，民营企业家创造性的影响因素包括：家庭环境、中小学教育、大学教育、丰富的职业经历、时代特征、国家政策的扶持、伯乐和贵人的帮助、良好的关系网络、团队与组织文化、市场需求以及机遇等。通过对民营企业家和科学家的影响因素进行对比发现二者之间存在很多共同之处：①无论是企业家还是科学家，其成长都受到父母和教师的支持和鼓励，允许其兴趣的自由发展，注重培养其优良品德的形成。这一阶段，科学家和企业家的成长环境，并没有表现出差异。②科学家受到良师的指导，而企业家受到伯乐和贵人的扶持帮助，即在专业生涯的发展过程中都受到伯乐和贵人、良师或益友的指引。③创造性成就的取得都离不开团队的作用。二者影响因素的一个最大区别在于对宏观环境的关注程度不同。相比科学家，民营企业家对于时代特征、国家政策的扶持更为重视。科学研究虽然会受到宏观政策的指引，但民营企业家对政策的依赖度更高。改革开放以来，党和国家出台了一系列关于非公有制经济发展的政策措施，我国的历次创业潮也与政府的政策密切相关，从 20 世纪 80 年代的"个体户"式的创业潮，到 20 世纪 90 年代末的"网络精英"式的创业潮，再到当前的"大众创业"，在这个过程中，民营企业迸发出惊人的创造力，极大地推动了经济的增长，促使一批民营企业家脱颖而出，快速成长为商界领袖。

第二章

创造力发展及影响因素的相关研究

"创新是一个民族进步的灵魂",人类的创造力和其他各种能力一样也是逐步形成、不断发展的。创造性的发展受到先天条件和后天环境等各种因素的影响,在个体的不同年龄阶段表现出不同的特点和发展趋势,而对于不同的个体来说,创造性发展的个别差异也是十分明显的。因此,研究创造性的发展是培养和造就创造性人才的前提。

在第一章,我们采取访谈法、传记研究等方法对拔尖创新人才的成长规律与影响因素进行了深入的探讨,重点关注了科学创造人才、人文社会科学与艺术创造人才以及优秀企业家等群体。正如在绪论中对创造性人才理解的阐述,人人乃至儿童都有创造性思维,人的创造性素质及其发展,仅仅只是类型和层次上的差异。因此,本章我们将重点关注基础教育阶段和高等教育阶段学生创造力的发展状况,以及在各个阶段的影响因素的相关研究。其中第一节关注基础教育阶段创造力的发展;第二、三、四节分别从创造力的不同影响因素的角度探究高等教育阶段创造力的发展与特点。

第一节　基础教育阶段创造力的发展

一、小学儿童有较明显的创造性表现

小学阶段,学生的想象获得了进一步发展。一方面,有意想象逐步发展到占

89

主要地位，想象的目的性、概括性、逻辑性都有了提高；另一方面，想象的创造性也有了较大提高，不但再造想象更富有创造性成分，而且以独创性为特色的创造性想象也日益发展起来。

我们对小学数学学习中培养和发展儿童创造力问题的研究发现，数学概念学习中的变换叙述方式、多向比较、利用表象联想，计算学习中的一题多解、简化环节、简便计算、计算过程形象化、发展估算能力，初级几何学习中的注意观察、动手操作、运用联想、多求变化、知识活用，应用题学习中的全面感知和直觉思维、发现条件和找出关键、运用比较和克服定势、补充练习、拼拆练习、扩缩练习、一题多变练习、自编应用题等等，不仅对掌握数学知识、提高数学能力极为有利，而且也是小学生创造性的重要表现。

除此之外，小学生在运算中思维创造性主要表现在独立性、发散性和有价值的新颖性上。它的发展趋势，一是在内容上，从对具体形象材料加工发展到语词抽象材料的加工；二是从独立性上，先易后难，先模仿，经过半独立性的过渡，最后发展到创造性。

（一）从对具体形象的信息加工发展到对语词抽象的信息加工

我们选择被试完成根据实物演示编题、根据图画编题、根据实际数字材料编题等三类应用题，然后分析他们自编应用题的水平（结果见表 2 - 1）。

表 2 - 1　　　　　　　各年级被试自编各类应用题的平均数

类型	二年级 编题数目	三年级 编题数目	四年级 编题数目	五年级 编题数目
实物编题	4.1	5.1	6.6*	7.8
形象编题	3.8	4.7	6.6**	7.5
数字编题	2.5	3.6	5.1*	6.4
各类型之间 差异检验	实物编题与形象编题 $p > 0.1$ 数字编题与形象编题 $p < 0.05$			

注：某一年级与前一年级差异检验 * 表示 $p < 0.05$；** 表示 $p < 0.01$。

从表中可以看出：首先，小学生自编应用题的能力，落后于解答应用题的能力，四五年级可解答的全部应用题（10 道），三年级可完成 80%（8 道），二年级可完成 60%（6 道）。而表 2 - 1 反映出，各年级被试自编应用题的平均数要比之少得多。可见，创造性思维的智力品质或创造思维是思维活动的一种高级形态。

其次，在小学阶段，根据直观实物编题与根据图画具体形象编题的数量之间，没有显著的差异（$p > 0.1$），而根据图画具体形象编题与根据数字材料编题的数量之间，却存在着显著的差异（$p < 0.05$）。可见，小学生在运算过程中，自编应用题这种独立创造性的活动，主要表现为对具体形象的信息加工发展到对语词、数字抽象的信息加工。

第三，四年级是自编应用题，即创造性发展的一个转折点（$p < 0.05$ 或 $p < 0.01$）。

最后，各年级被试在自编应用题中除表现出一般年龄特征之外，还表现出明显的个别差异。

（二）先模仿，经过半独立性的过渡，最后发展到独创编拟应用题

各个研究项目，代表着自编应用题中各种不同等级的水平：模仿→半独立编题→独立编题。我们选择被试完成仿照课本的应用题编题、补充题目缺少的条件或问题、根据有数字的图解自编应用题等三类问题，然后分析他们自编应用题的水平（见表2-2）。

表2-2　　　各年级被试编拟各类不同独立程度应用题的水平　　　单位：%

年级	二年级 完成率	三年级 完成率	四年级 完成率	五年级 完成率
模仿真题	61	68	75	79
半独立编题	43	59**	67	76
独立编题	34	38	54**	63

注：某一年级与前一年级差异的检验：** $p < 0.01$。

从表中可以看出：首先，小学生自编应用题一般地是以仿照书本例题开始，从模仿入手；经过补充应用题的问题和条件，有一个半独立性的过渡，逐步地发展为独立地编拟各类应用题，其中包括自编一些诸如图解和数字结合的较复杂的应用题。但是小学生自编应用题的能力尚待发展，即使四五年级，其独立完成较复杂的编拟任务还是有一定困难的，对这类应用题编拟的完成正确率，也未超过第三四分点（即75%）。可见，小学生能够独立地自编应用题，但这种能力并不太强。否认小学阶段学习中有发现因素是错误的，但夸大这种智能活动的创造程度也是不恰当的。其次，在正常的教学条件下，三年级是从模仿编题向半独立编题能力的一个转折点（$p < 0.01$）；四年级是从半独立编题向独立编题能力的一个

转折点（$p<0.01$）。第三，各年级被试在独立地编拟应用题中，既有创造性发展较稳定的年龄（年级）特征，又有内外因素作用而造成年龄特征的可变性，特别是个别差异。

其他研究也表明，小学语文中的识字、看图说话、造句、阅读、作文等活动，以及小学自然中的类比、联想、观察、动手操作、制作、实验活动等，只要运用得当，都可以极大地促进小学儿童创造力的发展。

二、青少年在学习中不断发展着创造性

作为青少年期的中学生，其身心发展的特点决定了他们的创造性既不同于幼儿和小学儿童，也不同于成人。我们看到，与学前、小学儿童相比，中学生的创造性有如下特点：第一，中学生的创造力不再带有虚幻的、超脱现实的色彩，而更多地带有现实性，是由现实中遇到的问题和困难情境激发的；第二，中学生的创造力带有更大的主动性和有意性，能够运用自己的创造力去解决新的问题；第三，中学生的创造力逐步走向成熟。在研究中可以看到：在语文学习中，中学生通过听、说、读、写等言语活动发展着思维的变通性和独创性。例如，听讲时提出不同的看法，在讨论时说出新颖、独特的见解，阅读时对材料进行比较、联想、发散和鉴别，作文时灵活运用各种方式表达自己的思想，等等。在数学学习过程中，中学生创造性既表现为思考数学问题时方法的灵活性和多样性，推理过程的可逆性，也表现为解决数学问题时善于提出问题、作出猜测和假设，并加以证明的能力。物理和化学的学习要求中学生动手做实验，对实验现象进行思考和探索，尝试去揭示和发现事物的内在规律，运用对比、归纳等方法加深对规律的理解，并运用这些规律来解释现象，解决问题。这些对于激发中学生去探索自然界的奥秘，提高实际动手操作能力，促进创造力发展都十分重要。

下边展示本研究开展的青少年科学创造力的发展研究。由于年龄对青少年科学创造力的发展有显著的影响，这里比较了各个年龄阶段的青少年在科学创造力测验各项目及总量表得分的平均分之间差异的检验，并画出了发展趋势图。

（一）物体应用上得分的年龄差异

不同年龄被试在物体应用上得分的年龄差异及发展趋势结果见表 2 - 3 和图 2 - 1。

表2-3 不同年龄组被试在物体应用上平均分之间差异的检验
（用 Tukey HSD 检验方法）

年龄（岁）	12	13	14	15	16	17	18
12							
13							
14	*	*					
15	*	*	*				
16	*	*	*				
17	*	*	*				
18	*	*	*				

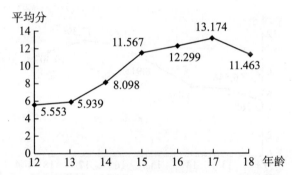

图2-1 青少年创造性物体应用能力的发展趋势

表2-3和图2-1表明：被试创造性的物体应用能力在12～17岁平稳增长，在18岁时有所下降。从统计意义上讲，被试创造性的物体应用能力在12岁、13岁时处于同一水平，在15～18岁时处于同一水平，13～15岁是被试创造性的物体应用能力迅速发展的时期。这说明，13～15岁是青少年创造性的物体应用能力发展的关键时期，17岁时基本定型。

（二）在问题提出上得分的年龄差异

不同年龄被试在问题提出上得分的年龄差异及发展趋势，结果见表2-4和图2-2。

表2-4 不同年龄组被试在问题提出上平均分之间差异的检验
（用 Tukey HSD 检验方法）

年龄（岁）	12	13	14	15	16	17	18
12							
13							
14							
15	*	*	*				
16	*	*	*	*			
17	*	*	*	*			
18	*	*	*				

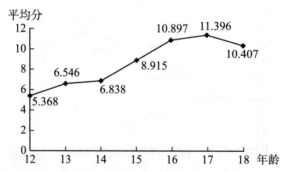

图2-2 青少年创造性问题提出能力的发展趋势

表2-4和图2-2表明：被试创造性问题提出能力从12到17岁呈平稳增长趋势，但在18岁时有所下降。从统计意义上讲，12岁、13岁、14岁处于同一水平，16岁、17岁、18岁处于同一水平，14～16岁是被试创造性的问题提出能力迅速发展的时期。这说明，14～16岁是青少年创造性的问题提出能力发展的关键时期，17岁时基本定型。

（三）在产品改进上得分的年龄差异及发展趋势

不同年龄被试在产品改进上得分的年龄差异及发展趋势，结果见表2-5和图2-3。

表 2－5　　　不同年龄组被试在产品改进上平均分之间差异的检验
（用 Tukey HSD 检验方法）

年龄（岁）	12	13	14	15	16	17	18
12							
13							
14							
15	*	*	*				
16	*	*	*	*			
17	*	*	*	*			
18	*	*	*		*	*	

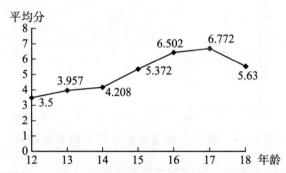

图 2－3　青少年创造性产品改进能力的发展趋势

　　表 2－5 和图 2－3 表明：被试创造性的产品改进能力从 12～17 岁呈平稳增长趋势，但在 18 岁时有所下降。从统计意义上讲，12 岁、13 岁、14 岁处于同一水平，16 岁、17 岁处于同一水平，14～16 岁是被试创造性的产品改进能力迅速发展的关键时期。这说明，14～16 岁是青少年创造性的产品改进能力发展的关键时期，17 岁时基本定型。

（四）在创造性想象上得分的年龄差异

　　不同年龄被试在创造想象上得分的年龄差异及发展趋势，结果见表 2－6 和图 2－4。

表 2-6　　不同年龄组被试在创造想象上平均分之间差异的检验

（用 Tukey HSD 检验方法）

年龄（岁）	12	13	14	15	16	17	18
12							
13	*						
14							
15	*		*				
16	*	*	*	*			
17	*	*	*	*	*		
18	*	*	*	*		*	

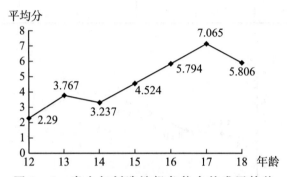

图 2-4　青少年创造性想象能力的发展趋势

表 2-6 和图 2-4 表明：被试创造性想象能力从 12~17 岁呈平稳增长趋势，但在 14 岁和 18 岁时有所下降。从统计意义上讲，12~13 岁、14~17 岁是被试创造性想象能力迅速发展的关键时期。这说明，12~13 岁、14~17 岁是青少年创造性想象能力发展的关键时期，17 岁时基本定型。

（五）在问题解决上得分的年龄差异

不同年龄被试在问题解决上得分的年龄差异及发展趋势，结果见表 2-7 和图 2-5。

表 2-7　　不同年龄组被试在问题解决上平均分之间差异的检验

（用 Tukey HSD 检验方法）

年龄（岁）	12	13	14	15	16	17	18
12							
13	*						

续表

年龄（岁）	12	13	14	15	16	17	18
14	*	*					
15	*	*	*				
16	*	*	*				
17	*	*	*				
18	*	*	*				

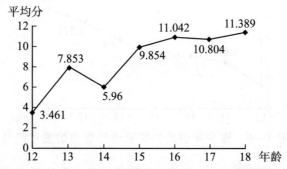

图 2-5 青少年创造性问题解决能力的发展趋势

表 2-7 和图 2-5 表明：青少年创造性的问题解决能力从 12～13 岁迅速上升，13～14 岁急剧下降，从 14 岁开始，呈现出平稳上升的趋势。从统计意义上讲，15 岁、16 岁、17 岁、18 岁青少年创造性的问题解决能力处于同一水平。这说明，12～13 岁、14～15 岁是青少年创造性的问题解决能力迅速发展的关键时期，16 岁时基本定型。

（六）在实验设计上得分的年龄差异

不同年龄被试在实验设计上得分的年龄差异及发展趋势，结果见表 2-8 和图 2-6。

表 2-8 不同年龄组被试在实验设计上平均分之间差异的检验
（用 Tukey HSD 检验方法）

年龄（岁）	12	13	14	15	16	17	18
12							
13							
14							

97

续表

年龄（岁）	12	13	14	15	16	17	18
15							
16	*						
17	*	*	*	*			
18	*	*	*	*	*		

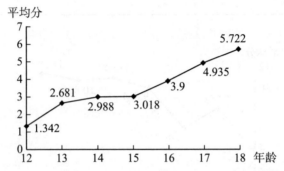

图 2 - 6　青少年创造性实验设计能力的发展趋势

可以看出随着年龄的增大，青少年创造性的实验设计能力持续上升，从统计意义上讲，12 岁、13 岁、14 岁、15 岁的青少年处于同一水平，从 15 岁到 18 岁，是青少年创造性的实验设计能力迅速发展的时期，到中学毕业，这种能力还未定型。

（七）在创造活动上得分的年龄差异

不同年龄被试在创造活动上得分的年龄差异及发展趋势，结果见表 2 - 9 和图 2 - 7。

表 2 - 9　　不同年龄组被试在创造活动上平均分之间差异的检验
（用 Tukey HSD 检验方法）

年龄（岁）	12	13	14	15	16	17	18
12							
13							
14							
15		*					
16		*					
17	*	*	*		*		
18				*		*	

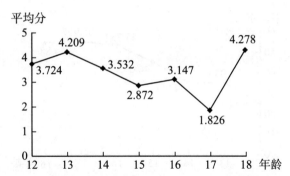

图 2 - 7　青少年创造性技术产品设计能力的发展趋势

由表 2 - 9 和图 2 - 7 可知，从 12 岁到 17 岁，随着年龄的增长，青少年创造性的产品设计能力持续下降。这是一种极不正常的现象，产生这一结果的原因可能是由于我国的中学教学中很少让学生参加各种各样的科技活动，从而严重限制了青少年这一能力的发展。

（八）在总量表上得分的年龄差异

不同年龄被试在总量表上得分的年龄差异及发展趋势，结果见表 2 - 10 和图 2 - 8。

表 2 - 10　不同年龄组被试在总量表上平均分之间差异的检验（用 Tukey HSD 检验方法）

年龄（岁）	12	13	14	15	16	17	18
12							
13	*						
14	*						
15	*	*	*				
16	*	*	*	*			
17	*	*	*	*			
18	*	*	*	*			

由表 2 - 10 和图 2 - 8 可知，随着年龄的增长，青少年的科学创造力呈持续上升趋势，但并非是直线上升的，而是波浪式前进的。12 ~ 13 岁上升，14 岁时有所下降，14 ~ 17 岁又持续上升。从统计意义上看，13 岁和 14 岁处于同一水平，16 岁、17 岁、18 岁处于同一水平。这一结果表明，12 ~ 13 岁、14 ~ 16 岁是青少年科学创造力迅速发展的关键时期，17 岁时基本定型。

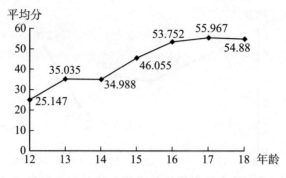

图 2 - 8 青少年科学创造力的发展趋势

综上所述，青少年科学创造力及其各成分的发展存在着显著的年龄差异，随着年龄的增大，科学创造力及其各成分呈持续发展趋势，但并非直线上升，而是波浪式前进的。具体来讲：第一，12～17岁，创造性的物体应用能力、创造性的问题提出能力、创造性的产品改进能力、创造性的实验设计能力持续上升。17岁时基本定型。第二，12～17岁，创造性的想象能力、创造性的问题解决能力及总的科学创造力呈上升趋势，但在14岁时有所下降。17岁时基本定型。第三，12～17岁，青少年创造性的技术产品设计能力呈持续下降趋势，18岁时有所回升。

第二节 大学生创造力发展及其与科学素养、人文素养的关系

一、大学生创造力的特点与现状

（一）大学是创造力培养的重要时期

大学生正处于青年期，很多研究表明，青年时期是人的一生中创造力发展最为迅速、创造力水平较高的时期。而且大学生属于生物遗传因素优良的群体，当他们顺利完成了高中学业，环境和教育的影响就显得格外重要，大学阶段是否培养和开发他们的创造力，将决定他们未来职业成就的大小。

发展心理学的研究结果表明，大学生已经具备比较成熟的形象思维能力，抽

象思维能力的发展也使他们能够超出有形束缚而思考问题，其思维已有一定的独立性、批判性、组织性和深刻性。在认知能力上，大学生是经过高考严格挑选而进入大学的，是同辈中的佼佼者，入学时其观察力、记忆力以及注意力等的发展已基本成熟，而且达到了较高的水平。进入大学后，随着专业学习的深入，这些基本的认知能力能够发展到更高的层次。在情绪情感和意志方面，大学生的情感日益丰富，具有社会性的高级情感越来越占据优势，并逐步具有相对的稳定性，不易受消极因素的影响。同时，大学生的意志品质逐渐提高，自我调节以及控制自己行动的能力逐步增强，意志的目的性和坚持性获得了重要的发展，使活动带有很高的自觉性和主动性，在理想的支配下克服困难，排除干扰，向目标迈进。在智力上，大学生的逻辑推理能力、问题解决能力等有了很大的发展。他们对自己的思考也常常加以批判性的考查。他们不仅善于对各种现象进行深入的思考，而且能在思考中援引过去的知识经验，加上自己的独特想象，力求全面完整地认识事物的本质。国内外的研究表明：一个人的智力在 18 岁以后，各种成分相继进入高峰，在 20～34 岁期间，智力始终保持在最高水平上，称为高原期。在这样一个阶段里，培养和开发大学生创造力就显得十分重要。

（二）我国大学生创造力的特点

我们这里阐述的大学生创造力的特点是以我们课题组自己的研究为基础。已有的研究表明，我国大学生具有较强的创造潜能。

在创造倾向上，大学生较为突出的是挑战性，说明大学生能够适应时代的要求，具有勇于面对挑战的心理准备。理科学生在创造性倾向总分、好奇性和挑战性上的得分显著高于文科学生，这说明理科大学生的创造性倾向的水平比文科大学生高。创造性思维是创造活动的核心，已有的研究表明，总体上大学生在创造性思维的新颖性上得分较高，表明大学生具有产生新奇、罕见、首创的观念和成就的潜能，而流畅性和变通性的得分并不是很高。[①]

专业类别对大学生的创造力有显著性影响。周治金的研究表明，文科大学生的创造性思维得分较高，其次是工科类，理科类大学生的得分最低，管理类大学生的得分居中。[②] 罗晓路、侯秋霞的研究表明艺术类大学生的创造力较为突出，社科类大学生的创造力较差，管理、经济和理工类大学生的创造力没有显著差异，其发展水平介于两者之间。年级差异一般表现为高年级大学生优于低年级大

① 罗晓路：《大学生创造力特点的研究》，载于《心理科学》2006 年第 29 卷第 1 期，第 168～172 页。
② 周治金、杨文娇、赵晓川：《大学生创造力特征的调查与分析》，载于《高等教育研究》2006 年 5 月第 27 卷第 5 期，第 78～82 页。

学生，年级差异显著。

关于性别差异的研究结果不尽相同。杨治良等人的研究表明，男生的创造性思维优于女生。而罗晓路的研究结果表明，男生和女生在创造性思维上不存在显著性差异。

二、大学生创造力发展特点的研究

学生是学校创造力培养的主要对象，了解学生的创造力发展特点，是创造性教育成功的先决条件。创造性人才在一定意义上就是创造性思维加创造性人格的统一体。本部分以大学生为被试，分别从创造性思维、创造性人格两个方面探讨了学生创造力的发展特点。

（一）研究对象

被试选取北京地区某综合性大学大一至大四的学生，根据专业人数的多少，随机抽取各专业总人数的5%作为被试参与测试。有效被试为517名。被试的年龄介于19~23岁之间，平均年龄为20.31岁，标准差为1.03。被试人数的具体分布情况见表2-11。

表2-11　　　　　　　　　　被试分布情况表　　　　　　　　　单位：人

性别	一年级	二年级	三年级	四年级	合计
男	53	52	63	50	218
女	63	74	89	73	299
合计	116	126	152	123	517

（二）研究工具

1.《大学生创造性思维测验》

（1）信度分析。

本研究收集了两方面的信度指标。

①克伦巴赫 α 系数。信度分析表明，该测验的克伦巴赫（Cronbach）α 系数为0.829，表明其具有较高的内部一致性，且当某一项被删除以后测验的克伦巴赫 α 系数均小于剔除前的数值，结果见表2-12。

表 2 - 12　　　　创造性思维各项目内部一致性系数 （N = 517）

	项目 1	项目 2	项目 3	项目 4	项目 5
Cronbach α	0.809	0.901	0.775	0.710	0.818

根据信度估计的基本判断原则：0.9 以上是"优秀"，0.8 左右是"非常好"，0.7 则是"适中"，0.5 以上是"可以接受"，低于 0.5 说明信度不足，不应接受。因此从表 2 - 12 的数据可以看出，本研究各个项目的内部一致性是可以接受的，问卷具有良好的信度。

②评分者信度。两个评分者分别对 50 个被试的作答情况按照评分标准进行了独立评分，两位评分者均是心理学专业的研究生，我们计算了两组分值的皮尔逊积差相关系数，结果见表 2 - 13。从表中可以看出，两组分值的皮尔逊积差相关系数在 0.785 ~ 0.911 之间，整个测验的重测信度为 0.918，表明评分标准具有客观性。

表 2 - 13　　　　　　　评分者信度 （N = 50）

项目	1	2	3	4	5	测验
信度	0.827	0.813	0.785	0.791	0.911	0.918

（2）效度分析。

吉尔福特认为，对创造力测验的有效性检验的第一步就是进行因素分析，计算其结构效度。本研究对 5 个项目进行了探索性因素分析，结果仅仅获得了一个因素，且不能旋转（结果见表 2 - 14）。因素负荷从 0.566 到 0.767，解释率为58.35%。克兰（Kline）认为，对于一种单一因素能力的测验项目进行因素分析，各测验项目应落在一个因素上，且因素负荷应大于 0.3，由此可见该测验问卷具有较好的结构效度。

表 2 - 14　　　　　　测验项目的因素负荷 （N = 517）

项目	1	2	3	4	5
因素负荷	0.767	0.689	0.739	0.566	0.698

（3）问卷内容。

创造性思维研究工具采用自编的《大学生创造性思维测验》问卷。该测验问卷参照已有的创造力测量量表，特别是《托伦斯创造性思维测验》、胡卫平的《青少年科学创造力测验》，结合大学生创造性思维的特点，对题目加以精选和压缩。由于创造力测验存在文字和图形任务的差异，为避免这一差异所带来的消极影响，所选题目包括文字和图形两种任务。量表共有 5 个题目，包含文字（第 1 题～第 4 题）和图形（第 5 题）两类题目。每个题目都重点考查学生的发散思维和想象力，施测时间为 40 分钟。且在每个题目后面都给出了一个答题示范，以帮助学生理解答题的要求。

第一题是物体应用。参考托伦斯的非常用途测验设计的，旨在考查学生列举物体的应用时所体现出来的创造力的流畅性、变通性和独创性。

第二题是问题提出。测量学生对问题提出的敏感性。许多研究者把创造性问题提出的能力作为创造力的一个重要组成部分。爱因斯坦曾经说过，提出一个问题往往比解决一个问题更重要，因为解决一个问题也许仅仅是科学上的一个实验技能而已，而提出一个新的问题、一个新的可能性以及从新的角度看旧的问题，都需要创造性的想象力，而且标志着科学的真正进步。

第三题是产品改进。目的是考查学生对产品创造性改进的能力，类似于托伦斯的产品改进测验，除了考查产品的新颖性、独特性以外，还要考查产品的合理性。

第四题是创造性想象。目的是考查学生的想象能力。创造性想象是创造活动的一个重要方面。林崇德指出，创造思维的过程，要在现成资料的基础上进行想象，加以构思才能解决别人未解决的问题[1]。因此，创造性思维是思维与想象的有机统一。思维加想象是创造性思维的两个重要成份，在这里，思维与想象，被看成创造性思维的两个支柱。

第五题是问题解决。目的是测量学生创造性解决问题的能力及空间想象能力。

（4）评分规则。

根据创造性思维的定义，参照《托伦斯创造性思维测验》以及胡卫平[2]等人研究制定的评分标准，采用计算机程序，分别从流畅性、变通性和独创性等方面考查被试的创造性思维的表现。另外，把这三个方面的指标转化为标准分后，可以计算得到创造性思维的总分，以及文字任务和图形任务的得分情况。该测验的内部一致性系数在 0.47～0.67 之间，全量表的内部一致性系数为 0.829，这个结果说明该量表具有较高的内部一致性。

流畅性（fluency）：思维敏捷，反应迅速，对特定的问题情景能够顺利产生多种反应或提出多种方案。

变通性（flexibility）：具有较强的应变能力和适应性，具有灵活改变取向的能力。

---

① 林崇德：《培养和造就高素质的创造性人才》，载于《北京师范大学学报》（社会科学版）1999 年第 1 期，第 5～7 页。

② 胡卫平：《青少年科学创造力的发展与培养》，北京师范大学出版社 2003 年版。

独创性（originalty）：产生新的、非凡思想的能力，表现为产生新奇、罕见、首创的观念。

其中，流畅性得分是指被试回答（添画）出的、可辨认的、有意义的项目个数；变通性得分是指被试所有的答案所归属的种类的个数；独创性得分由选择该答案的人数占总人数的百分比来决定。若该比例小于（含）5%，得 2 分；若该比例在 5% ~ 10% 之间，得 1 分；若该比例在 10% 以上（不含），得 0 分。所有答案的独创性得分之和即为该题独创性得分。

2. 《威廉斯创造倾向量表》

创造性倾向测量采用《威廉斯创造倾向量表》（林幸台，王木荣修订，1994年）[1] 对研究对象进行测试。测试包括 50 道自陈式问题，采用 3 点计分的方式，其中"完全符合"计 3 分，"部分符合"计 2 分，"完全不符"计 1 分。测验包括冒险性、好奇性、想象力和挑战性 4 个维度，可分别计算四个分量表的得分以及总量表得分。在测量指标方面，据该量表使用手册说明，量表的重测信度为 0.61 ~ 0.74，分半信度为 0.82 ~ 0.86，内部一致性 α 系数为 0.81 ~ 0.85，说明该量表具有良好的稳定性和可靠性。

（三）研究结果

研究采用集体施测的方法对被试进行测试。先请被试填写背景信息，在主试指导下阅读问卷的指导语。等所有被试明确要求以后再开始填写答案。测试结束，收回所有问卷，时间要求为 40 分钟。

1. 大学生创造性思维发展的总体特点

（1）不同学科类别的大学生在创造性思维上的得分情况。

我们对不同学科类别大学生在创造性思维测验上的得分情况（标准分）进行了统计分析，结果见表 2 - 15。

表 2 - 15　　　　不同学科类别大学生创造性思维得分情况

学科类别	流畅性		变通性		独创性		总分	
	M	SD	M	SD	M	SD	M	SD
理科类	- 0.781	3.180	- 0.735	2.896	- 0.512	2.847	- 2.028	8.121
文科类	0.386	3.519	0.700	3.155	0.238	3.487	1.324	9.352
F 值	5.750 ***		5.616 ***		2.618 *		5.313 ***	

注：M 为各维度得分的标准分，SD 为各维度的标准差，* 为 $p < 0.05$，** 为 $p < 0.01$，*** 为 $p < 0.001$。下同。

---

[1]　林幸台、王木荣：《威廉斯创造力测验》，台北心理出版社 1994 年版。

对不同学科类别大学生在创造性思维上的得分进行方差分析的结果表明，Wilk's $\Lambda = 2.809$，$p < 0.001$，说明不同学科类别的大学生在创造性思维上存在显著差异，具体表现为不同学科类别的大学生在思维的流畅性、变通性、独创性三个维度及总分上均存在显著差异。

（2）不同年级、性别大学生在创造性思维上得分的差异。

首先，对不同年级、不同性别的大学生在创造性思维测验上的得分进行描述性统计，统计结果见表 2 – 16。

表 2 – 16　　　　　不同年级、性别大学生创造性思维得分情况

年级	性别	流畅性		变通性		独创性		总分	
		M	SD	M	SD	M	SD	M	SD
一年级	男	0.878	3.832	1.204	3.141	2.077	3.373	4.159	9.756
	女	0.118	3.391	0.659	3.116	1.314	2.933	2.091	8.619
二年级	男	1.820	4.224	1.603	3.481	1.653	3.555	5.076	10.51
	女	1.302	3.204	1.115	2.733	0.914	2.894	3.331	7.805
三年级	男	− 0.667	2.849	− 0.529	2.876	− 1.420	2.480	− 2.615	7.217
	女	− 1.008	2.656	− 1.186	2.516	− 1.220	2.505	− 3.414	6.670
四年级	男	− 2.755	2.330	− 2.837	2.639	− 2.221	1.572	− 7.813	5.720
	女	− 0.757	3.390	− 0.986	2.632	− 1.558	3.004	− 3.302	8.067

对不同年级、性别大学生的创造性思维测验得分进行多元方差分析。结果发现，年级主效应显著（Wilk's $\Lambda = 18.510$，$p < 0.001$），性别主效应、年级与性别的交互作用不显著（Wilk's $\Lambda = 0.490$，$p > 0.05$；Wilk's $\Lambda = 1.550$，$p > 0.05$）。

进一步分析结果表明，年级的主效应表现在创造性思维的三个维度及总分上（见表 2 – 17）。

表 2 – 17　　　　不同年级、性别大学生在创造性思维
各维度上的得分比较（F 值）

变异来源	流畅性	变通性	独创性	总分
年级	17.900 ***	24.557 ***	34.587 ***	29.642 ***
性别	0.075	0.018	0.275	0.001
年级 × 性别	1.727	2.181	1.272	2.577

2. 大学生创造倾向的总体特点

（1）大学生在威廉斯创造倾向上得分的总体情况。

首先，对大学生在威廉斯创造倾向上的得分情况进行描述性统计，统计结果见表 2 - 18。

表 2 - 18　　　大学生在威廉斯创造倾向上的得分情况（$N = 517$）

创造倾向	冒险性	好奇性	挑战性	想象性	总分
满分	33	42	36	39	150
实际得分 M	26.095	35.039	30.2714	29.30	120.71
SD	3.405	4.301	3.711	4.343	13.843
转换成百分制 M	79.07	83.43	84.08	75.12	80.47

从表 2 - 18 可以看出，大学生的创造力个性特点，较为突出的是挑战性，较低的是想象性。总体得分情况良好。

（2）不同年级、性别大学生在威廉斯创造倾向上得分的差异。

对不同年级、性别的大学生在威廉斯创造倾向上的得分进行描述性统计，统计结果见表 2 - 19。

表 2 - 19　　　不同年级、性别大学生在威廉斯创造倾向上的得分情况

年级	性别	冒险性		好奇性		挑战性		想象性	
		M	SD	M	SD	M	SD	M	SD
一年级	男	27.42	2.622	36.94	3.436	31.67	2.445	30.24	4.409
	女	26.97	5.001	34.83	6.096	30.19	5.306	29.84	5.751
二年级	男	26.64	2.022	36.10	3.138	31.57	2.451	30.52	2.873
	女	26.03	3.901	35.05	4.721	30.14	4.381	29.45	4.722
三年级	男	25.40	2.796	34.81	3.194	30.28	2.693	28.09	3.421
	女	25.84	2.484	35.13	3.504	30.39	2.857	29.03	3.673
四年级	男	25.75	3.041	34.55	4.322	29.70	3.435	29.05	4.161
	女	25.16	2.407	34.08	3.361	29.28	2.851	28.60	3.764

对不同年级、性别大学生的威廉斯创造倾向上的得分进行多元方差分析。结果发现，年级的主效应显著（Wilk's $\Lambda = 2.346$，$p < 0.01$），性别主效应、性别与年级的交互作用不明显（Wilk's $\Lambda = 1.911$，$p > 0.05$；Wilk's $\Lambda = 0.858$，$p > 0.05$）。

107

进一步分析结果表明，年级的主效应表现在创造倾向的冒险性、想象性两个维度及总分上（见表 2-20）。

表 2-20　　　　　不同年级、性别大学生在威廉斯创造倾向
各维度上的得分比较（F 值）

变异来源	冒险性	好奇性	挑战性	想象性	总分
年级	5.200 **	2.131	2.513	3.347 *	3.636 *
性别	0.765	3.513	3.514	0.311	0.311
年级×性别	0.643	1.525	1.238	1.141	1.287

（3）不同学科类别大学生在威廉斯创造倾向上的得分情况。

我们对不同学科类别大学生在威廉斯创造倾向上的得分情况进行统计分析，结果见表 2-21。

表 2-21　　　　不同学科类别大学生威廉斯创造倾向得分情况

学科类别	冒险性		好奇性		挑战性		想象性	
	M	SD	M	SD	M	SD	M	SD
理科类	25.899	3.480	34.693	4.202	29.894	3.577	28.824	4.240
文科类	26.364	2.600	35.805	2.796	30.571	2.962	29.442	3.775
F 值	0.676		3.669 **		3.232 *		0.656	

对不同学科类别大学生的威廉斯创造倾向得分进行方差分析，结果表明，学科的主效应显著（Wilk's $\Lambda = 2.195$，$p < 0.01$），说明不同学科类别的大学生在创造倾向上有显著差异。进一步的分析结果表明，不同学科类别的大学生在好奇性和挑战性两个维度上有显著差异。

（四）研究讨论

1. 大学生创造性的总体特点

在创造性思维测验上，主要是通过测量创造力的核心"发散性思维"的三个特性，即流畅性、变通性和独创性，来考查大学生创造性思维的特点。所谓流畅性就是指心智活动畅通少阻、灵敏迅速，能在短时间内表达较多的概念。本研究中的流畅性以发散的"个数"为指标，只要答案切合题意，发散量越大越好。所谓变通性是指思考能随机应变、触类旁通，不局限于某一方面，常能给思考带来一些新思路。本研究中的变通性以发散的"类别"数目作为评分指标，只要符合

题目要求，类别越多越好。所谓独创性是指思考突破常规和经验的束缚，用前所未有的新角度、新观点去认识事物，反映事物，提出超乎寻常的新观念。本研究中的独创性以"独特、稀有"为指标，要求答案不仅要切题还要新颖、奇特，越与众不同越好。

通过对创造性思维的研究发现，大学生在创造性思维的独创性上得分较高，这表明大学生具有产生新颖、奇特观念的潜能。研究发现大学生的流畅性和变通性的得分并不是很高，而从创造性思维的角度看，流畅性反映的是速度，是在短时间内迅速做出反应的能力；变通性反映的是灵活，是开阔思路、随机应变的能力；没有流畅和变通，固然难以展开创造性思维；仅有流畅和变通，也不见得就是创造性思维，因为他们的思维产品不一定就具有新颖、独特的性质。只有独创性，才是创造力思维的本质特征。因此，虽然在得分上大学生思维的流畅性和变通性并没有独创性高，但是，大学生具有创造力思维的本质特征。因此可以说，大学生具有较强的创造潜能。

创造力倾向测验主要是考查大学生的创造性人格特点。创造性人格是指创造者所具有的那种特殊的对创造力发展和创造任务完成起促进或保证作用的个性特征。对于不同领域的创造者，其人格特质也有所不同。如哲学家与艺术家不同，社会科学家与自然科学家不同，用一种模式概括各类创造者的人格特质是困难的。但是，个性之间有共性，各类创造性人格中也有共通之处。在创造力个性方面，大学生的创造性倾向平均值得分为 120.71 分，折合成百分制为 80.47 分，属于中等偏上的水平。较为突出的是挑战性，说明大学生能够适应时代的要求，具有勇于面对挑战的心理准备，这为充分发挥大学生的创造潜能提供了很好的前提条件。

2. 不同学科类别大学生创造力的特点

从研究结果来看，我国不同学科类别的大学生在创造力的发展上表现出不平衡性，总体来看，学科类别对大学生创造力的发展有显著的影响。其中文科学生在创造性思维和创造性个性上的得分较高，理科类学生得分偏低。

理科类大学生的创造性思维和创造性个性的各个维度得分都很低，这与以往的研究有一定程度的一致性。理科作为自然科学的典型代表，在科学研究中要求有严谨的科学方法、规范的研究程序，对科学研究成果的评价标准比较客观，也相对单一。大学生在学习过程中，接受更多的是逻辑思维的训练，因此可能更加关注思维的缜密、研究方法的严谨，所以在创造性思维和个性上没有得到充分的发展，得分也会比较低。

3. 大学生创造力的发展特点

本研究还考查了大学生创造力发展的年级、性别差异。研究发现，年级和性别在大学生创造力的发展过程中没有显著的交互作用，且没有显著的性别差异，这与以往的研究结论是一致的。

在本研究中大学生创造力发展的年级差异表现特别明显。在创造力的流畅性、变通性和独创性上，一、二年级的大学生显著优于三、四年级的大学生。在创造性倾向方面，不同年级之间的差异主要表现在冒险性和想象性两个维度上。在冒险性上，一年级大学生的得分显著高于二、三、四年级大学生；二年级大学生的得分显著高于四年级大学生。在想象性上，一年级大学生的得分显著高于三、四年级大学生；二年级大学生的得分显著高于三年级大学生。总体而言，一、二年级的大学生表现出了较强的创造力，而四年级大学生的创造力相比较而言较弱。

本研究的结果与以往的研究结果有一定的差异。罗晓路的研究表明，二、三年级大学生的创造力要优于一年级大学生的创造力；[1] 高珊的研究表明，大一到大二学生的创造力倾向有明显的回落现象，大三则有了飞速发展，达到了创造力倾向的高峰，然而在短暂快速发展后，到了大四创造力倾向急速下降，落入低谷；[2] 王汉清的研究表明，一年级和四年级大学生在创造性倾向上没有显著性差异，但是四年级学生相互间的平均差距要比一年级学生小。[3]

以往的研究表明，影响创造力的因素很多，创造性活动不仅受知识经验的影响，也受个体的动机、人格、智力、认知风格等许多其他因素的影响。丰富的知识经验可以使人变得自负、自傲，从而妨碍创造力的发挥。如果过于局限于单一领域的知识，也会导致"过度训练"，使思维僵化，从而影响创造力的发挥。[4]

本研究出现一、二年级大学生创造力优于四年级的结果可能是因为一年级学生刚刚进入大学，在一个全新的环境中面临着新刺激、新挑战，从而表现出更多的冒险性和想象力；随着年龄的增长以及社会化程度的加深，他们在思想上容易受到更多的束缚，主观上也会有更多的顾虑，因此在创造性上会出现一定程度的回落，并随着年级的增高而逐渐趋于平稳；对于四年级学生来说，年级越高学业压力越大，繁重的学业压力以及在毕业阶段所面临的就业压力，也会对创造性的发挥产生影响。从知识对创造力的影响来看，知识是创造力的基础，但是丰富的知识经验又会使人囿于常规，高年级的学生知识经验丰富，同时也更专注于一个

---

[1] 罗晓路：《大学生创造力特点的研究》，载于《心理科学》2006 年第 1 期，第 168～172 页。

[2] 高珊、曾晖：《大学生创造力倾向现状调查分析》，载于《中国电力教育》2012 年第 10 期，第 138～140 页。

[3] 王汉清、况志华、王庆生、居里锴：《大学生创新能力总体状况调查分析》，载于《高等教育研究》2005 年第 26 卷第 9 期，第 88～93 页。

[4] 周治金、杨文娇、赵晓川：《大学生创造力特征的调查与分析》，载于《高等教育研究》2006 年 5 月第 27 卷第 5 期，第 78～82 页。

专业领域的研究，这也是出现创造力降低的一个影响因素。

（五）研究结论

由此我们认为：

第一，我国大学生有较强的创造潜能。在创造性倾向上，平均值得分为 120.71 分，折合成百分制为 80.47 分，属于中等偏上的水平，较为突出的是表现在挑战性上；在创造性思维方面，独创性表现突出，说明大学生具有产生新颖、奇特观念的潜能，具备基本的创造性思维品质；

第二，学科类别对大学生创造力的发展有显著影响。理科类大学生在创造性思维和创造性个性上显著低于文科大学生。

第三，大学生创造力具有显著的年级差异。一、二年级大学生的创造力发展显著优于四年级。

三、创造力与科学素养、人文素养的关系研究

创造力的影响因素主要集中于内部因素和外部因素两个方面。内部因素主要是人才的智力、动机水平和人格特征等，这些因素与创造力的关系是创造力领域的研究热点。外部因素主要是指影响创造力的外部环境，主要集中于创造所基于的社会知识和技术水平、社会文化环境、家庭环境和学校环境。就目前情况看，学校是培养创新型人才的最大载体，学校中的教师和学习环境对创新型人才产生较大影响。

（一）科学素养

1. 科学素养的内涵

在英文中，就词面意义而言，与"科学素养"对应的词有两个：scientific literacy 和 science literacy，这两个词在含义上是有差别的。简单地说，scientific literacy 指的是一种长期积淀下来的习惯、素养，是一种内在品质，其重点在于对科学的态度，观察和思考问题的科学性以及批判精神。而 science literacy 指的是一种短期的实用技能，解决实际问题的具体知识和办法，因此，它的重点在于获得知识、技能而非抽象的批判精神和科学的思维习惯。与中文"科学素养"含义对应的，通常是 scientific literacy。由于科学素养是一个多维度的概念，因此，现在的科学素养概念，通常也包括了 science literacy 所指的内容。

劳克施（Laugksch）认为，虽然有关科学素养的思想在 20 世纪初就已有萌

111

芽，但"科学素养"作为一个词汇出现在日常和学术交流中，却是 20 世纪 50 年代后期的事。① 美国斯坦福大学的保罗·赫德教授于 1958 年发表的《科学素养：它对美国学校的意义》一文，被认为是科学素养探讨的始端。

多年来，尽管科学素养特征的表述或定义不少，可是时至今日，人们尚未获得公认的定义。不过，为了达成对科学素养较为一致的看法，便于进行有效的科学教育和评价，各国都有一些组织机构如美国的科学促进会（AAAS）、国家科学院（NAS）以及国家科学基金（NSF）等，专门对科学素养的内涵进行界定。在国际上，对学生科学素养的评价一般采用经济合作与发展组织（OECD）发起的国际学生评价项目（PISA）中对科学素养的定义。

美国科学促进会在"2061 计划"的标志性出版物《面向全体美国人的科学》（*Science for All Americans*）中提出，科学素养应涵盖科学、数学和技术学，这是教育的中心目标，而事实是现在的美国人不具备综合的科学素养。②

美国国家科学院在《国家科学和教育标准》中对科学素养的定义是："科学素养意味着能从源于对日常生活的好奇中提出问题、发现或决定问题的回答。意味着有能力描述、解释和预测自然现象。科学素养需要理解地阅读新闻媒体中与科学有关的文章，参与社交中对结论的正确性的交流。科学素养意味着一个人能够识别国家和地方决策赖以为基础的科学事务，表达有科学和技术根据的见解。有素养的公民应能够从科学信息的来源、从得到它所用的方法来评价它的质量。科学素养也意味着有基于事实提出讨论和评价观点的能力，以及适当地应用从中得出的结论的能力。"③

美国国家科学基金对于科学素养也有自己的描述。在其报告《影响未来：在科学、数学、工程和技术方面的本科生教育的新期待》中，国家科学基金认为，一个有科学素养的学生应该知道："广义的科学到底是什么，科学、数学、工程和技术方面的专家们的工作内容和性质，如何评估所谓的'科学'信息，社会如何作出关于科学和工程方面的理性决策。"

经济合作与发展组织在 PISA 项目中对科学素养进行了定义。OECD 认为"科学素养是运用科学知识，确定问题和作出具体证据的结论，以便对自然世界和通过人类活动对自然世界的改变进行理解和作出决定的能力"。该组织还认为"科学素养还包括能够确认科学问题、使用证据、作出科学结论并就结论与他人

---

① Laugksch, R. C. Scientific Literacy: A Conceptual Overview. Science Education, 2000, P. 71.

② ［美］美国科学促进协会，中国科学技术协会译：《面向全体美国人的科学》，科学普及出版社 2001 年版，第 247 页。

③ National Research Council. National Science Education Standards. Washington, DC: National Academy Press, 1996, pp. 22 – 23.

进行交流的能力"。

我国对科学素养概念的形成与西方国家有所不同。20世纪50年代西方国家开展科学素养概念的讨论并未对中国产生影响。我国在1994年12月5日发布的《中共中央、国务院关于进一步加强科学技术普及工作的若干意见》中，第一次提到了"科技素质"这个术语。"科学素养"的概念是在《全民科学素质行动计划纲要（2006 – 2010 – 2020年）》中第一次正式出现："公民具备基本科学素质一般指了解必要的科学技术知识，掌握基本的科学方法，树立科学思想，崇尚科学精神，并具有一定的应用它们处理实际问题、参与公共事务的能力。"①

除了权威机构对科学素养的定义外，许多研究者对科学素养也进行了定义，这些定义在科学教育的理论与实践研究中产生了重要的影响。

20世纪60年代中期，佩拉（Pella）的工作代表了有关科学素养经验研究的最早努力。佩拉和同事的方法是，仔细而系统地挑选100种出版时间为1946 ~ 1964年之间的报刊文章，然后在这些文章中检查各种和科学素养有关的主题的出现频率。这些主题被称为"参照物"。他们认为，一个具有科学素养的人应了解以下这些方面的内容（即所谓的"参照物"）：①科学和社会的相互关系；②知道科学家工作的伦理原则；③科学的本质；④科学和技术之间的差异；⑤基本的科学概念；⑥科学和人类的关系。前三个方面的内容尤其重要。

肖瓦尔特（Showalter）进一步深化了佩拉等人的工作。他总结自50年代末到70年代初近15年间有关科学素养的文献后，认为科学素养有以下七个方面的含义（seven dimensions）：①明白科学知识的本质；②在和环境交流时，能准确运用合适的科学概念、原理、定律和理论；③采用科学的方法来解决问题，作出决策，增进其对世界的了解；④和世界打交道的方式和科学原则是一致的；⑤明白并接受科学、技术和社会之间的相关性；⑥对世界有更丰富、生动和正面的看法；⑦具有许多和科学技术密切相关的实用技能。

上述学者对科学素养的定义有两点值得注意：一是都认为科学素养是一个多维度概念；二是两者对科学素养的定义，都是通过对"一个具有科学素养的人"的定义来进行的。其中，对科学素养概念所包含的不同维度的归纳和区分具有重要的意义，因为这些维度正是这一概念的基本特性。

1983年，美国艺术和科学学院的会刊《美国文理学会会刊》（Daedalus）出版了一期关于科学素养方面的研究专刊，许多作者就科学素养问题及美国面临的挑战发表意见。其中，米勒（Miller）对科学素养的概念和测量的论文影响最为

---

① 全民科学素质行动计划纲要（2006 – 2010 – 2020年），人民网：http://scitech.people.com.cn/GB/25509/56813/60788/60790/4219943.html，国务院2006年3月21日发布。

深远，因为他不仅提出了对科学素养的多维度定义，而且也提出了一套实际可操作的测量方法，并提供了基于这一框架采集的美国成人科学素养状况的数据。

米勒认为，科学素养是一个与时并进的概念，时代不同，科学素养的内涵也会发生变化。他在"当代情景下"，定义了科学素养概念的三个维度：①对科学原理和方法（即科学本质）的理解；②对重要科学术语和概念（即科学知识）的理解；③对科技的社会影响的意识和理解。米勒所界定的科学素养概念的三个维度，各有独特而明确的内容，概括精炼，包容性强，逐渐为世人所公认。

国内很多学者也对科学素养进行了研究和探讨，对科学素养的定义有着不同的理解。李大光认为，科学素养绝不仅仅是指对科学知识的理解程度。它指一种对科学本质的理解、获得科学知识的欲望、技能和习惯，具有基本的规律意识和理性精神，崇尚公开性和民主程序等。[①] 高凌飚认为，科学素养是一种心理品质，是人们在认识和利用自然与应用科学知识的过程中表现出来的内禀特质。[②] 王素将科学素养归纳为四个核心因素，即：①对科学技术的理解；②对科学、技术、社会三者关系的理解；③对科学的精神和态度；④运用科学技术解决日常生活及社会问题的能力。[③]

通过以上对科学素养各种定义的分析，不难看出：①对科学素养的界定是一项复杂和重要的任务，不论是国外还是国内，机构还是个人，由于立场和视角的不同，很难给出一个明确且具有普适性的定义；②科学素养是一个与时代密切相联的，开放、动态的概念；③科学素养已被公认是普通公民所应具备的基本修养；越来越强调个人对科学、技术和社会相互作用的理解，强调个人对与科学相关事务的参与、讨论和决策；④不论是个人还是机构的定义，都强调科学知识的概念化和在科学过程中的运用。科学知识是科学素养的基础，而对于知识理解和运用的能力更为重。

2. 科学素养的测量

20 世纪 80 年代以前，对于科学素养的研究多采用量化的方法，学生和教师对科学素养的理解用标准化的题目来进行纸笔测试。莱德曼（Lederman）等人质疑了研究工具的效度问题，指出研究者对所用工具的解释存在一定的偏见，并且一些工具表现出不良的结构。他在研究中发现，学生对问题回答时的解释和事后访谈的结果出现了前后不一致的矛盾。此外，纸笔测试中选择题这种方式限制了

---

① 李大光：《世界范围的认识：科学素养的不同观点和研究方法》，中国国际科普论坛（会议论文），2000 年。

② 高凌飚：《谈谈科学素质教育的特点和内容》，载于《华南师范大学学报》（社会科学版）1994 年第 4 期，第 100～104 页。

③ 王素：《科学素养与科学教育目标比较：以英、美、加、泰、中等五国为中心》，载于《外国教育研究》1999 年第 2 期。

回答的范围，学生不能够充分地表达他们的观点。

20 世纪 80 年代末，质性的研究方法开始出现，如课堂观察、自由回答问题、访谈和开放式问卷等。开放式问卷或访谈可以得到学生尽可能全面的观点，对探究学生对科学素养的理解很有用。但是质性研究法运用是否得当，对学生的回答很有影响，有的问题可能很难回答，有的则暗地里引导学生进行特殊的回答。在访谈的情况下，访谈者与访谈对象之间的关系处于"不平等"的状态，访谈时学生可能要么沉默不语，要么以访谈者期望的方式来回答。

量化和质性研究都通常假设学生有稳定、一致的认识框架，都带有研究者预设的假设和期望，但量化研究具有调查范围广、方便、准确等优点，质性研究具有灵活、深入等优点，结合两种研究方法，可以使得到的数据更加全面和丰富。这两种方法的相互补充是当前研究的主流。

（1）公众科学素养的测量。

1992 年米勒在《公众理解科学》杂志第 1 卷第 1 期上著文《通向对"公众理解科学技术"的一种科学理解》，较全面地总结了此前 10 多年对公众科学素养测量的研究进展，米勒指出，对公众科学素养的调查研究始于 1957 年由美国科学作家协会（NASW）和洛克菲勒基金会资助的一次全美成人调查。此调查的目的是想了解科学写作的读者规模及需求，样本为 1 900 个美国成人，问卷中只有一小部分内容涉及科学技术问题。

1972 年，美国科学委员会（National Science Board）决定出版双年度《科学指标》（Science Indicators，后来名称略有改变，加上了"工程"，成了科学与工程指标），以反映美国的科技状况，其中有一章是关于公众对科技的态度的，并在全国实施了问卷调查。1972 年、1974 年、1976 年的《科学指标》所开展的研究属于第一阶段。由于被认为这一阶段没有很好地利用社会科学方面的资源，美国国家科学基金会（NSF）开始征集新方案，米勒与普莱维特（Kenneth Prewitt）拟订的一项建议被选中，开启了《科学指标》系列出版物的第二阶段的研究工作。1979 年的《科学指标》具体反映了新阶段的调查设计。正是在 1979 年的研究中米勒第一次实施了他所拟订的科学素养问卷调查，将科学素养定义为一种三维建构物。实际上这一指标体系依据的就是米勒于 1983 年发表的文章《科学素养：概念评论与经验评论》。1985 年、1988 年、1990 年、2000 年上述三维测量方案又有所修订。1988 年英国的调查研究采用了米勒的体系，1989 年加拿大的研究、1989 年欧盟的研究及 1990 年新西兰的研究，均采用米勒的三维体系。

我国 20 世纪 90 年代从美国引入并开展公众科学素养调查，1992 年中国科协组织开展了第一次"中国公众对科学技术的态度抽样调查"。此后在 1994 年和 1996 年开展了两次全国性的科学素养调查。2000 年中国科协基于调查研究的需求，设计了"中国公众科学素养变化观测网"，从 2001 年起，每两年开展一次全国性的调查，调查取得了大量重要的数据。同时，也有对某一地区或某一小范围人群的科学素养调查，以便更深入地了解该地区或人群的科学素养状况，测量工具也主要以米勒的科学素养三维度模型为基础。在题型上，有是非判断、问答和多选题三种题型，共约 20 题左右；在测量的内容上，包括科学的知识、科学的本质（科学的方法）、科学—技术—社会三个维度。具体的测量条目随着时间的变化而不断更新。[①]

（2）学生科学素养的测量。

20 世纪 90 年代后，米勒的体系进一步流传，同时多国的比较研究方兴未艾，针对特殊群体的科学素养调查研究也纷纷开展起来，如针对在校某一年龄段学生的调查研究。

2000 年，经济合作与发展组织（OECD）启动了著名的国际学生评估项目（PISA），32 个国家（其中 28 个是 OECD 成员国）共有 25 万学生参与了科学素养调查。PISA 测试范围较广，包括 3 大类：阅读素养、数学素养和自然科学素养。其中只有后者与米勒的测试有直接关系。

PISA 科学素养测试仍然采用了与米勒类似的三维结构体系，但阐述得更为清楚。PISA 报告指出：科学素养是指在科学技术极大地影响着人们的生活的条件下，科学地思考问题的能力。这种素养包括理解科学概念并运用科学观念的能力。

第一维：科学概念（scientific concepts）。指为了理解自然界及其由于人类的活动所导致的变化，学生们需要掌握一系列基本的科学概念，这些概念涉及物理、化学、生物科学、地球与空间科学等学科。

第二维：科学过程（scientific processes）。PISA 考查学生运用科学知识及对科学过程的了解。要求学生有获取证据、解释证据和运用证据的能力。具体来讲，考查 5 个方面的过程：（1）辨识科学问题；（2）识别证据；（3）得出结论；（4）交流或传播这些结论；（5）用演示表明自己对科学概念的理解。除了最后一条，其余几条并不直接要求具体的科学知识。当然，严格地说，其他过程也不是与"科学"内容无关的。

第三维：科学应用情境（scientific situations）。科学素养测试想了解的主要是日常生活中涉及的科技问题或科技事务与人们的关系。2000 年的测试主要涉及 3 个方面：生活与健康中的科学、地球与环境中的科学、技术中的科学。

以一种方便有效的办法真正测试这三维是相当困难的，问卷极难设计，特别

---

① 金兼斌：《科学素养的概念及其测量》，《中国科技新闻学会第七次学术年会暨第五届全国科技传播研讨会》（会议论文）2002 年，第 69 ~ 89 页。

是针对后两维。OECD 的实际测试采用的主要是泽梅尔魏斯（Semmelweis）日记中的段落，同时设计了一组问题。OECD 1999 年的一份研究报告《测度学生的知识和技能：一个新的评估框架》详细阐述了 PISA 科学素养评估的内在概念框架。

在我国，对学生科学素养的测量还没有开发出相对统一的工具。多数测量工具的编制都或多或少地参照了我国对公众科学素养测量的三维度模型；有些研究运用由科协专门提供用于测量青少年科学素养的问卷，但其使用面不广；有些研究使用自编的问卷，但这类问卷随意性较大，并容易把对某一学科的知识内容测量当成是对科学素养的测量。

3. 对科学素养的研究

对科学素养的研究主要集中在对不同年龄、学科和性别等方面存在的共性和差异的探讨上。

在年龄上，米特曼（Mitman）的研究发现学生的科学态度随着年级的增长反而会下降。张智等的研究表明学生所在的年级越高，学生科学素养的整体水平越高。[①]

在学科上，田玉等的研究表明专业对学生科学素养的影响极其显著。[②] 张智等认为理工科专业学生的科学素养整体水平显著高于文科学生；劳克施（Laugksch）和斯帕戈（Spargo）的研究结论是物理专业学生的科学素养分数显著高于工科学生的分数，选修自然科学课程的学生分数高于没有选修科学课程学生的分数。[③]

在性别上，通常有两种结果，一种是男女的发展差异很明显，一种是没有明显差异。胡咏梅等人的研究结果显示，性别是影响学生科学素养及能力差异相当重要的一个因素。男女生的科学素养不仅在整体上存在显著性差异，而且在高、中、低分数段上，男生的科学素养均显著高于女生。[④] PISA 2003 的评价结果则表明，在国家之间，总的来说科学素养水平没有明显的性别差异。国内的田玉等的研究表明，男女大学生的科学素养没有显著性差异。

可见，在科学素养的年龄、性别和学科等问题上，研究结果还不能达到完全一致。这可能是由于科学素养的定义和结构维度的复杂性，对科学素养的有效测量不是件容易的事。而到目前为止，人们仍然没有获得可靠的公众科学素养的评

① 张智、张宝明、郭磊魁、杜丽华：《大学生科学素养和对科学技术态度的调查分析》，载于《云南师范大学学报》2001 年第 6 期，第 27～33 页。

② 田玉、邱同和：《综合理科教育专业学生科学素养调查统计分析研究》，载于《扬州教育学院学报》2008 年第 26 卷第 1 期，第 57～60 页。

③ Laugksch, R. C. & Spargo, P. E. Scientific Literacy of Selected South African Matriculants Entering tertiary Education: a Baseling Survey. South African Journal of Science, 95, pp. 427–432.

④ 胡咏梅、唐一鹏：《高中生科学素养的性别差异》，载于《北京大学教育评论》2013 年第 4 期，第 110～128 页。

估体系和方法。

（二）人文素养

1. 人文素养的内涵

西方的"人文"一词源于拉丁文 Humanitas，意思是人性、教养。20 世纪以后随着自然科学和社会科学的蓬勃发展，"人文"一词又专指与科学相对的文史哲等一系列非实证的学科和事业，主要是培养人的内在道德素质的学问。

在我国"人文"首见于《易经》："观乎天文以察时变，观乎人文以化成天下。"这里的"人文"是教化的意思。到了近代，人文这个词被用来翻译 Humanism（人文主义）。"素养"一词在《高级汉语大词典》里的解释为："由训练和实践而获得的技巧或能力"。可见"素养"与"素质""精神"不同，它更强调能力即"素质"和"精神"的外显、行为。但这种能力必须是由训练和实践而获得。那么"人文素养"的内涵又是什么呢？潘懋元先生认为，"人文学科知识必须内化为人文精神，并外表为行为习惯，才能构成相对稳定的品质结构。"有些人虽然修了许多人文学科课程，获得许多人文知识，但言行不一，品质恶劣，就是由于他们没有能将人文知识内化为人文精神。因此，人文素养具体来讲应当包括人文知识、人文精神和人文行为三个方面。

（1）人文知识——人文素养的基础。

人文知识是与自然知识和社会知识相对应的一种知识类型，是人类总体知识构成中的一个重要组成部分，是以语言（符号）的方式对人文世界的把握、体验、解释和表达。它一般包括文学知识、历史知识、哲学法律知识、艺术知识等。丰富的人文知识是一个人优良的知识结构必需之要素，是一个人成为"全面发展的人"必备条件，是人文素养的前提和基础。古往今来，真正称得上"大家"或"大师"的人无不具有广博的人文知识。

（2）人文精神——人文素养的核心。

人文精神泛指一个人体现出的对人类生存意义和价值的关怀，是一种以人为对象、以人为中心的思想。主要包括人的信念、理想、人格和道德等。人文精神追求人生美好的境界、推崇感性和情感，着重想象性和多样化的生活。人文精神一般具有时代的主题和烙印。人文精神是一种哲学精神，这里的哲学精神是指在一般意义上所具有的最高概括力和包容性质以及鲜明的时代精神和价值取向。人文精神是人文素养的内在支撑，是人文素养的最高层面，具有人文素养的最典型标志是具有人文精神。人文精神是人文素养的核心，是一个人修身养性的最高境界。

（3）人文行为——人文素养的外显。

人文知识的内化即是人文精神，而人文精神的外化便是人文行为。人文行为体现了"素养"一词所含的"技巧""能力"之意，也是人文素养最终之目的。人文知识是一个人具有人文素养的前提和基础，人文精神是一个人的内在养成和精神追求，那么人文行为则是表现在一个人的具体行动和实践上。

根据上面的分析，我们可以将人文素养定义为：由知识、能力、观念、情感、意志等多种因素综合而成的一个人的内在品质，表现为一个人的人格、气质、修养。

2. 对人文素养的研究

在今天，探讨人文素养，更多的是和教育联系在一起，如人文教育。

（1）国外的研究概况。

自20世纪80年代以来，包括日本、美国在内的许多发达国家都纷纷提出"学校的人化"和教育的"人化""人性化""人道化"等主张。

早在1984年，美国人文学科促进会发表了关于挽救精神遗产，进行人文学科教育的报告书，建议重新修订课程，学生都要具有相当程度的人文修养。在面向21世纪的"美国2061计划"中，认定"教育的目标就是要使人们能够达到自我实现和过负责任的生活。"

日本在第三次教育改革中提出"在开创21世纪之际，不仅自然科学，而且人文科学、社会科学的振兴，都是不容忽视的课题"。并且特别强调"学生的社会责任感"。他们认为："任何人都不是独立地生存于世的，每个人都应当自觉意识到所肩负的建设国家和社会的责任。"

联合国教科文组织在其报告《教育——财富蕴藏其中》中指出，教育在社会发展和个人发展中起基础性作用，在21世纪到来之际，教育和各种培训已成为发展的首要动力，明确指出了教育的社会责任，强调了德育的地位和作用，要求学校通过道德教育来增强学生的社会责任感受，只有加强人文精神面貌教育，提高学生的道德水准，才能解决人类面临的战争、犯罪、贫困等灾难。面对未来社会的发展，教育的目标是学知、学做、学会共同生活和学会发展。

国外学者近期关于人文素养的研究表明，对于人文含义的理解和认识必须要考虑到学生的观点，也就是说不仅要考虑学生是如何运用人文知识的还要理解他们赋予人文素养的含义。[1] 还有研究表明，学生对人文素养的理解与他们所处的社会地位等因素有关。

美国近年对成人的人文素养的调查显示，大学生缺乏基本的阅读能力。[2] 这

---

[1] Papen, U. Literacy and development: what works for whom? Or, how relevant is the social practices view of literacy for literacy education in developing countries? International Journal of Educational Development, 2005, 25, pp. 5–17.

[2] ACT. Reading between the lines: What the ACT reveals about college readiness in reading? Retrieved June 10, 2007, from: http://act.org.

些研究使得美国更加注重对人文素养养成的关注，并开始重点研究如何有效地培养成人的人文素养。

（2）国内的研究概况。

20世纪90年代以来，在我国的学校教育中加强人文教育以提高学生的人文素养，培养学生的人文精神。因此关于学生人文素养的研究也逐渐增多。这类研究大致分为两种情况：一是从宏观的层面对学生人文素养的总体情况进行调查，分析存在的问题并提出建议。例如，黄玉莉指出，我国高校大学生存在人文知识贫乏，文化底蕴不厚；价值取向日趋功利化；缺乏创新精神及创造能力；人文价值迷失，缺乏社会责任感和民族使命感；心理脆弱，耐挫能力不强；人格残缺，道德行为失范等现象，应从转变教育观念，加强人文知识教学，积极探索在专业课教学中渗透人文精神教育、提高教师自身人文素质、加强德育工作及心理健康教育，完善大学生的人格，加强校园文化建设，营造校园人文氛围；引导大学生关心社会，投身社会实践等方面着手加强人文精神教育。[1] 赵磊认为，提升当代大学生人文素养，要提高教师人文修养水平，正确处理人文教育与专业教育的关系，建立大学生人文素养评估体系；[2] 王琳琳认为，提高理工科大学生人文素养，应采取创造人文素养教育的文化氛围，渗透人文素养教育，融人文教育于专业教育中，自觉进行人文素养培育等。[3] 二是从微观教学的层面，探讨通过大学语文、文学作品（古典诗词、小说）、音乐、英语、中学历史、中学地理、文化概论等课程对学生进行人文素养教育的一些方法。例如，戴惠等提出，在诗词鉴赏中培育学生的爱国情怀、高远的理想、健全的人格以及审美情趣，加强大学生人文素质教育。[4] 宋炬在研究中针对大学生对文学名著的价值取向分析，挖掘外国文学名著的启发警示意义，以此来提高人文素养，提升思想道德境界。[5]

（三）大学生科学素养与人文素养的特点研究

在目前国内的很多研究中，研究者都提出要培养创新型人才，应该将人文教育与科学教育融合起来，培养学生的人文素养和科学素养，二者缺一不可，并在

---

[1] 黄玉莉：《当代大学生人文精神的缺失及培育》，载于《教育探索》2006年第12期，第89~90页。

[2] 赵磊：《当代大学生人文素养的内涵与提升》，载于《重庆大学学报》2002年第9期，第156~160页。

[3] 王琳琳：《高师院校理科学生人文素质问题现状与对策研究——以东北师范大学为个案》，东北师范大学硕士学位论文，2007年。

[4] 戴惠、陈新忠：《谈以诗词鉴赏的形式培养大学生高尚的人格》，载于《教育探索》2007第10期，第117~118页。

[5] 宋炬：《文学作品与大学生人文素养的提高》，载于《重庆工商大学学报》2005年第4期，第157~160页。

理论上对人文教育和科学教育对创造力的作用进行论述。如周远清认为："推进人文教育和科学教育的融合是实施素质教育、培养创新人才和取得原创性科研成果的关键性措施。"

1. 研究对象

被试取样同"大学生创造力发展特点的研究"，具体人数分布见表2–22。

表2–22 被试分布情况表 单位：人

	一年级	二年级	三年级	合计
男	53	52	63	168
女	63	74	89	226
合计	116	126	152	394

2. 研究工具

（1）问卷编制。

学生的素养不仅仅指学生对人文知识和科学知识的理解与认识，更重要的是要具有应用它们解决实际问题的能力。因此，科学人文素养测量问卷由科学素养和人文素养两部分组成，测验的主要目的是要了解学生对于科学和人文学科知识的综合性理解和运用能力。要求被试者分别阅读有关科学和人文方面的四段文字材料，科学和人文各两段材料，每段文字材料后均列出2道问题。要求被试就每个问题按照自己的理解进行解答。可以不按顺序回答，总时间要求为40分钟。

已有的研究中，一般都是单独测量学生的科学素养和人文素养。如杨环霞和胡卫平编制的测量高师院校大学生科学素养的调查问卷。王琳琳编制的针对高师院校理科学生的人文素养调查问卷。问卷的设计一般以选择题为主，很少有开放型的题目。本研究在总结以往研究问卷的基础上，结合对文献资料的分析将科学素养、人文素养综合起来测量，题型为开放式问题，主要考查学生对知识的掌握、运用知识解决问题的能力，以及大学生科学素养与人文素养之间的关系。

请有关科学和人文方面的学科专家，根据目前高等学校在通识教育方面对学生科学知识和人文知识要求掌握的内容，编制了4道题目，包括人文艺术类1题，社会科学类1题，生活与健康类1题，地球与环境类1题。为了保证不在阅读上占用学生过多的时间，每个题目的文字总量控制在150字以内。每个题目后面包括针对这段文字提出的2个问题，分别考查学生对基本知识的掌握和运用知识解决问题的水平。

专家对题目进行了反复的研讨和论证，并选取文、理科一、二年级的学生30名进行了试测。对试测数据的分析结果表明每个题目的区分度良好，适合做正式测试。

（2）问卷内容。

①人文素养维度。人文素养从广义上说，是指人的世界观和人生观，内容包括人生的意义、追求、理想、信念、道德、价值等。人文素养是人类精神家园的宿主，对人类的思维方式、心理机制、情感世界、意志能力、价值取向、审美体验、意识形态和理想模式都具有决定作用。由于对人文素养的界定较为宽泛，不易于操作，它具体而言可以分解为人文知识、人文精神和人文行为。而人文精神又不易通过直接的测量可以得出，因此，从操作层面上说，通过设置一定的人文情景，来考查学生的人文知识、人文精神等方面。

一般的人文素养调查问卷都采用选择题，容易限制学生的想象力，因此，本研究根据人文素养的基本内涵，参考有关人文素养的问卷，将测试问卷设计成为开放性的问题，通过让学生阅读有关人文方面的文字，考查学生对人文知识的掌握、运用并通过分析问题的过程研究学生的人文精神（见表2－23）。

表2－23 　　　　　　　　　**人文素养问卷题型和考查内容**

题目涉及领域	题号	考查维度
人文艺术类	1－1	知识掌握
	1－2	知识运用
社会科学类	2－1	知识掌握
	2－2	知识运用

②科学素养维度。科学素养的维度设计借鉴了OECD建立的PISA项目对科学素养概念及维度的界定。PISA报告指出：科学素养是指，在科学技术极大地影响着人们的生活的条件下，科学地思考问题的能力。这种素养包括理解科学概念并运用科学观念的能力。PISA认为，学生应具备三个基本的科学能力，才能为迎接未来社会的挑战做好准备：

第一，识别科学问题的能力（identifying scientific issues）。包括识别进行科学调查的可行性；识别科学信息中要寻找的关键词；识别科学调查的主要特征；

第二，科学解释现象的能力（explaining phenomena scientifically）。包括在给定的情境中应用科学知识；科学地描述或解释现象，或预测变化；识别适当的描述、解释和预测；

第三，运用科学证据的能力（using scientific evidence）。包括解释科学证据，得出和交流结论；识别在结论背后的假设、证据和推理；反思科学和技术发展的社会含义。

参考 PISA 的测试问卷，参阅有关公众科学素养的问卷，编制了科学素养的测验题目。题目的类型及考查的能力结构维度见表 2 - 24。

表 2 - 24　　　　　　　　科学素养问卷题型和考查内容

题目涉及领域	题号	考查维度
生活与健康	3 - 1	科学解释现象
	3 - 2	运用科学证据
地球与环境	4 - 1	运用科学证据
	4 - 2	识别科学问题

（3）问卷的项目分析。

根据正式施测收回的数据，我们进行了测验的质量分析。我们分别计算了科学素养、人文素养各个项目之间以及项目与总问卷之间的 Pearson 积差相关，结果见表 2 - 25 和表 2 - 26。

表 2 - 25　　　　　　人文素养项目分析结果 （$N = 394$）

项目	1	2	3	4
1				
2	0.560			
3	0.340	0.359		
4	0.368	0.525	0.490	
总问卷	0.708	0.651	0.570	0.502

注：采用双尾检验法，检验相关系数的显著性水平，对所有相关系数，$p < 0.01$，下同。

表 2 - 26　　　　　　科学素养项目分析结果 （$N = 394$）

项目	1	2	3	4
1				
2	0.519			
3	0.445	0.397		
4	0.663	0.529	0.498	
总问卷	0.812	0.713	0.566	0.497

人文素养问卷的项目分析表明，项目之间的相关系数介于 0.340~0.525，且所有项目之间的相关系数在 0.300 以上，各项目与总问卷之间的相关系数在 0.502~0.708 之间，所有相关系数的显著性水平均在 0.01 以上。结果说明人文素养问卷具有较高的内部一致性，可以用于测量大学生的人文素养。

科学素养问卷的项目分析表明，项目之间的相关系数介于 0.397~0.663，且所有项目之间的相关系数在 0.350 以上，各项目与总问卷之间的相关系数在 0.497~0.812 之间，所有相关系数的显著性水平均在 0.01 以上。结果说明科学素养问卷具有较高的内部一致性，可以用于测量大学生的科学素养。

（4）问卷的信度分析。

①克伦巴赫 α 系数。对人文素养问卷进行信度分析，该问卷的克伦巴赫 α 系数为 0.792，表明其具有较高的内部一致性，且当某一项被删除以后的克伦巴赫 α 系数均小于剔除前的数值，4 个项目的内部一致性系数见表 2-27。

表 2-27　　　　人文素养各项目内部一致性系数 （$N=394$）

	项目 1	项目 2	项目 3	项目 4
Cronbach α	0.789	0.856	0.702	0.796

对科学素养问卷进行信度分析，该问卷的克伦巴赫 α 系数为 0.788，表明其具有较高的内部一致性，且当某一项被删除以后的克伦巴赫 α 系数均小于剔除前的数值，4 个项目的内部一致性系数见表 2-28。

表 2-28　　　　科学素养各项目内部一致性系数 （$N=394$）

	项目 1	项目 2	项目 3	项目 4
Cronbach α	0.742	0.793	0.811	0.806

②评分者信度。两个评分者分别对 50 个被试的作答情况按照评分标准进行独立评分，两位评分者均是心理学专业的研究生，我们计算了两组分值的 Pearson 积差相关系数 （见表 2-29）。从该表中可以看出，两组分值的 Pearson 积差相关系数在 0.769~0.906，表明评分标准具有客观性。

表 2-29　　　　　　　　　评分者信度 （$N=50$）

项目	人文 1	人文 2	人文 3	人文 4	科学 1	科学 2	科学 3	科学 4
信度	0.797	0.906	0.889	0.861	0.901	0.769	0.824	0.865

（5）问卷的效度分析。

本研究对大学生在人文素养4个项目上的得分进行了探索性因素分析，结果仅仅获得了一个因素，且不能旋转（见表2-30），因素负荷从0.702~0.787，解释率为63.16%。

表2-30　　　　人文素养测验项目的因素负荷　（$N=394$）

项目	1	2	3	4
因素负荷	0.742	0.815	0.702	0.787

对大学生在科学素养4个项目上的得分进行探索性因素分析，结果仅仅获得了一个因素，且不能旋转（见表2-31），因素负荷从0.580~0.782，解释率为58.54%。

表2-31　　　　科学素养测验项目的因素负荷　（$N=394$）

项目	1	2	3	4
因素负荷	0.755	0.650	0.580	0.782

从上述分析可以看出，科学和人文素养问卷具有良好的结构效度。

3. 研究结果

采用集体施测的方法对被试进行测试。先请被试填写背景信息，在主试指导下阅读问卷的指导语。等所有被试明确要求以后再开始填写答案。测试结束后，收回所有问卷，时间要求为40分钟。

（1）大学生科学素养、人文素养总体特点分析。

①大学生科学素养的总体情况。对大学生在科学素养测试题上的得分进行描述性统计，结果见表2-32和图2-9。

表2-32　　　大学生在科学素养各维度上得分的总体情况　（$N=394$）

考查维度	题目数	M	SD
科学解释现象	1	13.659	3.877
运用科学证据	2	12.777	4.478
识别科学问题	1	11.451	3.927
总平均分	4	12.629	4.190

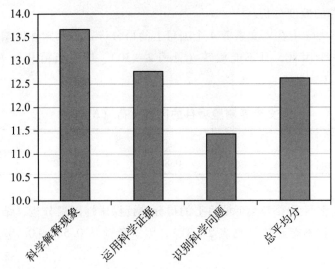

图 2 - 9　大学生在科学素养各维度上得分的总体情况

从表 2 - 32 中可以看出，大学生在科学素养总体的得分上成绩有待提升，科学解释现象维度得分最高，识别科学问题维度得分最低。除了识别科学问题维度，其余两个维度及总平均分的得分均超出了其总分的一半。但是如果按照 60分为及格线的标准，平均分均未达到及格线（15 分），因此总体素养成绩偏低。在三个维度上均无获得满分的情况。

②大学生人文素养的总体情况。对大学生在人文素养测试题上的得分进行描述性统计，结果见表 2 - 33 和图 2 - 10。

表 2 - 33　大学生在人文素养各维度上得分的总体情况（N = 394）

考查维度	题目数	M	SD
人文知识掌握	1	17.628	3.884
人文知识运用	1	16.592	3.870
社会知识掌握	1	16.750	4.427
社会知识运用	1	15.245	4.680
总平均分	4	16.554	4.215

从图 2 - 10 中可以看出，大学生在人文素养总体的得分上成绩一般，较科学素养得分要好。四个维度及总平均分均超出了及格线。人文知识掌握程度要优于对社会知识的掌握，对知识的掌握优于对知识的运用。在四个维度上，均有被试获得满分。

126

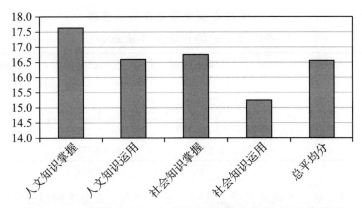

图 2 - 10　大学生在人文素养各维度上得分的总体情况

（2）不同学科类别大学生在科学素养、人文素养上的得分情况

①不同学科类别的大学生在科学素养上的得分情况。为了考查不同学科类别大学生在科学素养上的得分情况，我们对大学生在科学素养三个维度上的得分进行了方差分析，分析结果如表 2 - 34 所示。

表 2 - 34　　　　　　不同学科类别大学生科学素养得分情况

学科 类别	科学解释现象		运用科学证据		识别科学问题	
	M	SD	M	SD	M	SD
理科	14.972	3.974	14.397	3.774	13.675	4.025
文科	13.802	4.484	12.894	3.638	9.588	4.234
F 值	0.750		3.673*		5.510**	

对不同学科类别大学生在科学素养上的得分进行方差分析的结果表明，不同学科类别的大学生在科学素养上存在显著差异，具体表现为不同学科类别的大学生在运用科学证据、识别科学问题上有显著性差异。

②不同学科类别的大学生在人文素养上的得分情况。为了考查不同学科类别的大学生在人文素养上的得分情况，我们对大学生在人文素养四个维度上的得分进行了方差分析，分析结果如表 2 - 35 所示。

从不同学科类别大学生在人文素养上的得分进行方差分析的结果表明，不同学科类别的大学生在人文素养上存在显著差异，具体表现为文科学生的得分在人文知识掌握、人文知识运用、社会知识掌握、社会知识运用的四个维度上均显著高于理科学生。

表 2 – 35　　　　　不同学科类别大学生在科学素养
各维度上的得分情况 （*M* ± *SD*）

学科类别	人文知识掌握		人文知识运用		社会知识掌握		社会知识运用	
	M	*SD*	*M*	*SD*	*M*	*SD*	*M*	*SD*
理科	16.577	4.016	15.768	4.084	15.239	4.972	14.303	4.964
文科	19.594	3.191	18.063	3.505	18.266	3.618	16.625	4.211
F 值	6.826 ***		3.510 **		6.468 ***		3.888 **	

（3）不同性别、年级的大学生在科学素养、人文素养上的得分情况。

①不同年级、性别大学生在科学素养上的得分情况。首先，对不同年级、不同性别的大学生在科学素养各维度上的得分进行描述性统计，统计结果见表 2 – 36。

表 2 – 36　　　　　不同性别、年级大学生科学素养
各维度得分情况 （*M* ± *SD*）

年级	性别	科学解释现象		运用科学证据		识别科学问题	
		M	*SD*	*M*	*SD*	*M*	*SD*
一年级	男	13.039	3.956	12.393	4.474	8.475	3.029
	女	12.768	3.481	11.161	3.860	8.757	2.473
二年级	男	12.976	2.643	11.819	3.251	12.171	3.590
	女	13.049	2.298	12.467	3.261	13.138	3.462
三年级	男	15.234	4.974	15.000	1.816	13.571	3.849
	女	14.89	4.800	14.443	1.581	13.749	4.062

对不同年级、不同性别大学生的科学素养得分进行多元方差分析。结果发现，年级主效应显著 （Wilk's $\Lambda = 23.966$，$p < 0.001$），性别主效应、年级与性别的交互作用不显著 （Wilk's $\Lambda = 0.778$，$p > 0.05$；Wilk's $\Lambda = 0.824$，$p > 0.05$）。

进一步分析结果表明，年级的主效应表现在科学素养的三个维度上，具体得分比较见表 2 – 37。

表 2 – 37　　　　　不同年级、性别大学生在科学素养
各维度上的得分比较 （*F* 值）

变异来源	科学解释现象	运用科学证据	识别科学问题
年级	10.404 ***	27.965 ***	45.647 ***
性别	0.179	1.116	1.474
年级 × 性别	0.096	2.216	0.423

    具体差异表现为：在科学解释现象维度上，三年级大学生的得分显著高于
一、二年级大学生；一、二年级大学生之间没有显著差异（见图 2 – 11）；在运
用科学证据维度上，三年级大学生的得分显著高于一、二年级大学生；二年级大
学生的得分显著高于一年级大学生的得分（见图 2 – 12）；在识别科学问题维度
上，二、三年级大学生的得分显著高于一年级大学生；二、三年级大学生之间没
有显著性差异（见图 2 – 13）；男女大学生在科学素养的三个维度上均没有显著
性的性别差异。

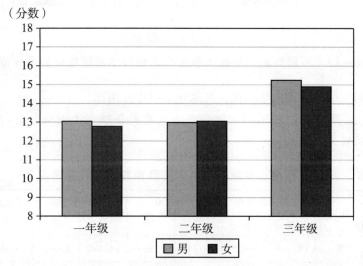

图 2 – 11　不同性别、年级大学生在科学解释现象维度的得分情况

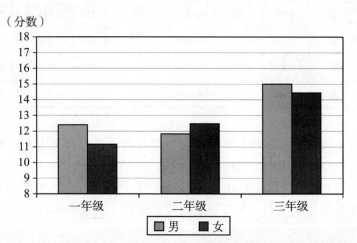

图 2 – 12　不同性别、年级大学生在运用科学证据维度的得分情况

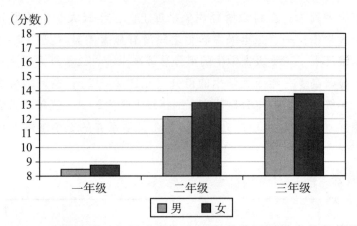

（分数）

图 2-13　不同性别、年级大学生在识别科学问题维度的得分情况

②不同年级、性别大学生在人文素养上的得分情况

对不同年级、不同性别的大学生在人文素养各维度上的得分进行描述性统计，统计结果见表 2-38。

表 2-38　　不同性别、年级大学生人文素养各维度得分情况

年级	性别	人文知识掌握		人文知识运用		社会知识掌握		社会知识运用	
		M	SD	M	SD	M	SD	M	SD
一年级	男	14.238	3.655	14.310	3.867	14.595	3.933	13.406	5.073
	女	15.626	3.220	15.352	3.240	14.967	3.216	12.604	5.249
二年级	男	18.75	3.483	16.313	3.939	17.219	5.014	14.786	4.426
	女	18.549	4.331	16.615	4.213	16.297	5.278	15.110	3.710
三年级	男	19.412	3.056	18.294	3.722	18.676	2.920	17.824	3.167
	女	19.069	2.765	18.264	3.157	18.885	3.925	17.632	3.587

对不同年级、不同性别大学生的人文素养得分进行多元方差分析。结果发现，年级主效应显著（Wilk's $\Lambda = 23.079$，$p < 0.001$），性别主效应、年级与性别的交互作用不显著（Wilk's $\Lambda = 0.994$，$p > 0.05$；Wilk's $\Lambda = 0.985$，$p > 0.05$）。

进一步分析结果表明，年级的主效应表现在人文素养的四个维度上（见表 2-39）。

表 2 - 39   不同年级、性别大学生在人文素养
各维度上的得分比较（*F* 值）

变异来源	人文知识掌握	人文知识运用	社会知识掌握	社会知识运用
年级	48.455***	23.554***	24.315***	29.869***
性别	0.498	1.099	0.208	0.057
年级×性别	0.606	2.051	0.452	0.709

不同年级大学生人文素养差异的具体表现为：

在人文知识掌握维度上，二、三年级大学生的得分显著高于一年级大学生；二、三年级大学生之间没有显著差异（见图 2 - 14）；在人文知识运用维度上，三年级大学生的得分显著高于一、二年级大学生；二年级大学生的得分显著高于一年级大学生（见图 2 - 15）；在社会知识掌握维度上，三年级大学生的得分显著高于一、二年级大学生；二、三年级大学生之间没有显著差异（见图 2 - 16）；在社会知识运用维度上，二、三年级大学生的得分显著高于一年级大学生；二、三年级大学生之间有显著差异（见图 2 - 17）。

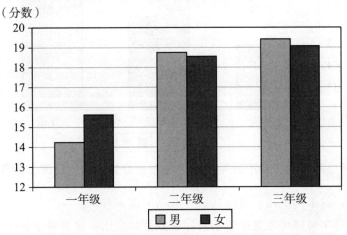

图 2 - 14   不同性别、不同年级大学生在人文知识掌握维度的得分情况

4. 研究讨论

（1）大学生科学素养、人文素养的总体状况。

①科学素养的总体情况。从分析结果来看，大学生科学素养总体状况较差。科学解释现象得分最高，识别科学问题得分最低。三个维度及总平均分均未达到及格线。相比较而言，大学生在科学解释现象维度表现较好，运用科学证据次之，识别科学问题最差。

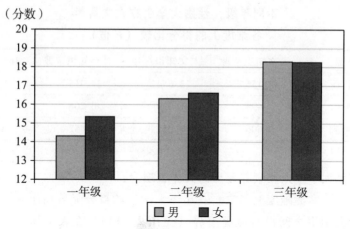

图 2 - 15 不同性别、不同年级大学生在人文知识运用维度上的得分情况

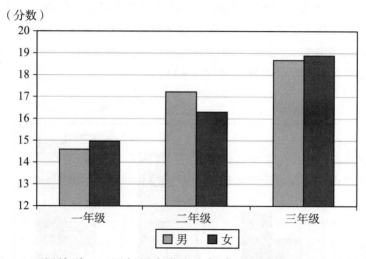

图 2 - 16 不同性别、不同年级大学生在社会知识掌握维度上的得分情况

产生这样结果的原因，可以从以下几个方面来解释。

首先，科学解释现象更接近于对知识的直接应用；运用科学证据则涉及对知识的理解和正确使用，涉及对科学本质的认识；识别科学问题在科学知识运用的基础上，进一步提出问题，对科学问题展开深入的探究、判断和解释。因此，科学解释现象相对来说较为容易，运用科学证据次之，而识别科学问题对学生的要求则较高。

其次，测验涉及的领域不是对学生在学校所学知识的考查，而是对学生解决实际问题能力的考查，需要学生把所学的知识应用到特定的问题解决情境中去，具有一定的难度。

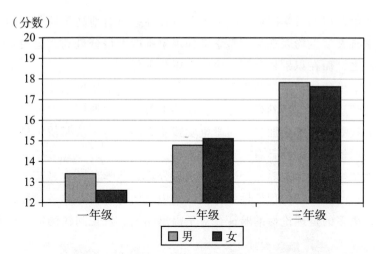

（分数）

图 2 - 17　不同性别、不同年级大学生在社会知识运用维度上的得分情况

最后，测验的结构为开放式结构，没有提供一定的答案线索，需要学生通过对所提供材料的全面分析，进行提炼和总结。如果不能正确地运用科学研究的方法，也是很难得到好成绩的。

②人文素养的总体情况。研究结果表明，大学生在人文素养总体得分上的成绩一般，但是较科学素养得分要好。无论是对知识的掌握还是运用，得分均超出了及格线，且均有学生获得了满分。人文知识掌握程度要优于对社会知识的掌握，对知识的掌握程度优于对知识的运用。

大学生对人文知识的掌握和理解程度较好，说明人文教育在我国高校中取得了一定的成绩。特别是在文学、艺术方面的课程设置，增强了学生的文学艺术修养。社会科学知识的掌握程度和人文知识相比而言较弱，说明在社会科学方面，大学生的知识掌握水平还有一定的差距。

对于知识运用维度的考查，说明了大学生对人文科学方法论的掌握程度。人文学科的研究尽管也追求认识的客观性，但与自然科学研究不同，它所凭借的手段主要是主观的卷入和沉浸，是对于人的精神世界、社会生活的研究，研究主体不能完全采取旁观者的态度，而必须投身其中。因此对知识的运用程度才真正体现了大学生对人文知识的深刻认识和把握，只有正确地理解和把握了人文知识，才可能将知识内化为人文精神，并体现到实际行动中去。

本研究中，大学生的知识运用维度得分偏低，说明人文科学知识还没有真正地深入到大学生的内心世界，对他们的精神领域产生影响。

（2）大学生科学素养和人文素养的学科差异分析。

①科学素养的学科类别差异分析。本研究结果显示，工科类大学生在运用科学证据、识别科学问题两个维度上得分较高，与其他学科存在显著性差异；教育

心理类大学生在识别科学问题维度上得分也较高，显著地高于社科类和人文类大学生。各学科大学生均表现为在科学解释现象维度上得分最高，运用科学证据维度上得分次之，而在识别科学问题维度上得分最低。

工科大学生的知识结构与理科大学生相比，知识基础更加宽泛，因此他们不仅要学习数学、物理等基础理科知识，还要学习工科的课程；在课程的学习过程中，工科的教学模式也更加强调对学生实践能力的培养，从而使工科大学生在问题提出、问题解决等方面具有一定的优势。

理科大学生在科学素养三个维度上的得分和其他学科没有显著性差异，这可能是由于理科的知识结构理论性强，强调知识结构的逻辑性和条理性；在课程学习过程中，更多的是理论性的验证，对于提出问题、发现问题的能力培养不足而造成的。

教育心理类大学生在识别科学问题维度上得分较高，和教育心理的学科特点有关。教育、心理学科是从人文学科中分离出来的，在逐步的发展过程中，教育心理类学科在研究方法上越来越偏重于自然科学严谨的、量化的研究方法。学生在知识的获得、应用上兼有科学和人文两方面的特点。

②人文素养的学科差异分析。在知识掌握和知识运用维度上，人文和社科类大学生的得分显著高于其他学科。

理科大学生在四个维度上的得分最低，这说明理科大学生缺乏对基本人文知识的掌握和运用。因为人文知识的学习和科学知识的学习不同，它更多地依赖于学生的主观经验和情感卷入，需要学生与学习对象（所学知识）之间的相互作用。科学知识的学习则需要事实分析与逻辑推断，而非主观体验和感悟。学科的特点决定了学生的思维方式和解决问题方式的差异。

（3）大学生科学素养和人文素养的年级差异分析。

①科学素养的年级差异分析。研究结果显示，在科学解释现象、运用科学证据和识别科学问题三个维度上三年级得分最高，其次是二年级，一年级大学生得分最低。这说明我们的学校教育是有效果的。

目前高校进行的通识教育改革，为二、三年级的学生提供人文科学、社会科学、艺术、自然科学等多种类型的选修课程，完善了学生的知识结构。

研究结果显示，在识别科学问题上，一年级和二、三年级的差异最显著。这说明虽然学生在中学也学习了很多的自然科学知识，但是在问题解决、知识的运用等方面还存在欠缺。进入大学后，随着知识结构的不断完善和知识水平的提高，学生运用科学知识，解决科学问题的能力在不断增强。

②人文素养的年级差异分析。不同年级大学生人文素养具有显著性的差异，这种差异体现在人文素养的四个维度上。在知识的掌握和运用上，二、三年级的

成绩要优于一年级。这一结果说明,我国推行多年的文化素质教育是成功的。

对于文学艺术类知识的掌握和运用要优于哲学类知识的掌握和运用,这可能和学生在大学中选修人文、艺术类课程较多有关系。

5. 研究结论

本研究以开放式问题的测验形式,从科学素养的三个维度:科学解释现象、运用科学证据、识别科学问题和人文素养的四个维度:人文知识掌握、人文知识运用、社会知识掌握、社会知识运用,考查了大学生科学素养与人文素养的现状与特点,得出的结论如下:第一,大学生科学素养成绩偏低,三个维度的得分均没有达到及格线。相比较而言,科学解释现象成绩最好,运用科学证据次之,识别科学问题最差。人文素养的总体情况要优于科学素养。第二,大学生的科学素养和人文素养存在学科差异。工科类大学生的科学素养较好,人文和社会类大学生的人文素养较好。第三,大学生的科学素养和人文素养存在年级差异。二、三年级的大学生在科学素养和人文素养上均优于一年级大学生。第四,大学生的科学素养和人文素养不存在性别差异。

（四）创造力与科学素养、人文素养的关系研究

1. 研究对象

被试取样同"大学生科学素养与人文素养的特点研究",具体的样本构成见表2-40。

表2-40　　　　　　　　被试分布情况　　　　　　单位:人

性别	一年级	二年级	三年级	合计
男	53	52	63	168
女	63	74	89	226
合计	116	126	152	394

2. 研究工具

第一,创造性思维测验（同"大学生创造力发展特点的研究"的问卷1）;

第二,威廉斯创造性倾向测验（同"大学生创造力发展特点的研究"的量表2）;

第三,科学人文素养问卷（同"大学生科学素养与人文素养的特点研究"的问卷）。

3. 研究结果

要探讨创造性思维与创造性人格、科学素养和人文素养之间内在机制,要先

135

对创造性与创造性人格、科学素养和人文素养的相关性进行分析。

（1）创造性思维与创造性人格、科学素养和人文素养的相关分析。

①创造性思维与创造性人格。已有的关于创造性思维与创造性人格的相关性研究表明，创造性人格对创造性思维有着积极的影响。本研究对创造性思维和创造性人格进行了相关分析（见表 2 – 41）。

表 2 – 41　　　　创造性思维与创造倾向的相关矩阵 （$N = 394$）

分类	冒险性	好奇性	挑战性	想象性
流畅性	0.171 **	0.156 *	0.246 ***	0.249 ***
变通性	0.133 *	0.097	0.190 ***	0.209 ***
独创性	0.254 ***	0.206 ***	0.240 ***	0.301 ***

从表 2 – 41 可以看出，创造性思维的独创性维度与创造性人格的四个维度都有显著性的相关，这说明独创性是创造性思维的核心。创造性人格的挑战性和想象性维度与创造性思维的三个维度均有显著性相关。

相关系数最高的是独创性和想象性维度，这个结果可以说明想象力越丰富，思维越具有独创性。林崇德指出，创造性思维的过程，就是要在现成资料的基础上进行想象，加以构思才能解决别人未解决的问题。奥斯本（Osborn）在他的著作《应用想象》中，自始至终都将"创造力"和"想象"两个术语当作同义词使用。由此可见，具有丰富的想象力是进行创造性活动的基础。

②创造性思维与科学素养。对创造性思维和科学素养进行相关分析，结果如表 2 – 42 所示。

表 2 – 42　　　　创造性与科学素养的相关矩阵 （$N = 394$）

分类	科学解释现象	运用科学证据	识别科学问题
流畅性	0.041	0.216 ***	0.086
变通性	0.064	0.192 ***	0.006
独创性	0.088	0.159 **	– 0.028

从表 2 – 42 所呈现的结果可以看出，创造性思维的三个维度和科学素养的运用科学证据有显著性的正相关。这是因为运用科学证据是科学解决问题能力的一个重要组成部分，他是一种解释科学证据，得出和交流结论；识别在结论背后的假设、证据和推理；反思科学和技术发展的社会含义的能力。

③创造性思维与人文素养。对创造性思维和人文素养进行相关性分析，结果

如表 2 - 43 所示。

表 2 - 43　　　创造性思维与人文素养的相关矩阵（$N=394$）

分类	人文知识掌握	人文知识运用	社会知识掌握	社会知识运用
流畅性	0.239***	0.219***	0.213***	0.196***
变通性	0.187***	0.164**	0.134**	0.147**
独创性	0.347***	0.314***	0.321***	0.285***

从表 2 - 43 的结果可以看出，人文素养的各维度与创造性思维的各维度有显著性相关，其中与流畅性、独创性相关程度较高，与变通性维度有中等程度的正相关。

④科学素养与人文素养。对科学素养和人文素养进行相关性分析，结果见表 2 - 44。

表 2 - 44　　　科学素养与人文素养的相关矩阵（$N=394$）

类别	科学解释现象	运用科学证据	识别科学问题
人文知识掌握	0.106*	0.078	-0.073
人文知识运用	0.106*	0.093	-0.058
社会知识掌握	0.123*	0.034	-0.055
社会知识运用	0.075	0.079	-0.064

从表 2 - 44 的分析结果可以看出，只有科学素养的部分维度与人文素养的部分维度有低程度的正相关。

（2）创造性与创造性人格、科学素养和人文素养的多元回归分析。

相关分析只能对两变量之间有无相互关系，是正相关还是负相关做出定性描述，能够对相关的密切程度作一定的定量描写。对于不确定关系的变量如何通过自变量的值估计和预测因变量的发展变化，只能由回归分析来完成。

本研究中，以大学生在创造性人格、科学素养和人文素养各个维度上的得分作为预测变量，以创造性思维三个维度的得分作为因变量，进行多元回归分析。分析结果见表 2 - 45、表 2 - 46 和表 2 - 47。

表 2 - 45　　　流畅性维度的逐步多元回归分析结果摘要

预测变量	R^2	F	ΔR	标准化β	t 值
创造性人格	0.244	23.777***	0.244	0.220	4.459
冒险性				0.011	0.164

续表

预测变量	R^2	F	ΔR	标准化 β	t 值
好奇性				0.072	0.975
挑战性				0.179	2.331*
想象性				0.171	2.489*
科学素养	0.320	21.213***	0.076	0.207	4.159
科学解释现象				0.020	0.405
运用科学证据				0.183	3.551***
识别科学问题				0.033	0.637

从表 2-45 中可以看出，最终回归方程能够解释创造性思维的流畅性维度的方差为 32.0%。其中创造性人格的挑战性、想象性对创造性思维的流畅性有正向预测作用，科学素养中的运用科学证据对创造性思维的流畅性具有极为显著的正向预测作用。

表 2-46   变通性维度的逐步多元回归分析结果

预测变量	R^2	F	ΔR	标准化 β	t 值
科学素养	0.215	18.149***	0.215	0.127	2.519
科学解释现象				0.040	0.794
运用科学证据				0.186	3.561***
识别科学问题				-0.047	-0.910
创造性人格	0.270	14.655***	0.055	0.178	3.528
冒险性				0.019	0.267
好奇性				0.130	1.761
挑战性				0.132	1.726
想象性				0.176	2.566*

从表 2-46 中可以看出，最终回归方程能够解释创造性思维的变通性维度的方差为 27.0%。其中科学素养中的运用科学证据、识别科学问题对创造性思维的变通性具有显著的正向预测作用。创造性人格的想象性对创造性思维的变通性有一定的正向预测作用。

138

表 2 - 47　　　　　独创性维度的逐步多元回归分析结果摘要

预测变量	R^2	F	ΔR	标准化 β	t 值
创造性人格	0.298	36.253***	0.298	0.297	6.021
冒险性				0.125	1.834
好奇性				0.046	0.633
挑战性				0.033	0.444
想象性				0.225	3.348**
科学素养	0.340	20.211***	0.042	0.165	3.370
科学解释现象				0.064	1.297
运用科学证据				0.145	2.843**
识别科学问题				-0.059	-1.157

从表 2 - 47 中可以看出,最终回归方程能够解释创造性思维的独创性维度的方差为 31.3% 。其中创造性人格的想象性维度对创造性思维的独创性维度有显著的正向预测作用,也就是说想象力越丰富的大学生在创造性思维的独创性上得分就会越高。科学素养中的运用科学证据对创造性思维的独创性具有较高的正向预测作用。

(3) 创造性思维与创造性人格、科学素养和人文素养的模型建构。

根据相关分析和回归分析的结果,我们发现了大学生创造性思维和创造性人格、科学素养、人文素养之间相关关系的存在。创造性人格和科学素养对创造性思维有预测作用,人文素养的各个维度均没有进入回归方程,但是和创造性思维有显著性的相关。为了进一步分析上述各因素间的相互关系、影响力以及关联程度,我们将创造力作为内源潜变量,将创造性人格、科学素养和人文素养作为外源潜变量,结合对已有文献的研究,提出以下理论构想模型。

理论构想:创造性人格和科学素养共同影响创造力,人文素养通过创造性人格对创造力有间接影响(见图 2 - 18)。

本研究使用 AMOS 4.0,采用极大似然法 (maximum likelihood) 对创造力、创造性人格、科学素养和人文素养等几个因素进行模型的建构。创造力的观测变量包括思维的流畅性、变通性和独创性;创造性人格的观测变量包括冒险性、好奇性、想象性和挑战性;人文素养的观测变量包括人文知识掌握、人文知识运用、社会知识掌握、社会知识运用;科学素养的观测变量包括科学解释现象、运用科学证据和识别科学问题。

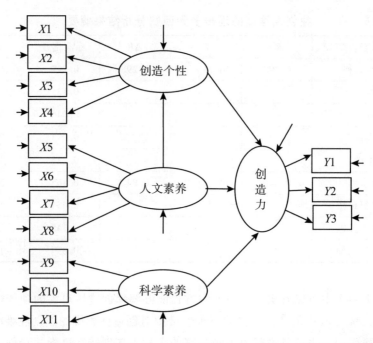

图 2-18　创造性与创造性人格、科学素养、人文素养之间关系的理论构想

AMOS 常用绝对拟合指数、增值拟合指数和简约拟合指数这三类指标来检验模型拟合度，绝对拟合指数的具体指标主要有：χ^2、拟合良好性指标（goodness of fit index，GFI）、近似误差均方根（root mean square error of approximation，RM-SEA）和期望复核效度指标（expected cross-validation index，ECVI）。一般认为，规范 χ^2 的值小于5.0可以接受模型，$PNFI$ 和 $PGFI$ 值大于0.5表示模型通过与否的标准；$RMSEA$ 的值小于0.05表示模型拟合得很好，在 0.05~0.08 之间表示模型拟合得较好，但如果大于0.1则表示模型拟合不佳；CFI 等指数的值在0.95以上表示模型拟合得较好。经过反复调整，最终得到模型如图 2-19 所示，指数拟合情况见表 2-48。

通过表 2-48 可以看出：结构模型的 $RMSEA=0.049$（<0.08），$\chi^2/df=2.123$（<5.0），NFI、RFI、TLI、CFI 各项拟合指数均大于0.986，所以我们认为模型是可以接受的。从其中我们可以看出，创造性人格对创造性思维的贡献是 0.19（$p<0.001$），科学素养对创造性思维的贡献是 0.20（$p<0.001$），人文素养对创造性的影响系数是 0.07（$p>0.05$）没有达到显著性。而人文素养与创造性人格之间的相关系数达到 0.82（$p<0.001$），有显著性的相关。因此，我们可以解释人文素养通过对创造性人格的影响而间接地对创造性思维产生影响。

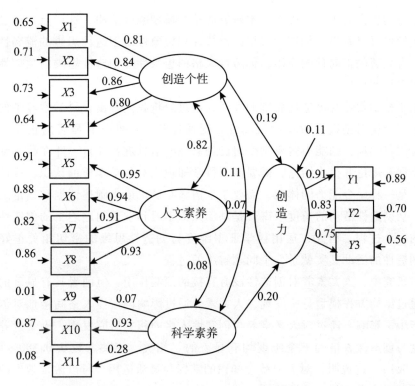

图 2 – 19　创造性与创造性人格、科学素养、人文素养之间关系的结构模型

表 2 – 48　　　　创造性与创造性人格、科学素养、人文素养
之间关系的路径模型拟合度检验

χ^2	df	x^2/df	NFI	RFI	IFI	TLI	CFI	$RMSEA$
150.738	71	2.123	0.991	0.986	0.995	0.993	0.995	0.049

4. 研究讨论

根据已有对创造力的研究，影响创造力的因素涉及知识、人格和环境等多个方面。限于实际测量条件的限制，在一个研究中不可能对影响创造力的多个方面的因素开展深入的考查。因此本书仅选取了与创造力密切相关的知识因素和个性因素来展开研究。

本书将创造力作为内源潜变量（相当于因变量），将科学素养和人文素养作为外源潜变量（相当于自变量）设定模型，是因为合理的知识结构和宽泛的知识积累是创造力的基础，只有具有较高科学素养和人文素养的人才可能发挥其各种潜能。

关于人格与创造力的关系，已有的研究表明创造性人格是区别于一般个性特征，它对创造力有积极的影响。本研究的结构模型刚好证明了这一点。通过回归方程我们也可以看出，创造性人格的挑战性和想象性对创造性思维的流畅性、变通性具有显著的正向预测作用；创造性人格的想象性对创造性思维的独创性有显著的正向预测作用。

关于科学素养与创造性思维的关系，通过分析我们看出，科学素养中的运用科学证据维度对创造性思维的流畅性、变通性和独创性具有显著的正向预测作用。运用科学证据的能力需要学生对已经掌握的信息进行评价，并在科学证据的基础上展开辩论并得出结论，需要涉及科学知识或对科学本质的认识，或两者都需要，是一种综合能力的体现，需要学生清晰有逻辑地来阐述证据和结论之间的关系。从创造性活动的角度来讲，是基于知识学习和发现问题之上的创造性解决问题的一个过程。因此，运用科学证据维度与创造性思维的密切相关正好证明了，创造性的活动其实就是一个问题解决的过程。

本研究中，人文素养对创造性没有直接的预测作用，但两者具有显著的正相关。通过结构方程模型分析发现，人文素养通过影响创造性人格间接地对创造性思维产生了影响。通过对人文素养与创造性人格的相关研究发现，人文素养的四个维度与创造性人格的三个维度均有显著的正相关，相关系数从 $0.580 \sim 0.683$ （$p < 0.001$）。这说明，对人文社会知识的掌握与灵活运用，可以激发学生的想象力，从而影响学生的创造性活动。

1981 年获得诺贝尔奖的美国学者斯佩里（Sperry）研究人脑发现，人的左脑功能同科学活动以及严密的逻辑思维有关；而右脑功能同文艺活动以及开放的形象思维、直觉、灵感、顿悟有关，其记忆量是左脑的百万倍。因此，科学活动可以开发人的左脑，而文艺活动则是要开发右脑。因此，对人文知识的掌握与运用，可以使人的视野开阔，思维活跃，可以变换不同的角度去审视自己研究的问题，从而有利于提出解决问题的各种方案。一个通晓历史和哲学的科学家和一个对历史和哲学不甚了解的科技人员，他们的创造能力是不一样的，前者在进行科学研究时特别是在思维通道受阻时，他往往能不受学科的限制，而具有开阔的视野，善于进行类比和联想，从而突破思维障碍，创造性地解决问题。

5. 研究结论

本研究探讨了创造性思维与创造性人格、科学素养和人文素养的内在机制，得出的结论如下：创造性人格和科学素养对创造性思维有显著的正向预测作用；创造性人格和科学素养直接作用于创造性思维，人文素养通过影响创造性人格间接地对创造性思维有促进作用。

四、总体讨论和结论

(一) 大学生创造力的特点与培养

1. 大学生创造力的特点

大学生创造力的高低对一个国家、一个民族的综合国力具有重要影响。研究大学生创造力的发展特点和影响因素，不仅可以丰富创造力的理论，更具有重要的现实意义。

在对学生创造性思维特点的研究方面，以往的研究存在着不同的结果。如郑秀英等的研究结果表明女生的创新性思维要优于男生[①]。而罗晓路的研究结果则表明，男生和女生在创造性思维上不存在显著性差异。

心理学家对创造性人格的研究发现，在不同领域，高创造者的人格特征不尽相同。科学家的典型人格特征有：易接受外部信息、思维灵活、动机强、有抱负、有成就取向、敌意、自大、自信、自治、内向、独立等。社会科学家的典型人格特征有：与现实关系和谐、能有效观察现实、接纳自己、以问题为中心、自然流露、超然物外、有保持不受打扰的需要、自立自主、不受文化与环境的影响、具有救人济世的社会兴趣、不断体验到新鲜滋味等。创造性学生的人格特征有：兴趣广泛、好奇、目标专一、有毅力、独立性强、自信、情感丰富、一丝不苟、喜欢提问、不随大流等。

对创造性人格特征的研究还发现，由于社会文化的不同，东西方对创造性人格的看法不尽相同。美国学者斯腾伯格等人发现，西方人所认同的高创造者人格包括：对模糊的容忍、愿意克服障碍、愿意让自己的观点不断发展、行动受内在动机的驱动、有适度的冒险精神、期望被人认可、愿意为争取再次被认可而努力[②]。戴维斯（Davis）发现，高创造者的人格特征包括对自己创造性的确认，具有独创性、独立性、好奇心、幽默感、好冒险、有审美情趣、对复杂和新颖的事物感兴趣、坦率、强调个人隐私、敏锐的知觉意识[③]。近几年来，国内学者蔡华俭等人的研究发现，中国人对高创造者特征的内隐观点与西方人基本一致。但

---

① 郑秀英、王倩莹、张璇、王陶冶：《大学生创造性发展研究》，载于《清华大学教育研究》2013年第4期，第121~124页。

② Sternberg R. J., & Lubart T. I. An investment theory of creativity and its development. Human Development. 1991.

③ Davis G. A. Creativity is Forever. Kendendall Hunt, 1992, pp. 185-197.

是，中国人不重视幽默感与审美感，却非常重视道德品质和勤勉[1]。

本书发现，大学生在创造性思维的独创性上得分较高，这表明大学生具有产生新颖、奇特观念的能力。因为独创性是创造性思维的本质特征，因此大学生具有较强的创造潜能。本研究发现大学生的流畅性和变通性的得分并不是很高，而从创造性思维的角度看，流畅性反映的是速度，是在短时间内迅速作出反应的能力；变通性反映的是灵活，是思路开阔、随机应变的能力；没有流畅和变通，固然难以展开创造性思维；仅有流畅和变通，也不见得就是创造性思维。只有独创性才是创造力思维的本质品质。因此，虽然，在得分上大学生思维的流畅性和变通性并没有独创性高，但是具有创造力思维的本质品质。一言以蔽之，大学生具有创造力思维的核心品质，具有较强的创造潜能。

创造性人格的研究结果表明，大学生表现突出的是挑战性，这说明大学生能够适应时代的要求，具有勇于面对挑战的心理准备，为充分发挥大学生的创造潜能提供了很好的前提条件。大学生在想象性上的得分较低，这说明大学生缺乏一定的想象力。创造性思维是思维与想象的有机统一。如何激发大学生的创造性想象，是学校教育教学中需要解决的一个重要问题。

总之，我国大学生具有一定的创造潜能，但在思路上还不是很开阔，缺少随机应变和迅速做出反应的能力。另外，大学生缺少想象力，而想象是创造的源泉，因此在学校教育中，应该对这两个方面的能力加以培训。

2. 对大学生创造力的培养

培养和造就具有创造力的人才已成为建设创新型国家的关键，创新人才的培养是新时期高等教育发展的必然选择。如何在学校教育中培养大学生的创造力，是目前高等学校教育教学改革研究的一个重要问题。

首先，转变教育观念，树立人人具有创造力的教育理念。根据创造力的含义我们知道，创造力不总是属于某些"精英"人物的，人人皆可创造。因此，在教育过程中一定要转变观念，树立人人都具有创造力的教育理念。大量事实也表明，创造力是可以培养的，并且可以通过训练而提高。所以，在教学过程中，教师可以通过创设各种条件，激发学生的创造欲望、热情和兴趣，努力通过各种途径和方法，不断提高学生的创造力。

其次，改革教学模式，训练创造性思维。创造性思维是创造的核心，也是一切创造活动的灵魂，特别是发散思维。研究表明，同各种能力的研究相比较，作为创造力构成成分的发散思维能力，受遗传因素的影响最小。因此，教师在教

---

① 蔡华俭、符起俊、桑标、许静：《创造性的公众观的调查研究成果（Ⅰ）》，载于《心理科学》2001年第1期，第46～47页。

学中应从教学方法、教学内容、考试方式等方面来培养学生的创造性思维。灵活多样的教学方式既能激发学生的学习兴趣，又能调动学生的思维。另外，在教学过程中，可以通过创设一定的情境，引导学生发现问题、解决问题、锻炼思维，从而培养创造力。

再次，创造良好氛围，培养创造性人格。研究表明，创造性人格的养成对大学生创造性思维的发展具有一定的影响。在学校教育中培养创造性人格主要包括对学生兴趣、自信心、自主性、敢于探索、敢于表达、坚持不懈等方面的培养。大学要为学生创造力的培养营造追求真理、自由平等的氛围，鼓励其自由讨论、大胆质疑，鼓励不同观点的交锋和思想火花的碰撞，让学生能充分挖掘和发展自己的创新潜能。在课堂上，教师要营造一种宽松的氛围，激发学生的好奇心，鼓励学生大胆地表达自己的想法，尤其是自己独特的想法，要让他们感到心理安全与心理自由。罗杰斯认为，那种敌视偏离，对个体承认与接纳总是以绝对顺从为条件的环境会让有创造性的个体感到有形或无形的压力，不利于创造性人格的塑造。因此，还要注重培养学生的恒心与毅力，因为创造并不是一帆风顺的，经常会遇到各种挫折和阻力，必须有坚强的意志力才能成功。

最后，优化课程设置，全面提高大学生创造力。就国外创造力培养的课程设置而言，美国高校着重培养学生的通识教育，把专业教育放在次要位置。另外，有很多大学开设培养创造力的相关课程。如麻省理工学院开设"创造力开发"，哈佛大学开设"创造学"等。不仅如此，还开设有利于探究性学习的课程，如一年级的"新生研讨课"，注重文理学科的互相渗透和课程的综合化，大量开设跨学科课程。

因此，建立灵活的课程体系，即大量开设通选课程，允许学生在一定范围内根据各自的基础、特长、兴趣自主选修，允许跨系、跨专业甚至跨院校选修课程，这样有利于学生知识结构的多样化，也有利于学科之间知识的渗透和交叉。同时应增加实践课程的比例，切实加强学生课内学习与课外实践活动的结合，既要培养学生动脑，又要有动手能力，在实践中促进创新思维的发展。

（二）大学生科学素养与人文素养的特点

1. 科学与人文

"科学"译自英文的 science，源于拉丁文 scientia，是学问、知识的意思。它不仅包括自然界的学问和知识，也包括社会和人的一切有系统的知识。近代的科学则主要是指自然科学。

"人文"在不同的国度、不同的历史时期有不同的理解和含义。汉语中的"人文"。包括了与人有关的各种文化社会现象。中国对人文的理解更多地注重其

145

内化作用，侧重于它的价值观属性：即追求和肯定人的价值、人的个性发展、人的智慧和审美道德等。广义的人文是指人类文化，包括人类社会的各种文化现象。但近代以来，各种学问和知识日趋专门化，关于自然界的研究与关于人和社会的研究日渐分离而各自成为独立的知识领域。因此，狭义的人文不包括对自然现象的探究，而专指人文学科。

狭义的科学与人文有着明显的差别。科学认识的对象是外在客观世界，具有客观性、普遍性和确定性，而人文认识的对象则是人本身或与人有关的现象，具有主观性、独特性和不确定性等特点。由于认识对象的差别，科学活动与人文活动所运用的方法是不同的。科学诉诸理性，在科学活动中，研究者要站在研究对象之外，尽量地保持情感的中立，运用推理、分析与计算等理性工具达到对对象及对象间关系的本质和规律性的认识。而人文活动则少不了情感的参与，即主体要尽量地融入客体中，运用体验、感悟的方式达到对对象的理解和同情。由于认识对象的不同，人们在把握人文现象时需使用不同于科学的思维方式，科学主要运用科学思维、逻辑思维，而人文主要运用形象思维和直觉思维；科学的目的在于揭示客观规律，而人文则在于寻找生命的意义和提升生活的质量。

科学史和哲学史的发展表明，要成为伟大的哲学家必须具有丰富的具体科学知识，要成为伟大的科学家也必须具备一流的哲学头脑。换句话说，要学习、掌握和发展科学，人文知识非常必要；同样，要在人文方面有所建树，必须打好科学方面的基础①。

2. 科学素养与人文素养

（1）科学素养。

美国斯坦福大学赫德（Hud）教授于1958年发表的《科学素养：它对美国学校的意义》为科学素养探讨的始端。60年来，尽管科学素养特征的表述或定义不少，可是时至今日，人们尚未获得公认的定义。在科学素养的早期研究中，多是以经验为基础定义其内涵。如1966年，裴勒及其同事对1946～1964年出版的与科学素养有关的论文进行了系统分析后得出结论：具有科学素养的人能够理解科学与社会的关系、控制科学家工作的伦理道德、科学的本质、科学与技术之间的区别、科学的基本概念以及科学与人类的关系②。美国国际科学素养促进中心主任米勒教授为了便于开展大规模的科学素养调查，提出了科学素养概念的三维模型，它包括三个维度：对科学原理和方法（即科学本质）的理解；对重要科学术语和概念（即科学知识）的理解；对科技的社会影响的意识和理解。现在，

---

① 张金福：《中国近代大学人文教育与科学教育位序演变的考查》，载于《西南师范大学学报》（人文社会科学版）2003年第3期，第67～74页。

② 郭元婕：《"科学素养"之概念辨析》，载于《比较教育研究》2004年第11期，第12～15页。

许多国家公民科学素养的调查都按照米勒模型进行问卷设计。

发达程度不同的国家对科学素养的内容和目标也不相同。发展中国家把科学素养看作是劳动力素质的重要组成部分，希望通过科学素养的提升来解决贫穷落后的问题，改善生存环境，提高国家综合国力和国际竞争力。发达国家则把科学素养看作是公民过上幸福生活的基本要求，让公民充分地认识到科学技术给个人和社会带来的影响，具有参与各种公共决策交流和讨论的能力，并希望通过科学素养的提高来维护自己的国际地位[1]。

在国外的学校教育中，测量科学素养的工具很多，但多数只是对科学素养的某一方面进行测量。在我国，多数研究者或多或少都参照了三维度模型来编制公众科学素养量表。如杨环霞将科学素养定义为"对科学术语和科学技术基础知识的掌握""对科学本质，即科学研究方法和过程的理解""对科技的社会影响的理解"等三个维度进行研究，研究结果显示，我国大学生对于科学知识的掌握较好，但是对于科学精神的理解和科学方法的掌握上存在欠缺，特别是文科学生[2]。

本研究则主要参照国际著名的 PISA 项目中对科学素养测量的标准，将科学素养的测量分为三个维度：识别科学问题的能力（identifying scientific issues）、科学解释现象的能力（explaining phenomena scientifically）和运用科学证据的能力（using scientific evidence）。这是因为学生的科学素养不但指对科学知识的理解和认识，更重要的是要具有应用它们解决实际问题的能力。

（2）人文素养。

人文素养涉及的是人自身如何处理与自然、社会、他人的关系以及人自身的理性、情感、意志等社会属性方面的问题。它通过观念、意识、品德、情操、性格、价值取向和文化修养的外显而展示个人，它的核心是人文精神。

国内对于人文素养的研究大多是从文化素质教育、人文教育的角度来阐述，如已有的调查研究发现，相当一部分理科大学生对人文社会科学等非功利的学科知识缺乏兴趣，对国家和民族的历史知之甚少，对世界文化了解不够，缺乏历史的观念、民族的认同感和广阔的胸怀。而国外关于人文素养的研究，大多和学校教育有关，如探讨人文教育与专业教育的关系，如何在专业教育中拓宽学生的视野，培养学生对方法与原理的理解，而不仅仅是提供技术性的教育。

本研究将人文素养理解为人文社会知识、人文精神与人文行为三个层面。在

---

[1]　赖小琴：《广西少数民族地区高中学生科学素养研究》，西南大学（博士论文），2007 年，第 12～30 页。

[2]　杨环霞、胡卫平：《普通高师院校大学生科学素养和对科学技术态度的调查与分析》，载于《山西师大学报》（社会科学版）2006 年第 5 期，第 146～149 页。

具体测量的时候，将维度分为对知识的掌握和运用两个层面。这主要是考虑将内化的人文精神用外显的行为来体现。丰富的人文社会知识是一个人优良的知识结构必需之要素，是人文素养的前提和基础。人文素质的高低，与他所占有的人文知识的广度与深度密切关联，但两者并不是对应的正比关系，问题的关键在于个体在人文知识的学习过程中有多少内化为人文素质。只有知识进入人的认知本性，渗透到生活与行为中才能称为素养。人文精神就是人文知识的内化，是人文素养的内在支撑和最高层面。内在的价值追求和精神品格体现在外在的行为上即是人文行为，它是人文素养的具体行动和实践。

（3）大学生科学素养与人文素养的培养。

我国高等教育学奠基人之一潘懋元教授指出："素质的含义应当是人文与科学相结合的全面素质。科技发展与社会进步的逻辑表明：高科技与人的高素质必须协调发展，才能为人类带来幸福而不是灾难。"作为人的基本素质，人文素养主要体现在"做人"上，科学素养则主要表现于"做事"。"做人"与"做事"同等重要，二者不可偏废。虽然在现代社会，具备科学素养是必要的，但是也不能将人文素养降低为科学素养的补充。科学领域和人文领域毕竟有差异，他们对人的素质的培养也各有侧重。科学素养的培养不能自然而然地促成人文素养的形成与提高，反之亦然。因此，科学与人文的融合是人的全面发展的需要。尤其是在知识经济时代，产品的技术含量、知识含量、文化含量越来越高，没有一定的人文素质很难适应今天的社会。周远清认为"人文科学（包括社会科学）和自然科学的渗透和人文教育与科学教育的融合是科学、技术、社会发展的必然结果"[1]。杨叔子认为，科学教育应该与人文教育相通相融，反之则弊。两者相通相融，就可能使受教育者在科学文化与人文文化上相通相融，科学素质与人文素质浑成一体，培养出"全人"。[2]

研究表明，我国大学生在科学素养和人文素养上均存在不同程度的缺失。在人文素养方面主要表现为人文社会知识贫乏；语言表达能力较差；缺少敬业精神，缺少远大理想，缺少责任感等；没有强烈的求知欲和上进心；在思维方法上，没有社会的、国际的视角，不会从宏观、战略及哲学的高度把握问题。科学素养的缺失主要表现在对于新的科学技术的了解水平较低，对于新技术的应用和新的科学研究领域的了解很少；只能够运用科学方法处理比较简单的日常问题，但对于科学方法的本质缺少有效的理解和掌握。

① 周远清：《挑战重理轻文推进人文教育与科学教育的融合》，载于《中国高教研究》2002 年第 1 期，第 11~12 页。

② 杨叔子：《是"育人"非"制器"——再谈人文教育的基础地位》，载于《高等教育研究》2000 年第 2 期，第 8~10 页。

大学教育应当培养全面发展的人，而全面发展的人是身心和谐的人。在此，心为身之本，而心又分为知、情、意三个方面，科学教育所重在知，而人文教育所重则在情和意。培养全面发展的人必须强调科学教育与人文教育的融合①。这种融合可以通过以下途径实现：

第一，建立人文与科学相融合的人才培养目标。大学应该把人文素养与科学素养的培养作为人才培养的基本目标，在组织和实施专业教育时，注重两者的有机融合，把两者的培养渗透到教育的各个方面，贯穿于人才培养全过程。在科学教育中要加强人文价值观方面的教育，使学生既掌握真理，具有理性，又能从科学的层面扩大到社会的层面，关心人与社会，用联系、发展的观点看待问题，使科学在人文的关照下，朝着有利于人类的方向发展。

第二，改革课程结构，构建以通识教育课程为基础的，与专业培养目标要求相适应的人文和科学教育课程体系。设置科学课程、人文课程以及跨学科课程供学生选择，加大学生自主选修课程的比重，为个性发展提供空间；

第三，营造和建立有利于科学教育和人文教育融合的学校氛围。要发挥传统校园文化活动的优势，积极开展各类与人才培养相结合的科技、学术等活动，通过活动弘扬社会主义核心价值观，体现学校特色，营造健康、和谐的文化氛围和良好的育人环境。通过开展形式多样的校园文化活动，让学生的情感得到升华，建立责任感和使命感，强化学生的奉献精神。

3. 大学生创造力与人文素养、科学素养的内在关系

在目前国内的很多研究中，研究者都提出要培养创造型人才，必须将人文教育与科学教育融合起来，二者缺一不可，并从理论上对人文教育和科学教育对创造力的作用进行了论述。科学素养与人文素养的融合是推进高校创新教育的重要途径。②

国外对人文教育与科学教育二者关系的认识，也经历了从相互排斥走向相互融合的过程。到 20 世纪八九十年代，各国才纷纷开始以科学人文主义思想为导向，重视科学素养的培养，不再如早期单纯地为了迎合社会经济发展而追求科学知识的传授，而是强调对学习者的科学理解力、科学探究能力以及科学价值观与态度的培养，从而促进社会向着有序的方向前进。

本研究通过结构方程模型，构建了创造性思维、创造性人格、人文素养和科学素养的关系模型。其结果表明，创造性人格、科学素养对创造性思维有直接的影响，人文素养通过影响创造性人格对创造性思维产生间接的影响。针对科学素

---

① 郭昊龙：《我国科学教育与人文教育融合的现状与问题》，载于《武汉大学学报》（哲学社会科学版）2008 年第 1 期，第 138～141 页。

② 冯承金、潘建红：《论创新教育中科学素养与人文素养的结合》，载于《武汉理工大学学报》（社会科学版）2016 年第 4 期，第 673～678 页。

养与人文素养的研究维度，我们将素养按照知识维度和问题解决维度分别和创造力的关系加以进一步的讨论。

（1）创造力与知识。

扎实的知识基础是创新型人才所必备的基本条件之一，研究者认为知识与创造力有着密切的关系[1]。虽然在某些时候，知识中的条条框框会成为创造性活动的桎梏，在一定程度上束缚个体灵感的迸发，但几乎所有创造的发生，大到牛顿的万有引力定律、爱因斯坦的相对论，小至各种电子元件的发明，无不建立在知识经验的基础之上。知识对于创造性的影响主要集中在以下几个方面：

①对流畅性的影响：人们在遇到问题的时候，首先会在头脑中形成解决问题的设想。知识面越宽，掌握得越扎实，可供提取的信息越多，就能在短时间内发散出许多的思维结果来；

②对变通性的影响：要使思维从一个维度向另一个维度转换，实现从一个领域到另一个领域的跨越，就必须有丰富的基础知识和纯熟的创造技法为前提条件；

③对独创性的影响：缺乏专业知识会使人的创造来源枯竭，缺乏方法论的知识可能会使人迷失创造方向，未掌握创造技法的知识易使人思维禁锢。只有三者结合才能创造出既新颖又有价值的东西。

合理的知识结构不仅要掌握本学科领域的知识，还要拥有相关领域的知识，并精通方法论。同时提高知识运用的能力和水平也有利于创造性思维的产生。[2]正如杜威认为那样，只重视科学知识是不够的，他主张学生"从做中学"，将学习过程视为科学研究的过程。在他看来，科学教育中重要的不是学生掌握了多少科学知识量，而是学生掌握有效的科学方法。

（2）创造力与问题解决。

问题解决与创造性思维密不可分，国内外研究者对学生问题解决能力的特点进行了一些研究。相关研究表明，问题解决能力有利于学生的学业发展，有利于培养他们的元认知能力和促进社会性的发展。开展创造性问题解决的训练能够促进学生发散思维技能的提高。[3]

本研究的结果发现，大学生在科学素养中的"运用科学证据"维度与创造性思维的关系最为密切，对创造性思维的流畅性、变通性和独创性都具有显著的正

① 周治金、杨文娇：《论知识与创造力的关系》，载于《高等教育研究》2007 年第 28 期，第 75～79 页。

② 谢中兵：《思维/智力/创造力理论与实践的实证探索》，中国经济出版社 2007 年版。

③ Rosenshine B., Meister C., Chapman S. Teaching Students to Generate Question: Review of the Intervention Studies. Review of Educational Research, 1996, 66 (2), pp. 181–221.

向预测作用。运用科学证据的能力需要学生对已经掌握的信息进行评价，并在科学证据的基础上展开辩论并得出结论，需要涉及科学知识或对科学本质的认识，或两者都需要，是一种综合能力的体现，需要学生清晰、有逻辑地来阐述证据和结论之间的关系。从创造性活动的角度来讲，是基于知识学习和发现问题之上的创造性解决问题的一个过程。因此，运用科学证据维度与创造性思维的密切相关正好证明了，创造性的活动其实就是一个问题解决的过程。

（3）科学素养、人文素养与创造力的关系。

由以上分析我们可以看出，大学生科学素养与人文素养的养成，对于促进其创造力的发展具有积极的影响。探讨科学素养、人文素养与创造力的关系，为高等学校培养创造型人才提供了一定的理论依据。良好的科学素养与人文素养，使大学生拥有广博的知识和合理的知识结构，这是创造力的基本前提。创造能力的高低具体体现在解决实际问题的过程中，并最终以创造性成果表现出来。广博的知识和开阔的视野，有利于学生从综合、多元的视角观察问题，灵活应用多种理论和方法，进行有效的发散、转换和迁移等思维活动，从而实现知识的创新和能力的发展。良好的科学素养与人文素养，有利于培养大学生健全的人格。爱因斯坦说过："用专业知识教育人是不够的。通过专业教育，他可能成为有用的机器，但是不能成为和谐发展的人。要使学生对价值有所理解，并产生热烈的感情，那是最基本的。"在多种价值观泛滥、社会物欲膨胀的今天，大学生们面临着人生观、价值观的危机。人类已经认识到科学技术是一把双刃剑，它一方面给人类带来丰厚的物质财富，不断地改善人们的生活条件和水平，另一方面也带来了资源浪费、环境破坏、现代战争等。通过对大学生人文精神的培养，它可以引领科学技术、发明创造沿着有利于人类长远利益的方向发展。

由此可以看出，明确创造力、科学素养与人文素养三者之间的关系，对于我们培养具有创造意识、创造能力的大学生具有重要的指导意义。

第三节　大学生创造力与自我决定动机、创新环境支持的关系

一、研究目的

当今社会飞速发展，信息技术不断更新，创新可以帮助人们适应新的环境。

151

那么怎样有效地提高个体的创造力呢？在各种非智力因素中，动机对创造力的影响是非常关键的。大多数研究都将动机分为内部动机和外部动机进行探讨，并且关于内部动机对创造力的积极作用已达成共识，而关于外部动机对创造力的影响却是有分歧的。在教学情境或社会生活中，研究者只能通过改变外部环境来影响个体的创造力。所以本书选取自我决定动机，按照动机的自我决定程度由高到低分为内部动机、认同调节动机、内摄调节动机和外部动机进行研究，以期更加深入地探讨动机与创造力的关系。

个体不是在真空中创造的，个体所处的环境与其创造力也有着很大的关系。例如，阿玛拜尔（Amabile）提出创造力的新颖性和适宜性是要在一定的社会文化情境中考虑的，创造力的特点是有社会文化差异的。因此，创造力是个体和环境的相互作用产生的。研究者应该将环境因素与个体内部因素结合起来对创造力进行研究。影响创造力的环境因素有很多，奇凯岑特米哈伊强调社会环境对创造力的支持是个体创造的决定性因素。工作环境支持对创造力的积极作用已经被证实，但是，仅仅考虑组织环境是不够的，应该将学校、家庭、国家、社会人文等方面的环境结合起来同时、系统地进行研究，然而现在这类研究还非常缺乏。

本书拟通过运用相关分析、多元回归分析、多元方差分析等多种统计方法，探讨创新环境支持、自我决定动机与创造力之间的关系。

二、研究对象

从北京市选取四种不同学校类别的大学生，分别是"985"高校拔尖大学生（A类）150人、"985"高校普通大学生（B类）150人、非"985"但属"211"高校大学生（C类）105人、普通高校大学生（D类）100人，共505名被试，其中男生200人、女生305人；实际回收有效问卷477份，其中男生174人、女生303人；文科类学生198人、理科类学生238人、工科类学生41人。

三、研究工具

（一）创造性思维测验

创造性思维测验包含图形创造性思维测验和言语创造性思维测验。图形创造性思维测验采用托伦斯图形创造性思维测验中的椭圆题和平行线题，要求被试尽可能多地在原有图形上添加并在下方写出所画图形的含义；言语创造性思维测验是在托伦斯言语创造性思维测验和国内研究者开发的创造性思维测验的基础上编制，包含非常用途和故事标题两个题目。测试时间是 40 分钟，平均每道题 10 分钟。

本测验从流畅性、变通性和独特性三个方面进行记分。根据被试的作答情况，适宜答案的数量是流畅性，每个适宜答案计 1 分；变通性的分数来自被试答案的种类，计算方法为先将所有被试的答案录入答案库，随后进行分类，被试的答案能归为一类就计 1 分，若被试的答案距离现实太远或无法实现，则不归为任何一类；独特性的计分来自所有被试的答案，如果 3% 或以上的被试都答出了相同的答案，那么此答案就计 0 分；如果有 1% ~ 2.99% 的被试答出了某个答案，那么此答案就计 1 分；如果只有不到 0.99% 的被试答出了某个答案，且这个答案是有意义的，该答案就计 2 分。由于流畅性、变通性和独特性是创造力的三个不同的维度，所以本研究中创造性思维的总分是三个维度的 $T(T = 10Z + 50)$ 分数之和。此套测验的每个维度均由两个心理学专业的评分者独立评分，共有 4 个评分者对这套测验进行评分。

（二）创造性产品测验

创造性产品测验仅有一题，根据阿玛拜尔的卡通图片言语测验技术编制而成，原版测试时间是 15 分钟。本测验设计的任务是给被试呈现卡通图片（有一定线索，但答案具有开放性），让被试根据图片来写故事，并告知被试尽可能写出一个完美的、富有创造力的故事，测试时间是 15 分钟。阿玛拜尔的同感评价技术有四个要求：评分者要熟悉该领域，对本测验来说评分者要有较高的写作能力；评分者独立进行评价；产品给评分者的呈现方式是随机的；评分者必须先浏览所有作品，再对其进行评价。在满足上述要求的前提下，不设立评价标准，每个评分者按照自己的内隐标准运用李克特 5 点计分法对产品进行评价，从 1 ~ 5 代表从非常没有创造力到非常有创造力。因为所有擅长阅读的人都可以成为评价卡通图片文章的评分者[①]，所以本研究选取 4 个心理学专业的研究生进行评分。

（三）自我决定动机量表

自我决定动机量表由课题组自己开发，它是在自我决定动机理论和瓦勒朗（Vallerand）等人编制的学业动机量表[②]的基础上编制而成。本量表模拟了一个情

---

① Amabile, T. M. The Social Psychology of Creativity. New York: Springer - Verlag, 1983.

② Vallerand, R. J., Blais, M. R., Briere, N. M., & Pelletier, L. G. Construction and validation of the Motivation Toward Education Scale. Canadian Journal of Behavioral Science Revue Canadienne, 1989, 21, pp. 323 - 349.

境，假设北京市举行大学生创新大赛，所有被试都报名参加了这次创造性活动，请被试选出参加这次大赛的原因。量表共包括 5 个维度：无动机、外部动机、内摄调节动机、认同调节动机和内部动机，共 32 个项目。7 点式计分，用 1～7 代表从非常不符合到非常符合。

（四）创新环境支持量表

自编问卷，包含三个子量表：家庭环境支持量表、学校环境支持量表和社会环境支持量表。家庭环境支持量表主要在理论研究、访谈结果、家庭环境量表（FES）和威廉姆斯创造力倾向量表基础上编制而成，共包含 24 道题目，分为物质支持和精神支持两个维度，5 点式计分；学校环境支持量表主要在理论研究、访谈结果、学校学生情景问卷和学校环境感知量表基础上编制而成，共包含 24 道题目，分为物质支持和精神支持两个维度，5 点式计分；社会环境支持量表主要在理论研究、访谈结果、社会支持量表基础上编制而成，共包含 19 道题目，分为物质支持和精神支持两个维度，5 点式计分。用 1～5 代表从完全不符合到完全符合。

四、研究结果

（一）大学生创造力的基本情况

因为流畅性、变通性、独特性属于三个不同的维度，所以本研究采用流畅性、变通性和独特性三个维度的 T（$T = 10Z + 50$）分数之和代表创造性思维总分；创造性产品测验运用李克特 5 点式评分，采用四个评分者的平均分代表创造性产品的得分。对大学生的创造性思维和创造性产品的得分进行描述统计（见表 2-49），结果显示，创造性思维的得分介于 -104.85～312.85 之间，均值为 50，其中高于平均分的大学生人数占总人数的 45.28%；创造性产品的分值介于 1～5 之间，平均分为 3.06，略高于理论值 3。根据描述统计结果我们可以看到，当前大学生的整体创造力水平一般（见图 2-20）。

表 2-49 　　　　　　　　　大学生的创造力基本情况

分类	有效被试数	最小值	最大值	均值	标准差
创造性思维	477	-104.85	312.85	50.00	67.57
创造性产品	473	1.00	5.00	3.06	0.82

将大学生的创造性思维得分和创造性产品得分作频率分布图可以看出（见图2-20），造性思维和创造性产品的得分的频率分布图均趋近于正态分布。

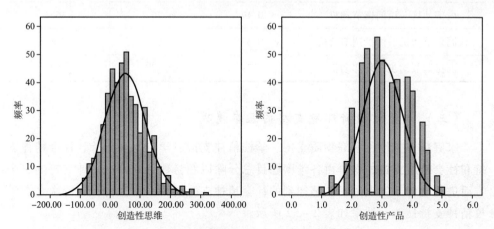

图 2-20　大学生创造力得分的频率分布

（二）大学生自我决定动机的基本情况

自我决定动机各个维度得分为各维度题目总分除以其题目数得到的平均分，其描述统计结果如表 2-50 所示。各维度得分由高到低分别是：内部动机、认同调节动机、内摄调节动机和外部动机。

表 2-50　　　　　　　　　四种动机的描述统计

动机	有效被试数	最小值	最大值	均值	标准差
内部动机	466	1	7	4.87	1.23
认同调节动机	467	1	7	4.71	1.29
内摄调节动机	469	1	7	4.32	1.30
外部动机	471	1	7	3.54	1.18

对内部动机、认同调节动机、内摄调节动机和外部动机进行相关样本 t 检验，发现这四个维度两两之间的差异在 $p < 0.001$ 的水平上均显著，说明当前大学生的主要动机调节方式主要是自我决定程度较高的动机（如表 2-51 所示）。

表2-51 四种动机差异显著性检验

动机	均值之差	t	df
内部动机—认同调节动机	0.17	4.70**	465
认同调节动机—内摄调节动机	0.37	6.63**	458
内摄调节动机—外部动机	0.79	12.67**	463

（三）大学生创新环境支持的基本情况

家庭精神支持、家庭物质支持、学校精神支持、学校物质支持、社会精神支持和社会物质支持的得分由各维度题目总分除以题目数得到。将精神支持的三个方面进行比较，发现大学生感知到的社会精神支持最高，家庭精神支持次之，学校精神支持最低，结果如表2-52所示。

表2-52 精神支持各维度的描述统计

精神支持类型	有效被试数	最小值	最大值	均值	标准差
社会精神支持	476	1	5	4.07	0.74
家庭精神支持	459	1	5	3.84	0.75
学校精神支持	466	1	5	3.37	0.75

如表2-53所示，社会精神支持、家庭精神支持和学校精神支持两两之间均存在显著性差异，说明大学生所感知到的精神支持中社会精神支持做得最多，学校精神支持做得最少。

表2-53 精神支持各维度显著性检验

精神支持类型	均值之差	df	t
社会精神支持—家庭精神支持	0.23	457	5.58**
家庭精神支持—学校精神支持	0.47	448	11.63**

在物质支持层面，学校物质支持最高，家庭物质支持次之，社会物质支持最低，结果如表2-54所示。

表 2 – 54 　　　　　　 精神支持各维度的描述统计

物质支持类型	有效被试数	最小值	最大值	均值	标准差
学校物质支持	476	1	5	3.40	1.06
家庭物质支持	459	1	5	3.27	0.87
社会物质支持	466	1	5	2.96	0.88

如表 2 – 55 所示，社会精神支持、家庭精神支持和学校精神支持两两之间均存在显著性差异，说明大学生所感知到的物质支持中学校物质支持做得最多，社会物质支持做得最少。

表 2 – 55 　　　　　　 物质支持显著性检验

物质支持类型	均值之差	df	t
学校物质支持—家庭物质支持	0.12	469	2.16*
家庭物质支持—社会物质支持	0.31	469	5.77**

（四）大学生创造力的影响因素

1. 性别、年级、专业类别、学校类别与创造力的关系

以大学生创造性思维和创造性产品的得分为因变量，性别、年级、专业类别、学校类别为自变量，进行多元方差分析。结果表明，性别和年级的主效应均不显著，且与专业类别、学校类别均无交互作用；专业类别的主效应显著（Wilks' $\Lambda = 0.982$，$F_{(2,427)} = 3.933$，$p < 0.05$）；学校类别的主效应也显著（Wilks' $\Lambda = 0.752$，$F_{(6,854)} = 21.750$，$p < 0.001$）；专业类别和学校类别的交互作用显著（Wilks' $\Lambda = 0.960$，$F_{(6,854)} = 2.931$，$p < 0.05$）。在方差分析过程中，A、B 类学校学生并未抽取到工科类的大学生，所以这里的专业类别只包括文科和理科的大学生。

如表 2 – 56 所示，运用相关样本 t 检验发现：在创造性思维方面，文科生的表现显著高于理科生的表现，其差异主要体现在言语创造性思维方面；在创造性产品方面文科生和理科生的表现并无显著性差异。

表 2 – 56 　　　　　　 创造力的专业类别差异

思维类别	专业类别	被试数	均值	t
创造性思维	文科	198	60.86	2.89*
	理科	238	41.93	

续表

思维类别	专业类别	被试数	均值	t
言语创造性思维	文科	198	57.90	3.02 **
	理科	238	45.95	
图形创造性思维	文科	198	52.97	1.65
	理科	238	45.99	
创造性产品	文科	198	3.13	1.81
	理科	238	2.98	

运用 LSD 方法进行事后检验，结果如表 2 - 57 所示，在创造性思维方面，A
类学校学生显著高于 B、C、D 类学校学生的创造性思维得分，B 和 C 类学校学
生之间无显著差异但二者都显著高于 D 类学校学生的创造性思维表现；在创造性
产品方面，A、B、C 类学生之间均无显著性差异，但都显著高于 D 类学校学生
的表现。

表 2 - 57 创造力的学生类别差异

创造力	（I）学校类别	（J）学校类别	均值差值（I - J）	Sig.
创造性思维	学校类别 A	学校类别 B	5.21 **	0.000
		学校类别 C	4.78 **	0.000
		学校类别 D	8.27 **	0.000
	学校类别 B	学校类别 A	- 5.21 **	0.000
		学校类别 C	- 0.44	0.630
		学校类别 D	3.06 **	0.000
	学校类别 C	学校类别 A	- 4.78 **	0.000
		学校类别 B	0.44	0.630
		学校类别 D	3.49 **	0.000
	学校类别 D	学校类别 A	- 8.27 **	0.000
		学校类别 B	- 3.06 **	0.000
		学校类别 C	- 3.49 **	0.000
创造性产品	学校类别 A	学校类别 B	0.13	0.183
		学校类别 C	0.31 *	0.011
		学校类别 D	0.52 **	0.000

续表

创造力	（I）学校类别	（J）学校类别	均值差值（I−J）	Sig.
创造性产品	学校类别 B	学校类别 A	−0.13	0.183
		学校类别 C	0.18	0.129
		学校类别 D	0.39**	0.000
	学校类别 C	学校类别 A	−0.31*	0.011
		学校类别 B	−0.18	0.129
		学校类别 D	0.21	0.107
	学校类别 D	学校类别 A	−0.52**	0.000
		学校类别 B	−0.39**	0.000
		学校类别 C	−0.21	0.107

　　图 2−21 为专业类别与学校类别的交互作用示意图。A 类学校的文科生的创造性思维水平最高，D 类学校的文科生的创造性思维水平最低。在创造性产品方面专业类别和学校类别并没有存在交互作用。

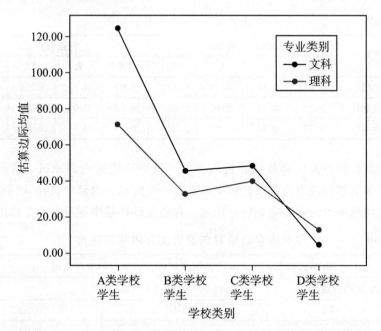

图 2−21　专业类别与学校类别在创造性思维上的交互作用

2. 自我决定动机与创造力的关系

将大学生创造力两个方面的得分与自我决定动机的四个维度进行相关分析，

结果如表 2-58 所示,创造性思维与内部动机、认同调节动机、内摄调节动机都显著相关,与外部动机相关不显著;创造性产品与内部动机、内摄调节动机显著相关,与其他两种动机相关不显著。

表 2-58   自我决定动机与创造力的相关分析

动机类型	创造性思维	创造性产品
内部动机	0.16[**]	0.13[**]
认同调节动机	0.12[**]	0.09
内摄调节动机	0.13[**]	0.11[*]
外部动机	0.07	0.06

由数据可以看出,内部动机、认同调节动机、内摄调节动机与创造性思维均有正向显著相关关系;内部动机、内摄调节动机与创造性产品也有正向显著相关关系。分别将内部动机、认同调节动机、内摄调节动机作为自变量,创造性思维和创造性产品作为因变量进行回归分析,整理结果如表 2-59 所示。内部动机、认同调节动机、内摄调节动机显著正向预测创造性思维同时也显著正向预测创造性产品。

表 2-59   自我决定动机对创造力的预测

动机类型	创造性思维				创造性产品			
	SE	β	R^2	t	SE	β	R^2	t
内部动机	0.25	0.16	0.03	3.55[**]	0.03	0.13	0.02	2.83[*]
认同调节动机	0.24	0.12	0.02	2.62[*]	0.03	0.09	0.01	1.85
内摄调节动机	0.13	0.13	0.02	2.74[*]	0.03	0.11	0.01	2.47[*]

采用温忠麟等人中介效应分析的方法,进一步明确内部动机、认同调节动机、内摄调节与创造力的关系,结果如表 2-60 所示,内部动机在认同调节动机预测创造性思维中均存在完全中介作用,在创造性产品中则没有中介作用。

表 2-60   自我决定动机对创造力的作用机制探讨

内部动机在认同调节动机预测创造性思维中的中介作用		
标准化回归系数	回归系数检验(SE)	t
$a = 0.69$	0.03	20.02[**]
$b = 0.13$	0.35	2.02[*]
$c = 0.12$	0.24	2.62[*]
$c' = 0.04$	0.33	0.57

<table>
<tr><td colspan="3" align="center">内部动机在内摄调节动机预测创造性思维中的中介作用</td></tr>
<tr><td align="center">标准化回归系数</td><td align="center">回归系数检验（SE）</td><td align="center">t</td></tr>
<tr><td align="center">a = 0.60</td><td align="center">0.04</td><td align="center">16.07**</td></tr>
<tr><td align="center">b = 0.12</td><td align="center">0.26</td><td align="center">2.63*</td></tr>
<tr><td align="center">c = 0.14</td><td align="center">0.32</td><td align="center">2.40*</td></tr>
<tr><td align="center">c′ = 0.05</td><td align="center">0.30</td><td align="center">0.80</td></tr>
</table>

3. 创新环境支持与创造力的关系

将大学生创造力的两个方面得分与创新环境支持的六个维度进行相关分析，结果如表 2 - 61 所示，创造性思维与家庭物质支持显著正相关，与社会物质支持显著负相关；创造性产品与家庭物质支持、家庭精神支持、学校精神支持显著正相关，与其他创新环境支持维度相关不显著。

表 2 - 61　　　　　　　　　创新环境支持与创造力的相关

支持类型	创造性思维	创造性产品
家庭物质支持	0.17**	0.17**
家庭精神支持	0.02	0.13**
学校物质支持	0.04	0.04
学校精神支持	0.01	0.10*
社会精神支持	0.02	0.07
社会物质支持	-0.15**	0.04

根据创新环境支持与创造力的相关关系，分别将家庭物质支持、家庭精神支持、学校精神支持、社会物质支持作为自变量，创造性思维和创造性产品作为因变量进行回归分析，结果如表 2 - 62 所示。家庭物质支持正向显著预测创造性思维；家庭物质支持、家庭精神支持、学校精神支持均正向显著预测创造性产品得分；社会物质支持显著负向预测创造性思维。

表 2 - 62　　　　　　　　　环境支持对创造力的预测

支持类型	创造性思维				创造性产品			
	SE	β	R²	t	SE	β	R²	t
家庭物质支持	0.31	0.17	0.03	3.82**	0.04	0.17	0.03	3.71**
家庭精神支持	0.32	0.02	0.002	0.42	0.04	0.13	0.02	2.77*

续表

支持类型	创造性思维				创造性产品			
	SE	β	R^2	t	SE	β	R^2	t
学校精神支持	0.31	0.01	0.002	0.21	0.04	0.10	0.01	2.01*
社会物质支持	0.31	−0.15	0.02	−3.24**	0.04	0.04	0.002	0.84

4. 创新环境支持对创造力的作用机制：自我决定动机的中介作用

根据结果，认同调节动机、内摄调节动机均通过内部动机的中介作用来影响大学生的创造力；家庭物质支持正向预测着大学生创造性思维，家庭物质支持、家庭精神支持和学校精神支持正向预测大学生创造性产品方面。本研究假设，外部环境通过内部动机的中介作用影响着个体的行为。根据温忠麟等人的中介效应分析法，在 SPSS 中运用多元回归的方法进行中介效应的分析，结果发现，内部动机在家庭物质支持预测创造性思维中、家庭物质支持预测创造性产品中均起着部分中介效应，中介效应对总效应的解释量分别为 15.9% 和 14.7%；内部动机在家庭精神支持预测创造性产品、学校精神支持预测创造性产品中起着完全中介效应，中介效应对总效应的解释量为 26.7% 和 33.5%；内摄调节动机在学校精神支持预测创造性产品中起着完全中介效应，中介效应对总效应的解释量为 14.4%。见表 2 – 63。

表 2 – 63   自我决定动机在创新环境支持
预测创造力中的中介效应检验

内部动机在家庭物质支持预测创造性思维中的部分中介作用		
标准化回归系数	回归系数检验（SE）	t
$a = 0.23$	0.06	4.94**
$b = 0.12$	0.26	2.63*
$c = 0.17$	0.29	3.82*
$c' = 0.29$	0.29	3.20**
内部动机在家庭物质支持预测创造性产品中的部分中介作用		
标准化回归系数	回归系数检验（SE）	t
$a = 0.23$	0.06	4.94**
$b = 0.11$	0.03	2.36*
$c = 0.17$	0.04	3.71**
$c' = 0.15$	0.04	3.09*

内部动机在家庭精神支持预测创造性产品中的完全中介作用		
标准化回归系数	回归系数检验（SE）	t
$a = 0.30$	0.07	6.56^{**}
$b = 0.12$	0.03	2.367^{*}
$c = 0.13$	0.05	2.769^{*}
$c' = 0.09$	0.05	1.867
内部动机在学校精神支持预测创造性产品中的完全中介作用		
标准化回归系数	回归系数检验（SE）	t
$a = 0.29$	0.06	6.48^{**}
$b = 0.11$	0.03	2.29^{*}
$c = 0.10$	0.04	2.10^{*}
$c' = 0.06$	0.04	1.31
内摄调节动机在学校精神支持预测创造性产品中的完全中介作用		
标准化回归系数	回归系数检验（SE）	t
$a = 0.14$	0.06	3.03^{**}
$b = 0.10$	0.03	2.13^{*}
$c = 0.10$	0.04	2.10^{*}
$c' = 0.09$	0.04	1.93

五、综合讨论

（一）创造性思维和创造性产品的区别与联系

近年来，随着创造力研究的不断增多，越来越多的研究者将目光投注到对创造力的定义和测量上，大多数研究者对创造力的定义可分为创造过程和对创造性产品两大类，但在做研究时通常只采取其中一个维度来进行探讨。本研究关注的群体是大学生，大学生是祖国的后备力量，具有相当大的创造潜能，仅仅运用传统的创造性思维测验并不能够准确全面地测到大学生的创造力，所以本书采用创造性产品测验（共感评价技术）、创造性思维测验对大学生的创造力进行测量。创造性产品测验主要测量的是大学生创造言语产品时表现出的创造能力，创造性思维测验主要测量的是大学生新观点产生的思维能力。结果表明，创造性产品测验与创造性思维测验的言语部分、创造性思维测验总分显著相关。这是符合逻辑的，因为本书所采用的创造性产品测验是言语方面的，因此它与创造性思维测验言语部分之间的显著相关说明二者所测的内容存在高度的一致性。

但随后对创造力的影响因素的分析可以看到，创造性思维和创造性产品是创造力两个不同的方面。本研究做出这种判断的证据有两个。第一，自我决定动机的内部动机、认同调节动机和内摄调节动机都与创造性思维显著相关并能显著正向预测创造性思维，但对于创造性产品来说，只有内部动机和内摄调节动机与其显著相关并正向预测。并且，内部动机可以作为认同调节动机和创造性思维、内摄调节动机和创造性思维之间的中介变量，但在创造性产品方面却没有呈现中介作用。本研究对其的解释是内部动机反映了大学生的内部需求和动力，对大学生的思维的产生的影响会更加强烈。第二，创新环境支持的家庭物质支持、家庭精神支持和学校精神支持都显著预测创造性产品，但却只有家庭物质支持能够显著预测创造性思维，这是符合理论假设的。因为创造性产品的评价方法就是源于人们对于创造力的内隐观念，人们的内隐观念来自文化的渗透、环境的影响，所以环境对创造性产品的评价影响会更大一些。所以，本书认为创造性产品和创造性思维二者既同属于创造力，又是区别开来的。

（二）专业类别与创造力的关系探讨

不同类别的专业会带给大学生不同的思维方式，导致专业类别之间对于创造力存在很大的差距。以往一些研究表明，艺术专业类的大学生的创造力显著高于科学类专业大学生。本研究通过创造性思维和创造性产品的测试，也得出相似的结论。在创造性思维方面，文科生得分显著高于理科生的得分，主要表现在言语创造性思维方面；在图形创造性思维方面，文科生和理科生则不存在显著性差异。本书认为，文科生的高创造性思维主要是因为他们学科的专业训练。例如新闻传播专业的大学生会比较关注"新闻"，其中的"新"就是新颖、独特之意；教育类专业的大学生倾向于关注教育改革和创新，能从多方面、多角度思考问题；文学专业的大学生要在前人作品基础上不断深思，进行文学创新。长期的新颖思维方式的训练让文科生在创造性思维方面表现较好。

所以，笔者建议学校在对理科专业的学生进行教学时，不仅仅要让学生记忆知识、理解方法，还要注重培养学生的批判性思维和发散思维能力，引导学生在学习过程中关注科技发展的新进展，了解新理论、新技术的应用情况，开阔视野，多思考，多问问题，用多种方法解决问题；教师应在教授新知识、新方法时运用启发式教学，设置问题情境，引导学生自己提出解决问题的方法。

（三）学校类别与创造力的关系探讨

不同的学校类别对学生的创造力也产生了影响。在创造性思维方面，A 类学校学生表现相对较好，B 类学校学生和 C 类学校学生表现相当，D 类学校学生表现相对较低；在创造性产品方面，A、B、C 类学校学生表现相当，D 类学校学生的表现相对于其他三类学校学生较低。总体来说，A 类学校学生创造力表现最佳，原因在于其总体目标是在国外优秀拔尖创新人才培养实践经验的基础上，结合其本校学科特色，培养全面发展的国家优秀拔尖创新人才。与 B、C、D 三类学校相比，A 类学校采取创新的学生管理和培养方式，主要表现在以下几个方面：第一，独具特色的课程体系。尽管四类大学都采取学分制，总学分在 150～160 分之间，课程主要包括必修课、限选课和任选课，但是学校之间各类课程所占比例不同。A 类学校特别重视任选课比例，要求学生所修任选课比例不得少于总学分的 1/3，而 B、C、D 三类学校任选课的比例都未超过 10%。任选课是学生根据自身兴趣、内在需要在学校开设的课程中自主选择的课程，A 类学校将任选课比例定为大于等于 1/3，旨在培养学生的个性化和自主性，激发学生学习的兴趣，从而提高学生的创造力。第二，启发式的教学手段。A 类学校拥有国内外一流师资，在课堂上所有教师都利用引导式、启发式和讨论式的方法进行教学，引导学生主动参与到教学中，激发学习的兴趣和热情。B、C、D 类学校师资力量也比较强，但是大多数还是大班教学，并未能做到启发式教学。第三，重视过程性评价。传统的学生评价方式是期末进行考试、上交论文或调查报告等形式。A 类学校创造性地采取国外的过程性评价方式，提高学生平时表现在课程总成绩中的比重。主要包括平时的读书报告、社会实践、暑期作业、随堂作业等。而 B、C、D 学校大多数课程仍然采用纸笔测验的形式进行考核。过程性评价能让学生不仅仅只关注考试内容，而是让学生开阔视野、全面学习，能够更好地培养学生的思维能力。第四，一对一的导师制个性化学习。B、C 类学校实行导师制是从本科四年级开始；D 类学校并未有导师制；相较而言 A 类学校从本科一年级开始就实行导师制，每个导师带 3～5 个学生，与学生共同制定本科阶段的总体目标和阶段性目标，指导其完成这些目标。这样的导师制能更好地发挥学生特长，尊重学生的兴趣，因材施教，有利于创造力的发展。

基于以上论述，结合学校环境支持量表的调查结果，笔者从以下几个方面对学校培养大学生创造力提出以下几点建议：

第一，对于大学教师，首先应该树立为国家培养创造性人才的观念，尊重学生的个性化想法，对学生的"奇思妙想"进行正确指导和鼓励；其次，在课堂上，教师应该选择幽默、风趣的授课方法进行启发式教学，创设问题情境引发学生的兴趣，鼓励学生参与到教学活动中来，加强课堂上的讨论和互动，从而培养学生的发散思维；最后，教师应建立起多样化的评价模式，可以采取过程性评价与结果性评价相结合的模式，让学生参与到评价规则的制定中来，激发学生学习和创造的动力。

第二，对于学校来说，首先，应该给学生更多的选择空间，例如在课程选择上，应将选修课（限选课 + 任选课）的比例提高，任选课由学生自由选择校内的所有课程，能够促进学生创造力的发展；在时间安排上，应留给学生更多的课余时间，让学生自由支配，做自己喜欢做的事情等。其次，应给每位学生配备一位导师，对学生进行一对一的指导，这不仅有利于学生的专业知识发展，更能让导师对学生新颖独特的想法给予及时的指导和鼓励，促成创造性产品的产出。最后，学校应多聘请杰出的创造性人才进行讲座，在学校专门开设培养学生创造力的实验课程，并以创意展板、网络平台、团体活动等方式对创造力进行宣传和指导，以此来营造一种创造性氛围，激发学生的创造热情。

（四）自我决定动机、创新环境支持与创造力的关系探讨

大学生的自我决定动机量表四个维度的得分从高到低依次是内部动机、认同调节动机、内摄调节动机和外部动机，且四个维度之间有显著差异。这个结果表明大学生进行创造的动机大多源于自我决定程度较高的动机——内部动机。在四种动机之中，内部动机对创造力的两个方面预测作用最强，认同调节动机和内摄调节动机对创造性思维的正向预测作用都是通过内部动机的完全中介作用去影响的。

内部动机是来源于个体对活动的兴趣和内心的需要，这种兴趣和需要驱使个体参与活动，并使个体能在活动过程中和活动过程结束时体验到快乐、满足、超越自我的愉悦感。内部动机是来源于个体内部的，想要激发学生的内部动机，必须通过外部环境对其进行影响。因此，笔者自编创新环境支持量表，调查学生所感知到的来自家庭、学校、社会三个方面的物质支持和精神支持。结果显示，尽管所有的环境支持对内部动机都有正向预测作用，但对创造力起到正向预测作用的只有如下几个方面：家庭物质支持通内部动机的部分中介作用正向预测大学生的创造性思维，家庭精神支持通过内部动机的完全中介作用正向预测大学生的创造性产品，学校精神支持通过内部动机的部分中介作用正向预测大学生的创造性产品。所以说，当前大学生所感知的环境支持真正起到作用的只有家庭物质支持、家庭精神支持和学校精神支持。

综上所述，笔者将自我决定动机和创新环境支持结合起来，提出大学生创造力培养的几点建议（学校方面已在前文论述，在这里不再重复）。

第一，从家庭方面来说，首先家长应该建立起从小开发孩子潜能、培养其成为创造性人才的观念，鼓励孩子独立解决问题、以多种手段激发其好奇心。家长应该鼓励孩子一旦发现问题就应该坚持自己探讨下去，引导孩子从多方面考虑问题，巧妙、机智地回答孩子所提出的"奇怪"问题。其次，多带孩子出门看看外面的世界，例如参观博物馆、观看演出、参加展览会等，发现孩子的真正兴趣所在，从孩子的兴趣入手培养孩子的创造力。最后，家长应该营造更加民主的家庭氛围，让孩子在家中敢于发言、敢于批判和敢于冒险，给予孩子更多自由的空间和更加平等的地位。

第二，从社会方面来说，首先，社会应该更深入地了解大学生内心的真正需要，例如，一份稳定的工作、一个丰厚的收入或是仅仅需要一个展示自我的平台。了解了大学生内心真正的需要后，再给大学生提供更加宽广的发展空间，让大学生能够无所畏惧地施展才华。其次，社会应该对创造性人才给予更多的鼓励与保护。我国在知识产权、专利保护等方面还有所欠缺，致使很多创造性的成果都未能公之于世，今后应对大学生的创造多加鼓励和支持，加大资金投入、加大保护力度、简化专利申请手续，鼓励更多的大学生进行发明创造。

第三，对于高创造性的个体，社会应该通过媒体、网络、展板等手段大力宣传其成功事迹和过程。在此基础上，开办创新大赛，提供多项选择，让大学生自主选择感兴趣的领域，激发其创造动力，带给整个社会以创新正能量。

六、研究结论

本研究探讨了创新环境支持、自我决定动机与创造力的关系，主要结论如下：

第一，大学生的创造力表现一般，趋近正态分布；自我决定动机以内部动机得分最高、外部动机得分最低；精神支持中社会精神支持得分最高、学校精神支持得分最低，物质支持中学校物质支持最高、社会物质支持最低。

第二，大学生的创造性思维存在专业类别的差异，文科学生的表现显著高于理科学生的表现，主要体现在言语创造性思维方面。

第三，大学生创造性思维和创造性产品均存在学校类别的差异，其中在创造性思维方面，A 类学校学生显著高于其他三类学校大学生的表现，D 类学校学生显著低于其他三类学校大学生的表现，B 类学校学生和 C 类学校学生之间无显著差异；在创造性产品方面，A、B、C 类学校学生之间无显著性差异，但都显著高于 D 类学校学生的创造性产品得分。

第四，自我决定动机中的内部动机、认同调节动机、内摄调节动机都能显著正向预测创造性思维；内部动机、内摄调节动机显著正向预测创造性产品；内部动机在认同调节动机预测创造性思维、内摄调节动机预测创造性思维方面都起着完全中介作用。

第五，家庭物质支持正向预测创造性思维和创造性产品；学校精神支持正向预测创造性产品；社会物质支持负向预测创造性思维，其他三个维度与创造力无显著相关。

第六，内部动机在家庭物质支持预测创造性思维中、家庭物质预测创造性产品中均起着部分中介效应，中介效应对总效应的解释量分别为 15.9% 和 14.7%；内部动机在家庭精神支持预测创造性产品、学校精神支持预测创造性产品中起着完全中介效应，中介效应对总效应的解释量为 26.7% 和 33.5%；内摄调节动机在学校精神支持预测创造性产品中其中完全中介效应，中介效应对总效应的解释量为 14.4%。

第四节　大学生创造性问题提出能力及其影响因素

爱因斯坦曾说，"发现问题和系统阐述问题可能要比得到解答更为重要。解答可能仅仅是数学或实验技能问题，而提出新问题，新的可能性，从新的角度去考虑问题，则要求创造性的想象，而且标志着科学的真正进步"。波普尔也曾说，"科学知识的增长永远始于问题，终于问题，越来越深化的问题、越来越能触发新问题的问题"。可见，问题提出在思维过程中发挥了重要作用，是一个非常重要的环节，体现着思维的目的性。

斯滕伯格认为创造性问题提出能力是创造性思维的重要组成部分[1]，它与创造性三个指标（流畅性、灵活性、独创性）的相关比问题解决与三个指标的相关更高[2]，对其以及其影响因素的研究有助于今后在高等教育教学实践中针对相关因素进行训练，从而培养大学生的创造性思维。

高等教育在国家创新体系中起着重要作用，在知识创新、技术创新、国际科技创新和区域创新中做出了许多贡献；高等教育所培养出的大学生，就需要具备一定的创造能力，成为创造性人才。大学阶段属于风华正茂的青年时期，综合中外科技发展史会发现，大部分科学家最初的发明创造都产生于此。在这个大背景下，本研究选取大学生作为研究对象，其中部分被试来自"基础学科

---

[1] Sternberg, R. J. Questioning and intelligence. Questioning Exchange, 1987, (1), pp. 11–13.

[2] Wakefield, J. E. Towards creativity: Problem finding in a divergent – thinking exercise. Child Study Journal, 1985, 15, pp. 265–270.

拔尖学生培养试验计划"的参与学生。该计划旨在建立拔尖学生选拔程序，探索拔尖人才成长规律，改革学生培养模式，从而带动高校人才培养质量的全面上升，本课题也对这一计划进行了研究与总结（详见本书第五章）。本节主要聚焦于参与该计划学生的创造性问题提出能力及其影响因素，并与常规教学班学生进行对比，为今后开展因材施教、有的放矢的创新人才教育提供理论支持和实践依据。

一、创造性问题提出能力的研究现状

（一）创造性问题提出的含义

在绪论中，我们已对团队的创造性观进行了详细的论述，作为创造性思维的重要组成部分，创造性问题提出能力也是过程与产品的综合体现。我们认为，创造性问题提出能力是根据一定的目的，运用已有情境或经验，在独特地、新颖地、具有价值地（或恰当地）创造新问题并表达新发现问题的过程中，表现出来的思维品质或能力。

从创造性的过程观看，很多认知心理学家认为创造性本质是一种问题解决的形式，并将创造过程和问题解决进行类比[1]。吉尔福特[2]最早提出可直接将创造力与问题解决相结合。他认为创造的过程包括以下四个阶段：人们意识到问题的存在、产生了许多相关的想法、对这些想法的可能性作出评价、描述能解决问题的适合的方法。此外，学者们提出了许多创造过程的阶段模型[3][4][5][6]，多数模型均将问题提出作为问题解决的第一步，它是产出创造性产品的前提和基础。

从产品观看，它的产品即创造性问题，可参照创造性的测量指标加以衡量。

---

① Klahr, D. & Simon, H. A. Studies of scientific discovery: Complementary approaches and convergent findings. Psychological Bulletin, 1999, 125 (5), pp. 524–543.

② Guilford, J. P. Three faces of intellect. American Psychologist. 1959, 14, pp. 469–479.

③ Isaksen, S. G., Dorval, K. B., & Treffinger, D. J. Creative approaches to problem solving: A framework for change. DuBuque, IA: Kendall/Hunt, 2000.

④ Sawyer, R. K. Explaining Creativity: The Science of Human Innovation. New York: Oxford University Press, 2012.

⑤ Sternberg, R. J. The nature of creativity. Creativity Research Journal, 2006, 18, pp. 87–98.

⑥ Scott, G., Leritz, L. E., & Mumford, M. D. The effectiveness of creativity training: A quantitative review. Creativity Research Journal, 2004, 16 (4), pp. 361–388.

研究者发现，促进学生问题提出能力的发展，需要关注提问的数量①、问题的多样性②和质量③，这基本对应流畅性、灵活性、独创性等发散思维的三个指标。以往研究也确实通过这些指标考查创造性问题提出能力④⑤⑥。流畅性是指在单位时间里列出所提出的相关性问题的数量；灵活性是指善于从不同的角度、不同的方面去提出问题，善于应用不同的知识，用不同方法正确地提出问题；提出的问题具有多样性、合理性；独创性是指有自己独特的提问方式，善于采用新的方法进行提问，并可以在广阔的领域内思考并提出问题。由品质特征说明，创造性问题提出能力不仅体现在学生提出问题的数量上，而且体现在提出问题的类型上，而更重要的是提出问题的新颖性、独特性。

（二）创造性问题提出能力的研究进展

尽管国内外对问题提出能力的研究很多，但主要集中在特定学科内，如数学学科中的问题提出能力对教学和学习方法的影响⑦，而关于创造性问题提出能力的专门研究还相对较少。巴坎（Barkan）⑧考查了儿童的创造力发展情况，其中主要关注儿童提问能力。研究发现，上小学第一年提问能力的发展要远远快于幼儿园大班到升入小学的这一年；二年级学生提出的问题主要涉及事物如何变化以及为何变化，相比于二年级，三、四年级的学生则更加关注对给出问题答案的第二次提问。从结果中可以看出，随着年级的升高，儿童的问题提出能力随之提高，而且在三、四年级时能从一些较为简单、关注现象的问题提出向更为深入的问题发展。

① Runco, M. A., & Okuda, S. M. Problem discovery, divergent thinking, and the creative process. Journal of Youth and Adolescence, 1988, 17 (3), pp. 211 – 220.

② Yoshioka, T., Suganuma, T., Tang, A. C., Matsushita, S., Manno, S., & Kozu, T. Facilitation of problem finding among first year medical school students undergoing problem-based learning. Teaching and Learning in Medicine, 2005, 17, pp. 136 – 141.

③ Kalady, S., Elikkottil, A., & Das, R. Natural language question generation using syntax and keywords. In Boyer, K. E., & Piwek, P. (Eds.), Proceedings of QG2010：The Third Workshop on Question Generation, 2010, pp. 1 – 10.

④ 胡卫平、王兴起：《情绪对创造性科学问题提出能力的影响》，载于《心理科学》2010 年 33 卷第 3 期，第 608 ~ 611 页。

⑤ 刘春晖：《大学生信息素养与创造性问题提出能力的关系——批判性思维倾向的调节效应》，载于《北京师范大学学报》（社会科学版）2015 年第 1 期，第 55 ~ 61 页。

⑥ Liu, M. X., Hu, W. P., Adey, P. Cheng, L., & Zhang, X. L. The impact of creative tendency, academic performance, and self-concept on creative science problem-finding. Psycho Journal, 2013, 2 (1), pp. 39 – 47.

⑦ Cai, J. Singaporean students' mathematical thinking in problem solving and problem posing：An exploratory study. International Journal of Mathematical Education in Science and Technology, 2003, 34 (5), pp. 719 – 737.

⑧ Barkan, M. Through art to creativity：Art in the elementary school program. Boston：Allyn and Bacon, Inc. 1960.

托伦斯①采用明尼苏达创造性思维测验考查了对小学生的创造力。测验中有两个分测验与问题提出有关：一是提出问题分测验，被试需要根据图画中的内容提出能够想到的所有问题；二是不寻常问题提出分测验，被试需要对同一物体提出多种非常规问题。研究结果显示，学生在提出问题测验中的分数呈上升趋势，但又表现出年级的显著差异，一年级至三年级学生的问题提出能力稳步上升，但四年级的问题提出能力陡然降低，在高年级呈上升趋势，初一年级又有下降趋势，但后来到中学毕业都稳步上升。

除了对小学生创造性问题提出的研究，国外还有学者②针对艺术类大学生的问题提出能力进行了研究。被试需要在实验者给出的一些物品中选择一种或多种摆成静物进行绘画。通过考查被试所用的物品数量（流畅性）、对物品探究的程度（灵活性）、是否独创性地使用了某种物品（独特性），确定大学生的艺术创造性问题提出能力。研究表明，绘画技巧和问题提出间的相关不显著，但问题提出与独创性的相关非常显著，并可以显著预测七年后的艺术成就，这种对未来成就的预测力甚至超过流畅力、智力、价值观与学业成就等各种变数的预测力。

目前，国内关于创造性问题提出能力的研究近五年开始增多，研究主要涉及对中小学生创造性问题提出能力的发展，并尝试将创造性问题提出与具体学科相结合，如创造性文学问题提出能力③、创造性数学问题提出能力④、创造性问题提出能力⑤；也探讨了对于创造性问题提出能力的影响因素，如情绪、动机、人格特征和学校环境等⑥。众多研究结果有其年龄发展的一致性。创造性问题提出能力随着年龄的增长而不断提高；在小学阶段，三年级和四年级是创造性问题提出能力发展的关键期，四年级和五年级是创造性文学问题提出能力的关键期；中学阶段 12 ～ 17 岁呈平稳增长趋势，14 ～ 16 岁属于创造性问题提出能力的迅速发展时期。

另一些研究者则从认知加工心理学的角度探讨创造性问题提出过程中个体的

---

① Torrance, E. P. Guiding creative talent. Englewood Cliffs, NJ：Prentice - Hall. 1962.

② Getzels, J., & Csikszentmihalyi, M. The creative vision：A longitudinal study of problem finding in art. New York：Wiley. 1976.

③ 韩琴、胡卫平：《小学生创造性文学问题提出能力的发展研究》，载于《心理发展与教育》2005 年第 21 卷第 3 期，第 83 ～ 88 页。

④ 韩琴、胡卫平：《小学生创造性数学问题提出能力的发展研究》，载于《心理学探新》2007 年第 27 卷第 4 期，第 59 ～ 63 页。

⑤ 胡卫平、王兴起：《情绪对创造性科学问题提出能力的影响》，载于《心理科学》2010 年第 33 卷第 3 期，第 608 ～ 611 页。

⑥ 李海燕、胡卫平、申继亮：《学校环境对初中生人格特征与创造性科学问题提出能力关系的影响》，载于《心理科学》2010 年第 33 卷第 5 期，第 1154 ～ 1158 页。

思维过程①。如童丹丹、代天恩、崔帅、张庆林②采用问题情境的模式，探讨原型知识对科学发明问题发现的启发效应；陈丽君的系列研究则重点关注问题发现过程中的知识状态、思维操作、问题行为图的表现，以及在此过程中的元认知和表征层次特点。可以看出，这些研究与上一段中的创造性问题提出能力的研究可以看作是过程观与结果观的不同，且这些研究重点关注的是被试的心理状态变化，而上一段中的研究则重点从提出问题的创造性评价入手。

二、问题提出

本研究的目的有三：一是考查大学生创造性问题提出能力的整体特点；二是探讨信息素养、批判性思维倾向对大学生创造性问题提出能力的影响，建立三者之间的关系模型；三是考查个体变量（信息素养、批判性思维倾向）和材料变量（信息量、批判性思维情境）对大学生创造性问题提出能力的影响，为培养大学生的创造性思维提供实证依据。

尽管近年来国内外对创造性问题提出能力的研究逐渐增多，但目前针对大学生的创造性问题提出能力的研究还较为缺乏。国内相关研究中主要涉及对中小学生创造性问题提出能力的发展，关于大学生问题发现的研究则更关注问题发现的认知过程，未对问题的创造性做更深入的研究。鉴于大学阶段正是出于青年初期，是培养创新人才的关键阶段，因此，本部分针对大学生群体的创造性问题提出能力开展研究。大学生被试主要包括两个群体：一是北京师范大学励耘基础学科实验班的学生，二是常规教学班的学生。通过对这两类学生的考查，一是能够深入了解励耘实验班学生的心理特点；二是能够从侧面证明"珠峰计划"的培养模式是否有效，能否推广。

从创造性问题提出能力影响因素来看，目前研究内容还较为零散，且更多关注非认知因素的影响，如动机、情绪、人格特征、学校环境、家庭环境等，加之这类研究通常仅考查了特定因素在创造性问题提出过程中的作用，并未考查多因素下的交互作用和共同影响。因此，从目前创造性理论的角度，我们选取了信息素养和批判性思维倾向两个个体变量，以及信息量、批判性思维情境两个材料变量，综合考虑两类变量对创造性问题提出能力的影响。

从创造性问题提出能力的评价指标来看，鉴于创造性问题提出的产品即创造

---

① 陈丽君、郑雪：《矛盾式与潜藏式情境问题发现思维策略的比较研究》，载于《心理学探新》2014年第 34 卷第 4 期，第 365 ~ 371 页。

② 童丹丹、代天恩、崔帅、张庆林：《科学发明问题发现中的原型启发效应》，载于《西南师范大学学报》（自然科学版）2012 年第 37 卷第 12 期，第 140 ~ 145 页。

性问题，目前研究者均参照创造性的测量指标加以衡量。即从提问的数量、问题的多样性和质量三个层面，这基本对应流畅性、灵活性、独创性等发散思维的三个指标。但创造性思维并不只是发散思维，它应是发散思维与聚合思维的统一，二者的紧密联系有助于提高创造性①。因此，仅以独创性衡量问题质量并不够。本研究将在考查问题的流畅性、灵活性、独创性的同时，加入深刻性指标来刻画提问的思考层次，更好地反映问题质量。

综上，本部分将探讨大学生的创造性问题提出能力的特点，并考查个体变量（信息素养、批判性思维倾向）和材料变量（信息量、批判性思维情境）对创造性问题提出能力的影响机制。

三、大学生创造性问题提出能力的特点

（一）研究目的

2009 年，我国教育部为了回应"钱学森之问"，出台了一项人才培养计划——基础学科拔尖学生培养试验计划，简称"珠峰计划"或"拔尖计划"。该计划选定了全国 19 所高等院校的 5 个基础学科（数学、物理、化学、生物、计算机）作为试点，力求在创新人才培养方面有所突破。由于专业特色和侧重点不尽相同，19 所学校所制定的培养模式也各具特色。北京师范大学作为首批入选该计划的高校之一，在依托数学国家一级重点学科，理论物理、物理化学、细胞生物学、生态学国家二级重点学科，在充分发挥国家基础科学研究和教学人才培养基地（数学、物理、生物）的优势的基础上，创建了励耘基础理科实验班，为培养基础学科拔尖学生，改革人才培养模式，提高人才培养质量提供示范作用。此外，学校也注重人文学科拔尖学生的选拔和培养，创建了励耘人文学科实验班，力图培养学生浓厚的人文素养和坚实的人文学科专业知识，为其将来成为文史哲学学科领军人物、知名学者奠定坚实基础。励耘实验班学生的心理特点作为选拔的重要指标受到专家们的关注。拔尖学生不仅应在专业上有所建树，更重要的是他们的智力因素和非智力因素的突出表现。在选拔学生时，北京师范大学结合本校实际情况，在国内外研究的基础上，借用广泛应用于组织人事选拔领域的工作分析及胜任特征模型的理论与方法，初步建立了一套有特色的拔尖学生选拔考核模式。通过对学生的文字理解、推理能力、实践智力、心理健康等方面的考查，

---

① Sawyer, R. K. Explaining Creativity: The Science of Human Innovation. New York: Oxford University Press. 2012.

结合学生的学业成绩和日常表现，选拔了一批拔尖学生组成了励耘实验班。

正如"珠峰计划"和"励耘基础学科拔尖学生培养试验计划"的目的所说，创建班级是为了创新管理模式，积极探索拔尖创新人才培养规律，努力把学生培养成为兴趣浓厚、志向远大、基础扎实、能力突出、德才兼备、勇于创新的拔尖学生，同时也带动全校人才培养质量的全面上升。因此，应对实验班学生的创造性心理特点做系统考查，并与常规教学院系的学生进行对比，为今后开展因材施教，有的放矢的创新人才教育提供理论支持和实践依据。本研究选取励耘实验班与对应的常规教学院系的学生进行创造性问题提出能力的调查，以期获得：①大学生创造性问题提出能力的总体特点；②不同班级类别（励耘班与常规教学班级）的大学生创造性问题提出能力的特点；③不同学科类别（基础理科与人文学科）大学生创造性问题提出能力发展的特点；④不同年级、性别大学生创造性问题提出能力的特点。

（二）研究方法

1. 被试

选取北京师范大学大一至大三的学生共 549 名，删除无效问卷后，有效被试为 529 名。被试来自两种群体：一是"基础学科拔尖学生培养试验计划"中的励耘实验班（包括励耘基础理科实验班与励耘人文学科实验班）；二是常规教学院系的对照班级，由于励耘实验班的学生来自数学、物理、化学、生物、文学、哲学社会科学与历史等专业，因此也从这些专业中随机选取相应的学生。从总体来看，男生 180 名，女生 349 名；年龄在 17~22 岁之间，平均年龄为 19.38 岁（$SD = 1.20$）。

2. 研究工具

采用申继亮等[①]编制的青少年科学创造力测验中的创造性问题提出能力分测验，题目描述如下："现在假如允许你乘宇宙飞船去太空旅游，接近一个星球，也可以绕这个星球转动，你准备研究哪些与这个星球有关的科学问题？"该工具广泛用于中外中学生、大学生的创造性问题提出能力的测查，信效度良好。本研究抽取 100 份问卷进行了评分者信度评估，评分者信度为 0.877。

3. 计分方式

评分方式如下：流畅性得分是所提问题的个数，每个问题 1 分；灵活性得分是所提问题的类别数，每类得 1 分；独创性得分由提出该问题的人数占总人数的百分比来决定：小于 5% 得 2 分；在 5%~10% 之间得 1 分；在 10% 以上得 0 分。

---

① 申继亮、胡卫平、林崇德：《青少年科学创造力测验的编制》，载于《心理发展与教育》2002 年第 4 期，第 76~81 页。

所有提问的独创性得分之和即为被试的独创性得分。

4. 数据结果处理

首先对施测问卷进行浏览，删除明显作答不认真的被试，如回答"这道题毫无实际意义"等。其次，将每名被试的问题的文本输入 Excel 表格中，进行个数和频次统计。得到流畅性、灵活性和独创性得分后，再输入 SPSS16.0 软件并进行进一步分析。对于有代表性的样本文本，也对其特点进行分析。

由于创造性问题提出的灵活性分数需要对被试提出的问题进行分类，类别数即为被试的灵活性分数，因此，经过两名心理学专业博士对所有文本的考查，所有问题均可归为以下 7 类的一种：生物、天体物理、地理、星球文明、与人类（或地球）的相关、人类活动以及其他。分类编码、编码说明及典型提问见表 2 - 64。

表 2 - 64　　　　大学生创造性问题提出之灵活性维度类别编码

类别编码	编码说明	典型回答
生物	针对星球中是否有生物（如微生物、动物、人类等），以及生物的形态、种类等进行提问	"这个星球有没有生物？" "植物靠什么生长？" "如果有动物，如何进行繁殖？"
天体物理	1. 涉及星球自身的变量，如大小、质量、体积、密度、半径星体等； 2. 在宇宙中的位置、宇宙环境、运动轨迹等； 3. 星球发展，如成因、发展趋势等	"这个星球的公转自转的角度？" "这个星球属于哪个星系？最近的恒星是什么？" "星球会爆炸么？是否会自我毁灭？"
地理	有关地质、地貌、气候气象、环境等的提问均归为此类	"这个星球是否有土壤？" "这个星球的大气组成是什么？" "这个星球是否有水？"
星球文明	星球是否曾经有文明，如高级生物存在的可能、目前是否有文明，以及将来是否会有文明起源	"这个星球有无智慧生物？" "如有高级生命，他们的语言和文字是什么？" "是否有建筑遗迹？"
与人类（或地球）的相关	1. 星球本身与人类的关系； 2. 它会对人有何种影响； 3. 与人类活动的区别在于，该类型不涉及对星球的改造	"这个星球适不适合人类居住？" "是否有地球上的稀有资源？" "它与地球有什么不同和相同点？"

175

类别编码	编码说明	典型回答
人类活动	1. 人类对星球改造的相关设想； 2. 人类在星球上进行实验，或是将星球上的物品带回地球等内容	"人类是否可以把它变为空间中转站？" "人类是否能把地球上的种子带到这个星球，看它成长后的变化？" "将该星球上的生物带回地球有什么影响？"
其他	不能明确归为以上六类的答案	"该星球是否隐藏着神秘现象？" "该星球本身是否会思考？"

（三）研究结果与分析

结果显示，大学生的创造性问题提出能力总体较好，流畅性分数较高（$M = 10.60$，$SD = 5.23$），灵活性（$M = 3.50$，$SD = 1.06$）和独创性（$M = 4.51$，$SD = 4.35$）的分数相对较低。其中流畅性和独创性上被试个体差异较大，可做进一步的班级、学科、年级以及性别差异的比较。

首先，对不同班级类型、学科类别的大学生创造性问题提出测验上的得分进行了描述统计（见表 2 – 65）。

表 2 – 65　　　**不同班级类型、学科类别的大学生在创造性**
问题提出测验上的得分（$M \pm SD$）

专业分类	流畅性		灵活性		独创性	
	励耘班	常规班	励耘班	常规班	励耘班	常规班
理科	10.49 ± 5.17	9.39 ± 4.68	3.51 ± 1.06	3.27 ± 0.97	4.79 ± 7.56	3.20 ± 3.22
文科	13.49 ± 5.83	11.64 ± 5.01	3.86 ± 1.20	3.80 ± 1.01	7.51 ± 5.57	4.59 ± 3.54

以创造性问题提出的三个维度得分为因变量，以班级类型和学科类别为自变量进行多元方差分析，结果显示：班级类型主效应显著（Wilk's $\Lambda = 10.30$，$p < 0.001$），励耘班学生的流畅性（$F = 8.57$，$p < 0.01$）和独创性（$F = 29.96$，$p < 0.001$）得分都显著高于常规班学生，灵活性得分二者无差异（$F = 2.12$，$p > 0.05$）；学科类别主效应显著（Wilk's $\Lambda = 11.53$，$p < 0.001$），文科学生的流畅性（$F = 27.04$，$p < 0.001$）、灵活性（$F = 17.71$，$p < 0.001$）和独创性（$F = 25.02$，$p < 0.001$）三维度的得分均显著高于理科学生；班级类型与专业类别的交互作用不显著（Wilk's $\Lambda = 1.75$，$p > 0.05$）。学生在三个维度上的具体得分趋势见图 2 – 22、图 2 – 23、图 2 – 24。

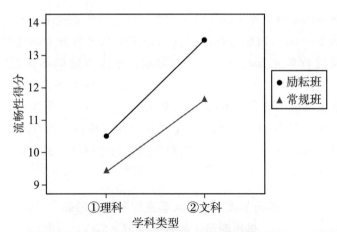

图 2-22 不同班级类型、学科类别的大学生在流畅性维度上的得分情况

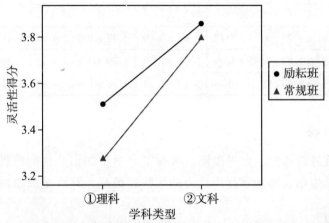

图 2-23 不同班级类型、学科类别的大学生在灵活性维度上的得分情况

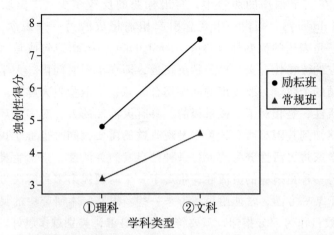

图 2-24 不同班级类型、学科类别的大学生在独创性维度上的得分情况

此外，对不同年级、性别的大学生创造性问题提出测验上的得分也进行了描述统计（见表 2 - 66）。以创造性问题提出的三个维度得分为因变量，以年级和性别为自变量进行多元方差分析，结果显示：年级主效应不显著（Wilk's $\Lambda = 0.73$，$p > 0.05$），表明大一至大三学生的创造性问题提出能力没有显著差别，较为稳定；性别主效应不显著（Wilk's $\Lambda = 0.88$，$p > 0.05$），男生与女生的创造性问题提出能力没有显著差别；年级与性别的交互作用不显著（Wilk's $\Lambda = 1.45$，$p > 0.05$）。进一步分析结果表明，年级和性别在创造性问题提出的三个维度上均不显著（$p > 0.05$）。

表 2 - 66　　　　　不同年级、性别大学生在创造性问题
提出测验上的得分（$M \pm SD$）

问题提出	流畅性		灵活性		独创性	
年级	男	女	男	女	男	女
大一	11.01 ± 4.73	9.85 ± 5.17	3.60 ± 0.99	3.46 ± 1.10	4.67 ± 4.43	3.20 ± 3.22
大二	11.67 ± 5.97	9.95 ± 4.79	3.41 ± 1.20	3.39 ± 0.94	4.76 ± 4.70	4.59 ± 3.54
大三	10.44 ± 5.74	11.18 ± 5.26	3.60 ± 1.23	3.58 ± 1.04	4.86 ± 5.23	4.71 ± 3.82

（四）讨论

本研究通过创造性问题提出测验考查了大学生的创造性问题提出能力。总体而言，大学生创造性问题提出能力的流畅性最好，其次是独创性，灵活性分数较低。

吉尔福特（1959）将流畅性分为三种。一是观念的流畅性（ideational fluency），指被试在文字创作的测验中，写出标题的反应多少；二是联想的流畅性（associational fluency），指由一个观念引起相辅相成的另一个观念，如同义词、反义词等；三是表达的流畅性（expressional fluency），指造句或是写文章时的流畅性。本研究的流畅性含义与第一种更接近，即在给定时间内，大学生对特定情境提出的问题的个数。只要提出的问题切合题意，发散量越大越好。

所谓灵活性，是相对于机械呆板的。具有灵活性的人，对客观环境中的事物或问题敏于感知到其困难所在，善于发现改进的需要，同时也善于找出解决的方法。有心理学家将灵活性分为两种：一种是自发的灵活性，指学生灵机应变的思想或行为；另一种是适应的灵活性，指对于一个问题提出多种解决方法，触类旁通，不局限于某一方面，常能给思考带来一些新思路。本研究中的灵活性以发散的"类别"数目作为评分指标，只要符合题目要求，类别越多越好。

所谓独创性是指思考突破常规和经验的束缚，用前所未有的新角度、新观点

去认识和反映事物，提出超乎寻常的新观念。本书中的独创性以"独特、稀有"为指标，要求提出的问题不仅要切题还要新颖、独特，越与众不同越好。研究者认为独创性是创造性思维的主要特性。

研究发现，流畅性和灵活性均值与以往类似研究接近，独创性显著低于以往研究[1][2]。被试的独创性得分与其所在群体的能力密切相关。以往研究对象均为中学生，与大学生相比，他们知识储备较少，加之独创性是以提出问题的新颖、独特为评判标准，因此被试提出与众不同问题的可能性更大；而大学生被试对问题情境中了解较为全面，提出的问题广且多，因此相对新颖的问题较少，独创性也随之降低。

以往研究通常把学业成就作为衡量学生创造力水平的一个指标，如阿玛拜尔[3]就把领域相关技能看作创造力的一个重要组成部分，包括领域技能和特殊的领域相关才能；斯滕伯格[4]也认为人们要在某一领域进行创造，必须具备一定的领域知识，如了解该领域已经取得了哪些成果、还需研究哪些问题、可以通过哪些方法进行研究等。也有一些研究表明学业成就与创造力或创造性问题提出能力相关显著，学生掌握的相关知识越多，就越有可能提出更多的问题，更具有创造力的问题[5][6]，本研究也验证了这一观点，励耘班学生的流畅性和独创性均显著优于常规班学生。从 F 值可以看出，在独创性上的差异最为明显，这说明励耘实验班的学生提出的问题更新颖、独特，也提出了更多的问题。励耘班学生的选拔既注重对学生学业成就的评价，也注重对学术兴趣、创新精神、发展潜质、意志品质等非智力因素的能力测试。因此，其学业成就及非智力因素的较高水平，可能是造成班级类型差异的重要原因。

此外，研究结果显示，文科生创造性问题提出的三个维度得分均显著高于理科生。尽管以往研究并没有针对创造性问题提出能力的学科差异进行探讨，但由于创造性问题提出能力也属于创造力的重要方面，可以从创造力（特别是发散思

---

① 胡卫平、周蓓：《动机对高一学生创造性的科学问题提出能力的影响》，载于《心理发展与教育》2010 年第 14 期，第 31~36 页。

② Liu，M.，Hu，W.，Adey，P.，Cheng，L.，& Zhang，X. The impact of creative tendency，academic performance，and self-concept on creative science problem-finding. Psych Journal，2013，2（1），P. 39.

③ Amabile，T. M. The social psychology of creativity：A componential conceptualization. Journal of Personality and Social Psychology，1983，45，pp. 357 – 376.

④ Sternberg，R. J. An investment theory of creativity and its development. Human Development，1991（34），pp. 1 – 31.

⑤ 白学军：《智力心理学的研究进展》，浙江人民出版社 1996 年版。

⑥ 张淳俊、陈英和：《学业成就、创造力与跨学科概念图创作能力的关系》，载于《心理与行为研究》2000 年第 8 卷第 1 期，第 35~42 页。

维）的研究中窥探一二。哈德森（Hudson）[1] 提出，理科专业的学生更注重逻辑思维的培养，而文科专业的学生则更偏向于发散思维。文理科学生思维方式的不同，是导致他们在以发散性思维为核心的创造力研究中差异显著的原因[2]。也有很多研究表明文科学生的创造力比理科学生高[3][4]。周治金等人的研究发现，文科大学生在创造力特征的"独具匠心""特立独行""思维敏锐性""思维灵活性"上的得分都高于理科大学生，这可能得益于他们的专业训练。文科学生一般强调要从不同角度思考问题，思考问题比较发散；理科学生一般在研究和学习中要求又严谨的方法、规范的程序等，对科学结果的评价标准比较客观单一。在本研究中，文科学生来自文学院、历史学院、哲学与社会学学院。这三个专业的学生在思考问题时的特点也是更加活跃、更加多元，因此，提出的问题更多、更新颖，类型也更丰富。这可能与专业训练有关，文理科学生不同的思维方式是导致他们在以发散性思维为核心的创造力研究中差异显著的原因[5]。

本研究也考查了年级和性别变量对创造性问题提出能力的影响，结果显示，从大一到大三阶段能力基本保持稳定，且无性别差异。被试群体对材料背景知识的熟悉度可能是造成该结果的主要因素；社会在性别平等方面的进步则是减少性别差异的重要原因[6][7]。

四、信息素养与大学生创造性问题提出能力的关系：批判性思维倾向的调节作用

（一）研究目的

本研究主要探讨个体变量对大学生创造性问题提出能力的影响。目前已有多

① Hudson, L. Fertility in the arts and sciences. Science Studies, 1973, 3, pp. 305 – 318.

② Haller, C., & Courvoisier, D. Personality and thinking style in different creative domains. Psychology of Aesthetics, Creativity and the Arts, 2010, 4, pp. 146 – 160.

③ 周治金、杨文娇、赵晓川：《大学生创造力特征的调查与分析》，载于《高等教育研究》2010 年第 27 卷第 5 期，第 78 ~ 80 页。

④ Furnham, A., Batey, M., Booth, T. W., Patel, V., & Lozinskaya, D. Individual difference predictors of creativity in Art and Science students. Thinking Skills and Creativity, 2011, 6, pp. 114 – 121.

⑤ Haller, C., & Courvoisier, D. Personality and thinking style in different creative domains. Psychology of Aesthetics, Creativity and the Arts, 2010, 4, pp. 146 – 160.

⑥ Hu, W., & Adey, P. A scientific creativity test for secondary school students. International Journal of Science Education, 2002, 24 (4), pp. 389 – 403.

⑦ Liu, M. X., Hu, W. P., Adey, P. Cheng, L., & Zhang, X. L. The impact of creative tendency, academic performance, and self-concept on creative science problem-finding. Psycho Journal, 2013, 2 (1), pp. 39 – 47.

种问题提出的理论模型①②③，模型均包含搜索新信息、激活已有信息、组织信息并基于这些信息提出问题等步骤；一些创造过程的认知模型④⑤也强调了信息处理能力对创造性的重要作用。这一能力可用信息素养概念进行概括。信息素养（information literacy）概念由美国信息产业协会主席保罗·泽可斯基（Paul Zurkowski）于 1974 年首次提出，他将其定义为利用大量信息工具及主要信息资源使问题得到解答的技术和技能。美国图书馆协会将具有信息素养的个体描述为"能够敏锐地洞察信息需求，并能够进行相应的信息检索、评估和有效利用所需信息的人"⑥。经过 50 年的发展与延伸，信息素养概念由最早强调文献检索能力，转向到注重信息在解决问题中的作用，它不仅是一种技能或能力，还涉及个体对待信息的态度，对信息作用的评价与判断，对信息合理与准确地利用、信息的评估等。鉴于信息素养的核心内容与问题提出的理论模型中的关键步骤紧密相关，可以推断信息素养是创造性问题提出能力的主要影响因素之一，是进行创造性思维、产生创造性产品的基础，也是进行问题提出与解决的关键。

在信息素养与创造性问题提出关系中，批判性思维发挥着重要作用，它是带有目的的、自我规范的判断，对各种信息（如证据的、概念化的、方法的、分类标准的或情境）进行理解、分析、评价、推论和解释，并最终形成结论⑦。林崇德⑧认为，批判性是指思维活动中善于严格地估计思维材料和精细地检查思维过程的智力品质。在创造性问题提出这一思维活动中，由于问题并非凭空出现或随机产生，而是基于对已有信息或新信息的加工，因此批判性思维发挥着独特作用：个体需要使用批判性思维来监控自身的认知活动过程，从而选择合适的策略进行信息获取；对已获取信息则需要不断地评估与反思，在此基础上进行信息加工，提出创造性的问题。从理论上分析，批判性思维可能会对信息素养与创造性问题提出能力的关系起调节作用，高批判性思维个体由于能够更好地对获得的信

① Christou, C., Mousoulides, N. Pittalis, M., Pitta – Pantazi, D., & Sriaman, B. An empirical taxonomy of problem posing processes. Zentralblatt für Didaktik der Mathematik（ZDM），2005，37（3），pp. 149 – 158.

② Otero, J., & Graesser, A. C. PREG. Elements of a model of question asking. Cognition and Instruction, 2001，19，pp. 143 – 175.

③ Ramirez, V. E. Finding the right problem. Asia Pacific Education Review, 2002，3，pp. 18 – 23.

④ Bink, M. L., & Marsh, R. L. Cognitive regularities in creative activity. Review of General Psychology, 2000，4（1），P. 59.

⑤ Finke, R. A., & Slayton, K. Explorations of creative visual synthesis in mental imagery. Memory & Cognition，1998，16，pp. 252 – 257.

⑥ Ameriean Library Association（ALA）. Presidential Committee on Information Literaey. Final Report［EB/OL］. http：//www. ala. org/ala/mgrps/divs/aerl/publications/whitepapers/presidential. cfm，1989.

⑦ Facione, Peter A. Critical Thinking：A Statement of Expert Consensus for Purposes of Educational Assessment and Instruction. Research Findings and Recommendations. Eric Document Reproduction Service，1990，P. 112.

⑧ 林崇德：《我的心理学观》，商务印书馆 2008 年版。

息进行评价、总结并运用，因此可提出新颖、独特且有意义的问题；低批判性思维个体由于不能很好地判断、组织已有信息，从而影响问题提出能力。因此，本研究通过实证研究明确三者间关系，以期为提升学生信息素养和批判性思维，培养创造性人才提供实证支持。

（二）研究方法

1. 被试

同"大学生创造性问题提出能力的特点"研究的被试。

2. 研究工具

①青少年创造性问题提出能力测验。同"大学生创造性问题提出能力的特点"研究中的材料。

②大学生信息素养问卷。采用自编大学生信息素养问卷，共31个条目，包括信息获取、信息加工、信息意识与道德等3个维度。信息获取维度有11个条目，旨在测查个体对自身信息需求的觉察能力和信息检索能力；信息加工维度有12个条目，用以考查个体在获取到相应信息后，进行评价、应用、管理和交流信息的能力；信息意识和道德维度包含8个条目，考查影响信息素养的非技能因素；前两个维度都属于能力层面，是信息素养的核心组成，它们与信息素养的非技能因素相互作用，共同构成不可分割的统一整体。问卷为李克特5点记分方式，从"完全不符合"到"完全符合"分别记作1~5分。本研究中，问卷的内部一致性信度（Cronbach's α）为0.91，各维度内部一致性信度分别为0.87、0.86、0.68。

③加利福尼亚批判性思维倾向问卷。采用范西昂（Facione）等人编制的加利福尼亚批判性思维倾向问卷（california critical thinking disposition inventory, CCTDI）的中文修订版（CCTDI - V）[1]，内容包括7个维度，分别为寻找真相、开放思维、分析能力、系统化能力、批判性思维的自信心、求知欲和认知成熟度等，共70个条目，总分70~420分。总分在210~280分者，表明个体的批判性思维倾向处于矛盾范围；低于210分者，表明个体的倾向与批判性思维严重对立；达到或高于350分者，表明个体的批判性思维倾向非常强。在本研究中，总问卷的内部一致性信度为0.90，各子维度问卷的内部一致性系数分别为0.55、0.57、0.76、0.67、0.78、0.77、0.65。

---

[1] 彭美慈等：《批判性思维能力测量表的信效度测试研究》，载于《中华护理杂志》2004年第39卷第9期，第644~647页。

（三）研究结果与分析

1. 大学生信息素养、批判性思维倾向与创造性问题提出的相关

在探讨批判性思维倾向对信息素养与创造性问题提出能力的调节作用之前，必须先考查批判性思维倾向与创造性问题提出能力的关系、信息素养与批判性思维倾向的关系以及信息素养与创造性问题提出能力的关系。

（1）大学生批判性思维倾向与创造性问题提出能力的相关。

首先考查了大学生的批判性思维倾向的 7 个维度以及总分与创造性问题提出的 3 个维度之间的相关，表 2 - 67 显示了这一相关分析的结果矩阵。

表 2 - 67　　　　大学生批判性思维倾向与创造性问题
提出能力的相关矩阵 （$N = 529$）

思维倾向	流畅性	灵活性	独创性
寻找真相	0.05	0.03	0.05
开放思想	0.11*	0.13**	0.13**
分析能力	0.16***	0.10*	0.11*
系统化能力	0.08	0.04	0.05
批判思维自信心	0.19***	0.15**	0.20***
求知欲	0.16***	0.11*	0.11*
认知成熟度	0.15***	0.13**	0.08
总分	0.18***	0.14**	0.15**

从数据中可以看出，大学生批判性思维倾向总分与创造性问题提出能力的 3 个维度相关均显著，这说明大学生的批判性思维倾向越明显，其提出问题的流畅性、灵活性和独创性越高；除了寻找真相以及系统化能力与创造性问题提出能力的三维度相关均不显著以外，批判性思维倾向的其余维度都与创造性问题提出能力的 3 个维度存在着显著的正相关。但从相关系数的大小我们也能够看出，这些正相关整体是偏低的，几乎都在 0.20 左右。这说明创造性问题提出能力与批判性思维倾向的关系并非十分密切。

（2）大学生信息素养与批判性思维倾向的相关。

考查大学生的信息素养 3 个维度及总分与批判性思维倾向的 7 个维度以及总分的相关，表 2 - 68 显示了这一相关分析的结果矩阵。

表 2 - 68 　　　　大学生信息素养与批判性思维
倾向的相关矩阵 （$N = 529$）

思维倾向	信息获取	信息加工	信息意识与道德	总分
寻找真相	0.10*	0.22***	0.15***	0.19***
开放思想	0.17***	0.24***	0.33***	0.29***
分析能力	0.30***	0.46***	0.42***	0.46***
系统化能力	0.35***	0.49***	0.31***	0.46***
批判思维自信心	0.43***	0.61***	0.41***	0.58***
求知欲	0.35***	0.46***	0.60***	0.54***
认知成熟度	0.07	0.12**	0.15***	0.13***
总分	0.36***	0.54***	0.48***	0.54***

从数据能够看出，除了认知成熟度与信息获取维度的相关不显著外，信息素养的三个维度以及总分与批判性思维倾向的 7 个维度及总分存在着显著的正相关。且这些相关是中等程度的正相关，这说明信息素养越高的人，其批判性思维倾向越明显。从各维度的相关系数可以看出，相比于其他维度，批判思维的自信心和求知欲这两个维度与信息素养的 3 个维度及总分的关系更为密切，对自己批判思维越自信的人，对知识的渴求越多的人，其信息获取、信息加工以及信息意识与道德的能力就越强。而认知成熟度和寻找真相维度与信息素养的三维度及总分相关较低。

（3）大学生信息素养与创造性问题提出能力的相关。

问题提出需要基于对信息的获取或加工。因此，本书考查了信息素养的 3 个维度及总分与创造性问题提出的 3 个维度的关系（见表 2 - 69）。

表 2 - 69 　　　　大学生信息素养与创造性问题提出
能力的相关矩阵 （$N = 529$）

信息素养	流畅性	灵活性	独创性
信息获取	0.17***	0.10*	0.16***
信息加工	0.15***	0.13**	0.17***
信息意识与道德	0.18***	0.12**	0.11*
总分	0.20***	0.14***	0.18***

结果显示，信息素养的总分以及 3 个维度与流畅性、灵活性、独创性均存在

显著的正相关。但也应注意，这些相关系数均较小，说明信息素养和创造性问题提出能力的关系并不十分密切。从总分来看，信息素养与流畅性的相关系数最高，其次为独创性，最后是灵活性，这说明信息素养越高，大学生提出的问题也就越多，问题的独创性也越高，其提出问题涉的种类也越多。

2. 批判性思维倾向对信息素养与创造性问题提出的调节作用分析

采用温忠麟、侯杰泰和马什赫伯特[①]的分组回归分析方法检验批判性思维倾向对大学生信息素养与创造性问题提出能力关系的调节作用。具体做法如下：①先将所有被试的信息素养总分及 3 个分维度的分数，以及批判性思维倾向的总分及 7 个分维度的分数中心化；②将批判性思维倾向总分的前 27% 的被试归为高批判性思维倾向组，将总分在后 27% 的被试归为低批判性思维倾向组。同理，因为批判性思维倾向的 7 个维度分别有不同的含义，因此，也采用同样的高低组分类方法，将每一组进行分类。生成新的变量；③对批判性思维倾向的不同组别的被试分别进行以信息素养总分与 3 个分维度为自变量，创造性问题提出的 3 个维度为因变量的分组回归分析，以检验批判性思维倾向的调节作用。

（1）创造性问题提出的流畅性维度作为因变量的分组回归分析。

以被试的流畅性得分为因变量，分别以被试的信息素养总分及 3 个维度得分为自变量，批判性思维倾向的总分及 7 个分维度的分组变量为调节变量，进行分组回归（见表 2 - 70）。

表 2 - 70　　　　流畅性维度的分组回归结果 (β) （$n = 287$）

序号	信息获取			信息加工			信息意识与道德			信息素养总分		
	高分组	低分组	ΔZ	高分组	低分组	ΔZ	高分组	低分组	ΔZ	高分组	低分组	ΔZ
1	0.27 ***	- 0.032		0.19 *	0.06		0.22 **	0.17 *	0.44	0.27 **	0.06	
2	0.23 **	0.12		0.10	0.21 *		0.13	0.22 **		0.19 *	0.21 *	- 0.17
3	0.23 **	0.22 **	0.11	0.14	0.16 *		0.23 **	0.18 *	0.42	0.23 **	0.23 **	0.05
4	0.21 **	0.11		0.15	0.17 *		0.17 *	0.20 *	- 0.23	0.21 **	0.19 *	0.15
5	0.20 *	0.08		0.02	0.07	- 0.41	0.13	0.14	- 0.09	0.15	0.11	0.32
6	0.13	0.03	0.77	0.17 *	0.01		0.01	0.20 *		0.15	0.08	0.59
7	0.22 **	0.11		0.18 *	0.13		0.18 *	0.19 *	0.09	0.23 **	0.16	
8	0.21 *	0.09		0.13	0.10	0.23	0.11	0.19 *		0.19 *	0.14	

注：1 = 寻找真相；2 = 开放思想；3 = 分析能力；4 = 系统化能力；5 = 批判思维的自信心；6 = 求知欲；7 = 认知成熟度；8 = 批判性思维倾向总分。

---

① 温忠麟、侯杰泰、马什赫伯特：《潜变量交互效应分析方法》，载于《心理科学进展》2003 年第 11 卷第 5 期，第 593 ~ 599 页。

表2-70给出了不同组别的批判性思维倾向总分和7个维度对信息素养与创造性问题提出的流畅性维度的调节效应检验结果。从数据可以看出，批判性思维倾向总分以及七个维度的高分组、低分组在分别预测信息素养总分和3个维度对创造性问题提出的流畅性成绩时，回归系数的显著性是有差异的，也就是说，不同组别的批判性思维倾向的学生，他们的信息素养预测创造性问题提出的流畅性分数的趋势是不同的。当高分组和低分组的回归系数显著性水平不相同时，可以说批判性思维倾向的总分或是某个维度在信息素养和创造性问题提出的流畅性分数的关系中起了调节作用。例如，从总分来讲，批判性思维倾向较强的学生，他们的信息素养能够显著预测创造性问题提出能力的流畅性得分（$\beta = 0.19$，$p < 0.05$），而批判性思维倾向较弱的学生，他们的信息素养与创造性问题提出能力的流畅性并无显著关系（$\beta = 0.14$，$p > 0.05$）。因此，批判性思维倾向调节了信息素养与创造性问题提出能力的流畅性得分之间的关系。此外，针对一些维度中高分组与低分组的分组回归系数处于相等或相似的显著性水平（如p值均大于0.05，或p值均小于0.05）时，为了进一步检验高分组和低分组的回归系数有无差别，采取了相关系数差异检验的方法，步骤如下：①将高分组与低分组的两组回归系数进行Fisher转换（计算方法参见公式1），得到两个Z值（Z_1和Z_2）；②根据公式求出Z_1和Z_2的差值。这个差值ΔZ符合正态分布，因此根据假设将此值与1.96（Z值在95%显著水平上的临界点）进行比较，从而确定二者是否存在差异。表中给出了相应的ΔZ值。结果显示，这些维度的高分组与低分组的分组回归系数处于相等或相似的显著性水平时，调节效应不显著。

$$Z = \frac{1}{2} \ln \frac{1+r}{1-r} \qquad (2-1)$$

$$\Delta Z = \frac{z_1 - z_2}{\sqrt{\dfrac{1}{n_1 - 3} + \dfrac{1}{n_2 - 3}}} \qquad (2-2)$$

现将从总分和各维度分组的回归系数和显著性水平的结果得出的调节效应做一具体说明：

①批判性思维倾向总分的调节作用主要体现在：信息素养总分与流畅性分数的关系、信息获取能力与流畅性的关系、信息意识与道德和流畅性的关系等三个路径。拥有高批判性思维倾向的大学生，其信息素养对提出问题的个数影响更大，当他们的信息获取能力更强的时候，更有可能提出较多的问题；低批判性思维倾向的大学生，其信息素养总分和信息获取能力不能预测他的流畅性分数，但低批判性思维倾向的大学生，他们对信息的意识以及使用道德能够预测流畅性分数。

②寻找真相的调节作用主要体现在：信息素养总分与流畅性分数的关系、信

息获取能力与流畅性的关系、信息加工能力和流畅性的关系等三个路径。对寻找
知识抱着更真诚和客观态度的大学生，他们的信息素养、信息获取能力和信息加
工能力能够更好地预测其提出问题的个数；低分组的大学生的信息素养、信息获
取及信息加工均不能预测流畅性的分数。

③开放思想的调节作用主要体现在信息素养的三个维度与流畅性的关系上。
对不同信息能够采取更加包容的态度的大学生，其信息获取能力越高，提出的问
题越多，而他们的信息加工能力和信息意识与道德能力并不能预测其流畅性；而
开放思想倾向较低的学生，他们的信息加工能力和信息意识道德能力越高时，提
出的问题就会越多。

④分析能力的调节作用主要体现在信息加工维度上。尽管有些学生的分析能
力较弱，不能很好地鉴别问题的根源所在，但如果其信息加工能力较好，能够很
好地进行信息评价和信息运用，他也可以提出更多的问题。而分析能力较强的学
生，其信息加工能力不能很好地预测流畅性分数。

⑤系统化能力的调节作用体现在信息获取和信息加工维度上。系统化能力较
高的学生，他们信息获取的能力更能影响提出问题的数量，信息加工能力不会影
响问题数量；而系统化能力较低的学生，信息加工的能力能够更好地预测流畅性
分数。

⑥批判性的思维自信心能够调节信息获取对创造性问题提出的流畅性分
数的预测。对自己批判性思维更自信的学生，他们的信息获取能力能够显著
预测提出问题的个数，而自信心较为缺乏的学生，信息获取能力不能预测问
题个数。

⑦求知欲的调节作用体现在信息加工和信息意识与道德对流畅性的路径
上。求知欲高的学生，其信息加工能力越强，越有可能提出更多的问题；而求
知欲较低的学生，他们对信息的敏感程度和运用信息的道德水平可以预测提出
问题的个数。

⑧认知成熟度的调节作用体现在信息素养总分、信息获取、信息加工对流畅
性的影响上。认知成熟度高的学生，其信息获取、信息加工能力以及信息素养总
分对流畅性的影响更大。

（2）创造性问题提出的灵活性维度作为因变量的分组回归分析。

以被试的灵活性得分为因变量，分别以被试的信息素养总分及3个维度得分
为自变量，批判性思维倾向的总分及7个分维度的分组变量为调节变量，进行分
组回归（见表2-71）。

表 2 - 71　　　　　　灵活性维度的分组回归结果 (β) $(n = 287)$

序号	信息获取			信息加工			信息意识与道德			信息素养总分		
	高分组	低分组	ΔZ	高分组	低分组	ΔZ	高分组	低分组	ΔZ	高分组	低分组	ΔZ
1	0.19*	0.07		0.22**	0.13		0.18*	0.16*	0.15	0.23**	0.13	
2	0.03	0.08	-0.43	0.04	0.15	-0.92	0.09	0.09	0.07	0.05	0.13	-0.62
3	0.09	0.17*		0.09	0.10	-0.11	0.01	0.15*		0.09	0.11*	
4	0.18*	0.14		0.15	0.19*		0.14	0.17*		0.19*	0.20**	-0.13
5	0.10	0.09	0.16	0.05	0.09	-0.33	0.09	0.17*		0.06	0.13	-0.63
6	0.06	0.05	0.08	0.07	0.05	0.16	0.08	0.12	-0.33	0.02	0.08	-0.54
7	0.17*	0.03		0.19*	0.11		0.03	0.29*		0.16*	0.12	
8	0.10	0.09	0.15	0.12	0.07	0.39	0.06	0.15	-0.76	0.12	0.11	0.03

表 2 - 71 给出了不同组别的批判性思维倾向总分和 7 个维度对信息素养与创造性问题提出的灵活性得分的调节效应检验结果。参照针对流畅性进行的调节效应分析，从回归系数和显著性水平以及 ΔZ 值能够确定批判性思维倾向对哪些路径起到了调节作用。具体调节效应如下：

①批判性思维倾向总分、开放思想、求知欲在信息素养与创造性问题提出的关系中不起调节作用。无论高批判性思维倾向还是低批判性思维倾向的人，无论其是否对不同意见抱有宽容的态度，其求知欲是否强，他们的信息素养和提出问题的类型的个数没有显著关系。

②寻找真相对信息素养总分、信息获取能力、信息加工能力和灵活性的关系中起调节作用。具体来讲，更加积极寻找知识、追求真理的大学生，他们的信息素养、信息获取能力和信息加工能力能够更好地预测其提出问题的类型个数；而低分组的大学生其信息素养、信息获取及信息加工均不能预测灵活性的分数。

③分析能力的调节作用主要体现在信息获取、信息意识与道德和信息素养总分对灵活性的预测作用上。尽管有些学生的分析能力较弱，不能很好地鉴别问题的根源所在，但如果其信息获取能力较好，对新信息更敏感，他也可以提出更多种类的问题。

④系统化能力的调节作用体现在信息获取、信息加工以及信息意识与道德维度上。系统化能力较高的学生，他们信息获取的能力更能影响提出问题类型的数量，信息加工能力和信息意识与道德方面不会影响问题类型数量；而系统化能力较低的学生，他们信息加工的能力、信息意识与道德对问题类型个数的影响更大。

⑤批判性思维的自信心对信息意识与道德和灵活性的关系起调节作用。尽管

对自己批判性思维缺乏自信，但他们若有较强的信息意识和道德意识，也更有可能提出更多类型的问题。

⑥认知成熟度的调节作用体现在信息素养总分、信息获取、信息加工、信息意识与道德对灵活性的影响上。认知成熟度高的学生，其信息获取、信息加工能力以及信息素养总分对灵活性的影响更大，而认知成熟度较低的学生，信息意识和信息道德意识更强时，也可以提出更多类型的问题。

（3）创造性问题提出的独创性维度作为因变量的分组回归分析。

以被试的独创性得分为因变量，分别以被试的信息素养总分及3个维度得分为自变量，批判性思维倾向的总分及7个分维度的分组变量为调节变量，进行分组回归（见表2-72）。

表2-72　　　　　独创性维度的分组回归结果（β）（$n = 287$）

序号	信息获取			信息加工			信息意识与道德			信息素养总分		
	高分组	低分组	ΔZ	高分组	低分组	ΔZ	高分组	低分组	ΔZ	高分组	低分组	ΔZ
1	0.27***	-0.032		0.19*	0.06		0.22**	0.17*	0.44	0.27**	0.06	
2	0.23**	0.12		0.10	0.21*		0.13	0.22**		0.19*	0.21*	-0.17
3	0.23**	0.22**	0.11	0.14	0.16*		0.23**	0.18*	0.42	0.23**	0.23**	0.05
4	0.21**	0.11		0.15	0.17*		0.17*	0.20*	-0.23	0.21**	0.19*	0.15
5	0.20*	0.08		0.02	0.07	-0.41	0.13	0.14	-0.09	0.15	0.11	0.32
6	0.13	0.03	0.77	0.17*	0.01		0.01	0.20**		0.15	0.08	0.59
7	0.22**	0.11		0.18*	0.13		0.18*	0.19*	0.09	0.23**	0.16	
8	0.21**	0.09		0.13	0.23		0.11	0.19*		0.19*	0.14	

注：1 = 寻找真相；2 = 开放思想；3 = 分析能力；4 = 系统化能力；5 = 批判思维的自信心；6 = 求知欲；7 = 认知成熟度；8 = 批判性思维倾向总分。

表2-72给出了不同组别的批判性思维倾向总分和7个维度对信息素养与创造性问题提出的独创性得分的调节效应检验结果。参照4.4.1中针对流畅性进行的调节效应分析，从回归系数和显著性水平以及ΔZ值能够确定批判性思维倾向对哪些路径起到了调节作用。具体调节效应如下：

①批判性思维倾向总分调节了信息获取能力、信息素养总分与独创性的关系。拥有高批判性思维倾向的大学生，其信息素养综合能力、信息获取能力对提出问题的独创性的影响更大；低批判性思维倾向的大学生，其信息素养总分和信息获取能力不能预测他的独创性分数。

②寻找真相对信息素养的总分及各个维度与独创性的关系均起调节作用。更愿意去寻求真理的学生，他们的信息素养总分和各个维度对独创性的预测作用更

强，信息素养越高，提出问题的独创性也就越高。而低分组的学生，其信息素养及其各个维度均不能预测问题提出的独创性分数。

③开放思想的调节作用主要体现在信息素养总分、信息获取以及信息加工能力对独创性的预测作用上。不同信息能够采取更加包容的态度的大学生，其信息获取能力越高，信息素养越高，提出问题的独创性就越高，他们的信息加工能力和信息意识与道德能力并不能预测其独创性；而开放思想倾向较低的学生，他们的信息加工能力越高时，提出问题的独创性就会越多。

④分析能力的调节作用主要体现在信息加工维度上。尽管有些学生的分析能力较弱，不能很好地鉴别问题的根源所在，但如果其信息加工能力较好，能够很好地进行信息评价和信息运用，他也可以提出独创性高的问题。而分析能力较强的学生，其信息加工能力不能很好地预测独创性分数。

⑤系统化能力的调节作用体现在信息素养总分、信息获取和信息加工维度对独创性的预测上。系统化能力较高的学生，他们信息素养总分以及信息获取的能力更能影响提出问题的独创性；而系统化能力较低的学生，信息加工的能力能够更好地预测独创性分数。

⑥批判性的思维自信心能够调节信息获取对创造性问题提出的独创性分数的预测。对自己批判性思维更自信的学生，他们的信息获取能力能够显著预测提出问题的独创性，而自信心较为缺乏的学生，信息获取能力不能预测问题的独创性。

⑦求知欲的调节作用体现在信息素养总分、信息获取和信息加工对流畅性的预测上。求知欲高的学生，其信息素养越高、信息获取、加工能力越强，越有可能提出更具有独创性的问题。

⑧认知成熟度的调节作用体现在信息素养总分、信息获取、信息加工对独创性的影响上。认知成熟度高的学生，其信息获取、信息加工能力以及信息素养总分对独创性的影响更大。

综合上述三个分组回归的结果，我们可以确定，大学生的批判性思维倾向在其信息素养与创造性问题提出能力的关系中起到了调节作用。这种调节作用是强度上的调节，并不改变信息素养预测创造性问题提出能力的方向。

（四）讨论

信息素养、批判性思维及创造力等三个变量都有众多理论探索和实证研究，但对于它们之间关系的探讨较少，且基本为思辨文章。研究者似乎对三者间的密切关系达成了共识，如均强调信息素养教育、批判性思维训练对创新人才的培养有重要作用，但缺乏相应数据支持。本研究通过实证明确了三者关系，为培养大学生创造性思维提供客观依据。

研究发现，大学生创造性问题提出能力与信息素养、批判性思维倾向均有显著正相关。由于创造性问题提出能力是创造性思维的重要组成部分，因此该结果验证了以往关于三者关系的理论思考。其中关系最为紧密的是信息素养与批判性思维倾向。艾伦（Allen）[1] 认为，批判性思维是基于学习者先前知识的基础上，对新信息进行概念化、分析、综合并最终应用，获得新知识的过程，这一过程与信息素养标准中强调的动态观相似，因此二者关系密不可分，其他研究者也抱有同样的观点[2][3][4]。相比而言，批判性思维倾向和创造性问题提出能力的相关较低。批判性思维和创造性思维的关系一直是思维界争论的焦点，目前还未形成统一看法。有研究者对二者不同之处进行了探讨[5][6]，认为批判性思维的目的是考查信息的情况，辨明问题，思维结果不一定有创新，但一定要清晰、准确、公正、合理；而创造性思维偏重于构建新观念、创造新思想。二者的不同功能可能是导致其相关较低的重要原因。

本研究预期假设批判性思维倾向调节了信息素养与创造性问题提出能力。批判性思维倾向是个体在批判性思维上展现的个人特质，不同批判性思维倾向的个体，其信息素养对创造性问题提出能力的作用可能不同。研究结果证实了这一假设，其中批判性思维倾向在信息获取对创造性问题提出的预测上的调节作用最为稳定。这一结果可从信息获取能力的含义寻求解释：信息获取能力是指个体能明确信息需求，并选取适合的检索方法获取信息的能力，核心是"找"，该过程相对较少涉及批判性思维的参与，但如想从获取到的海量信息中提出多且新颖的问题，则需要较高的批判性思维能力对信息的清晰性、正确性、相关性、重要性做出评价。因此，高批判性思维倾向的学生，其信息获取能力能够更好地预测提出问题的数量与质量；而低批判性思维倾向的学生，即便他们能够获取到很多信息，由于不能良好地运用批判性思维将其整合，势必影响到他们的问题提出

① Allen, M. Promoting critical thinking skills in online information literacy instruction using a constructivist approach. College & Undergraduate Libraries, 2008, 15 (1), pp. 21 –38.
② 王英雪：《大学生信息素养和批判性思维的培养》，载于《辽宁工程技术大学学报》（社会科学版）2011 年第 13 卷第 2 期，第 197 ~200 页。
③ Reece, G. J. Critical thinking and cognitive transfer: Implications for the development of online information literacy tutorials. Research Strategies, 2007, 20, pp. 482 –493.
④ 何云峰、金顺尧：《论批判性思维和创造性思维及其相互关系》，载于《中共浙江省委党校学报》1998 年第 5 期，第 8 ~15 页。
⑤ Ward, D. Revisioning information literacy for lifelong meaning. The Journal of Academic Librarianship, 2006, 32 (4), pp. 396 –402.
⑥ 赵德芳：《批判性思维与创造性思维的比较分析》，载于《湛江师范学院学报》2011 年第 32 卷第 1 期，第 58 ~61 页。

结果。

　　研究也发现，批判性思维倾向的调节作用在信息加工、信息意识与道德这两个维度上并不明显。信息加工能力强调个体对信息材料的评价、管理和应用，与批判性思维的某些维度内涵相似，且存在中等程度的相关，这导致了批判性思维倾向在信息加工与创造性问题提出之间不能起支持或削弱作用；而信息意识与道德维度是更偏向于意识层面的含义，批判性思维参与较少。因此，批判性思维倾向对信息意识与道德和创造性问题提出能力关系的调节作用也不明显。

五、个体变量、材料变量对大学生创造性问题提出能力的影响

（一）研究目的

　　本研究将综合考虑个体变量（信息素养、批判性思维倾向）和材料变量（信息量、批判性思维情境）对大学生创造性问题提出能力的影响。

　　尽管目前学者们通常采用流畅性、灵活性、独创性三个指标来衡量创造性问题提出能力，但创造性思维并不只是发散思维，它应是发散思维与聚合思维的统一，二者的紧密联系有助于提高创造性。因此，仅以独创性衡量问题质量并不足够。本研究试图在考查问题的流畅性、灵活性、独创性的同时，加入深刻性指标来刻画提问的思考层次，更好地反映问题质量。研究发现，尽管学生提问很多，但大多数问题旨在概念澄清或事实陈述，而非如何进行进一步思考[1][2]。借鉴以往关于问题思考层次分类的方式[3][4]，本研究将问题分为事实性、推论性和评价性三类：事实问题是对基本事实的客观反映，几乎不需要个体进行认知加工；推论问题则需要对信息进行一定的概括、比较；评价问题需要个体利用批判性思维，结合已有经验对信息进行评价和批判。提出这三类问题所需的认知水平、思考层次逐渐增高，因此，通过对个体提问类型的编码考查其深刻性从理论上是可行的。

---

① Chin, C., Brown, D. E., & Bruce, B. C. Student-generated questions: A meaningful aspect of learning in science. International Journal of Science Education, 2002, 24 (5), pp. 521 –549.

② Yerdelen – Damar, S., & Eryilmaz, A. Questions about physics: The case of a Turkish 'ask a scientist' website. Research Science Education, 2009, 40 (2), pp. 223 –238.

③ 杨小洋：《中学生个人认识论的特点及与自我提问、创造性思维的关系》，北京师范大学 2006 届博士学位论文。

④ Norton – Meier, L., Hand, B., Hockenberry, L., & Wisw, K. Questions, claims, and evidence: The important place of argument in children's science writing. National Science Teacher Association Press, 2008.

此外，上一研究已探讨了个体变量对大学生创造性问题提出能力的影响，其中，材料变量（宇宙飞船题目）作为控制变量出现，未涉及题目自身特征对结果的影响。从创造力系统观①的角度看，材料、情境特征对个体创造力表现也有较强的影响，但目前这类研究相对零散。鉴于信息素养和批判性思维倾向定义中均把信息作为其加工的对象，本研究将创造性问题提出能力的外部影响因素聚焦于信息量、批判情境特征等材料变量。已有研究对信息量与创造性关系的结果并不一致。有研究者认为，由于细节信息会迫使学生分配相应的认知资源进行信息识别与选择②，而创造性过程需要个体投入足够的认知努力与资源，根据认知负荷理论，增加信息可能会抑制创造性表现③④⑤。而研究者也发现，增加情境线索的复杂性与多样性能激活更多的问题表征，提升发散思维成绩⑥。造成分歧的原因可能是，在个体认知负荷能够接受的范围内增加信息确实能够促进创造性表现，但当超过一定负荷，个体能力起更大作用。有研究证实了这一点：在丰富情境信息的问题下，问题建构能力强的大学生能生成更好、更新颖的解决方法；而问题建构能力不足的学生创造性表现并未增加⑦。此外，情境特征也会影响创造性表现，相比于潜藏性情境，个体在需要找出情境中已经存在的矛盾、错误、缺陷的矛盾式情境下提出了更多更好的问题⑧⑨。

综上，本研究拟从流畅性、灵活性、独创性和深刻性等指标考查大学生的创造性问题提出能力，在对个体变量（信息素养、批判性思维倾向）进行能力分组

① Csikszentmihalyi, M. Society, culture, and person: a systems view of creativity. In R. J. Sternberg (Ed.), The nature of creativity. New York: Cambridge University Press, 1988, pp. 325 – 339.

② Ahmed, A., & Pollitt, A. Improving the quality of contextualized questions: An experimental investigation of focus. Assessment in Education, 2007, 14 (2), pp. 201 – 232.

③ Bose, M., Folse, J. A. G., & Burton, S. The role of contextual factors in eliciting creativity: Primes, cognitive load and expectation of performance feedback. Journal of Consumer Marketing, 2013, 30 (5), pp. 400 – 414.

④ Mumford, M. D., Mobley, M. I., Uhlman, C. E., Reiter – Palmon, R., & Doares, L. M. Process analytic models of creative capacities. Creativity Research Journal, 1991, 4, pp. 91 – 122.

⑤ Pettus, C., & Diener, E. Factors affecting the effectiveness of abstract versus concrete information. The Journal of Social Psychology, 1977, 103 (2), pp. 233 – 242.

⑥ Mumford, M., Reiter – Palmon, R., & Redmond, M. Problem Construction. In M. Runco (Ed.) Problem finding, problem solving and creativity. NJ: Ablex Publishing Corporation, 1994.

⑦ Reiter – Palmon, R., Mumford, M. D., O'Connor Boes, J., & Runco, M. A. Problem construction and creativity: The role of ability, cue consistency, and active processing. Creativity Research Journal, 1997, 10 (1), pp. 9 – 23.

⑧ 陈丽君：《大学生问题发现过程的思维特点》，载于《心理与行为研究》2014年第12卷第4期，第513～520页。

⑨ 陈丽君、郑雪：《大学生问题发现过程的问题行为图研究》，载于《心理发展与教育》2011年第1期，第35～43页。

的基础上，探讨材料变量（信息量、批判情境）对不同能力大学生创造性问题提出能力的影响。

（二）研究方法

1. 被试

根据本研究的研究目的，将参加"大学生创造性问题提出能力的特点"的529名被试进行筛选。根据一定条件筛选出四类学生，分别为高信息素养强批判性思维倾向组、高信息素养弱批判性思维倾向组、低信息素养强批判性思维倾向组、低信息素养弱批判性思维倾向组。筛选条件为：①对信息素养、批判性思维倾向总分从高到低排序，前27%的学生为高信息素养组或强批判性思维倾向组，后27%为低信息素养组或弱批判性思维倾向组，将两个变量组交叉，形成四个组别；②从四个组中随机筛选40～50名被试。

由于被试流失，最终有效被试为139名，其中高信息素养强批判性思维倾向组42名，平均年龄19.42岁（$SD = 1.21$）；高信息素养弱批判性思维倾向组31名，平均年龄19.43岁（$SD = 1.15$）；低信息素养强批判性思维倾向组28名，平均年龄18.96岁（$SD = 0.88$）；低信息素养弱批判性思维倾向组38名，平均年龄19.27岁（$SD = 1.11$）。共有男生56名，女生83名。

2. 研究设计

采取2（信息素养：高、低）×2（批判性思维倾向：强、弱）×2（信息量：高、低）×2（批判情境：有、无）四因素混合设计。其中信息素养、批判性思维倾向为被试间变量，信息量和批判情境为被试内变量。各自变量的含义如下：①信息素养和批判性思维倾向均分为高分组、低分组；②信息量为材料呈现信息的多少；③批判情境，即材料是否包含批判情境。因变量为提出问题的流畅性、灵活性、独创性及深刻性得分。

3. 研究工具

采用自编大学生创造性问题提出实验材料。以往类似研究的实验材料基本以科普短文为主[1][2][3]，因此，本研究从近5年出版的科普书籍中初步选取了8篇材料，请30名大学生从难度、趣味性、引发思考性等3个指标进行五点评分，筛

---

[1] 陈丽君：《大学生问题发现过程的思维特点》，载于《心理与行为研究》2014年第12卷第4期，第513～520页。

[2] 陈丽君、郑雪：《矛盾式与潜藏式情境问题发现思维策略的比较研究》，载于《心理学探新》2014年第34卷第4期，第365～371页。

[3] 杨小洋：《中学生个人认识论的特点及与自我提问、创造性思维的关系》，北京师范大学2006届博士学位论文。

选出 4 则引发思考性较强、趣味性较强、难度适中的文本材料，分别为"如何减少温室效应""液体海底""机器动物""莫扎特效应"；根据研究目的，对 4 则材料的信息量和批判情境进行处理，最终形成有批判情境的高信息量材料、无批判情境的高信息量材料、有批判情境的低信息量材料、无批判情境的低信息量材料。为确保材料内容非干扰变量，正式实验前对每个材料均进行了 4 种处理，对比了 30 名大学生在不同材料相同处理下的创造性问题提出能力。结果显示，大学生在 4 个材料上的表现无显著差异，说明材料内容不是干扰变量。最终随机确定了"如何减少温室效应"为有批判情境的高信息量材料、"液体海底"为无批判情境的高信息量材料、"机器动物"为有批判情境的低信息量材料、"莫扎特效应"为无批判情境的低信息量材料，具体实验材料见附录。

4. 研究程序

采用团体施测的纸笔测验，主试为受过培训的心理学专业研究生。为避免材料顺序效应，随机排列 4 个材料，被试完成一个材料并交回主试后，再进行下一个材料。每个材料用时约 15 分钟，总共用时约 60 分钟。指导语举例如下："假如你是一名研究者，目前需要针对本文内容展开科学研究，请把所想到的研究问题写在答题纸的相应位置。"

5. 数据处理与计分方式

采用流畅性、灵活性、独创性、深刻性等 4 个指标衡量被试的创造性问题提出能力。对问卷进行浏览，确保没有明显作答不认真的被试后，根据各指标计分或编码原则得到分数。4 个指标的计分均由 2 名心理学专业博士研究生独立完成，计分方式、编码原则如下。

流畅性得分是被试提出科学问题的个数，每个问题得 1 分。

灵活性评分如下：先由评分者对被试在 4 个材料上的所有问题分别根据属性进行归类，得到每个材料的问题类别总数；以此为标准对每名被试的问题分类，类别数目即为灵活性得分。

独创性得分由选择该答案的人数占总人数的百分比来决定，若该比例小于 5%，得 2 分；若该比例在 5%～10% 之间，得 1 分；若该比例在 10% 以上，得 0 分。所有提问的独创性得分之和即为被试的独创性得分。

深刻性得分需要综合考虑被试提出事实问题、推论问题、评价问题的表现：提出一个事实问题得 1 分，一个推论问题得 2 分，一个评价问题得 3 分。评分者根据每个问题的性质评分，被试所有问题的得分相加除以提问个数即为被试的深刻性得分。

随机抽取 40 份问卷对四个指标的计分结果进行了评分者一致性检验，一致性信度为 0.79～1，说明结果有效可靠。

6. 数据编码方式

由于创造性问题提出的灵活性分数需要对被试提出的问题进行分类，类别数即为被试的灵活性分数，因此，对四道题进行灵活性的内容编码。由 2 名心理学专业博士对所有文本进行考查并归类，抽取 40 份卷子进行评分者信度检验，2 名评分者的评分一致性信度为 0.79 ~ 0.87，说明分类是有效可靠的。以下四个表分别为 4 个材料的灵活性分类列举。

材料一"如何减少温室效应"为含批判情境的高信息量材料，灵活性类别可分为 6 类，分类编码、编码说明及典型提问见表 2-73；材料二"液体海底"为不含批判情境的高信息量材料，其灵活性类别可分为 6 类，分类编码、编码说明及典型提问见表 2-74；材料三"机器动物"为含批判情境的低信息量材料，其灵活性类别可分为 7 类，分类编码、编码说明及典型提问见表 2-75；材料四"莫扎特效应"为不含批判情境的低信息量材料，灵活性类别可分为 8 类，分类编码、编码说明及典型提问见表 2-76。

表 2-73　第一题"如何减少温室效应"的灵活性维度类别编码

类别编码	编码说明	典型回答
温室效应	有关温室效应的所有问题，如原因等	"真的是 CO_2 造成的地球变暖吗？" "除了 CO_2，还有哪些气体会引起温室效应？" "温室效应确实逐年增强吗？"
技术原理	涉及碳分离与储存的所有技术原理描述和疑问，如分离碳的具体技术、储存碳的具体技术等	"CO_2 和胺类物质发生反应的高温与低温应该达到多少？" "为什么 CO_2 埋于石油中可提高产量，机理何在？" "我们是如何将封存的 CO_2 送入无法开采的煤矿中的？"
技术造成的影响	对技术造成的影响的提问，如泄漏对海洋、地质的影响等	"在使用这种方法的同时会不会产生别的污染？" "改变空气构成是否会有副作用？如气压下降。" "海洋封存不会破坏海洋生态吗？违背生态平衡？"
项目实施的可行性	从国家、政府机构执行的角度进行提问，包括资金、项目承担人等问题	"采纳此计划，谁来负责执行？" "有多少国家会支持这种做法？" "各国政府与能源公司的目的是什么？"
技术推广的可行性	对研究技术本身的评价，现在的进展和未来发展趋势等	"未来碳分离是否会更完善？" "储存技术目前已经发展到什么程度？" "适合在全球进行普及吗？"

类别编码	编码说明	典型回答
新的解决方法	对解决温室效应提出了新的看法	"节能减排，植树造林，渐渐达到碳收支平衡是否才是最好？" "能否培育新品种的植物，光合作用能力极强，使其吸收大量 CO_2 并排出 O_2？" "能否模拟植物的光合作用来吸收 CO_2？"

表2-74　　第二题"液体海底"的灵活性维度类别编码

类别编码	编码说明	典型回答
形成原因	有关液体海底形成的原因提问	"设 $\rho = F(H)$，ρ 为海水密度，H 为深度，则 $\rho = F(H)$ 按照常理应是一个连续函数，而密度跃层显然意味着 $\rho = F(H)$ 存在间断点，这种间断点为何能够产生？" "如果有临界面，上下密度差要达到怎样才能产生液体海底？"
研究现状	液体海底目前的研究现状，以及今后的进展	"利用流体力学刻画液体海底是否可行？" "人工制造'液体海底'的可能性有多大？有哪些困难？"
对现象的质疑	对液体海底现象的真实性质疑	"关于'密度跃层'，海水密度不同，应该是交界处渐变着，跃层怎么会那么明显呢，还被人感觉到？" "液体海底真的存在吗？"
背景信息的求知	对液体海底现象等背景信息的疑问	"'液体海底'是否也有运动规律？" "液体海底在我国的分布，形成周期范围？"
造成的影响	液体海底会造成何种影响的疑问	"液体海底对动物的影响？" "液体海底对植物的影响？" "海底丰富的矿藏如若开采，液体海底的影响多大？"
对材料细节的思考	对文章细节的思考	"探险家以自身和摄像机的重量下潜，还是'自由落体'，海水阻力或者浮力那么不堪一击？" "探险家下潜约25米深，却探测了60余米，25米以何得知？"

表2－75　　　　第三题"机器动物"的灵活性维度类别编码

类别编码	编码说明	典型回答
实验逻辑	对实验背后的逻辑的思考	"机器动物完全复验动物，个人认为不可能做到，以机器动物做的实验，能取代动物实验吗？" "能用冰冷的机器简单地替代一个复杂的生命体吗？"
实验原理	对实验原理的思考，主要是生物学知识	"既然多年来都未找到蟋蟀控制这种行为的具体运作模式，为何不怀疑蟋蟀是否真的用歌声吸引异性？" "蟋蟀的这种行为是神经系统控制的吗？"
实验技术	对实验实施的技术、方法的思考	"怎样提高机器动物仿真模拟的真实程度？" "如何用纯机械电路模拟这一小部分神经系统？"
实验结果	对实验结果可信性、推广性的思考	"机器动物的实验结果的可信程度如何保证？" "实验结果完全复验的必要性，可行性探究是否必要？"
实验伦理	对实验伦理道德的思考	"动物实验确实有违伦理，机器就没有伦理了？人对于人造物品如此冷漠。" "这样会损害雄蟋蟀的权益嘛？"
实验改进	对实验改进提出了自己的看法	"为何无法用真实蟋蟀找到控制这种行为的具体运作模式？是否可以通过对照实验，即将蟋蟀分组，破坏各组蟋蟀的不同组织，从而找到控制这种行为的那部分？" "能否制造出可应对环境变化的更智能的机器动物？"
领域新进展	对该领域的最新进展的相关问题	"机器动物的制造能否应用于人体器官移植？" "生物学家目前为止对这一问题的多年研究情况？未来前景分析？"

表2－76　　　　第四题"莫扎特效应"的灵活性维度类别编码

类别编码	编码说明	典型回答
实验过程	对实验实施过程中的所有疑问	"实验样本容量是否足够大？" "是否有其他古典音乐作为对照组参与实验的能用冰冷的机器简单地替代一个复杂的生命体吗？" "当年智力测验题目是否科学？"

类别编码	编码说明	典型回答
实验结果	对实验结果的疑问	"持续 10～15 分钟是否仅仅源于音乐使人放松后带来的短期效应?" "是否真的造成了智商的提高?"
实验结果解释	对实验结果解释的疑问	"莫扎特音乐能等于古典音乐吗?" "空间能力提高等于智商提高?"
实验效果推广	对实验结果可信性、推广性的思考	"该效应是如何传播的?" "可否利用该效应达到商业赢利?"
背景信息的了解	对莫扎特效应的相关信息的疑问	"莫扎特聪明吗?" "莫扎特的音乐有什么特点?"
实验影响	抛开实验本身探讨音乐对人的影响等	"听哪种音乐能够使人更聪明?" "古典音乐可以影响人的哪些方面的能力? 大脑构造吗?"
实验改进	对实验做了自己的改进	"如何对动物播放莫扎特音乐,是否有类似效应?" "能否通过尝试创作莫扎特类型的音乐来达到相同的效果?"
研究的生态效度	对研究生态效度的疑问	"莫扎特音乐对不同年龄段、不同职业的人群作用是否相同?" "莫扎特音乐对别的人群有效果吗?"

(三) 研究结果与分析

1. 不同信息素养、批判性思维倾向的被试在不同材料上的流畅性表现

对不同信息素养水平、批判性思维倾向水平的被试在不同材料上的创造性问题提出流畅性的得分情况进行了描述统计,结果见表 2-77。

表 2 - 77　　　　　不同信息素养、批判性思维倾向大学生
在流畅性上的得分 （$M \pm SD$）

材料变量		个体变量			
		高信息素养组 （$n = 73$）		低信息素养组 （$n = 66$）	
		高批判倾向 （$n = 42$）	低批判倾向 （$n = 31$）	高批判倾向 （$n = 28$）	低批判倾向 （$n = 38$）
高信息量	有批判情境	7.93 ± 3.86	6.52 ± 2.85	6.25 ± 2.28	6.53 ± 2.54
	无批判情境	8.26 ± 4.32	6.90 ± 3.08	6.00 ± 2.71	6.61 ± 2.57
低信息量	有批判情境	7.67 ± 3.65	5.84 ± 2.55	5.64 ± 2.47	5.97 ± 2.57
	无批判情境	8.43 ± 4.56	7.26 ± 2.99	6.50 ± 2.77	6.74 ± 2.74

　　为考查信息素养水平、批判性思维倾向水平、信息量、批判情境对问题提出流畅性的影响，进行 2 （信息素养水平：高、低）×2 （批判性思维倾向水平：高、低）×2 （信息量：高、低）×2 （批判情境：有、无）重复测量方差分析。结果表明，批判情境的主效应显著，$F_{(1,135)} = 9.29$，$p < 0.01$，$\eta^2 = 0.07$，无批判情境时大学生提出了更多的问题；信息素养水平的主效应显著，$F_{(1,135)} = 5.28$，$p < 0.05$，$\eta^2 = 0.04$，信息素养水平高的学生提出的问题数量显著高于信息素养水平低的学生；信息量和批判情境的交互作用显著，$F_{(1,135)} = 5.95$，$p < 0.05$，$\eta^2 = 0.04$；信息素养水平和批判性思维倾向水平的交互作用边缘显著，$F_{(1,135)} = 3.75$，$p = 0.055$，$\eta^2 = 0.03$。其余主效应和交互作用均不显著 （$p > 0.05$）。因此，还需进一步对信息量和批判情境的交互作用、信息素养水平和批判性思维倾向的交互作用做简单效应分析。

　　对信息素养水平和批判性思维倾向的交互作用进行简单效应分析，结果显示：当大学生批判性思维倾向比较强时，如果他信息素养水平高，提出问题的个数显著多于信息素养水平低的大学生 （$M_{信息素养水平高} = 8.07$，$M_{信息素养水平低} = 6.10$），$F_{(4,133)} = 2.67$，$p < 0.05$；当大学生批判性思维倾向较弱时，信息素养水平也不起作用，无论高低，提问个数无显著差异 （$M_{信息素养水平高} = 6.62$，$M_{信息素养水平低} = 6.46$），$F_{(4,133)} = 0.23$，$p > 0.05$。

　　对信息呈现量和批判情境的交互作用进行简单效应分析，结果显示：当材料包含批判情境时，信息呈现量多能够促使学生提出更多的问题 （$M_{信息量高} = 6.81$，$M_{信息量低} = 6.28$），$F_{(1,138)} = 5.79$，$p < 0.05$；当材料不包含批判情境时，学生在信息呈现量不同的材料上提出的问题个数没有显著差异 （$M_{信息量高} = 6.94$，$M_{信息量低} = 7.23$），$F_{(1,138)} = 1.32$，$p > 0.05$。

2. 不同信息素养、批判性思维倾向的被试在不同材料上的灵活性表现

对不同信息素养水平、批判性思维倾向水平的被试在不同材料上的创造性问题提出灵活性的得分情况进行了描述统计，结果见表 2 – 78。

表 2 – 78　　　　　不同信息素养、批判性思维倾向大学生
在灵活性上的得分（$M \pm SD$）

材料变量		个体变量			
		高信息素养组（$n = 73$）		低信息素养组（$n = 66$）	
		高批判倾向（$n = 42$）	低批判倾向（$n = 31$）	高批判倾向（$n = 28$）	低批判倾向（$n = 38$）
高信息量	有批判情境	4.24 ± 1.03	2.80 ± 0.70	2.82 ± 0.82	2.84 ± 1.00
	无批判情境	3.26 ± 0.96	2.61 ± 0.62	2.89 ± 0.88	2.89 ± 0.98
低信息量	有批判情境	4.26 ± 1.17	2.90 ± 0.91	2.89 ± 1.03	2.71 ± 0.93
	无批判情境	4.14 ± 1.10	3.74 ± 1.06	3.61 ± 1.17	3.37 ± 1.00

为考查信息素养水平、批判性思维倾向水平、信息量、批判情境对问题提出灵活性的影响，进行 2（信息素养水平：高、低）× 2（批判性思维倾向水平：高、低）× 2（信息量：高、低）× 2（批判情境：有、无）重复测量方差分析。结果表明，信息量的主效应显著，$F_{(1,135)} = 29.15$，$p < 0.001$，$\eta^2 = 0.18$，信息呈现量少时大学生提出的问题类型更多；信息素养水平的主效应显著，$F_{(1,135)} = 19.28$，$p < 0.001$，$\eta^2 = 0.13$，信息素养水平高的学生提出的问题的类型数显著高于信息素养水平低的学生；批判性思维倾向水平的主效应显著，$F_{(1,135)} = 22.33$，$p < 0.001$，$\eta^2 = 0.14$，批判性思维倾向强的学生提出问题的类型数显著高于批判性思维倾向弱的学生；信息素养水平与批判性思维倾向水平的交互作用显著，$F_{(1,135)} = 14.72$，$p < 0.001$，$\eta^2 = 0.10$；信息量和批判情境的交互作用显著，$F_{(1,135)} = 30.12$，$p < 0.001$，$\eta^2 = 0.18$；批判情境与信息素养水平的交互作用显著，$F_{(1,135)} = 12.05$，$p < 0.001$，$\eta^2 = 0.08$；批判情境与批判性思维倾向水平的交互作用显著，$F_{(1,135)} = 8.82$，$p < 0.01$，$\eta^2 = 0.06$；批判情境、信息素养水平和批判性思维倾向水平的三次交互作用显著，$F_{(1,135)} = 10.49$，$p < 0.01$，$\eta^2 = 0.07$。因此，还需对交互作用做进一步的简单效应考查。

对信息素养水平和批判性思维倾向的交互作用进行简单效应分析，结果显示：当大学生批判性思维倾向比较强时，如果他信息素养水平高，提出问题的类型个数显著多于信息素养水平低的大学生（$M_{信息素养水平高} = 3.98$，$M_{信息素养水平低} = 3.05$），$F_{(4,133)} = 14.31$，$p < 0.001$；当大学生批判性思维倾向较弱时，信息素养

水平对灵活性作用不显著（$M_{信息素养水平高} = 3.02$，$M_{信息素养水平低} = 2.95$），$F_{(4, 133)} = 1.37$，$p > 0.05$。

对信息量和批判情境的简单效应分析表明：当材料包含批判情境时，信息呈现量不影响学生的问题类型个数（$M_{信息量高} = 3.18$，$M_{信息量低} = 3.19$），$F_{(1, 138)} = 0.01$，$p > 0.05$；当材料不包含批判情境时，信息呈现量少时学生反而能够提出更多类型的问题（$M_{信息量高} = 2.92$，$M_{信息量低} = 3.72$），$F_{(1, 138)} = 56.95$，$p < 0.001$。

对批判情境和信息素养水平的简单效应分析表明：对于信息素养水平较高的学生来讲，呈现批判情境时他们提出的问题类型显著多于不呈现批判情境时（$M_{有批判情境} = 3.55$，$M_{无批判情境} = 3.44$），$F_{(2, 136)} = 10.09$，$p < 0.001$；而对于信息素养水平较低的学生来讲，不呈现批判情境时他们提出的问题类型显著多于呈现批判情境时（$M_{有批判情境} = 2.81$，$M_{无批判情境} = 3.19$），$F_{(2, 136)} = 13.51$，$p < 0.001$。二者方向相反。

对批判情境和批判性思维倾向水平的简单效应分析表明：对于批判性思维倾向较强的学生，呈现批判情境时他们提出的问题类型显著多于不呈现批判情境时（$M_{有批判情境} = 3.55$，$M_{无批判情境} = 3.47$），$F_{(2, 136)} = 8.97$，$p < 0.001$；而对于批判性思维倾向较低的学生来讲，不呈现批判情境时他们提出的问题类型显著多于呈现批判情境时（$M_{有批判情境} = 2.82$，$M_{无批判情境} = 3.15$），$F_{(2, 136)} = 12.84$，$p < 0.001$。二者方向相反。

批判情境、信息素养水平、批判性思维倾向的三次交互作用显著。进一步分析发现：对于批判性思维倾向较强的学生来说，批判情境和信息素养水平的交互作用显著，$F_{(2, 67)} = 10.64$，$p < 0.001$，简单效应结果显示，对于信息素养水平较高的大学生，呈现批判情境时他们提出的问题类型显著多于不呈现批判情境时（$M_{有批判情境} = 4.25$，$M_{无批判情境} = 3.70$），$F_{(2, 67)} = 13.83$，$p < 0.001$；而对于信息素养水平较低的学生来讲，不呈现批判情境时他们提出的问题类型显著多于呈现批判情境时（$M_{有批判情境} = 2.86$，$M_{无批判情境} = 3.25$），$F_{(2, 136)} = 4.66$，$p < 0.05$。二者方向相反。而对于批判性思维倾向较弱的学生来说，批判情境和信息素养水平的交互作用不显著，$F_{(2, 66)} = 0.71$，$p > 0.05$，无论信息素养水平高或低，在不呈现批判情境时提出问题的类型更多。

3. 不同信息素养、批判性思维倾向的被试在不同材料上的独创性表现

对不同信息素养水平、批判性思维倾向水平的被试在不同材料上的创造性问题提出独创性的得分情况进行了描述统计，结果见表 2-79。

表 2 - 79 不同信息素养、批判性思维倾向大学生在
独创性上的得分 ($M \pm SD$)

材料变量		个体变量			
		高信息素养组 ($n = 73$)		低信息素养组 ($n = 66$)	
		高批判倾向 ($n = 42$)	低批判倾向 ($n = 31$)	高批判倾向 ($n = 28$)	低批判倾向 ($n = 38$)
高信息量	有批判情境	9.21 ± 5.32	6.81 ± 4.32	5.82 ± 3.43	4.74 ± 2.89
	无批判情境	5.79 ± 4.06	4.90 ± 3.57	3.60 ± 3.17	4.94 ± 3.27
低信息量	有批判情境	7.79 ± 4.85	3.61 ± 2.51	3.54 ± 2.36	3.58 ± 2.78
	无批判情境	5.05 ± 3.72	3.77 ± 2.68	2.82 ± 2.25	3.15 ± 2.74

为考查信息素养水平、批判性思维倾向水平、信息量、批判情境对问题提出独创性的影响，进行 2（信息素养水平：高、低）× 2（批判性思维倾向水平：高、低）× 2（信息量：高、低）× 2（批判情境：有、无）重复测量方差分析。结果表明，信息量的主效应显著，$F_{(1,135)} = 47.84$，$p < 0.001$，$\eta^2 = 0.26$，在信息呈现量高时大学生提出的问题更新颖、更独特；批判情境的主效应显著，$F_{(1,135)} = 27.27$，$p < 0.001$，$\eta^2 = 0.17$，有批判情境时大学生提出的问题比无批判情境时提出的独创性更高；信息素养水平的主效应显著，$F_{(1,135)} = 17.10$，$p < 0.001$，$\eta^2 = 0.11$，信息素养水平高的学生提出的问题独创性显著高于信息素养水平低的学生；批判性思维倾向水平的主效应显著，$F_{(1,135)} = 5.18$，$p < 0.05$，$\eta^2 = 0.04$，批判性思维倾向更强的学生，提出了更独特的问题；信息素养水平和批判性思维倾向水平的交互作用显著，$F_{(1,135)} = 6.93$，$p < 0.01$，$\eta^2 = 0.05$；批判情境和信息素养水平的交互作用显著，$F_{(1,135)} = 5.08$，$p < 0.05$，$\eta^2 = 0.04$；批判情境和批判性思维倾向水平的交互作用显著，$F_{(1,135)} = 11.40$，$p < 0.01$，$\eta^2 = 0.08$。其余交互作用均不显著（$p > 0.05$）。因此，还需进一步对信息素养水平和批判性思维倾向水平、批判情境和信息素养水平、批判情境和批判性思维倾向水平的交互作用做简单效应分析。

对信息素养水平和批判性思维倾向的交互作用进行简单效应分析，结果显示：当大学生批判性思维倾向比较强时，信息素养水平高则提出问题的独创性显著高于信息素养水平低的大学生（$M_{信息素养水平高} = 6.96$，$M_{信息素养水平低} = 3.95$），$F_{(4,133)} = 7.71$，$p < 0.001$；当大学生批判性思维倾向较弱时，信息素养水平对独创性作用不显著（$M_{信息素养水平高} = 4.77$，$M_{信息素养水平低} = 4.11$），$F_{(4,133)} = 1.55$，$p > 0.05$。

对批判情境和信息素养水平交互作用的简单效应检验表明：对于信息素养水

平较高的学生来讲，呈现批判情境时他们提出问题的独创性显著高于不呈现批判情境时（$M_{有批判情境} = 6.85$，$M_{无批判情境} = 4.88$），$F_{(2,136)} = 16.53$，$p < 0.001$；而对于信息素养水平较低的学生来讲，呈现批判情境和不呈现批判情境时他们提出问题的独创性得分没有显著差异（$M_{有批判情境} = 4.42$，$M_{无批判情境} = 3.63$），$F_{(2,136)} = 1.49$，$p > 0.05$。

对批判情境和批判性思维倾向水平的简单效应分析表明：对于批判性思维倾向较强的学生，呈现批判情境时他们提出问题的独创性显著多于不呈现批判情境时（$M_{有批判情境} = 6.59$，$M_{无批判情境} = 4.32$），$F_{(2,136)} = 21.19$，$p < 0.001$；而对于批判性思维倾向较低的学生来讲，呈现批判情境和不呈现批判情境时他们提出问题的独创性得分没有显著差异（$M_{有批判情境} = 4.68$，$M_{无批判情境} = 4.20$），$F_{(2,136)} = 0.88$，$p > 0.05$。

4. 不同信息素养、批判性思维倾向的被试在不同材料上的深刻性表现

对不同信息素养水平、批判性思维倾向水平的被试在不同材料上的创造性问题提出深刻性的得分情况进行了描述统计，结果见表 2 - 80。

表 2 - 80　　　　　不同信息素养、批判性思维倾向大学生
在深刻性上的得分 （$M \pm SD$）

材料变量		个体变量			
		高信息素养组 （$n = 73$）		低信息素养组 （$n = 66$）	
		高批判倾向 （$n = 42$）	低批判倾向 （$n = 31$）	高批判倾向 （$n = 28$）	低批判倾向 （$n = 38$）
高信息量	有批判情境	1.86 ± 0.28	1.99 ± 0.46	2.07 ± 0.44	2.06 ± 0.38
	无批判情境	1.72 ± 0.26	1.78 ± 0.35	1.73 ± 0.32	1.78 ± 0.26
低信息量	有批判情境	2.17 ± 0.33	2.33 ± 0.37	2.19 ± 0.46	2.21 ± 0.44
	无批判情境	1.66 ± 0.30	1.87 ± 0.26	1.83 ± 0.35	1.76 ± 0.27

为考查信息素养水平、批判性思维倾向水平、信息量、批判情境对问题提出深刻性的影响，进行 2（信息素养水平：高、低）×2（批判性思维倾向水平：高、低）×2（信息量：高、低）×2（批判情境：有、无）重复测量方差分析。结果表明，信息量的主效应显著，$F_{(1,135)} = 19.97$，$p < 0.001$，$\eta^2 = 0.13$，信息呈现量少的时候被试提问的深刻性显著大于信息呈现量多的时候；批判情境的主效应显著，$F_{(1,135)} = 191.76$，$p < 0.001$，$\eta^2 = 0.58$，有批判情境时大学生提出了更深刻的问题；信息量和批判情境的交互作用显著，$F_{(1,135)} = 14.59$，$p < 0.001$，$\eta^2 = 0.10$；信息量、批判情境和信息素养水平的三次交互作用显著，$F_{(1,135)} = 4.34$，$p < 0.05$，$\eta^2 = 0.03$。其余主效应和交互作用均不显著（$ps > 0.05$）。因

此，还需进一步对信息量和批判情境的二次交互作用、信息量，批判情境和信息素养水平的三次交互作用做简单效应分析。

对信息量和批判情境的简单效应分析表明，这种交互作用是次序性的，即方向一致，程度有所差异，在信息呈现量低时二者差异较大。当信息呈现量高时，有批判情境时大学生提出问题的深刻性更高（$M_{有批判情境} = 2.00$，$M_{无批判情境} = 1.75$），$F_{(1,138)} = 41.78$，$p < 0.001$；当信息呈现量较低时，同样是有批判情境时学生提出问题的深刻性更高（$M_{有批判情境} = 2.23$，$M_{无批判情境} = 1.78$），$F_{(1,138)} = 156.69$，$p < 0.001$。

信息量、批判情境、信息素养水平的三次交互作用显著。进一步分析发现：对于信息素养水平高的的学生来说，信息量和批判情境的交互作用显著，且为次序性交互作用，$F_{(1,72)} = 582.60$，$p < 0.001$，简单效应结果显示，当信息呈现量高时，有批判情境时大学生提出问题的深刻性更高（$M_{有批判情境} = 1.92$，$M_{无批判情境} = 1.75$），$F_{(1,72)} = 13.38$，$p < 0.001$；低信息呈现量时，有批判情境时大学生提出问题的深刻性也更高（$M_{有批判情境} = 2.25$，$M_{无批判情境} = 1.77$），$F_{(1,72)} = 105.39$，$p < 0.001$。对于信息素养水平较低的学生来说，信息量和批判情境的交互作用也是类似的，信息量和批判情境的交互作用显著，$F_{(1,72)} = 473.07$，$p < 0.001$，简单效应结果显示，当信息呈现量高时，有批判情境时大学生提出问题的深刻性更高（$M_{有批判情境} = 2.07$，$M_{无批判情境} = 1.76$），$F_{(1,72)} = 30.20$，$p < 0.001$；低信息呈现量时，有批判情境时大学生提出问题的深刻性也更高（$M_{有批判情境} = 2.20$，$M_{无批判情境} = 1.79$），$F_{(1,72)} = 56.21$，$p < 0.001$。

（四）讨论

1. 个体变量对创造性问题提出能力的影响

结果显示，在不同材料条件下，个体变量对被试的流畅性、灵活性、独创性影响较为稳定。信息素养和批判性思维倾向的主效应均显著，且二者存在显著的交互作用。进一步分析得出，当学生批判性思维倾向较强时，高信息素养组能灵活地提出更多、更新颖、更独特的问题；当学生批判性思维倾向较弱时，高、低信息素养组提出问题的流畅性、灵活性、独特性无显著差异。这一结果与前一研究一致：批判性思维倾向在信息素养预测创造性问题提出能力时起了调节作用，强批判性思维倾向的学生，其信息素养对创造性问题提出能力的预测作用更好。有学者提出[1]，在运用信息素养解决实际问题时，只有学生充分发挥其批判性思

---

[1] Scharf, D., Elliot, N., Huey, H., Briller, V., & Joshi, K. Direct assessment of information literacy using writing portfolios. Journal of Academic Librarianship, 2007, 44 (4), pp. 462 – 478.

维去评价信息，才能将新知识整合到自身的知识体系中。信息素养涵盖信息获取、信息加工与信息意识与道德等内容，以往研究表明[1][2]，批判性思维倾向的调节作用主要体现在信息获取维度。强批判性思维倾向的个体由于能更好地对获取的信息进行评价与运用，故能提出更多新颖、独特且有意义的问题；弱批判性思维倾向的个体，即便其信息素养较高，能从材料中获取丰富信息，但由于不善于评价信息，故其创造性问题提出能力表现较差。

个体变量对创造性问题提出的深刻性得分并无显著影响。思维的深刻性指思维活动的广度、深度和难度，集中体现在善于深入地思考问题，抓住事物的规律和本质，预见事物的发展进程[3]。本书中，深刻性主要体现在广度和难度上，学生提出的推论性问题、评价性问题越多，其深刻性就越高。可能是由于大学生的生理心理发展趋于稳定，看问题较为全面和深入。但他们有可能在不同的任务材料中表现出不同的深刻性。

2. 材料变量对创造性问题提出能力的影响

任务特征会影响个体的创造性表现[4]。研究结果证实了这一观点，但材料变量对创造性问题提出能力四个维度的影响存在差异。在流畅性上，有批判情境会降低个体提问数量，但此时高信息量在一定程度上促使个体多提问题；在灵活性上，低信息量且无批判情境时，个体能够提出更多类别的问题；在独创性上，高信息量和批判情境均能使个体生成更具新颖性的观点；在深刻性上，高信息量反而抑制了个体提问的深刻性，但此时有批判情境能够提高个体的深刻性。

有研究发现，限制思考的空间可能会减少观点的数量，但会增加创造表现[5]。本研究中，有批判性情境可能会局限个体思维的广度，但有益于思维的深度及独创性，因此个体在此条件下提问的数量和类别均降低，独创性和深刻性得分较高。这一结果也与类似研究一致[6]，他们发现大学生在矛盾式情境中发现问题的深刻性、新颖性均显著高于潜藏式情境。丰富的情境信息能激活个体更多的问题

① Kwon, N. A mixed-methods investigation of the relationship between critical thinking and library anxiety among undergraduate students in their information search process. College and Research Libraries, 2008, 69 (2), pp. 117 – 131.

② 刘春晖：《大学生信息素养与创造性问题提出能力的关系——批判性思维倾向的调节效应》，载于《北京师范大学学报》（社会科学版）2015 年第 1 期，第 55~61 页。

③ 林崇德：《我的心理学观》，商务印书馆 2008 年版。

④ Baer, J. The effects of task-specific divergent-thinking training. The Journal of Creative Behavior, 1996, 30 (3), pp. 183 – 187.

⑤ Finke, R. A., Ward, T. B., & Smith, S. M. Creative cognition: Theory, research, and applications. Cambridge, MA: MIT Press, 1992.

⑥ 陈丽君、郑雪：《大学生问题发现过程的表征层次研究》，载于《心理发展与教育》2009 年第 3 期，第 46~53 页。

表征，这也许是高信息量下个体流畅性、独创性相对提高的原因[1]；但此条件下个体沿给定的信息线索思考，会限制其灵活性和深刻性表现，即使提问个数多，但类别较为集中，且高水平问题较少；此时有批判性情境可促进其深刻性表现，为个体深入思考提供线索。

3. 个体变量和材料变量对创造性问题提出能力的综合影响

很多学者均认为创造力是多个因素共同作用的结果[2][3]。本研究发现，个体变量和材料变量在灵活性和独创性上存在交互作用。

高信息素养或强批判性思维倾向的学生，在有批判情境的材料下灵活性和独创性表现较好；低信息素养或弱批判性思维倾向的学生，在无批判情境时灵活性较好，但其在两种批判情境下的独创性无显著差异。以往研究认为，细节信息对认知资源的占用会抑制创造性表现[4]，眼动研究也表明[5]，矛盾式情境可促使个体在认知加工中投入更多努力去发现问题，认知负荷较大。此时个体变量起较大作用，高能力学生在信息搜寻后能更有效地筛选和辨识出关键信息，理顺各要素之间的内在联系后提出问题[6]。本研究验证了这一观点。批判情境包含对现象正负评价的信息，因此所需认知负荷较大。在此条件下，高信息素养或强批判性思维倾向的个体能够精准地检索出需要的信息，并加以批判性地运用，从而提出新颖的、多种类别的问题；而低信息素养或弱批判性思维倾向的个体，由于批判情境的信息占用了他们过多的认知资源，加之其信息获取、加工能力弱，不能有效利用信息，批判情境抑制了其提问的类别，在无批判情境时反而能更好地运用发散思维提出更多类别的问题。与灵活性不同，尽管本研究表明批判情境对独创性有促进作用，但由于低信息素养或弱批判性思维倾向的个体对批判情境的信息均不能很好地加工，因此两种批判情境下的独创性表现无差异。

① Mumford, M., Reiter-Palmon, R., & Redmond, M. Problem Construction. In M. Runco (Ed.) Problem finding, problem solving and creativity. NJ: Ablex Publishing Corporation, 1994.

② Amabile, T. M. The social psychology of creativity: A componential conceptualization. Journal of Personality and Social Psychology, 1983, 45, pp. 357–376.

③ Sternberg, R. J., & Lubart, T. I. The concept of creativity: Prospects and paradigms. In R. J. Stern-berg (Ed.), Handbook of creativity: 3–16. New York: Cambridge University Press. 1999.

④ Bose, M., Folse, J. A. G., & Burton, S. The role of contextual factors in eliciting creativity: Primes, cognitive load and expectation of performance feedback. Journal of Consumer Marketing, 2013, 30 (5), pp. 400–414.

⑤ 陈丽君、郑雪：《矛盾式与潜藏式情境问题发现思维策略的比较研究》，载于《心理学探新》2014年第34卷第4期，第365~371页。

⑥ 陈丽君、郑雪：《大学生问题发现过程的表征层次研究》，载于《心理发展与教育》2009年第3期，第46~53页。

六、教学实践价值及启示

培养高素质创造性人才是目前高等学校教学改革的一个重要目标，为此国内各高校开展了一系列针对创新型人才培养的教学改革与实践。本节中的系列研究系统地考查了大学生创造性问题提出能力的特点，在此基础上也重点关注不同心理特点的大学生在不同处理材料上的创造性问题提出能力，采用问卷法和实验法验证了已有的研究，也为在高等教育中如何培养学生的创造性问题提出能力、创新能力等提供了思路。

（一）从思维品质入手培养创造性问题提出能力

创造性问题提出过程中需要学生运用创造性思维。思维品质体现了每个个体思维的水平和智力的差异，林崇德提出[①]，个体思维品质的培养是智力开发的突破口。因此，对创造性问题提出能力的培养，也可以从思维品质入手，这不仅是因为创造性问题提出能力与智力的相关，更是由于创造性问题提出能力的衡量指标与思维品质本质相同。在本研究中，通过流畅性、灵活性、独创性和深刻性对大学生的创造性问题提出能力进行了考查，也发现学生在这些维度上的个体差异。因此，在今后的教学实践中，应该着重从以下几个方面进行训练。

第一，从深刻性品质出发，鼓励学生多提表征加工水平高的问题，加强学生概括能力的培养，使学生善于深入地思考问题，抓住事物的规律和本质，具有较强的分析性、策略性和全面性；第二，从灵活性品质出发，使学生打破思维定式，善于从不同角度思考问题；第三，从独创性品质出发，使学生不进行重复性的学习，不人云亦云，勤思考，善于打破常规，从旁人不易觉察的方面提出问题，要培养学生创造性想象的能力；第四，从批判性品质出发，鼓励学生追求真理、敢于想自己固有思想挑战，敢于向"权威"挑战，学会从事情的不同角度看问题；第五，从敏捷性（流畅性）出发，使学生勤于提出问题，譬如采取"头脑风暴法"进行学生之间的交流。

此外，通过思维品质进行训练还有利于因材施教，因为每个人思维品质各不相同，教师应该在教学中充分了解学生，例如有的学生流畅性、灵活性很出色，但独创性和深刻性略显不足，这就需要教师能够针对不同品质的特点进行针对性的培养。总之，通过思维品质进行创造性问题提出能力的培养是一条可行的路径。

---

① 林崇德：《我的心理学观》，商务印书馆 2008 年版。

（二） 加强学生信息素养和批判性思维的培养

本研究结果表明，信息素养和批判性思维都能够影响学生的创造性问题提出能力。因此，在教育中对信息素养的培养，以及批判性思维的训练对于提高大学生的创造性问题提出能力是十分重要的。这两个变量从本质上说是都属于技能范畴，通过学习和练习可以不断提高。

提高学生的信息素养，主要可以从以下两个方面入手：第一，加强学校图书馆的建设。从信息素养的概念、标准制定可以看出，国外图书馆都把培养个体的信息素养作为重要的职能之一，因此，我国的图书馆也应吸收国外优秀经验，把信息素养的培养作为重要任务之一。现在各学校也都在积极开展信息检索教学、信息检索大赛等活动，图书馆系统在其中起着很重要的作用，从北京师范大学的情况来看，图书馆每次举行的信息检索专题讲座都得到了大家的热烈支持，同学们对这种活动的热情很高。但信息素养并非仅有信息检索一项，我们还要训练学生对信息加工的能力，包括对不同信息源的评价、对信息源的管理以及如何准确有效地表达信息。第二，要和具体学科相结合。正如思维品质的培养要与学科能力相结合一样，信息素养是一个基本能力，在各个学科中都有体现，因此，也可以从各个学科中进行培养。

提高学生的批判性思维，也可以从以下几方面入手。第一，开展专门的批判性思维课程。美国高校的批判性思维课程较多，而国内专门针对批判性思维训练的课程还较少，我们可以借鉴国外的先进经验，从课程设置出发，让学生了解批判性思维。第二，本研究中主要考查学生的批判性思维倾向，在综述中我们也看到，批判性思维倾向之于批判性思维技能的作用，与非智力因素与智力因素的关系相仿。因此，提高学生批判性思维的倾向是提高批判性思维的重要途径。因此，可以从批判性思维倾向的几个维度出发，鼓励学生寻求真理，对不同思想要有包容而批判的态度，对知识保持高度的求知欲，成为一个成熟的批判性人才。第三，尽管可以开设专门的课程，但批判性思维也应与学科结合。这就要求教师对自身的批判性思维进行培养，有了高批判性思维的教师，才能有高批判性思维的学生。

（三） 建立适合创造性问题提出能力发展的环境

仅仅从个体因素促进创造性问题提出能力是不够的，本研究的结果表明外部因素（如材料因素）对创造性问题提出能力也有影响。以往研究也表明[1]，课堂

---

① 韩琴：《课堂互动对学生创造性问题提出能力的影响》，华中师范大学 2008 届博士论文。

互动、教学方式等外部因素都会影响学生的创造性问题提出能力。

第一，高校应给学生营造宽松自由的环境，以问题促进教学。创造性问题提出能力不仅仅是局限于学生提问，在问题教学中，教师是否能提出一个创造性的问题，也影响着学生能力的发展。卢梭曾经说过[1]，"问题不在于告诉他一个真理，而在于教他怎样去发现真理。"以问题促进问题，这也就是问题教学的重要意义。在这种教学模式下，可以向不同学生呈现不同类型的材料，如同本研究所证明的，材料的性质也能够促进或抑制学生创造性问题提出的能力。但我们也应看到，本研究所选取的材料变量（信息量、批判情境）对于高信息素养水平和高批判性思维倾向的学生更有促进作用，因此，还应从个体角度提高信息素养和批判性思维，材料的促进是一个外部环境，外因还需通过内因起作用。

第二，开展更多形式的创新教育。本研究选取了北京师范大学励耘基础学科实验班的同学作为被试，与常规教学班的同学进行了对比，结果表明，励耘班的同学在创造性问题提出、信息素养以及批判性思维倾向上的得分都显著高于普通教学班的同学。这从一定意义上可以说明励耘实验班的选拔标准是科学的，这些学生确实在创新精神的某些方面表现较为突出；同时通过我们的访谈表明，学生对励耘班的教学模式给予了高度的肯定，他们认为，这种教学模式使他们更喜欢学习，更爱创造性的思考问题了。因此，如何让励耘班的教学模式更灵活地应用于更多有需要的同学是今后一个努力的方向，这也是研究拔尖创新人才成长规律和培养模式的目标之一。尽管创造性是分层次的，但无论是从本研究，还是前人研究中都可以看到，人人都有创造性。正如有研究者对创造性进行了4类划分[2]：杰出的创造性，即天才或名人的创造性；专业的创造性，即某个领域的专家的创造性；较小的创造性，即普通人在日常生活中表现出的创造性；微小的创造性，即每个人都具有的、相对于个人经历而言的创造性或创造潜能。因此，对不同类型的学生开展不同的创新教育培养也是十分重要的，对于高校中相对拔尖的学生，可能"珠峰计划"励耘班的这种教学模式更适合他，而对于常规教学班来讲，我们可以吸收励耘班的一些教学经验，将它改进为更适合一般学生的培养模式。

---

① ［法］卢梭著，李平沤译：《爱弥儿——论教育》，商务印书馆1978年版。

② Kaufman，J. C.，& Begehtto，R. A. Beyond big and little：The four c model of creativity. Review of General Psychology，2009，13，pp. 1 – 12.

第三章

创造性神经基础的近红外光学脑成像研究

——右半球在创造性思维中的作用

为了更好地揭示拔尖创新人才成长规律与培养模式，我们在课题中研究了创造性思维的脑机制。近十几年来，创造性的脑机制日益成为国际前沿性研究热点，学者们研究运用多种脑成像技术，从时间（如脑电）和空间（如磁共振成像技术）角度探讨创造性的神经基础，已积累了大量的研究报告，不少报告被发表于《自然》（Nature）和《科学》（Science）等国际顶级学术杂志①②③④。

这些研究主要围绕两个维度展开：一是高创造性人群的脑具有什么样的结构和功能特征。这类研究属于个体差异性研究（或称基于被试的研究），通过考查创造力高低不同的个体在脑结构和功能上的差异来揭示创造力特质的神经基础。高创造力个体通过两类途径获得：第一，募集社会精英，在某些需要创造性活动的职业中筛选出高成就者作为高创造力被试；第二，招募普通个体，然后让其完成各类创造性测试任务或问卷，从中筛选出得分较高的个体作为高创造力被试。实验时分别采集行为数据和脑结构或功能活动数据，最后把两部分数据融合起来，分析比较不同创造性的被试表现出来的脑结构或功能差异或是其与被试创造性得分的相关性，从而揭示创造性的神经基础。二是创造性思维过程中脑的功能活动有什么特点。创造性思维指的是能够创造出创造性产品的心理能力群集，这

---

① Goldenberg, J., Mazursky, D., & Solomon, S. Creative Sparks. Science, 1999, 285, pp. 1495–1496.

② Maquet, P. & Ruby, P. Insight and the sleep committee. Nature, 2004, 427, pp. 304–305.

③ Wagner, U, Gais, S., Haider, H., et al. Sleep inspires insight. Nature, 2004, 427, pp. 352–355.

④ Zeki, S. Artistic Creativity and the Brain. Science, 2011, 293 (5527), pp. 51–52.

个群集包括发散思维能力、聚合思维能力、想象能力等，其核心是发散思维能力[1]。因此，创造性思维的神经基础的研究在实践中多是对这些能力特别是发散思维的神经基础的研究。

第一节　创造性脑机制研究现状

如上所述，随着神经科学技术的发展，创造性脑机制研究得到了极大的推动，得到了多方位的探索。下面按前面所述的两个维度对与创造性相关的脑空间特征研究作一综述。

一、创造性思维的神经基础

早期，研究者们多采用单一方法的研究，即将创造力看作一个单一的整体而非由不同加工过程构成的集合体。实验中主要对比创造性任务和非创造性任务间的脑活动差异来揭示创造性思维的神经基础。多数研究发现前额叶的活动与创造性思维过程密切相关[2][3][4]。但也有部分应用 fMRI（Functional Magnetic Resonance Imaging，功能性磁共振成像）技术的研究发现创造性思维过程与顶叶活动密切相关[5][6]。另外，还有研究发现颞叶也参与创造性思维活动[7]。

---

① 李婧君、韦小满：《关于 4P 模型的国内外创造力研究综述》，载于《中国信息技术教育》2013 年第 12 期，第 111～113 页。

② Shamay - Tsoory, S. G., Adler, N., Aharon - Peretz, J., Perry, D., & Mayseless, N. The origins of originality: the neural bases of creative thinking and originality. Neuropsychologia, 2011, 49 (2), pp. 178 - 185.

③ Vartanian, O., Bouak, F., Caldwell, J. L., Cheung, B., Cupchik, G., & Jobidon, M. E., et al. The effects of a single night of sleep deprivation on fluency and prefrontal cortex function during divergent thinking. Frontiers in Human Neuroscience, 2014, 8 (1), P. 214.

④ Zhang, H., Liu, J., & Zhang, Q. Neural representations for the generation of inventive conceptions inspired by adaptive feature optimization of biological species. Cortex, 2014, 50, pp. 162 - 173.

⑤ Fink, A., Koschutnig, K., Benedek, M., Reishofer, G., Ischebeck, A., Weiss, E. M., & Ebner, F. Stimulating creativity via the exposure to other people's ideas. Human brain mapping, 2012, 33 (11), pp. 2603 - 2610.

⑥ Kleibeuker, S. W., Koolschijn, P. C. M. P., Jolles, D. D., De, D. C. K. W., & Crone, E. A. The neural coding of creative idea generation across adolescence and early adulthood. Frontiers in Human Neuroscience, 2013, 7 (7).

⑦ Abraham, A., Beudt, S., Ott, D. V., & von Cramon, D. Y. Creative cognition and the brain: dissociations between frontal, parietal-temporal and basal ganglia groups. Brain research, 2012, 1482, pp. 55 - 70.

这种整体研究的范式有利于揭示与创造性思维整体相关的脑结构和功能特征，但不利于解释创造性思维发生时信息加工的脑机制。创造性想法的产生是一些认知加工过程的综合结果，"过程"式方法可能更有利于揭示这些相关的认知操作的神经基础[1][2]。生成探索模型为创造性神经基础的研究提供了新的视角。该模型认为，创造性认知和非创造性认知之间的主要差异不在于认知过程本身，而在于特定环境下对已有信息的加工利用。在该研究框架的指导下，已经至少发现了概念扩展（conceptual expansion）、创造性想象（creative imagery）、知识固着的突破（overcoming knowledge constraints）以及顿悟（insight）四种与创造性有关的心理操作过程的存在。其中，概念扩展和顿悟作为两个重要的过程，它的神经基础已吸引了众多学者的兴趣。

（一）概念扩展

概念扩展是指通过较远距离的联想，扩展已有概念的界限，以获得新颖的、有价值的问题解答，其核心在于扩展已有概念的界限以获得新的含义。

最初用于研究概念扩展的经典实验任务是沃德（Ward，1994）采用的绘制动物任务[3]，其实质在于考查被试扩展动物概念的能力。该实验任务要求被试想象并绘制出生存在另一个星球上的动物。待被试绘制完成后，将他们作品中呈现的动物特征与地球上动物的典型特征进行对比，如是否对称、是否存在感觉器官、腿的数目等。以绘制动物与地球动物典型特征的偏离程度为评定指标反映个体概念扩展能力的大小，进而反映个体创造性的高低。随后出现的外星人任务、像鸟类外星人任务、建筑物任务等都是在这一任务的启发下产生的。但是，这种类型的实验任务通常要求被试进行绘制反应，这在传统的脑功能成像研究中容易产生较大的头动和肌电干扰；另外，它们的任务数目非常有限，难以多次重复实验以获得较好的信噪比，因此，研究者很难将这些任务直接用于认知神经科学领域的研究。

在神经科学层面中探讨概念扩展脑机制时，被广泛应用的任务是改编的用

① Abraham, A. Creative thinking as orchestrated by semantic processing vs. cognitive control brain networks. Frontiers in Human Neuroscience, 2014, 8 (1), P. 95.

② Abraham, A. Neurocognitive mechanisms underlying creative thinking: indications from studies of mental illness. Creativity and Mental Illness, 2014b, P. 79.

③ Ward, T. B. Structured imagination: The role of conceptual structure in exemplar generation. Cognitive Psychology, 1994, 27, pp. 1 – 40.

途说①②和隐喻任务③④。概念扩展在实际操作中又分"主动"概念扩展和"被动"概念扩展两种范式。"主动"概念扩展（有意产生）范式，向被试呈现某一客体，要求他们自发进行该物体用途的报告，主动地进行客体用途的概念扩展（客体新颖用途）。"被动"概念扩展（无意诱导）范式，先向被试呈现"客体—用途"，如鞋子—花盆，或隐喻，如云彩在城市上空舞动等，要求被试针对该物体的用途或隐喻进行评定，看是否新颖、是否适用。当他们认为看到的客体—用途联结或隐喻是"新颖的"以及"合适的"时，就认为他们发生了概念扩展。下面就采用这些方式的脑成像研究进行简要陈述。

亚伯拉罕（Abraham）等人⑤采用 fMRI 技术研究了与主动概念扩展相关的神经活动。研究采用用途说、办公用品报告任务（针对某一办公地点，报告适合该办公场合的用品）以及 n-back 任务作为实验任务。其中，用途说和办公用品报告任务作为发散思维能力的诱发任务（用途说作为概念扩展的代表），n-back 任务作为控制任务（控制任务难度对实验的影响）。结果发现，在执行概念扩展任务时，左侧额下回前部（IFG，BA44，45，47）、颞极区（TP，BA38）以及前额极后侧皮层（FPC，BA10）显著激活，额中回（BA9，8）、扣带回前部（BA32，24）、背内侧前额皮层（BA8）以及顶下小叶（BA40）也显著激活。

克罗格（Kröger）及其同事采用改编的用途说，同样应用 fMRI 研究对被动概念扩展的神经机制进行了探讨。研究向被试呈现客体—用途刺激，要求被试根据创造性的两个定义性标准——新颖和适用，对呈现刺激进行评估。根据被试的评定结果，划分为四种实验条件，分别是高新颖高适用（HUHA）、高新颖低适用（HULA）、低新颖高适用（LUHA）以及低新颖低适用（LULA）。由于低适用的必定是高新颖的，所以第四种条件（即 LULA）是不可能存在的，因此，实验最终分析比较了三种实验条件间的神经活动差异。其中，HUHA 条件被认为是概

① Kröger, S., Rutter, B., Stark, R., Windmann, S., Hermann, C., & Abraham, A. Using a shoe as a plant pot: neural correlates of passive conceptual expansion. Brain research, 2012, 1430, pp. 52 – 61.

② Kröger, S., Rutter, B., Hill, H., Windmann, S., Hermann, C., & Abraham, A. An ERP study of passive creative conceptual expansion using a modified alternate uses task. Brain research, 2013, 1527, pp. 189 – 198.

③ Rutter, B., Kröger, S., Stark, R., Schweckendiek, J., Windmann, S., Hermann, C., & Abraham, A. Can clouds dance? Neural correlates of passive conceptual expansion using a metaphor processing task: implications for creative cognition. Brain and cognition, 2012a, 78 (2), pp. 114 – 122.

④ Rutter, B., Kröger, S., Hill, H., Windmann, S., Hermann, C., & Abraham, A. Can clouds dance? Part 2: an ERP investigation of passive conceptual expansion. Brain and Cognition, 2012b, 80 (3), pp. 301 – 310.

⑤ Abraham, A., Pieritz, K., Thybusch, K., Rutter, B., Kröger, S., Schweckendiek, J., ... & Hermann, C. Creativity and the brain: uncovering the neural signature of conceptual expansion. Neuropsychologia, 2012, 50 (8), pp. 1906 – 1917.

念扩展条件。结果显示，双侧额下回（IFG，BA45，47）、左侧颞叶区（BA38）以及左侧额极皮层（BA10）的激活与概念扩展相关。路特（Rutter）等人则采用隐喻范式探讨了被动概念扩展的脑机制。实验向被试呈现句子材料，每个句子是由主语、谓语和宾语组成现在完成时，其中句子的谓语是变化的。要求被试基于创造性的两个定义性标准——新颖性和适用性对句子的描述进行评定。根据被试评定结果，划分为三种实验条件，分别为适用性描述（LUHA）、新颖性描述（HULA）以及隐喻性描述（HUHA）。其中，HUHA 满足了创造性的两个标准，被认为进行了概念扩展。结果发现，与单纯的独创性或适用性相比，被动概念扩展与额叶和颞叶区域的活动有关，具体表现为左侧额下回（IFG，BA45，47）、右侧额下回（IFG，BA45）、左侧颞叶区（BA38）以及额极皮层（BA10）的额上/中回显著激活。

综上所述，可以发现，三种实验范式下发现的激活脑区主要集中在左侧大脑，包括额下回前部（IFG，BA45/47）、颞极（TP，BA38）以及额极皮层的侧面（FPC，BA10）。

（二）创造性想象

心理想象在创造性认知过程中扮演着重要角色[①]。芬克（Finke）等人在创造性想象研究领域做了开拓性工作[②]。他们在 1988 年首先发展出适合探讨创造性想象的任务范式。该任务要求被试通过想象将简单的平面几何图形和字母组合为新的图形。随后，他们对前述任务作了更好的完善：首先，向被试呈现一组简单的几何图形，要求被试从中随意选取三个，并通过想象将他们组合成新的图形；其次，要求被试解释经组合获得的图形所代表的含义（实物或设计理念等）；最后，对被试最终的产品进行新颖性和实用性方面的评定，将它们划分成创造性和非创造性两类。这一新任务范式随后成了创造性想象研究的模式流程，包括创造性想象的脑成像研究。

阿齐扎德（Aziz - Zadeh）等人[③]运用 fMRI 技术研究了创造性想象的脑机制。实验设置了创造性发散思维任务和心理旋转辐合思维任务，前者要求被试心理操作视觉中呈现的三个简单的图形、字母或数字（如"C""O""8"），运用这些

① LeBoutillier, N., & Marks, D. F. Mental imagery and creativity: A meta-analytic review study. British Journal of Psychology, 2003, 94 (1), pp. 29 - 44.

② Finke, R. A., & Slayton, K. Explorations of creative visual synthesis in mental imagery. Memory & Cognition, 1988, 16 (3), pp. 252 - 257.

③ Aziz - Zadeh, L., Liew, S. L., & Dandekar, F. Exploring the neural correlates of visual creativity. Social cognitive and affective neuroscience, 2013, 8 (4), pp. 475 - 480.

图形创造出一个组合图形（如笑脸）；后者要求被试心理旋转视觉中呈现的图形的三个部分，创造出一个可识别的图形。结果发现，在创造性任务中，个体更强地激活左半球脑区，包括顶后皮层、额上回、前运动皮层、额下回、背外侧前额皮层（DLPFC）和内侧前额叶等。黄（Huang）等[1]采用托伦斯创造性思维测验（TTCT）的图形测验作为实验任务研究了创造性想象过程中左半球脑区对右半球脑区的抑制机制。实验设置了两种实验任务：一种为创造性任务，要求被试利用视觉中呈现的简单线条构成的图形作为线索，想象出新颖有趣的图像；另一种为非创造性任务，要求被试根据看到的简单结构，想出普通的图形样式。结果发现，在创造性任务条件下，个体在左额中回、左额下回以及右枕中回的激活强度显著增强，在右额中回和左顶下小叶的活动显著减弱。

古渡（Kowatari）等[2]以钢笔设计作为实验任务，采用"专家新手"范式，比较分析了艺术家和普通人在完成设计任务过程的神经活动，进一步延伸出训练对创造性想象过程的影响。实验向被试呈现钢笔图形，要求被试在看到钢笔时，努力想象针对钢笔的一种新颖的设计。结果发现，两组被试之间的差异脑区主要集中在前额叶、顶叶以及扣带回前部。专家组只在右侧前额皮层和顶叶表现出显著激活，新手组在双侧前额皮层和顶叶皆呈现显著激活，而扣带回的激活只出现在了新手组。研究还进一步运用结构方程模型分别模拟了两组被试的左右额叶、左右顶叶的激活和设计作品创造性指标（如独特性得分、设计数量、独特性最高分）之间的关系，并且将专家组的训练时间作为训练指标，考查了训练对结构模型的影响。结果发现，训练直接影响左侧顶叶皮层的活动，间接促进右侧前额皮层的活动，抑制左侧前额皮层和右侧顶叶皮层的活动。

从上可见，在个体利用心理想象进行创造性活动时，激活脑区主要集中在额—顶网络，包括前额皮层、顶上皮层等，并且这些脑区的激活表现出了半球间的差异性，如左侧脑区对于右侧脑区活动的抑制等，训练等对左右脑区活动的不同影响等，这些研究结果为我们了解与创造性想象过程相关脑机制的独特性提供了很好的证据。

（三）知识固着突破

玩具生成任务是用来研究该认知操作的原始任务。该任务要求被试想象并绘

① Huang, P., Qiu, L., Shen, L., Zhang, Y., Song, Z., Qi, Z., ...& Xie, P. Evidence for a left-over-right inhibitory mechanism during figural creative thinking in healthy nonartists. Human brain mapping, 2013, 34 (10), pp. 2724-2732.

② Kowatari, Y., Lee, S. H., Yamamura, H., Nagamori, Y., Levy, P., Yamane, S., & Yamamoto, M. Neural networks involved in artistic creativity. Human brain mapping, 2009, 30 (5), pp. 1678-1690.

制出一种新颖的、不存在的玩具。但在他们执行任务之前，首先向他们呈现三种他人设计出的玩具样例。这些样例之间具有三种共同特征（该信息并不提供给被试）。然后，给被试一定时间让其进行玩具设计。当被试完成任务后，评估他们的作品中上述三种特征的数量，以此评分，作为个体知识固着倾向的指标，分值越高表示知识固着倾向越严重，进而说明其知识固着突破能力越差。

神经心理学研究为揭示这一认知过程的神经基础提供了部分证据。临床观察表明顶叶和颞叶皮层（包括颞中回后部）可能参与知识固着突破。亚伯拉罕等[1]分别测试了额叶损伤、颞顶联合损伤以及基底核损伤损伤患者在玩具任务中的表现，结果发现颞顶联合损伤的患者在任务中表现较差。他们更早的临床观察还发现，基底核和额极/额眶部损伤患者在玩具任务中有更好的行为表现[2]。甚至，在慢性精神分裂症的成人样本中也发现，高度的思维障碍综合症（语义内容的无序组织）与玩具任务中的超常表现相关[3]。而 ADHD 和精神分裂症与脑中额—纹状体网络的失调有关[4][5][6]。

但玩具任务不适用于脑成像研究，汪学兵等曾借用顿悟范式考查了思想僵局打破时神经活动的时间特征[7][8]；至今还没有以普通人为对象直接探讨知识固着突破时脑活动空间特征的研究报道。

芬克等人关于"他人想法对解决创造性问题的影响"的研究间接地考查了这一问题。他们 2010 年的研究[9]探讨了创造性认知是否可以通过分享想法而获

① Abraham, A., Beudt, S., Ott, D. V., & von Cramon, D. Y. Creative cognition and the brain: dissociations between frontal, parietal-temporal and basal ganglia groups. Brain research, 2012, 1482, pp. 55 – 70.

② Abraham, A., Windmann, S., Siefen, R., Daum, I., & Güntürkün, O. Creative thinking in adolescents with attention deficit hyperactivity disorder (ADHD). Child Neuropsychology, 2006, 12 (2), pp. 111 – 123.

③ Abraham, A., Windmann, S., Daum, I., & Güntürkün, O. Conceptual expansion and creative imagery as a function of psychoticism. Consciousness and Cognition, 2005, 14, pp. 520 – 534.

④ Bradshaw, J. L., & Sheppard, D. M. The neurodevelopmental frontostriatal disorders: evolutionary adaptiveness and anomalous lateralization. Brain and language, 2000, 73 (2), pp. 297 – 320.

⑤ Robbins, T. W., Gillan, C. M., Smith, D. G., de Wit, S., & Ersche, K. D. Neurocognitive endophenotypes of impulsivity and compulsivity: towards dimensional psychiatry. Trends in cognitive sciences, 2012, 16 (1), pp. 81 – 91.

⑥ Robbins, T. W. The Case for Frontostriatal Dysfunction in Schizophrenia. Schizophrenia Bulletin, 1990, 16 (3), P. 391.

⑦ 沈汪兵、刘昌、罗劲、余洁：《顿悟问题思维僵局早期觉察的脑电研究》，载于《心理学报》2012年第 44（7）期，第 924~935 页。

⑧ 沈汪兵、刘昌、袁媛、张小将、罗劲：《顿悟类问题解决中思维僵局的动态时间特性》，载于《中国科学生命科学》（中文版）2013 年第 43（3）期，第 254~262 页。

⑨ Fink, A., Grabner, R. H., Gebauer, D., Reishofer, G., Koschutnig, K., & Ebner, F. Enhancing creativity by means of cognitive stimulation: Evidence from an fMRI study. Neuroimage, 2010, 52 (4), pp. 1687 – 1695.

得提升，以及这种提升是如何反映在脑活动中的。实验采用经典的用途说（AU）作为实验任务，共设置了4种实验条件，分别是OC条件——要求被试产生呈现客体的典型特征；AU条件——要求被试产生呈现刺激的非常规用途；AUinc条件——要求被试思考在AU条件下自我报告的客体用途；AUstim条件——要求了解他人想法后报告用途。结果发现在提升独创性方面，呈现他人想法（认知刺激）是有效的，并且这种提升与神经网络的激活强度有关。提升越高，该网络激活程度越强，该网络涉及右颞顶区、额中回以及双侧扣带回后部皮层。2012年[1]，他们进一步探讨了他人想法的新颖性对个体创造性产生的影响，以及该影响在脑神经活动层面的反映。实验任务仍然采用了用途说（AU），自变量为他人想法的新颖性，包含三种自变量水平：普通、适度新颖性以及无意义词汇。结果发现通过呈现他人普通或适度有创造性的想法能够有效促进个体创造性想法的产生。其中，颞顶大脑区域（主要为右半球）对这种认知刺激的反应尤为敏感。

（四）顿悟

在神经科学层面，用于顿悟研究的常用实验范式有三种：远距离联想任务范式、谜语任务范式以及组块解离任务范式。下面按各研究采用的实验范式分述顿悟在认知神经科学层面上所取得的成果。

1. 远距离联想任务范式

这一范式是基于梅德尼克（Mednick）[2]编制的远距离联想测验，经鲍登（Bowden）等[3][4]改编而成的复合远距离联想（compound remote association，CRA）任务。其基本操作过程如下：首先，在屏幕上向被试呈现3个词汇；然后，要求被试找寻第4个词汇，该词需要和先前的3个词汇都能够建立联系；在被试思考一段时间后（如2秒，7秒或15秒），无论其是否想到答案，皆给其在屏幕上呈现目标词汇（第4个词）；最后，根据被试对呈现目标词汇屏的反应（是否伴随"阿哈"体验），判断是否发生了顿悟。荣—比曼（Jung-Beeman）等人[5]用该范

① Fink, A., Koschutnig, K., Benedek, M., Reishofer, G., Ischebeck, A., Weiss, E. M., & Ebner, F. Stimulating creativity via the exposure to other people's ideas. Human brain mapping, 2012, 33 (11), pp. 2603 – 2610.

② Mednick, S. The associative basis of the creative process. Psychological review, 1962, 69 (3), P. 220.

③ Bowden, E. M., & Jung-Beeman, M. Aha! Insight experience correlates with solution activation in the right hemisphere. Psychonomic Bulletin & Review, 2003a, 10 (3), pp. 730 – 737.

④ Bowden, E. M., & Jung-Beeman, M. Normative data for 144 compound remote associate problems. Behavior Research Methods, Instruments, & Computers, 2003b, 35 (4), pp. 634 – 639.

⑤ Jung-Beeman, M., Bowden, E. M., Haberman, J., Frymiare, J. L., Arambel-Liu, S., Greenblatt, R., …& Kounios, J. Neural activity when people solve verbal problems with insight. PLoS biology, 2004, 2 (4), pp. 500 – 510.

式进行的一项 fMRI 研究发现，与非顿悟条件相比，顿悟条件下右颞上回前部（BA21，22）、双侧额下回（IFG，BA45，46，13）、左侧额内侧回（BA10）、左侧扣带回后部（BA31）以及双侧海马区激活程度较强。

2. 谜语任务范式

该范式又分成两个亚范式，一个是罗劲等人开发的谜语范式，该范式的基本操作流程如下：首先，在屏幕上向被试呈现一特定谜语，引发被试对该问题的思考，进入准备状态；其次，让其针对该问题进行思索；最后，在被试无法获得答案的情况下，向他们呈现提示（目标答案），促发被试瞬间产生顿悟。罗劲及其合作者[①]运用这一范式发现，发生顿悟时，双侧额上/中回、双侧额下回、左侧扣带回前部、双侧颞上回、右侧扣带回以及海马区等呈现较大激活；赵（Zhao）等人利用该谜语范式的改编形式，运用 fMRI 技术研究了顿悟发生前后阶段的脑活动情形。该研究对谜语范式的改编在于答案呈现屏的改动，由原来的一个答案变为四个备择答案，要求被试从中选出最为合适的答案（突出了语义联系建立的选择过程）。结果发现，在顿悟线索呈现的早期阶段，颞中回、额中回以及扣带回前部呈现较大程度的激活；在顿悟线索呈现的后期，海马以及杏仁核呈现较强活动。随后，赵及其同事应用这一改编范式进一步研究了顿悟过程中的神经通路，结果发现，与非顿悟条件相比，顿悟条件下，右侧脑区的额下回和颞中回之间具有较强的功能联结[②③]。

另一个亚范式是原型启发范式（学习—测验范式），该范式分为学习和测验两个阶段，具体的操作流程如下：在学习阶段，要求被试学习关于字谜解答的原型（解决谜语问题的规则）；然后，开始对被试进行谜语测试，进入测试阶段。在该阶段，向被试呈现与学习阶段同一类型的字谜题目，被试需要利用学习阶段的启发性信息进行"解谜"，进而较为快速地获得解答，出现顿悟[④]。童（Tong）等人[⑤]应用原型启发范式，运用 fMRI 技术，采用科学问题作为实验材料研究了顿悟过程相关的脑活动。该研究中，原型被划分两类，一类是问题相关的原型（顿悟），另一类是与问题无关的原型（非顿悟），结果发现，相关原型（顿悟）

---

① 罗劲：《顿悟的大脑机制》，载于《心理学报》2004 年第 36 期，第 219~234 页。

② Zhao，Q.，Zhou，Z.，Xu，H.，Chen，S.，Xu，F.，Fan，W.，& Han，L. Dynamic neural network of insight：a functional magnetic resonance imaging study on solving Chinese 'chengyu' riddles. PloS one，2013，8（3），e59351.

③ Zhao，Q.，Zhou，Z.，Xu，H.，Fan，W.，& Han，L. Neural pathway in the right hemisphere underlies verbal insight problem solving. Neuroscience，2014，256，pp. 334 – 341.

④ 邱江、张庆林：《字谜解决中的"啊哈"效应：来自 ERP 研究的证据》，载于《科学通报》（中文版）2007 年第 52 期，第 2625~2631 页。

⑤ Tong，D.，Zhu，H.，Li，W.，Yang，W.，Qiu，J.，& Zhang，Q. Brain activity in using heuristic prototype to solve insightful problems. Behavioural Brain Research，2013，253（18），pp. 139 – 144.

条件下，左背外侧前额皮层（BA9）以及左侧角回（BA39）显著激活；朱海雪等[1]利用科学发明问题作为实验材料，设置了"问题—原型"和"原型—问题"两种操作条件，以考查原型启发条件下的位置效应。结果发现，问题在先条件下，左侧颞中回、左侧额中回呈现显著激活；原型在先条件下，左侧扣带回和中央前回呈现最为明显的显著激活。另外，还有研究者运用该范式研究了情绪[2]、原型特征[3]等因素对顿悟脑活动的影响。

3. 组块解离任务范式

这一范式来源于"等式拆解问题（罗马数字等式拆解）"，因为汉字的构成与上述问题的拆解之间存在共性，即汉字由偏旁部首等构成，而这些成分有时是可以独立成字的。鉴于这种"任务重构"的特性，有研究者发展出了组块解离范式研究与顿悟过程相关的脑机制。黄（Huang）等[4]利用该任务范式，运用 fMRI 技术，基于新颖性和适用性两个创造性定义性标准，探讨了顿悟过程相关的神经活动模式。实验流程如下：首先，屏幕中呈现一个汉字，如"标"；稍后，屏幕中呈现该字（左侧）和分离出的部分（右侧），让被试判断分离出右侧的部分后，左侧汉字剩余的部分是否熟悉，是否合适（是否独立成字）。根据被试的反应，划分为 4 种实验条件：熟悉合适（FA）、熟悉不合适（FI）、新颖合适（NA）以及新颖不合适（NI）。结果发现，新颖性主效应条件下，尾状核、黑质、顶叶（BA7，40）、中央后回（BA1，2）以及额叶区（BA6，9，45，46）呈现显著激活；楔叶（BA19）、颞叶区（BA20，21，22）、顶后皮层（BA39，40）、脑岛（BA13）以及默认网络脑区（内侧前额叶、楔前叶）显著去激活。

总体上，顿悟相关的脑区主要集中在双侧前额脑区、颞叶区、海马以及扣带回等，黄等人的研究还揭示出了脑默认网络相关功能区参与顿悟过程。

然而，上述任务范式虽然满足了对顿悟过程认知神经机制的研究需求，为揭示顿悟过程相关的脑机制提供了丰富的数据；但是，这三种任务都是被动诱发个体顿悟过程的产生，而非研究个体自发产生顿悟时的脑机制，在某种程度上可以

---

① 朱海雪、杨春娟、李文福、刘鑫、邱江、张庆林：《问题解决中顿悟的原型位置效应的 fMRI 研究》，载于《心理学报》2012 年第 44 期，第 1025～1037 页。

② Li, W., Li, X., Huang, L., Kong, X., Yang, W., Wei, D., …& Liu, J. Brain structure links trait creativity to openness to experience. Social cognitive and affective neuroscience, 2014, nsu041.

③ Hao, X., Cui, S., Li, W., Yang, W., Qiu, J., & Zhang, Q. Enhancing insight in scientific problem solving by highlighting the functional features of prototypes: An fMRI study. Brain research, 2013, 1534, pp. 46–54.

④ Huang, F., Fan, J., & Luo, J. The neural basis of novelty and appropriateness in processing of creative chunk decomposition. NeuroImage, 2015, 113, pp. 122–132.

说是"领悟"的一种表现①，与自然状态下个体原发性的创造性思维过程间依然存在一定的质性差异。

（五）小结

在生成—探索模型的指导下，基于"过程式"探讨创造性认知神经机制的研究日益增多，顿悟过程神经基础的研究更是一度成为创造性认知神经机制研究的代表。综上可见，创造性认知的发生是在脑内认知控制网络以及语义加工网络间动态交互作用下进行的。其中，参与认知控制的脑区主要涉及前额皮层、扣带回、顶叶皮层等，参与语义信息加工的脑区主要集中在颞叶皮层；但同样是认知控制，它在不同心理操作过程中所激活的具体脑功能区表现出了任务特异性。如顿悟研究发现的比较一致的认知控制脑区主要包括前额皮层、扣带回等；而参与创造性想象过程的认知控制脑区则主要位于SMA（辅助运动区）脑区以及顶叶相关皮层；参与知识固着突破过程的认知控制脑区主要涉及前额以及额极/眶额等区域；与概念扩展过程相关的认知控制脑区则主要位于额下回、额极等。相反，不同心理操作过程涉及的语义信息加工过程依赖的脑区基本上都集中在颞叶区域。这样的结果提示我们创造性认知加工的发生可能具有基于特定情境（任务）的加工灵活性，这种灵活性可能主要体现在认知控制层面，即元认知层次。如对顿悟而言，扣带回脑区的卷入，可能是个体在产生顿悟过程中解决新旧认知冲突的需要；创造性想象SMA以及顶叶皮层的卷入，可能是个体计划性地旋转心理意象的需要；知识固着和概念扩展前额及额极区的卷入，可能是个体抑制或忽视分心的无意信息干扰的需要。这样的结果在一定程度上支撑了生成—探索模型的核心理念，即"创造性认知和非创造性认知之间的主要差异不在于认知过程本身，而在于特定环境下对已有信息加工过程的利用"。

二、高创造性个体的脑结构与功能特征

这一维度最典型的个案当推学术界对科学家爱因斯坦大脑的研究。爱因斯坦于1955年逝世后，他的大脑被悄悄保存了下来，并被切片成240片进行研究。学者们试图通过分析他大脑的重量、沟回的形状特征和大小、神经细胞和神经胶质细胞的数量与比例等来揭示杰出的科学成就和脑结构间的关系，但迄今未有定论。

可以无创地测定个体脑的结构和功能的现代核磁共振成像技术极大地推动了

---

① 傅小兰：《探讨顿悟的心理过程与大脑机制——评罗劲的〈顿悟的大脑机制〉》，载于《心理学报》2004年第36期，第234～237页。

这一领域的研究。已有应用 fMRI 技术（包括普通的结构成像、弥散张量成像、静息态功能磁共振成像）的研究发现，高创造力者局部脑结构和自发功能活动不同于普通人。如摩尔（Moore）等[1]发现 TTCT 图形测试分数与成年男子胼胝体的大小成反比。甘斯勒（Gansler）等[2]发现普通大学生右侧顶叶灰质体积与 TTCT 测试的图形创造性呈显著正相关。

李文福[3]以国内某高校具有较高学术成就的大学教授作为研究对象，发现高学术成就者右侧海马和海马旁回静息状态下的局部一致性较高，而右侧枕上回/楔片/楔前叶、左侧中央前后回和右侧中央前后回的局部一致性相对较低。而且，他们还发现左侧额下回/额中回的灰质密度和高学术成就者综合成就指标（compound achievement index，CAI）边缘显著正相关，而左侧小脑后叶和右侧扣带中回的白质密度和 CAI 显著负相关。朱菲菲[4]同样以普通大学生为研究对象、以托兰斯创造性思维图形分测验作为个体创造性评估工具，发现图形创造性思维和右侧额中回的灰质体积显著正相关，和左侧中央旁小叶（由左侧额上回和左侧顶上小叶构成）的灰质体积显著负相关。

另一方面，创造性思维是在某一具体问题、具体情境中所表现的，这样的创造性也称状态创造性，它具有情境性和不稳定性，受个体情绪等暂时性的因素影响较大。研究发现，以威廉姆斯创造性倾向测验测得的个体特质创造性较认知任务诱发的状态创造性更为稳定，因此探讨此类特质创造性的神经基础或许有着更大的意义。

北京师范大学刘嘉课题组在这一方面取得了重要成果[5]。他们以 252 名大学生为对象探讨了不同特质创造性个体脑结构上的差异性。实验中，他们以 VBM 方法计算脑区的灰质体积，以威廉姆斯创造性倾向测定个体特质创造性，并用瑞文测验测定个体智商。运用多重回归分析脑区灰质体积与特质创造性的关系，并以智商和总脑灰质体积为协变量加以控制，考查特定脑区灰质体积与特质创造性之间的相关性；进一步，以大五人格测定个体人格维度得分，结合威廉姆斯创造性倾向测验得分以及特定脑区灰质体积，运用 SPSS 特定工具进行中介效应分析，

① Moore, D.W., Bhadelia, R.A., Billings, R.L., Fulwiler, C., Heilman, K.M., Rood, K.M., & Gansler, D.A. Hemispheric connectivity and the visual-spatial divergent-thinking component of creativity. Brain and cognition, 2009, 70 (3), pp. 267–272.

② Gansler, D.A., Moore, D.W., Susmaras, T.M., Jerram, M.W., Sousa, J., & Heilman, K.M. Cortical morphology of visual creativity. Neuropsychologia, 2011, 49 (9), pp. 2527–2532.

③ 李文福. 创造性的脑机制. 西南大学博士论文，2014.

④ 朱菲菲. 言语和图形创造性思维个体差异的大脑结构基础及其异同. 西南大学硕士学位论文，2014.

⑤ Li, W., Li, X., Huang, L., Kong, X., Yang, W., Wei, D., …& Liu, J. Brain structure links trait creativity to openness to experience. Social cognitive and affective neuroscience, 2014, nsu041.

考查人格因素中介特质创造性和特定脑区结构的关系。以瑞文得分、大脑总灰质体积为协变量的多重回归分析发现，威廉姆斯创造性倾向测验总分与右颞中回后侧延伸至颞下回的灰质体积正相关、与右中央前回延伸至额中回灰质体积负相关、与左外侧眶额皮层负相关。以人格因素与灰质体积的关联，以性别、年龄、智商和总灰质体积为协变量的分析发现，经验开放性与右颞中回后侧正相关、与眶额皮层负相关，经验开放性部分中介右颞中回后侧与特质创造性的关系。而外倾性、责任心、宜人性等人格因素虽有助于特质创造性，但实验没有检测到它们与任何脑区灰质体积间的相关。结果提示，经验开放性可能在塑造个体特质创造性方面扮演着重要角色。另外，洛伊特盖布（Leutgeb）等[1]发现边界型人格障碍者额下回和额中回的眶额部分的灰质密度下降和创造性水平低相关。

最近，施莱格尔（Schlegel）等[2]对创造性和脑结构间的关系进行了因果性研究。他们以接受过美术训练的被试者（17 名，接受三个月的美术课程培训）和未接受过美术训练的被试者（18 名，不接受美术课程培训）为研究对象考查了创造性认知能力提高的脑结构基础。所有被试在培训前、培训后各完成一次图形创造性任务，每个月进行一次功能性磁共振扫描（共三次）。结果发现，与未接受过美术训练的被试相比，接过美术训练的被试是通过双侧前额叶白质体积的变化从而变得更加有创造性。

第二节　已有研究的局限性

一、理论提升困难

无论是上述哪个维度的研究，汇聚到理论层面，目前拟解决的问题只有一个：创造性思维究竟是右半球还是左半球更有优势，亦或是左右半球同等贡献？

右半球优势假说认为右半球在创造性思维中起主导作用，当左半球减弱或解

---

① Leutgeb, b, V., Ille, R., Wabnegger, A., Schienle, A., Schöggl, H., Weber, B., et al. Creativity and borderline personality disorder: evidence from a voxel-based morphometry study. Cognitive neuropsychiatry, 2016, pp. 1 – 14.

② Schlegel, A., Alexander, P., Fogelson, S. V., Li, X., Lu, Z., Kohler, P. J., ... & Meng, M. The artist emerges: Visual art learning alters neural structure and function. NeuroImage, 2015, 105, pp. 440 – 451.

除对右半球的抑制作用时，个体就能表现出极高的创造性。这样的去抑制解释源于临床研究。临床发现，很多著名艺术家都患有癫痫，推测左侧癫痫损伤可能使得右侧去抑制，从而提高视觉空间创造性。如米勒（Miller）[1] 发现左侧额颞叶痴呆病人的图形创造性能力有所增强。

宋哲等认为普通人的图形创造性能力较低是因为左侧半球的语言思维优势对右半球产生了抑制作用[2]。摩尔等[3]以正常人为对象的脑成像研究也为这一假说提供了一定的依据。他们的实验探讨了视觉空间发散思维能力与胼胝体大小的关系。结果发现 TTCT 分数与胼胝体的大小成反比。他们认为，胼胝体的减小有利于半球间的独立性与专门化，这种专门化有利于创造性中的发散思维，而这种独立性产生的短暂的抑制恰好说明了创造性发生过程的一个阶段。王敏等[4]的研究结果也支持这一假说，他们发现在创造想象的早期和晚期阶段存在右半球偏向。鲍登等人[5]发现右颞上回前部在顿悟发生时有较多的激活，他们由此推测右侧大脑为创造性思维的优势半脑。米霍夫（Mihov）等[6]通过元分析方法证明右侧前额叶在创造性思维中发挥着重要作用，并且这一结果不因研究设计的改变而改变。罗明杰（Rominger）[7] 还发现训练个体右半球的功能能提高被试图形创造性思维能力。

但盖斯倍（Ghacibeh）等[8]的神经心理学研究不支持这一假说。他们让 18 名单侧颞叶损伤（左右各半）并接受了颞叶切除手术的被试完成 TTCT 言语版和图形版测验。结果发现，言语和图形创造性测验成绩的组间（左侧颞叶病变组、右侧颞叶病变组）差异不显著，提示单侧前颞叶病变并没有提高视觉空间创造性，

① Miller, B. L., Cummings, J., Mishkin, F., Boone, K., Prince, F., Ponton, M., & Cotman, C. Emergence of artistic talent in frontotemporal dementia. Neurology, 1998, 51（4），pp. 978 – 982.

② 宋哲、黄沛钰、中林、邱丽华、龚启勇：《图形创造性思维脑部机制的功能磁共振研究》，载于《西南师范大学学报》（自然科学版）2012 年第 37 期，第 145～149 页。

③ Moore, D. W., Bhadelia, R. A., Billings, R. L., Fulwiler, C., Heilman, K. M., Rood, K. M., & Gansler, D. A. Hemispheric connectivity and the visual-spatial divergent-thinking component of creativity. Brain and cognition, 2009, 70（3），pp. 267 – 272.

④ 王敏、刘春雷、张庆林：《创造想象的半球偏向是左还是右》，载于《西南大学学报》（自然科学版）2010 年第 2 期，第 156～159 页。

⑤ Bowden, E. M., Jung–Beeman, M., Fleck, J., & Kounios, J. New approaches to demystifying insight. Trends in cognitive sciences, 2005, 9（7），pp. 322 – 328.

⑥ Mihov, K. M., Denzler, M., & Förster, J. Hemispheric specialization and creative thinking: A meta-analytic review of lateralization of creativity. Brain and Cognition, 2010, 72（3），pp. 442 – 448.

⑦ Rominger, C., Papousek, I., Fink, A., & Weiss, E. M. Enhancement of figural creativity by motor activation: Effects of unilateral hand contractions on creativity are moderated by positive schizotypy. Laterality: Asymmetries of Body, Brain and Cognition, 2014, 19（4），pp. 424 – 438.

⑧ Ghacibeh, G. A., & Heilman, K. M. Creative innovation with temporal lobe epilepsy and lobectomy. Journal of the neurological sciences, 2013, 324（1），pp. 45 – 48.

左侧颞叶损伤的去抑制没有提高图形创造性，结果不支持"去抑制"假说。但右侧病变组被试的图形创造性分数显著高于言语创造性分数，作者认为可能是该疾病导致右半球网络的变化提高了图形创造性。迪特里（Dietrich）等①的工作同样不支持右半球优势说。他们详细回顾了 63 篇文献，将它们划归为 3 类（发散思维、艺术创造力和顿悟）分别进行了讨论，得出的结论是这 63 篇文献无没有观察到明显的右侧半球优势。

相反，阿齐扎德的研究为左半球在创造性活动中的重要性提供了实验依据。他们使用 fMRI 技术，在正常被试中直接比较创造性任务与非创造性任务的脑激活，结果显示创造性任务更强的激活了左半球，即左半球较强的脑活动支持了创造性过程②。更早期，贝奇特里瓦（Bechtereva）等③的结果也支持左半球说。他们采用正电子发射计算机断层显像（PET）技术考查了远距离联想的脑血流变化，发现渐进式远距离联想主要激活左侧颞中回，顿悟式远距离联想主要激活左侧缘上回。

另一种观点认为，创造性思维是一个整体的思维，左脑和右脑有各自的认知领域，相互独立又相辅相成，共同完成对信息的加工处理，促进创造性思维产生。如，董琦④从创造性思维过程四个阶段的特点讨论创造性的左、右脑功能，认为左脑和右脑对于创造性思维来说都是必不可少的。但是，它们在创造过程的各阶段中所起的作用却有所不同。在创造过程的第一和第四阶段（准备期和验证期）左脑起着主导的作用。因为在这两个阶段，人们更多的是发挥左脑的言语和逻辑思维功能，运用各种逻辑方法，如外推、类比、比较、归纳和演绎、分析和综合等去分析资料、研究前人成果，寻找问题的症结，确定研究工作的出发点，检验假设、形成概念，最后将研究结果系统化，形成逻辑严密的科学知识体系。在创造过程的第二和第三阶段（酝酿期和豁朗期）右脑起主导作用。这两个阶段是新思想、新观念产生的时期，因而也是创造性思维过程中最关键的时期。由于新思想的产生是没有固定的逻辑通道的，需要充分发挥右脑的想象、直觉、灵感等非逻辑思维功能。任何创造性产物，都是左右脑密切配合、协同活动的结果。

---

① Dietrich, A., & Kanso, R. A review of EEG, ERP, and neuroimaging studies of creativity and insight. Psychological bulletin, 2010, 136 (5), P. 822.

② Aziz - Zadeh, L., Liew, S. L., & Dandekar, F. Exploring the neural correlates of visual creativity. Social cognitive and affective neuroscience, 2013, 8 (4), pp. 475 - 480.

③ Bechtereva N P, Korotkov A D, Pakhomov S V. PET study of brain maintenance of verbal creative activity. International Journal of Psychophysiology, 2004, 53, pp. 11 - 20.

④ 董奇：《右脑功能与创造性思维》，载于《北京师范大学学报》（社会科学版）1986 年第 1 期，第 10～17 页。

高尔（Goel）[1] 从设计作品的角度讨论左、右半球在创造性活动中的功能，认为设计作品的过程是一种创造性活动，成功地进行作品设计要求两半球前额叶的平衡。高尔指出，在认知层面上创造性设计的一个关键点是设计者进行排列组合的符号系统。这个符号系统从模糊的、不精确的、抽象的和不确定的（如概念草图）到非常精确、具体的、明确的和确定的（如蓝图、模板），前一种类型的符号系统支持横向（或者发散的）的整合加工，能够扩展问题空间，后一种符号系统支持纵向的（或者聚合的）推理加工过程，能够深化问题空间。设计作品的活动需要很好地进行横向与纵向的转换。这使得设计问题的解决成为双重机制模型。并进一步声称，这个双重机制被半球分离的前额叶机制所支持，联合机制的神经结构位于右侧前额叶，推理机制的神经结构位于左侧前额叶。

卡尔森（Carlsson）等的结果为上述的全脑观提供了实验依据。卡尔森等[2]采用注射示踪剂的技术考查了 24 名男性被试在自发言语、语词流畅性和物体不寻常用途任务上的脑血流变化。语词流畅性任务是让被试说出尽可能多的以某一字母开头的单词；不寻常用途任务是让被试尽可能多地说出砖块的用途（一种经典的发散性思维测题）。实验结果显示高创造性被试在不寻常用途任务上大脑双侧前额叶有显著激活尤其在右半球有更多的激活而低创造性被试仅在左半球有较多激活。高尔等[3]采用传统的吉尔福特火柴任务和 fMRI 技术对创造性思维进行了研究。火柴问题需要被试提供关于这个问题的可能的解决方案，而基线任务只需被试对呈现的方案判断对错即可。结果，无论是火柴任务与基线任务比较，还是成功解决的火柴问题与未解决的火柴问题比较，均发现了双侧半球的激活（如右腹外侧前额叶和左背外侧前额叶）。查维斯（Chavez）等[4]用单光子发射计算机断层显像考查了 TTCT 图画和言语创造性任务所引发的脑血流变化。被试从 100 名健康成年人中选取；40% 的人为取得过一定成就的艺术家、科学家、作家和/或作曲家。研究发现，被试言语和图形的创造性指标与右侧中央前回（BA6）的血流变化呈显著正相关（$p_{corrected} < 0.001$）。虽然大部分检测出相关的区域在右半球，但左右半球都有检测出存在相关的区域，提示创造性活动涉及双侧半球的激活。

[1] Goel, V. Creative brains: designing in the real world. Frontiers in human neuroscience, 2014, 8, P. 241.

[2] Carlsson, I., Wendt, P., & Risberg, J. On the neurobiology of creativity: Differences in frontal lobe activity between high and low creative subjects. Neuropsychologia, 2000, 38, pp. 873 – 885.

[3] Goel, V., & Vartanian, O. Dissociating the roles of right ventral lateral and dorsal lateral prefrontal cortex in generation and maintenance of hypotheses in set-shift problems. Cerebral Cortex, 2005, 15, pp. 1170 – 1177.

[4] Chavez, R. A., Graff-Guerrero, A., Garcia-Reyna, J. C., Vaugier, V., & Cruz-Fuentes, C. Neurobiology of creativity: preliminary results from a brain activation study. Salud Mental, 2004, 27 (3), pp. 38 – 46.

可见，创造性的脑机制依然没有统一的理论。我们认为，理论上，"全脑观"是完全正确的。但在具体的实验中，脑成像的数据处理与分析是基于减法原则进行的，创造性思维的脑功能区是通过实验任务减去基线任务得到的。如此，假设实验任务均为真实的创造性思维活动，得到的结果也会因为设置的基线任务的不同而不同。事实上，如前面所列举的文献，不仅仅是基线任务的不同，每个研究的实验任务也是存在着很大的差别。从设计理念上，整体观的研究直接比较创造性任务和非创造性任务，过程观则把创造性思维分解为至少四个过程（概念扩展、创造性想象、知识固着的突破和顿悟），各个过程的实验任务和范式又有着极大的差别；从实验材料的呈现形式上，有以语言为载体的，也有以图形为载体的；各实验的研究对象也有着质的区别，有些以普通成人或大学生为对象，有些以逻辑思维为主的创造性人才（如科学家）为对象，有些以艺术领域内的创造性人才（如画家、舞蹈家等）为对象。鉴此，期望在短时间内构建一个创造性脑机制的理论可能不太现实。需要更多的实验研究积累更多的数据，在大数据的基础上逐步提炼出一个一般化的理论。

二、实验技术上的局限性

如上所述，创造性神经基础的研究已积累了大量的研究报告，这些研究应用fMRI 等技术从多个角度揭示了创造性神经活动的空间特征，但因实验结果间极大的差异性迄今难以凝练出一个统一的理论。更重要的是，已有研究几乎均采用fMRI 技术探讨与创造性相关的脑活动的空间特征，这一技术的优势是空间分辨率极高，但这一方法在技术上的局限性也在很大程度上制约了创造性脑机制的研究。

该技术局限之一是实验范式与经典创造性实验范式存在较大差异。fMRI 信号易受头动和肌电干扰。肌电导致极强的运动伪迹，进而污染真正的信号，而头动过大造成难以对信号源进行准确的空间定位，最终均影响实验结果的可信性和可靠性。因此，为了适应实验技术对数据采集的要求，研究者们均对创造性实验任务的呈现方式与个体行为反应的记录方式进行了修改，修改后的实验范式在某种意义上也能诱发出创造性思维，但与传统心理上典型的创造性测试任务间还是存在一定的质的区别。例如，已有研究大多用远距离联想任务或是谜面谜底的方式探讨顿悟的神经基础。常用的实验范式是先给出一个问题，然后呈现问题答案，诱导出被试的"恍然大悟"。如前所述，被试在这种范式下进行的思维活动与原发性的创造性思维发生过程并不完全一致，被试进行的不一定是纯粹的创新思维过程。

　　fMRI 对头部和肢体运动极高的敏感性引发的另一个研究妥协是：被试在实验过程中是否真正进行了创造性思维只能在实验后离线认定。即主试只能主观上要求被试在实验中通过想象、构想或者感知已经呈现的新颖图片等方式完成创造性任务，但被试实验时是否真正进行了创造性思维活动无法用客观指标在线确定，通常是等到实验结束后，被试回忆刚才的作品，然后进行评分确定。这样的操作有着很大的局限性：首先，创造性思维活动可能不是被试在实验阶段（扫描阶段）完成的，而是后来在回忆阶段完成的；其次，由于扫描结束后的时间间隔，回忆构想的结果存在记忆提取的混淆。

　　fMRI 技术局限之二是易诱发情绪变量对数据的污染。fMRI 实验中，数据采集是在一个狭长、强噪音的圆柱体内完成的，实验环境与被试日常生活学习环境差异巨大，同时，被试容易产生紧张、恐惧心理甚至是幽闭恐惧症，这些负面情绪对认知活动的正常进行具有一定的干扰作用，个别情绪反应强烈的被试甚至被迫中断实验。行为实验也确实发现了情绪与创造性之间的相关关系[1][2][3][4]。如此，在创造性脑机制的 fMRI 实验中，情绪变量有可能通过改变创造性思维的认知过程而影响其潜在的神经活动。

　　功能性近红外光学脑成像技术（functional near-infrared spectroscopy，fNIRS）是另一种新兴的无创性脑成像技术。研究发现，基于大脑的血氧响应机制（血红蛋白浓度变化）可以通过近红外光学脑成像系统探测人类大脑皮质的功能激活状态，为认知神经科学领域的研究提供了新的技术。它将大脑的活动与近红外光学特性的变化相联系，使用不同波长的近红外光射入颅骨，并且通过接收反射回来的光来探测个体在完成任务时氧合血红蛋白（oxy-hemoglobin，HBO）、脱氧血红蛋白（deoxy-hemoglobin，HBR）和总血红蛋白（total-hemoglobin）浓度的变化，进而说明研究者感兴趣的问题。它比 fMRI 技术具有更高的时间采样率，能够更即时地反映个体在完成相应的认知任务时大脑不同区域的活动；比事件相关电位技术（ERP）有更高的空间分辨率。更关键的，就创造性脑机制研究而言，与同样用于探测神经活动空间特征的 fMRI 相比，fNIRS 具备更高的生态效度。fNIRS 实验时的数据采集是在一个开放的环境中完成的，被试不易产生紧张、恐惧等负

　　① Baas, M., De Dreu, C. K., & Nijstad, B. A. A meta-analysis of 25 years of mood-creativity research: Hedonic tone, activation, or regulatory focus?. Psychological bulletin, 2008, 134（6），P. 779.

　　② Friedman, R. S., Förster, J., & Denzler, M. Interactive effects of mood and task framing on creative generation. Creativity Research Journal, 2007, 19（2-3），pp. 141-162.

　　③ SuzanneK. & Vosburg, G. K. Paradoxical Mood Effects on Creative Problem-solving. Cognition & Emotion, 1997, 11（2），pp. 151-170.

　　④ Zenasni, F., & Lubart, T. Effects of mood states on creativity. Current psychology letters, 2002（8），pp. 33-50.

面情绪，实验相关的认知任务是在和被试日常生活学习环境相近的状态下完成的，数据不易受情绪变量的污染。而且，fNIRS 的信号相对不易受头动、肌电的干扰，被试在数据采集过程中可以口头报告，可以小范围手动写字或画画等。如此，离线数据处理时主试可以根据被试的在线反应来评估被试是否按任务要求进行了创造性认知过程，可以对数据进行基于反应的分析，从而提高数据信噪比并得到更为精确的结果。然而，据我们所知，这一技术在创造性脑机制研究中的应用极其滞后，截至 2015 年，应用近红外技术探讨认知神经科学问题的研究报告已超过 200 篇，但其中仅有佛利（Folley）等①分别用这一技术探讨了创造性和分裂型人格的关系、音乐家与非音乐家在进行物体用途匹配任务中脑机制的差异。

在此，我们采用生态效度较高的近红外光学脑成像技术，基于生成—探索模型，分别以文字和图形为任务载体，借助任务过程中血氧信号的变化考查大学生概念扩展和创造性想象两个过程的神经基础，进而探索右半球在大学生创造性思维中的作用。同时，用威廉姆斯创造性倾向测验获取被试创造性人格（特质创造性）的行为数据，通过对创造性思维过程相关脑区的激活强度和创造性人格行为数据间的相关分析来探讨状态创造性和特质创造性之间的关系，以期丰富和完善创造力神经机制的研究，为创造力理论的提升提供补充数据。

第三节　右半球在概念扩展中的作用及其与
特质创造性的关系研究

如前所述，概念扩展是指个体扩展既有概念的界限，以获取新颖含义的能力，是创造力认知加工过程的核心过程之一。在创造性认知"过程式"导向的研究趋势下，概念扩展神经基础的研究日益成为创造性脑机制研究的热点主题之一。但是，已有研究均通过被试对目标刺激的新颖性和适用性评估来诱发概念扩展过程，这样的任务操作很可能混杂着较大权重的认知评估过程，从而使概念扩展和认知评估相关的脑功能区同时激活，且难以将认知评估相关的脑活动从结果中分离出去。为此，本研究先通过预实验筛选出概念扩展高低不同的两组刺激，正式实验时要求被试在看到目标刺激时思考该刺激与报纸之间的合理联系，而无

---

① Folley, B. S., & Park, S. Verbal creativity and schizotypal personality in relation to prefrontal hemispheric laterality: A behavioral and near-infrared optical imaging study. Schizophrenia Research, 2005, 80 (2), pp. 271 – 282.

须进行刺激的新颖性和适用性的评估，试图分离出创造性思维过程中概念扩展特有的脑功能活动，并与创造性行为问卷数据进行相关分析以进一步探讨创造性研究中行为测试与脑功能活动间的联系。另外，如前所述，已有部分研究探讨了高创造性个体安静状态下的脑结构和功能特点，但探讨特质创造性与状态创造性相关的脑功能活动间关系的研究极少。仅芬克（Fink）等人[1]（2014）考查了分裂型人格特质与个体主动报告客体用途条件下脑活动模式的关系，但其在实验过程中也未控制认知评估因素的影响。鉴此，本实验拟从创造性认知"过程式"下的概念扩展出发，利用 fNIRS 技术，进一步探讨概念扩展相关神经基础及右半球在其中的参与性，并对"个体执行创造性认知任务时的神经活动与创造性特质之间的关系"展开初步探讨。

一、预实验：概念扩展实验材料的筛选与评估

概念扩展行为研究的经典任务是动物绘制任务，但这一任务因存在任务数量太少达不到神经科学研究中要求的叠加次数等局限性并不能直接应用于探讨概念扩展神经机制的研究。而改编的用途说因为更符合认知神经科学研究实验设计的要求被学者们所接受。

本研究拟以台湾地区徐芝君等人[2]编制的《〈报纸的不寻常用途〉测验》中的 201 个报纸的用途为初始实验材料，由与正式实验同质的被试对其进行评定。根据评定结果，筛选出高扩展组和低扩展组两类材料，为正式实验时创造性思维过程中概念扩展的发生提供有效的实验材料。

（一）实验方法

1. 被试

选取 10 名在校大学生参与实验，男女各半，被试皆在实验前填写了书面知情同意书。

2. 实验程序和任务

以台湾地区徐芝君等人编制的《〈报纸的不寻常用途〉测验》中的 201 个报纸的用途为初始实验材料，经过适当调整（将繁体描述用途转换成等意的简体双

---

[1] Fink, A., Weber, B., Koschutnig, K., Benedek, M., Reishofer, G., Ebner, F., et al. Creativity and schizotypy from the neuroscience perspective. Cognitive, Affective, & Behavioral Neuroscience, 2014, 14 (1), pp. 378 – 387.

[2] 徐芝君、陈学志、邱发忠：《〈报纸的不寻常用途〉测验之编制》，载于《创造学刊》2012 年第 3 期，第 33 ~ 56 页。

字词，以及使表述更符合大陆表述习惯）后，编制成 7 级评定量表，用途项目随机排列。要求被试根据问卷中各个用途与报纸之间建立合理联系的难易程度进行等级评定，等级越高表明联结越不易产生，概念扩展越高。

（二）实验结果与分析

使用 SPSS 16.0 对评定等级进行统计分析，以平均联结难易等级低于 P_{33} 的作为低扩展组，高于 P_{67} 的作为高扩展组。根据统计结果 $P_{33} = 3.5$，$P_{67} = 4.8$（如图 3 - 1 所示），初步选取平均联结难易等级低于 3.5 的作为低扩展组刺激 67 个（L 组，偏常规用途，如练字），高于 4.8 的作为高扩展组刺激 71 个（H 组，偏新颖用途，如饲料）。最后，分别从各组中选出 60 个用途作为正式实验材料，其余作为练习材料。两组间评定等级的统计信息如表 3 - 1 所示。

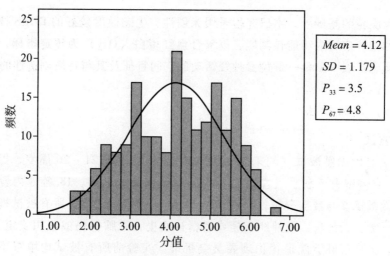

图 3 - 1　各难易（远近）等级材料分布状况

表 3 - 1　　　　　　　　高低扩展组的描述性统计

组别	M	SD	N
H 组	5.36	0.47	60
L 组	2.76	0.55	60

此外，依据被试对高低扩展组入选材料联结难易等级的评定，分别对各组材料进行内部一致性检验，结果发现，低扩展组 $\alpha = 0.94$；高扩展组 $\alpha = 0.98$。二者皆大于 0.8，提示各组材料具有较高的内部一致性。

需指出的是，行为预实验是基于小样本进行的，只搜集了 10 名被试的实验数据，这可能成为本实验的局限所在。但是，本实验的原始材料源于《〈报纸的不寻常用途〉测验》，其有效样本量为 388 名被试，表明源材料本身是建立在大样本数据基础之上的。并且，该原始测验的信效度也都进行了有效的检验①。基于此，我们预实验的被试数量在一定程度上是能够满足测量学要求的。

（三）结论

预实验筛选获得的实验材料在概念扩展距离上存在统计学差异，通过比较两组材料诱发的神经活动可以揭示出概念扩展认知过程的神经基础。

二、正式实验：概念扩展中脑活动的空间特征及其与创造性人格的关系

在预实验的基础上，本研究拟采用无创性、生态效度较好的 fNIRS 技术，选取前额和颞叶皮层为功能检测区，以氧合血红蛋白（Oxy）为评定指标，进一步概探讨概念扩展中脑额—颞位置神经活动的空间特征及其与特质创造性的关系。

（一）实验方法

1. 被试

22 名有偿志愿被试（均未参加预实验），年龄范围 21～26 周岁，男 10 名。其中，4 名被试由于利手（左改右）等问题被剔除。最终，18 名（内含 7 名男性）有效被试参与数据分析，平均年龄 23.5（±1.5 周岁）。所有被试视力或矫正视力正常，无色盲，无神经疾病或者精神病史，无脑损伤或服用安定类药物，右利手。实验获得学院道德伦理委员会批准。实验前所有被试均填写了知情同意书。

2. 实验程序

被试进入实验室后，先填写实验知情同意书。随后开始 fNIRS 实验，在被试进行概念扩展任务的同时收集被试特定脑区的近红外光学信号。

fNIRS 实验开始之前，要求被试坐在近红外实验室内。主试根据国际 10－20 系统给被试佩戴光极帽，并在相应位置插入光极。然后，要求被试两眼注视电脑屏幕中央，眼睛距离屏幕 65cm 左右，尽量保持头部及身体不产生大幅度动作。正式实验前被试先进行练习以熟悉实验程序和要求。

———————————

① 徐芝君、陈学志、邱发忠：《〈报纸的不寻常用途〉测验之编制》，载于《创造学刊》2012 年第 3 期，第 33～56 页。

fNIRS 实验完成后，除去光极帽。指导被试填写完成事后评定问卷和威廉姆斯创造性倾向测验。

3. 实验材料和任务

概念扩展诱发任务：刺激材料为预实验评估出的 120 个用途刺激，呈现时采用事件相关设计。先呈现 10 秒的空屏以稳定信号，随后依次呈现试次。每个试次由一个注视点和一个刺激组成，注视点呈现时间在 2 ~ 6 秒间随机，刺激（某种报纸用途，如"练字"）呈现时间 5 秒。要求被试在注视点呈现期间心情尽量保持平静；在屏幕上出现刺激时，认真思考该用途与报纸之间的合理联结（通过合理的操作方式，使得报纸能够满足这种用途）。想到后按键反应，进入下一个试次（具体流程见图 3 - 2）。

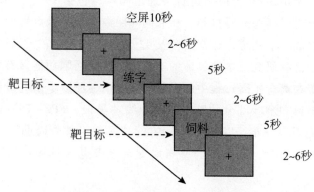

图 3 - 2　概念扩展实验流程

提醒被试看见刺激即开始思考，只要视野范围内能够看到刺激就不能停止思考，直至想到与报纸之间的合理联系或刺激呈现时间（5 秒）结束。除了想到合理联结按键反应后进入下一试次外，刺激呈现时间（5 秒）结束后也自动进入下一试次的操作。

事后评估任务：对实验过程呈现的报纸用途的新颖性和联结难易程度分别进行 7 级等级评定，等级越高表明新颖性越高，联结越不易产生，概念扩展也越高。这一评定任务旨在检验实验材料的有效性，确认正式实验的被试和预实验的被试对刺激材料行为反应上的同质性。

威廉姆斯创造性倾向测验：威廉姆斯（Williams）[1] 编制，由林幸台和王木荣于 1994 年修订，用于测量个体的创造性倾向[2]。该测验包括 50 个自我评定性陈述，要求个体根据表述符合自身的程度作答。测验划分为冒险性、好奇性、想

---

① Williams, F. E. Creativity assessment packet. Buffalo, NY: DOK Publishers, 1980.

② 林幸台、王木荣：《威廉斯创造力测验指导手册》，中国台湾：心理出版社 1994 年版本。

象力以及挑战性四个维度。测验采用3级（"完全不符合""部分符合""完全符合"）等级评定，等级越高表明越倾向于同意量表条目表述，具有该特点。每个维度得分由其涉及的各项目得分相加获得。

4. fNIRS 数据采集

采用日本－岛津公司生产的多通道功能性近红外光谱系统 LABNIRS 采集数据，应用三种波长（780 毫米、805 毫米、830 毫米）的近红外线半导体激光检测皮层血氧变化。fNIRS 测量指标包括氧合血红蛋白（oxy－Hb）、脱氧血红蛋白（deoxy－Hb）以及总血红蛋白（total－Hb）浓度，因氧合血红蛋白信噪比最佳[1][2][3]，故本研究仅分析这一指标的浓度变化。计算基于矫正后的比尔—朗伯（Beer－Lambert）定律。血红蛋白浓度变化的信号采样率设定为10Hz。

通道布局：采用3×9光极帽进行多通道布局，包括14个反射光极和13个探测光极，两类光极探头间隔排布，相邻间隔距离为3厘米。发射光极与相邻的探测光极之间构成一个通道，这样共涉及42个通道。光极定位以国际10－20系统为参照。鉴于已有研究，尽管具体的实验范式和激活脑功能区有所差别，但均发现了额颞位置在概念扩展过程中的参与作用[4][5][6]，所以本研究设置的光极位置主要覆盖包括前额和颞叶部分的脑区。沿中线"鼻根－FPz－Fz－Cz－Pz－Oz－枕骨隆凸"左右对称分布，以鼻根上10%的"鼻根－枕骨隆凸"距离为光极帽底排中间光极点的位置，并以此为基布局剩余光极点（具体通道脑部位分布见图3－3）。

---

① Ozawa, S., Matsuda, G., & Hiraki, K. Negative emotion modulates prefrontal cortex activity during a working memory task: a NIRS study. Frontiers in human neuroscience, 2014, 8, P. 46.

② Strangman, G., Culver, J. P., Thompson, J. H., & Boas, D. A. A quantitative comparison of simultaneous BOLD fMRI and NIRS recordings during functional brain activation. Neuroimage, 2002, 17 (2), pp. 719 – 731.

③ Sun, J., Sun, B., Zhang, L., Luo, Q., & Gong, H. Correlation between hemodynamic and electrophysiological signals dissociates neural correlates of conflict detection and resolution in a Stroop task: a simultaneous near-infrared spectroscopy and event-related potential study. Journal of Biomedical Optics, 2013, 18 (9), pp. 096014 – 096014.

④ Abraham, A., Beudt, S., Ott, D. V., & von Cramon, D. Y. Creative cognition and the brain: dissociations between frontal, parietal-temporal and basal ganglia groups. Brain research, 2012, 1482, pp. 55 – 70.

⑤ Rutter, B., Kröger, S., Stark, R., Schweckendiek, J., Windmann, S., Hermann, C., & Abraham, A. Can clouds dance? Neural correlates of passive conceptual expansion using a metaphor processing task: implications for creative cognition. Brain and cognition, 2012, 78 (2), pp. 114 – 122.

⑥ Kröger, S., Rutter, B., Stark, R., Windmann, S., Hermann, C., & Abraham, A. Using a shoe as a plant pot: neural correlates of passive conceptual expansion. Brain research, 2012, 1430, pp. 52 – 61.

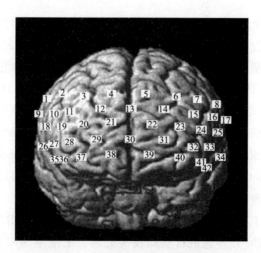

图 3 - 3   通道布局脑区模拟图

另外，以 3D 定位仪为辅助工具进行脑区定位。定位时，首先测定解剖结构比较明确的四个位置"鼻根、Cz、左右耳突"的坐标点，以此为基模拟大脑三维信息；然后，依次确定各个光极点的坐标信息，进而确定各个通道的位置信息。

5. 数据分析

使用 SPSS 16.0 对被试事后等级评定数据进行分析，以进一步对实验材料用于概念扩展实验的有效性进行检验。分析分别以被试对高低扩展组的反应时、新颖性以及联结难易的评定等级为指标，进行配对样本 t 检验，并对实验材料新颖性和联结难易评定等级进行了相关分析。

使用基于 MATLABR 2008b 的 NIRS - SPM 软件包对近红外数据进行处理。在个体水平上，主要包括以下几个步骤：（1）数据的预处理，采用 CSBI（correlation based signal improvement）[1] 与 Wavelet 相结合的方法[2]去噪、去漂移。（2）利用血液动力学反应函数对数据低通滤波。（3）基于一般线性模型对数据进行评估，输入实验设计信息，包括实验条件数目、各事件起始点及其所对应的持续时间。评估过程中以刺激呈现点为起始点，以刺激呈现点与刺激消失点间距为持续时间。其中，低扩展组刺激呈现起始点标记为 1，刺激结束点标记为 2；高扩展组刺激呈现起始点标记为 3，刺激结束点标记为 4。另外，需要指出的是，在 5

---

① Cui, X., Bray, S., & Reiss, A. L. Functional near infrared spectroscopy (NIRS) signal improvement based on negative correlation between oxygenated and deoxygenated hemoglobin dynamics. Neuroimage, 2010, 49 (4), pp. 3039 - 3046.

② Jang, K. E., Jeong, Y., Ye, J. C., Tak, S., Jung, J., & Jang, J. Wavelet minimum description length detrending for near-infrared spectroscopy. Journal of biomedical optics, 2009, 14 (3), P. 034004 - 034004 - 034013.

秒内未能想到与报纸之间合理联结的事件仍纳入高扩展组事件，因为本实验关注的是个体概念扩展过程相关的神经活动。虽然个体未能在规定时间内想到合理联结，但在整个刺激呈现期间，其都在进行概念扩展的操作性思考。（4）经过评估，得到并提取出任务相关的 beta 值，主要为两类事件（H、L）分别与事件（注视点）为基线，比较后的两类 beta 值。

在群体水平分析中，将提取后的 beta 值导入统计工具 SPSS 16.0，进行下列统计检验：（1）L 组 beta 值的单样本 t 检验；（2）H 组 beta 值的单样本 t 检验；（3）L 组 vs. H 组 beta 值的配对样本 t 检验。所有检验结果以 $p < 0.05$ 以及覆盖可能性（%）> 10 为筛选阈限。

定位信息基于 10 名被试的 3D 定位数据，取平均获得 3D 定位的两个参照文件，采用 NIRS - SPM 软件包进行空间校准处理，配准至 MNI 标准脑空间。提取各个通道的脑区信息保存，主要提取了以下信息：MNI 坐标、脑解剖结构、BA（brodmman area）分区以及覆盖可能性（%）。

威廉姆斯创造性倾向测验的数据，根据评分规则，分别计算出各个被试在各个量表各个维度上的得分或量表总分。然后，利用 SPSS 16.0 分别对威廉姆斯创造性倾向测验各个维度得分或总分与高扩展条件下各个通道下的激活 beta 值之间进行斯皮尔曼等级相关分析。

（二）结果与分析

1. 与概念扩展任务相关的行为结果

对两组材料的反应时进行配对样本 t 检验发现，高扩展组的反应时（3.00 ± 0.74 秒）显著长于低扩展组（1.79 ± 0.40 秒），$t_{(59)} = -11.311$，$p < 0.0001$，$d = -2.02$（如图 3 - 4 所示）。

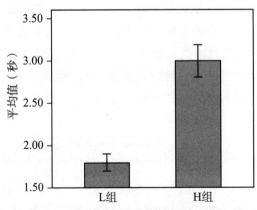

图 3 - 4　两组材料的平均反应时比较

反应时是心理学实验中最为常用的评定指标之一。反应时越长，表明个体在执行相应认知任务的过程越复杂，需要调动更多的认知资源以支持任务的完成。本实验发现高扩展组具有明显较长的反应时，可能说明被试在进行该组材料的概念扩展过程中其需要跨越更大的"意义距离"将目标刺激与报纸建立联结，为实验材料在正式实验中的有效性提供了统计学意义上的支持。

基于被试事后对材料新颖性的等级评定，对两组材料进行配对样本 t 检验，结果显示高扩展组的新颖性（2.71 ± 0.42）显著高于低扩展组（1.52 ± 0.30），$t_{(59)} = -17.49$，$p < 0.0001$，$d = -3.19$（见图 3-5）。

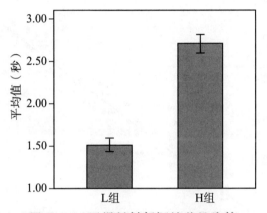

图 3-5　两组材料新颖性差异比较

基于被试事后对材料联结难易（扩展高低）的等级评定，对两组材料间的联结难易（扩展高低）进行配对样本 t 检验，结果显示高扩展组联结难度评定等级（2.61 ± 0.48）显著高于低扩展组（1.46 ± 0.29），$t_{(59)} = -17.04$，$p < 0.0001$，$d = -3.11$（见图 3-6）。

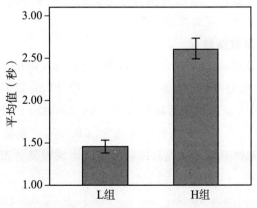

图 3-6　两组材料联结难易（扩展高低）的差异性比较

　　进一步对材料的新颖性和联结难易（扩展高低）进行相关分析，结果显示 $r = 0.975$，$p < 0.0001$（见图 3 - 7）。结果说明随着材料新颖性的增加，材料和客体之间的联结越远，概念扩展越高。该结果与阿卡尔[①]（Acar）的研究具有一致性。他们利用 3 种语义评定量表对新颖和普通客体用途与客体之间的反应间距进行了评定，也发现随着客体用途新颖程度的增加，其与客体之间的语义（概念）间距呈现扩大的趋势。概念扩展的本质特征即为扩展既有概念的界限以获取概念新含义，相关分析结果进一步为实验材料的有效性提供了依据。

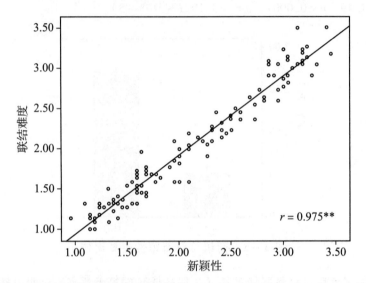

图 3 - 7　材料新颖性与联结难易（远近）的关系（$r = 0.975^{**}$）

　　综合以上行为指标的结果，可以认为，本实验最后选定的高、低两组概念扩展刺激材料有着足够的扩展差距。与低扩展组材料相比，高扩展组材料有着很强的新颖性和扩展性。如此，通过对实验任务时两组材料诱发的脑功能活动的比较，有可能揭示出概念扩展的神经基础。

2. 近红外脑成像数据结果

　　①L 组 beta 值单样本 t 检验（氧合血红蛋白，$p < 0.05$）。结果发现，通道 22、26、30 的负激活达到了显著性水平，其中 22 通道对应的脑区为额极（BA10），26 通道对应显著性激活脑区为颞上回（BA22）、颞中回（BA21）、前辅助运动区（BA6），30 通道对应脑区为额极（BA10）；负激活的脑区主要集中在双侧额极以及左侧颞上回。在现有检验阈值下未发现显著正激活的脑区（详见

　　① Acar, S., & Runco, M. A. Assessing Associative Distance Among Ideas Elicited by Tests of Divergent Thinking. Creativity Research Journal, 2014, 26 (2), pp. 229 - 238.

表 3 - 2）。

表 3 - 2   L 条件下激活通道及对应脑区 *

激活通道	激活脑区	BA	MNI 坐标			Overlap（%）	t	p
			x	y	z			
22	左额极	10	-13	69	22	100	-2.74	0.014
26	左颞上回	22	66	-1	4	63.8	-2.39	0.029
26	左颞中回	21				21.6		
26	左前辅助运动皮层	6				13		
30	右额极	10	3	70	10	100	-2.18	0.043

　* BA 为布罗德曼分区，Overlap 为覆盖概率；结果以 $p < 0.05$ 以及 Overlap >10 为筛选标准，下同。

　②H 组 beta 值单样本 t 检验（氧合血红蛋白，$p < 0.05$）。呈现 H 组材料时，共有 6 个通道的负激活达到了显著性水平：包括双侧额眼区、双侧背外侧前额叶皮层、双侧额极以及双侧眶区（具体见表 3 - 3）。

表 3 - 3   H 条件下激活通道及对应脑区

激活通道	激活脑区	BA	MNI 坐标			Overlap（%）	t	p
			x	y	z			
4	右额眼区	8	14	53	47	54.2	-2.42	0.027
4	右背外侧前额叶皮层	9				45.8		
5	左额眼区	8	-11	54	46	48	-2.13	0.048
5	左背外侧前额叶皮层	9				52		
22	左额极	10	-13	69	24	100	-3.03	0.008
30	右额极	10	3	70	10	100	-2.82	0.012
38	右额极	10	15	73	-2	83.8	-3.38	0.004
38	右眶区	11				16.2		
39	左额极	10	-12	73	-2	83	-2.68	0.016
39	左眶区	11				17		

　③H - L 配对样本 t 检验（氧合血红蛋白，$p < 0.05$）。与低扩展条件比较，高扩展条件下通道 26 覆盖的脑区（右颞中回、右辅助运动区）表现出了显著的正激活；通道 3（右 BA8、9）、11（BA9、10、46）、14（左 BA9、10）覆盖的脑区表现出了显著的负激活（见表 3 - 4）。可见，无论是正激活还是负激活，右

半球都表现出了极大的参与性，提示了右半球在概念扩展过程中的重要作用。

表 3 - 4   H vs. L 激活通道及对应脑区

激活通道	激活脑区	BA	MNI 坐标			Overlap（%）	t	p
			x	y	z			
3	右额上回	8	35	42	45	54.8	-2.22	0.041
3	右背外侧前额叶皮层	9				45.2		
11	右背外侧前额叶皮层	9	46	43	32	40.6	-2.22	0.04
11	右额极	10				11.6		
11	右背外侧前额叶皮层	46				47.8		
14	左背外侧前额叶皮层	9	-22	59	34	55.7	-2.45	0.026
14	左额极	10				44.3		
26	右颞上回	22	66	-1	4	63.8	2.40	0.028
26	右颞中回	21				21.6		
26	右前辅助运动皮层	6				13		

与文献一致，我们也观察到了右颞在概念扩展过程中的显著激活[1][2][3]。颞叶的激活可能与本实验创造性任务是以文字为载体有关。颞叶在"整合信息以形成新的连贯性概念"中具有重要地位，是语义认知加工的关键脑区，参与概念知识的存储或一般性加工，包括某一背景下语义表征的联结和整合，以及概念新知识的获取[4][5][6][7]。特别是右颞在整合较为弥散的，语义关联较弱、较为粗糙的语义

① Abraham, A., Beudt, S., Ott, D. V., & von Cramon, D. Y. Creative cognition and the brain: dissociations between frontal, parietal-temporal and basal ganglia groups. Brain research, 2012, 1482, pp. 55 – 70.

② Rutter, B., Kröger, S., Stark, R., Schweckendiek, J., Windmann, S., Hermann, C., & Abraham, A. Can clouds dance? Neural correlates of passive conceptual expansion using a metaphor processing task: implications for creative cognition. Brain and cognition, 2012a, 78（2）, pp. 114 – 122.

③ Kröger, S., Rutter, B., Stark, R., Windmann, S., Hermann, C., & Abraham, A. Using a shoe as a plant pot: neural correlates of passive conceptual expansion. Brain research, 2012, 1430, pp. 52 – 61.

④ Albright, T. D. On the perception of probable things: neural substrates of associative memory, imagery, and perception. Neuron, 2012, 74（2）, pp. 227 – 245.

⑤ Hoffman, P., Evans, G. A., & Ralph, M. A. L. The anterior temporal lobes are critically involved in acquiring new conceptual knowledge: evidence for impaired feature integration in semantic dementia. Cortex, 2014, 50, pp. 19 – 31.

⑥ Ralph, M. A. L., Pobric, G., & Jefferies, E. Conceptual knowledge is underpinned by the temporal pole bilaterally: convergent evidence from rTMS. Cerebral Cortex, 2009, 19（4）, pp. 832 – 838.

⑦ Lau, E. F., Phillips, C., & Poeppel, D. A cortical network for semantics: (de) constructing the N400. Nature Reviews Neuroscience, 2008, 9（12）, pp. 920 – 933.

联结中扮演着激活远距离语义信息的角色，如右颞上回[1]。在本实验中，个体在以用途为目标导向下思考它与报纸之间的合理联结时，可能需要从报纸这一特定背景物出发，依据其本身具有的概念特征，努力突破固有概念特征的界限，以新颖的合理方式整合其语义特征，实现其与呈现的高扩展目标之间的联结，赋予报纸这一概念以新含义，从而完成对报纸概念的目标性扩展。这一目标性扩展过程可能需要颞叶脑区语义加工功能的支持，在神经层面则表现为这一脑区的显著激活状态。

双侧额极（BA10）和右背外侧前额叶的显著去激活对于揭示概念扩展神经基础具有特殊意义。近年来，探讨额极在认知活动中扮演的特殊角色，以实现其与前额皮层功能上的分离成为认知神经科学的热点。依据门户理论（gateway hypothesis）[2][3]，额极参与大脑的反应计划功能，主要负责外在信息加工系统与内在信息加工系统之间的协调与切换。这种"门户"角色得到了一定的支持，如拉波索（Raposo）等人[4]发现额极在关联自我心理状态和他人心理状态加工过程中显著激活；劳雷罗—马丁内斯（Laureiro - Martinez）等[5]发现额极在理性选择和冒险选择方式之间的协调与切换过程中显著激活。结合本研究，个体在执行有明确目标指向的概念扩展任务时，可能需要通过抑制内在自发信息加工与外在指向信息加工的联结，控制内在自发认知活动对外在明确的扩展加工的干扰，这种抑制"内外联结"的加工可能需要额极"门户"反向活动—去激活的参与。除此，还存在另外一种可能的解释，格里恩（Green）等[6]指出额极在整合概念内在信息表征加工中显著激活。对于概念扩展而言，其本质在于打破概念的既存界限以产生新颖含义的联结，可能需要解离概念的内在信息以发展新认识。这种与整合相对的解离概念既有内在信息的过程可能就表现为额极的去激活。针对上述两种解

① Jung – Beeman, M., Bowden, E. M., Haberman, J., Frymiare, J. L., Arambel – Liu, S., Green-blatt, R., ...& Kounios, J. Neural activity when people solve verbal problems with insight. PLoS biology, 2004, 2 (4), pp. 500 – 510.

② Burgess, P. W., Simons, J. S., Dumontheil, I. & Gilbert, S. J. The gateway hypothesis of rostral PFC function. In Measuring the mind: speed, control and age (eds J. Duncan, L. Phillips & P. McLeod), UK: Oxford University Press, 2005, pp. 215 – 246.

③ Burgess, P. W., Gilbert, S. J., & Dumontheil, I. Function and localization within rostral prefrontal cortex (area 10). Philosophical Transactions of the Royal Society B: Biological Sciences, 2007, 362 (1481), pp. 887 – 899.

④ Raposo, A., Vicens, L., Clithero, J. A., Dobbins, I. G., & Huettel, S. A. Contributions of frontopo-lar cortex to judgments about self, others and relations. Social Cognitive and Affective Neuroscience, 2010, nsq033.

⑤ Laureiro – Martínez, D., Canessa, N., Brusoni, S., Zollo, M., Hare, T., Alemanno, F., & Cappa, S. F. Frontopolar cortex and decision-making efficiency: comparing brain activity of experts with different professional background during an exploration-exploitation task. Frontiers in human neuroscience, 2014, 7, P. 927.

⑥ Green, A. E., Fugelsang, J. A., Kraemer, D. J., Shamosh, N. A., & Dunbar, K. N. Frontopolar cortex mediates abstract integration in analogy. Brain research, 2006, 1096 (1), pp. 125 – 137.

释，前者看似合理，但可能忽略了需要额极协调的两类加工的加工对象的对立性（自我对他人、理性对冒险）。而本实验任务的加工对象只有"报纸"，呈现的用途则是基于这一对象的扩展结果，二者之间存在潜在的联结。因此，额极的去激活可能并非抑制性"门户"的反映，更可能是由于对"报纸"概念既有内在信息结构的打破而进行创造性扩展导致的。

但本实验观察到的去激活与文献发现的额极皮层在概念扩展过程中呈现显著正激活的结果并不一致[1][2][3]。我们认为这可能是由于不同实验对概念扩展过程的操作不同导致的。在采用隐喻任务探讨概念扩展操作相关神经机制的先前研究中，研究者以隐喻开始呈现为事件的起始点，持续至新颖性以及适用性评估结束，即以隐喻呈现至两项评估结束的时间为持续时间；在采用用途说探讨概念扩展操作相关神经机制的先前中，研究者以客体—用途开始呈现为时间的起始点，以客体—用途呈现时间为持续时间，要求被试对客体—用途的新颖性和适用性进行评估，并在随后的评估屏以按键的方式表明自己的评判，这两类实验范式均难以避免认知评估因此对概念扩展过程的干扰。而本实验则通过预实验将经过良好信效度检验的《报纸用途测验》中的用途预先编成高扩展组和低扩展组，在统计学上已对实验材料的新颖性和适用性进行了保障；其后，在实验操作过程中，以目标刺激的呈现为起始点，要求被试思考该目标刺激与报纸之间的合理联结，无须进行对其进行新颖性和适用性的评估。有研究曾指出"当生成信息需要个体进行内在的自我评估时，额极脑区广泛参与其中"[4]。因此，部分实验发现额极在概念扩展过程中出现广泛激活的结果，可能并不是单一的扩展联结加工引起的，更可能是由于基于认知评估前提下的扩展所导致的。

背外侧前额皮层（BA9）隶属于脑默认网络（DMN）的亚系统，它在概念扩展过程中的去激活可能与默认网络[5][6]有关。该网络的一个典型特征在于当个

① Abraham, A., Beudt, S., Ott, D. V., & von Cramon, D. Y. Creative cognition and the brain: dissociations between frontal, parietal-temporal and basal ganglia groups. Brain research, 2012, 1482, pp. 55–70.

② Rutter, B., Kröger, S., Stark, R., Schweckendiek, J., Windmann, S., Hermann, C., & Abraham, A. Can clouds dance? Neural correlates of passive conceptual expansion using a metaphor processing task: implications for creative cognition. Brain and cognition, 2012, 78 (2), pp. 114–122.

③ Kröger, S., Rutter, B., Stark, R., Windmann, S., Hermann, C., & Abraham, A. Using a shoe as a plant pot: neural correlates of passive conceptual expansion. Brain research, 2012, 1430, pp. 52–61.

④ Christoff, K., & Gabrieli, J. D. The frontopolar cortex and human cognition: Evidence for a rostrocaudal hierarchical organization within the human prefrontal cortex. Psychobiology, 2000, 28 (2), pp. 168–186.

⑤ Raichle, M. E., MacLeod, A. M., Snyder, A. Z., Powers, W. J., Gusnard, D. A., & Shulman, G. L. A default mode of brain function. Proceedings of the National Academy of Sciences, 2001, 98 (2), pp. 676–682.

⑥ Buckner, R. L. The serendipitous discovery of the brain's default network. Neuroimage, 2012, 62 (2), pp. 1137–1145.

体执行外在的多种类型认知任务时呈现去激活，尤其是当有明确的外在目标指引时，去激活尤为明显[1][2]，以抑制内在自发"噪音"的干扰，将更多的注意资源用在执行的目标任务上[3]。创造性认知被认为与白日梦、自我感觉等人格表现特征有关，而 DMN 又与上述行为表现密切关联[4]。我们推测，DMN 在创造性认知过程中也发挥着重要作用。先前基于结构像或静息态的研究已经在一定程度上揭示了 DMN 脑区与创造性认知之间的关联，如竹内指出较高创造力与 DMN 节点内侧前额叶和扣带回后部之间的功能连接有关；比特（Beaty）等[5]指出在较高创造力个体中，左额下回与整个 DMN 之间存在较强连接。而本研究则从概念扩展的角度，在任务态下初步揭示出 DMN 脑区与创造性认知可能存在的关联。

3. 参与概念扩展过程的脑功能区与个体特质创造性的相关分析

如前所述，个体的人格因素，即个体本身所具有的创造性人格特质也会对个体的创造性认知产生巨大的影响。已有行为学研究在该方面做了大量的工作，指出诸如外倾性[6]、经验开放性[7]等对创造力具有较强的预测作用。

以个体在威廉姆斯创造性倾向测验的得分（见表 3 - 5）为其特质创造性，我们进一步计算了参与概念扩展过程的脑区和特质创造性的相关性。

表 3 - 5 　　　人格元特质和威廉姆斯创造性倾向测验描述性统计

维度	M	SD	N
冒险性	21. 17	2. 12	18
好奇性	24. 22	3. 16	18
想象性	26. 61	3. 45	18
挑战性	19. 39	2. 95	18

① Anticevic, A., Cole, M. W., Murray, J. D., Corlett, P. R., Wang, X. J., & Krystal, J. H. The role of default network deactivation in cognition and disease. Trends in cognitive sciences, 2012, 16 (12), pp. 584 - 592.

② Spreng, R. N. The fallacy of a "task-negative" network. Frontiers in psychology, 2012, 3, P. 145.

③ Xin, F., & Lei, X. Competition between frontoparietal control and default networks supports social working memory and empathy. Social cognitive and affective neuroscience, 2015, 10 (8), pp. 1144 - 1152.

④ Takeuchi, H., Taki, Y., Hashizume, H., Sassa, Y., Nagase, T., Nouchi, R., & Kawashima, R. The association between resting functional connectivity and creativity. Cerebral Cortex, 2012, 22 (12), pp. 2921 - 2929.

⑤ Beaty, R. E., Benedek, M., Wilkins, R. W., Jauk, E., Fink, A., Silvia, P. J., ...& Neubauer, A. C. Creativity and the default network: A functional connectivity analysis of the creative brain at rest. Neuropsychologia, 2014, 64, pp. 92 - 98.

⑥ Li, W., Li, X., Huang, L., Kong, X., Yang, W., Wei, D., ...& Liu, J. Brain structure links trait creativity to openness to experience. Social cognitive and affective neuroscience, 2014, nsu041.

⑦ Dollinger, S. J., Urban, K. K., & James, T. A. Creativity and openness: Further validation of two creative product measures. Creativity Research Journal, 2004, 16 (1), pp. 35 - 47.

　　对各个通道与威廉姆斯创造性倾向测验各维度间进行斯皮尔曼等级相关分析，结果表明，想象性得分与通道38之间呈现负相关（如图3-8所示，$r = -0.563$，$p = 0.015$）；冒险性分别与通道8（$r = -0.489$，$p = 0.039$）、通道38（$r = -0.616$，$p = 0.006$；见图3-9）之间呈现负相关；挑战性分别与通道12（$r = 0.555$，$p = 0.017$）、通道20（$r = 0.624$，$p = 0.006$）、通道32（$r = 0.598$，$p = 0.009$；见图3-10）间呈现正相关。结合各个通道对应的脑区分布，发现想象性维度与右FA（BA10）、眶额（BA11）等负相关；冒险性维度与右FA（BA10）、眶额（BA11）负相关；挑战性维度与双侧FA（BA10）、左DPFC（BA46）、右DPFC（BA9/46）正相关。结果为右半球在创造性中的作用提供了更进一步的依据。

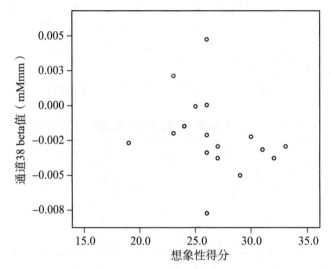

图3-8　想象性得分与通道38beta值的相关

4. 局限性

　　本实验没有控制高、低概念扩展组之间可能存在的任务难度差异。而功能脑区的激活水平随着任务难度的增加而增强的现象已被多个研究所证实[1][2]。如此，难以排除任务难度在观察到的脑激活中的影响。但是，首先，这种增强不一定表现为其他任务不相关脑区的补偿性参与。例如，古尔德等的研究结果发现：随着任务难度增加，与任务相关的特定脑区的激活强度出现了增强，而不是激活了更

　　① Gould, R. L., Brown, R. G., Owen, A. M., Ffytche, D. H., & Howard, R. J. Fmri bold response to increasing task difficulty during successful paired associates learning. Neuroimage, 2003, 20 (20), pp. 1006-1019.

　　② Tregellas, J. R., Davalos, D. B., & Rojas, D. C. Effect of task difficulty on the functional anatomy of temporal processing. Neuroimage, 2006, 32 (1), pp. 307-315.

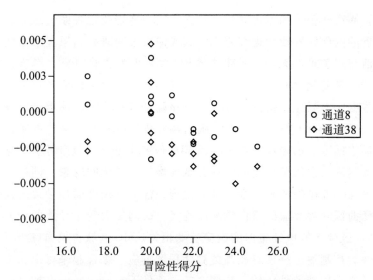

图 3 - 9　冒险性得分与通道 beta 值的相关

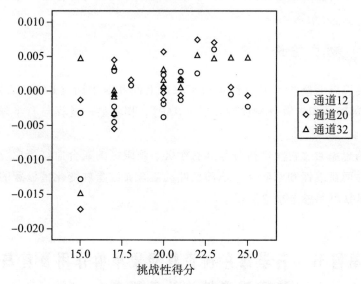

图 3 - 10　挑战性得分与通道 beta 值的相关

多其他脑区。刘昌等[①]的研究也提示任务难度的增加并不激活额外的脑区活动。

其次，王大华等[②]以汉语名词双字词对为材料，采用线索回忆性任务，发现任务

---

①　刘昌、翁旭初、李恩中、李德明、马林：《青老年组不同难度下心算活动的脑功能磁共振成像研究》，载于《心理科学》2005 年第 28 期，第 845～848 页。

②　王大华、付艳、唐丹、段云云、于春水：《任务难度与老化对大脑激活的影响——以线索记忆编码为例》，载于《心理与行为研究》2012 年第 10 期，第 25～31 页。

难度和大脑激活面积、强度之间均不存在对应的递增变化关系。最后，更值得注意的，新近的两项同样使用近红外光学脑成像技术的研究结果提示本实验观察到的脑区激活与任务难度无关。潘津津等[①]以大学生为实验对象，考查了任务难度和大脑皮层血氧变化之间的关系，结果发现，无论是简单任务还是复杂任务，确实存在某些脑区含氧血红蛋白（HbO）含量随任务难度提升而增加的现象，但对任务难度敏感的 fNIRS 信号出现在大脑前额叶皮层（PFC）而非本实验观察到正激活的右颞中回等。潘津津等[②]在 2015 年的研究中分离了复杂任务的难度特征进一步考查大脑皮层血氧情况会随着任务难度增加而变化的现象，同样发现了前额叶激活水平与任务难度的相关性。他们发现，任务复杂度增加导致的任务难度变化主要改变前额叶含氧血红蛋白的响应程度，时间压力变化导致的任务难度变化与 PFC、VC 区域含氧血红蛋白的响应程度相关。MC 区域含氧血红蛋白的响应程度对有无运动控制输出特征有较高的激活程度响应。综合起来可以认为，在本实验中，与低概念扩展条件比较，高概念扩展条件下右颞中回、右辅助运动区表现出的正激活很可能反映了条件间概念扩展上的差异性而与任务难度无关。

（三）初步结论

创造性思维的概念扩展过程激活了右颞上回和颞中回（BA21/22）、双侧额极皮层（BA10）和右背外侧前额皮层（BA9），提示这一过程与右半球关系更为密切。

个体的想象力、冒险性得分与其右额极、眶眼区的氧合血红蛋白变化呈显著的负相关，而挑战性和双侧背外侧前额叶的氧合血红蛋白变化呈显著的正相关。

大脑默认网络参与概念扩展。

第四节 右半球在创造性想象中的作用及其与
特质创造性的关系研究

创造性想象是创造性思维的重要过程，对创造性想象过程脑机制的探讨也是

---

① 潘津津、焦学军、姜劲、徐凤刚、杨涵钧：《利用功能性近红外光谱成像方法评估脑力负荷》，载于《光学学报》2014 年第 11 期，第 336～341 页。

② 潘津津、焦学军、焦典、王春慧、徐凤刚、姜劲等：《利用功能性近红外光谱法研究大脑皮层血氧情况随任务特征变化规律》，载于《光学学报》2015 年第 8 期，第 226～232 页。

创造性脑机制研究的重要内容。如前所述，鉴于 fMRI 的技术局限性，已有研究对创造性想象的结果均是事后评定的，即事后请专家对创造性想象的产品进行新颖性和实用性方面的离线评定，将它们划分成创造性和非创造性两类，再逆推这些产品对应的想象过程是否真正属于创造性想象。这样操作产生的问题是：专家无从知道造性产品是被试自己在实验中进行创造性思维得到的还是源于对以前生活经历或者记忆中已有信息的回忆得到，如此难以分离出纯粹的创造性想象相关的神经活动。

在此，我们使用较为严谨的实验设计，对数据进行基于反应的分析，并将基于回忆得到的伪创造性产品对应的干扰信号分离出去，以更纯粹的数据考查创造性想象中脑活动的空间特征及其与创造性人格的关系。

一、实验方法

（一）被试

42 名在校大学生参加本实验，其中男性 20 名；平均年龄为 24.6（±1.9 周岁）。被试均为右利手，视力或矫正视力正常，无抑郁和任何已知的认知障碍，实验前签署知情同意书。

（二）实验设计与程序

实验采用单因素设计，自变量为任务类型，分为两个水平，即创造性任务和非创造性任务。因变量有两类，行为学指标为：创造性产品——图画的新颖性得分；脑成像指标为：在完成任务时氧合血红蛋白浓度变化的 beta 值。

被试进入实验室后，先填写实验知情同意书。随后开始 fNIRS 实验，在被试进行实验任务的同时收集被试特定脑区的近红外光学信号。fNIRS 实验完成后，除去光极帽。指导被试进行"记忆提取"或者"创造性任务设计"的自评问卷、威廉姆斯创造力倾向测验。同时，专家对被试创造性任务下的图画进行评分。

fNRIS 实验在安静的实验室里进行，分为练习和正式实验两个部分。fNIRS 实验开始之前，要求被试坐在近红外实验室内。主试根据国际 10 - 20 系统给被试佩戴光极帽，并在相应位置插入光极。然后，要求被试两眼注视电脑屏幕中央，眼睛距离屏幕 65 厘米左右，尽量少动。检测并调试每个光子检测器的负高压（衡量光学系统性能的一个指标，其值越大，表示光电倍增管的敏感性就越高，意味着光线变得越来越弱，相关的测量通道当中噪音的水平越高），保证其

数值在 500 伏左右（光电倍增管的负高压从 100 伏开始，最高可达 1 000 伏，
5 000 伏左右信噪比较高）。调试完毕，待被试理解指导语后，进入练习阶段，
以使被试熟悉整个实验流程，了解实验任务操作。正式实验时，要求被试继续保
持上述身体姿势的要求，并且在完成任务期间尽量少眨眼。

　　fNRIS 实验为组块设计。正式实验共包括 24 个系列，每个系列包括 2 个试次，
分别为创造性任务的试次和非创造性任务的试次。每个试次之前呈现一个"注视
点"，每个试次之后呈现一个提示屏。每个系列为 77 秒，整个实验共 30 分 48 秒。

　　实验开始时，屏幕呈现"＋"，被试只需注视屏幕，尽量保持平静，时间为
12 秒。在创造性任务中，屏幕呈现"设计"以及一个线条图形，被试的任务为
利用所给图形在白纸的上方区域设计出一幅具有新颖性、创造性的画，时间为
30 秒。随后，屏幕同时呈现一个"滴"声刺激以及"请写出所设计图画的名
称"，提示被试停止图画设计，并在所设计图画的右侧写下名称，时间为 10 秒。
之后，屏幕呈现一个 12 秒的"＋"作为间隔。然后开始呈现非创造性任务，屏
幕呈现"照抄"以及一幅简单的几何图形，被试在白纸的下方区域照抄屏幕上的
简笔画，时间为 10 秒。最后，屏幕同时呈现一个"滴"声刺激以及"请停止照
抄"，该屏呈现时间为 3 秒。两个任务完成后，被试翻开下一张纸，进入下一个
系列（见图 3-11）。

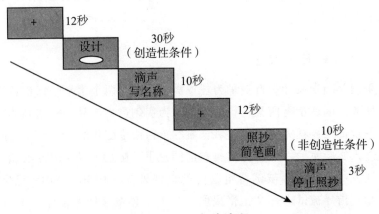

图 3-11　实验流程

　　注：设计两套程序，平衡创造性条件与非创造性条件出现的顺序，前半部分被试先完成
创造性条件任务，后半部分被试先完成非创造性条件任务。

（三）实验材料

　　创造性想象诱发任务：采用 8 个托兰斯图形创造性测验（TTCT）中的简单
线条图形，每个图形重复出现 3 次，构成 24 个试次（创造性条件）。为了减少语

义激活的干扰，采用几何简笔画，如镶嵌图形测验、瑞文推理测验中的图形作为抄写材料（非创造性条件）。实验中使用 E - Prime 2.0 系统呈现图片刺激，图片为 jpg 格式，图片大小约为 300×300 像素，白底黑字，字体为 40 号宋体。

"设计—回忆"自评问卷：请每名被试对自己所画的 24 幅创造性图画进行分类，每幅画作为 1 个题目，共 24 题。每题的答案为三选一："设计""回忆""不能区分"。若被试利用简单线条图形（如，圆）所设计的新颖图形是在实验过程中想到的，即在实验过程中将简单图形与新颖图形建立了联系、做出了联想从而画出，则勾选"设计"；若被试利用简单线条图形（如，圆）所设计的新颖作品来自记忆提取，即，在实验进行之前的生活经历中，曾经利用这个简单图形画过该新颖的图（或者见到过别人画过），实验过程中的设计来自对以前这一经历的回忆，则勾选"回忆"；若被试不能区分以上两种情况，则勾选"不能区分"。

威廉姆斯创造力倾向测验：共有 50 题，包括冒险性、好奇性、想象力、挑战性 4 项；测试后可得 4 种分数，加上总分，可得 5 项分数。分数越高，创造力水平越高。分别取分数前、后各 38% 的被试作为高、低创造性特质。

（四）fNRIS 数据采集

使用日本岛津公司的近红外脑成像记录分析系统（LABNIRS, Shimadzu Corp., Kyoto, Japan）记录实验过程中被试大脑皮层的血氧变化情况，该系统包括 3 种波长：780nm、805nm 和 830nm，3 种波长光强变化通过比尔—朗博定律转化为氧合血红蛋白和脱氧血红蛋白的浓度变化。

光极的位置采用国际 10 - 20 系统进行放置，一共有 27 个光极，采用 3×9 排列方式（如图 3 - 3 所示），其中 14 个为光源发射光机，13 个为接收光极，相邻的 2 个光极构成一个信号记录的通道，共 42 个通道记录额叶的血氧浓度变化。

（五）数据分析

1. 行为数据

行为数据采用 Excel 2003 和 SPSS 17.0 进行统计分析。

因 3 名被试问卷的数据缺失，进入行为数据统计分析的被试共 39 名。

产品创造性的专家评估：由 3 名专家（心理学博士，男性）分别对每被试的图画进行创造性高低的 7 点评分，评分维度为新颖性，"1"代表非常不新颖、"2"代表不新颖、"3"代表比较不新颖、"4"代表中等水平、"5"代表比较新颖、"6"代表新颖、"7"代表非常新颖。得分为低于 4 分（不包含 4 分）的图画视为低分，得分高于 4 分（不包含 4 分）的图画视为高分。使用 Excel 2003 分别计算每名有效被试在 24 幅画上得分的总和，得出每名被试的状态创造性总分；计算所有被试状态创造性的平均分、标准差。

"设计—回忆"自评问卷结果：将每名被试的 24 幅创造性图画进行分类，被试在该问卷中做出三选一的反应，若被试勾选"设计"，则该幅画视为"设计"组的试次，若被试勾选"回忆"，则该幅画视为"回忆"组的试次，若被试勾选"不能区分"，则该幅画视为"不能区分"组的试次，以此基于被试的选择将创造性条件的试次分为"设计""回忆""不能区分"三组，其中"设计""回忆"两组数据进入统计分析。

威廉姆斯创造性测验：计算每名被试威廉姆斯创造性测验各个维度分数以及问卷总分，分数越高，则特质创造性水平越高；计算所有被试特质创造性的平均分、标准差。分别取威廉姆斯创造性测验总分前、后各 38% 的被试作为高、低创造性特质。最后，为考查特质创造性与状态创造性脑激活模式上的交互作用，以状态创造性（高、低）作为组内变量（基于反应分组）、特质创造性（高、低）作为组间变量（基于被试分组），使用 SPSS 17.0 进行方差分析，在不满足球形假设时，F 值自由度采用 Greenhouse – Geisser 进行校正。

2. fNIRS 数据

使用 Matlab 7.0 以及 NIRS – SPM 处理数据，先对数据进行基于任务的分析：分别对创造性条件、非创造性条件下氧合血红蛋白浓度变化的 beta 值进行单样本 t 检验，从而分别得出两种条件下激活的脑区；对创造性条件、非创造性条件下氧合血红蛋白浓度变化的 beta 值进行配对样本 t 检验，从而考查两种任务条件下脑活动的差异。

在此基础上，进一步进行了两种基于反应的分析：

将高创造性条件与非创造性条件下氧合血红蛋白浓度变化的 beta 值进行独立样本 t 检验；

将"设计"条件与非创造性条件下氧合血红蛋白浓度变化的 beta 值进行独立样本 t 检验。

二、实验结果与分析

（一）行为结果

1. 图形创造性产品得分（状态创造性）

我们首先整理了产品的总体创造性得分。经专家评定，39 个有效被试创造性想象产品的得分均值为 87.57，标准差为 8.82；其中，极大值为 103.66，极小值为 65.33。

为了分离低创造性试次诱发的脑活动对信号的干扰，我们从全部试次中筛选出高创造性试次。最后得到高创造性表现组（241 个试次，均值 = 4.57，标准差 = 0.28）作为高创造性条件进入脑成像数据分析。其余平均得分低于 4（480 个试次，均值 = 3.11，标准差 = 0.71）和等于 4（167 个试次）的不进入脑成像数据的统计分析。

为分离创造性思维过程中的"回忆"因素，我们进一步对个体的事后问卷进行分析筛选出纯"设计"条件。其中，7 名被试因"设计—回忆"问卷数据缺失而被删除，7 名被试因表现出"设计"（或者"回忆"）的试次为 0 个而被删除（因为这类被试会影响数据分析时建模的一致性），总共 24 名被试进入该模型的数据分析。根据"设计—回忆"问卷结果，从全组创造性条件试次中筛选出"设计"条件（即，创造性作品在实验中构想完成）420 个试次（均值 = 3.80，标准差 = 0.82）对应的脑血氧信号变化进入下一步分析。其余"回忆"条件（即，创造性作品在以往生活经验中完成，而在实验中通过回忆把它提取出来）的 131 个试次（均值 = 3.66，标准差 = 0.71）和"不能区分"（即，不能区分两者）的 25 个试次不进入下一步脑机制数据的统计分析。

从上可见，被试创造性任务下的产品确实存在新颖性（或者说创造性）上的差别；而且，即使被专家鉴定为高新颖性的产品，也可能不是被试创造性思维的结果，而是被试记忆提取的结果。这样的行为数据说明对脑成像数据进行基于反应的处理是非常必要的。

2. 威廉姆斯创造性（特质创造性）得分

被试威廉姆斯特质创造性各个维度冒险性、好奇性、想象力、挑战性得分以及总分见表 3 - 6。

表 3 - 6   威廉姆斯创造性测验得分的描述统计

	N	极小值	极大值	均值	标准差
冒险性	39	18.00	28.00	22.2564	2.57230
好奇性	39	21.00	39.00	28.2564	4.35115
想象力	39	16.00	32.00	24.0513	3.43319
挑战性	39	15.00	33.00	25.4872	4.86054
威廉姆斯总分数	39	79.00	121.00	100.0513	10.77020

按照威廉姆斯创造性测验总分排序，基于被试分析，选择前后各 38% 的 15

名被试作为高特质创造性组（得分均值 111.27，标准差为 5.98，标准误为 1.54）和低特质创造性组（得分均值为 89.73，标准差为 5.28，标准误为 1.36），剩余 24%（9 人）的被试的数据不进入统计分析。

以上 30 名被试中，4 名被试因头围较小、光极帽翘起等原因导致信号较差而被删除。另外，为保持特质创造性与状态创造性使用同一批被试数据，1 名被试因表现出高状态创造性的试次为 0 个而被删除（因为这类被试影响数据分析时建模的一致性），最终进入数据分析的被试为：高特质组被试 11 人（得分均值 110.55，标准差为 6.33，标准误为 1.91），低特质组 14 人（得分均值 89.86，标准差为 5.46，标准误为 1.46）。

（二）fNIRS 结果

1. 基于任务的分析：创造性条件下脑激活模式

我们首先按常规的数据处理方法，对比创造性条件和非创造性条件诱发的脑活动的差异。将创造性条件下氧合血红蛋白浓度变化的 beta 值进行单样本 t 检验，结果发现与基线（12 秒的注视点）相比，以下脑区氧合血红蛋白浓度变化显著高于基线条件：双侧颞中回（BA21）、双侧三角部（BA45）；此外，双侧额极区（BA10）、左侧背外侧前额叶（BA46）氧合血红蛋白浓度变化显著低于基线条件，即负激活（详见表 3-7）。

表 3-7　　创造性条件下激活脑区（以氧合血红蛋白为指标）

激活通道	BA	激活脑区	MNI 坐标			Overlap（%）	t	p
			x	y	z			
15	46	左-背外侧前额叶皮层	-47	46	22	30.89	-2.154	0.038
15	45	左-三角部				69.11		
33	45	左-三角部	-54	33	-7	43.89	2.544	0.015
27	45	右-三角部	56	39	-7	41.08	2.394	0.022
23	10	左-额极区	-35	64	6	58.93	-2.412	0.021
20	10	右-额极区	38	65	2	74.45	-2.269	0.029
35	21	右-颞中回	60	12	-27	0.6595	2.383	0.022
26	21	右-颞中回	69	-5	-14	1	3.581	0.001
34	21	左-颞中回	-69	-8	-15	1	2.400	0.022
42	21	左-颞中回	-59	9	-28	74.15	2.544	0.015

注：overlap（%）指该通道对该脑区的覆盖率；$p < 0.05$，Overlap（%）> 30；下同。

在非创造性条件下，以下脑区氧合血红蛋白浓度变化显著高于基线条件下：双侧额眶区（BA11）、右侧颞中回（BA21）；此外，双侧背外侧前额叶（BA46）、双侧三角部（BA45）、左侧额极区（BA10）、右侧眶部额叶皮层（BA11）、右侧岛盖部（BA44）的氧合血红蛋白浓度变化显著低于基线条件，即负激活（详见表3-8）。

表3-8　　非创造性条件下激活脑区（以氧合血红蛋白为指标）

激活通道	BA	激活脑区	MNI 坐标			Overlap（%）	t	p
			x	y	z			
11	46	右-背外侧前额叶皮层	49	49	18	58.78	-3.296	0.022
19	46	右-背外侧前额叶皮层	53	46	2	47.02	-3.265	0.022
15	49	左-背外侧前额叶皮层	-47	46	22	30.88	-3.209	0.003
15	45	左-三角部				69.11		
5	9	左-背外侧前额叶皮层	-10	60	39	81.6	-2.088	0.044
38	11	右-额眶区	15	70	-15	1	2.180	0.036
39	11	左-额眶区	-9	69	-15	98.20	2.853	0.007
02	45	右-三角部	55	26	33	47.02	-2.776	0.009
02	44	右-岛盖区						
23	10	左-额极区	-35	64	6	85.93	-2.285	0.028
14	10	左-额极区	-24	66	23	80.85	-2.812	0.008
26	21	右-颞中回	69	-5	-14	1	2.086	0.044

将创造性条件、非创造性条件下氧合血红蛋白浓度变化的beta值进行配对样本t检验，结果发现，与非创造性条件相比，创造性条件下以下脑区氧合血红蛋白浓度变化明显高于非创造性条件：双侧背外侧前额叶（BA46，BA9）、右侧三角部（BA45）；此外，双侧眶部额叶皮层（BA11）氧合血红蛋白浓度变化显著低于非创造性条件，即负激活（详见表3-9）。

表3-9　　创造性—非创造性条件下激活脑区（以氧合血红蛋白为指标）

激活通道	BA	激活脑区	MNI 坐标			Overlap（%）	t	p
			x	y	z			
11	46	右-背外侧前额叶皮层	49	49	18	58.78	2.879	0.007
11	45	右-三角部				41.22		

续表

激活通道	BA	激活脑区	MNI 坐标			Overlap (%)	t	p
			x	y	z			
19	46	右 - 背外侧前额叶皮层	53	46	2	58.04	2.709	0.010
19	45	右 - 三角部				41.96		
5	46	左 - 背外侧前额叶皮层	-10	60	39	52.34	2.146	0.038
5	9	左 - 背外侧前额叶皮层				81.6		
38	11	右 - 额眶区	15	70	-15	1	-2.452	0.019
39	11	左 - 额眶区	-9	69	-15	98.20	-3.036	0.004

2. 基于反应的分析：高创造性表现与非创造性任务条件相比的脑激活模式

行为数据分析结果表明，被试在创造性条件下得到的不一定全是创造性产品，对应的思维活动也不一定全属于创造性思维活动。为了提高数据的信噪比，我们把高创造性产品对应的源刺激分离出来，对数据进行了基于反应的分析。将高创造性表现与非创造性条件下氧合血红蛋白浓度变化的 beta 值进行独立样本 t 检验，结果发现，与非创造性条件相比，高创造性表现下以下脑区氧合血红蛋白浓度变化显著高于非创造性条件：右侧背外侧前额叶（BA46）、右侧三角部（BA45）；此外，双侧眶部额叶皮层（BA11）氧合血红蛋白浓度变化显著低于非创造性条件，即负激活（详见表 3 - 10）。

表 3 - 10　　　　高创造性表现与非创造性任务条件相比的激活脑区
（以氧合血红蛋白为指标）

激活通道	BA	激活脑区	MNI 坐标			Overlap (%)	t	p
			x	y	z			
11	46	右 - 背外侧前额叶皮层	49	49	18	58.78	2.493	0.017
11	45	右 - 三角部				41.22		
19	46	右 - 背外侧前额叶皮层	53	46	2	58.04	2.172	0.037
19	45	右 - 三角部				41.96		
38	11	右 - 额眶区	15	70	-15	1	-2.634	0.012
39	11	左 - 额眶区	-9	69	-15	98.20	-3.169	0.003

将高、低创造性表现下氧合血红蛋白浓度变化的 beta 值进行配对样本 t 检验，结果发现，高创造性表现与低创造表现下相比无差异显著的激活脑区。

3. 基于反应的分析："设计"条件与非创造性条件相比的脑激活模式

同时，行为数据分析结果还表明，被专家评定为高创造性的产品，有部分确实是被试创造性思维的结果，但也一部分是被试对过去经历的回忆。为了进一步排除"回忆"诱发的噪音对信号的影响，我们将剔除"回忆"试次的高创造性条件（"设计"条件）下的氧合血红蛋白浓度变化的 beta 值与非创造性条件下的进行独立样本 t 检验，结果发现，"设计"条件下以下脑区的氧合血红蛋白浓度变化显著高于非创造性条件：右侧三角部（BA45）、右侧背外侧前额叶（BA46）、右侧岛盖区（BA44）；此外，双侧眶部额叶皮层（BA11）氧合血红蛋白浓度变化显著低于非创造性条件，即负激活（详见表 3-11）。

表 3-11　　　　"设计"条件与非创造性条件相比的脑激活脑区
（以氧合血红蛋白为指标）

激活通道	BA	激活脑区	MNI 坐标			Overlap（%）	t	p
			x	y	z			
11	46	右-背外侧前额叶皮层	49	49	18	58.78	2.792	0.010
11	45	右-三角部				41.22		
19	46	右-背外侧前额叶皮层	53	46	2	58.04	2.388	0.026
19	45	右-三角部				41.96		
38	11	右-额眶区	15	70	-15	1	-2.234	0.036
39	11	左-额眶区	-9	69	-15	98.20	-2.702	0.013
02	45	右-三角部	55	26	33	47.02	2.216	0.037
02	44	右-岛盖区						

但直接比较"设计"条件与"回忆"条件下氧合血红蛋白变化的 beta 值无差异显著的激活脑区。

从上可见，在相同的基线条件（非创造性条件）下，分别控制或不控制创造性任务过程中两种可能的干扰因素，创造性条件诱发的脑激活区不完全相同，提示着低创造性的试次及回忆产生的试次对整体信号存在污染的可能性。但是，右侧三角部和右背外侧前额叶保持了不同处理间一致性的正激活，双侧眶额皮层呈现出始终如一的负激活；提示这三个脑区在创造性思维过程中的重要作用，同时也为右半球在创造性想象中的参与作用提供了重要证据。

背外侧前额叶涉及注意过程，在注意中起着重要的作用：负责探求、监控、集中注意、转换注意的方向①。而创造性活动需要内部注意的增强，内部注意的增强以及注意转换能力有助于远距离信息重组②。结合本研究结果，我们推测，在完成创造性想象任务时可能需要更多地调动集中注意、转换注意的能力，才能够进行空间信息的注意转换、维持空间注意以及工作记忆中对空间信息进行操作和重组。同时，背外侧前额叶的另一个重要功能是执行功能，执行功能涉及抑制控制。灵活的认知控制能力是对保持创造性必不可少的。因此，创造性条件、高创造性条件以及"记忆"条件比非创造性条件下右侧背外侧前额叶激活更高，还可能与它的抑制控制功能有关，即进行创造性活动时，抑制非新颖信息从而产生新颖想法。先前研究也发现背外侧前额叶区域与"白日梦"③④"自由联想""意识流"⑤ 等与创造性相关的认知过程有关。

右侧三角部在本实验中的正激活可能也与它的反应抑制功能有关。三角部位于负责抑制控制的额下回后部⑥。罕布什尔（Hampshire）等提出，右侧额下回通过抑制先前呈现的客体信息帮助个体注意转换，个体要想从先验的日常习惯反应中转换注意力，需要克服强有力的自动信息表征，这就需要更高强度的反应抑制能力。而创造性思维与分心抑制能力有关⑦，灵活的认知控制能力，包括阻止分心物的干扰（抑制控制）、注意转换能力是对创造性必不可少的。结合本研究结果，创造性条件、高创造性条件以及"设计"条件比非创造性条件下右侧三角部（额下回后部）激活更高，可能是由于在进行创造性想象时，需要克服日常的习惯反应、克服常规信息的干扰并将注意力转换到非常规的新颖性信息上，因此更多地调动了额下回三角部的认知控制能力。此外，一项神经心理学研究考查了脑损伤部位和创造性思维中独创性能力的关系，结果表明右侧额下回损伤和独创性

---

① Smith, E. E., & Jonides, J. Storage and executive processes in the frontal lobes. Science, 1999, 283 (5408), pp. 1657 – 1661.

② Chen, Q., Yang, W., Li, W., Wei, D., Li, H., Lei, Q., ...& Qiu, J. Association of creative achievement with cognitive flexibility by a combined voxel-based morphometry and resting-state functional connectivity study. NeuroImage, 2014, 102, pp. 474 – 483.

③ Zabelina, D. L., & Robinson, M. D. Creativity as flexible cognitive control. Psychology of Aesthetics, Creativity, and the Arts, 2010, 4 (3), P. 136.

④ Hampshire, A., Chamberlain, S. R., Monti, M. M., Duncan, J., & Owen, A. M. The role of the right inferior frontal gyrus：inhibition and attentional control. Neuroimage, 2010, 50 (3), pp. 1313 – 1319.

⑤ Bunge, S., Dudukovic, N., Thomason, M., Vaidya, C., & Gabrieli – Johnd, E. Immature frontal lobe contributions to cognitive control in children：evidence from f MRI. Neuron, 2002, 33 (2), pp. 301 – 311.

⑥ Aron, A. R., Robbins, T. W., & Poldrack, R. A. Inhibition and the right inferior frontal cortex. Trends in Cognitive Sciences, 2004, 8 (4), pp. 170 – 177.

⑦ 张丽华、胡领红、白学军：《创造性思维与分心抑制能力关系的汉字负启动效应实验研究》，载于《心理科学》2008 年第 31 期，第 638～641 页。

能力受损相关[1]，该研究支持了本研究的结果：额下回三角部的激活有助于个体产生新颖的想法。

眶额叶属于默认网络的组成部分[2]，双侧眶部额叶皮层在创造性想象过程中的负激活可能也与默认网络有关。

4. 威廉姆斯创造性人格特质与创造性想象时激活的脑区间的关系

高特质创造性被试具备一贯的想象力、好奇性、挑战性和冒险性等人格品质，通常在问题解决情境中表现出较高的新颖性等品质，但有时也会提出一般的问题解决策略，即表现出低状态创造性。与此相反，低特质创造性的被试往往缺乏想象力，无较强的好奇心，但当他们表现高状态创造性时，也能提出高新颖性的观点。但特质创造性和状态创造性的这种交互作用，特别是与状态创造性时脑功能活动交互作用，一直缺乏实证研究。仅谷传华等[3]大学生被试为研究对象，考查了特质创造性和状态社会创造性相关的脑电活动间的交互作用。他们发现，高、低频段的 α 波同步化存在特质创造性与状态创造性之间显著的交互作用，在表现高状态社会创造性时，高特质的被试比低特质的被试出现更高的 α 波同步化水平。此外，对于高频 α 波同步化，状态创造性、特质创造性以及大脑半球的三重交互作用达到显著性水平，低特质社会创造性的被试在表现高状态社会创造性时，右半球比左半球出现更强烈的 α 波同步化，在其他情况下均无显著差异。

我们考查了特质创造性与状态图形创造性脑成像数据间的相关性和交互作用。

首先，将威廉姆斯特质创造性分数与状态创造性（设计条件）下各通道激活情况进行 Person 相关检验。结果显示，威廉姆斯创造性分数与以下通道对应的脑区激活呈显著正相关：右侧三角部（CH27，BA45），$r = 0.442$，$p < 0.05$；左侧三角部（CH33，BA45），$r = 0.439$，$p < 0.05$；右侧颞中回（CH26，BA21），$r = 0.468$，$p < 0.05$；左侧颞中回（CH34，BA21），$r = 0.476$，$p < 0.05$；右侧下额叶皮层（CH36，BA47），$r = 0.428$，$p < 0.05$；左侧下额叶皮层（CH8，BA43），$r = 0.444$，$p < 0.05$；右侧下角后区（CH18，BA48），$r = 0.409$，$p < 0.05$；左侧下角后区（CH25，BA48），$r = 0.439$，$p < 0.05$；左侧中央下区（CH17，BA43），$r = 0.474$，$p < 0.05$。

进一步对特质创造性和创造性想象时激活的脑功能活动进行关联分析发现，在前额叶范围内，状态创造性与特质创造性在以下脑区存在显著的交互作用：左

① Shamay – Tsoory, S. G., Adler, N., Aharon – Peretz, J., Perry, D., & Mayseless, N. The origins of originality: the neural bases of creative thinking and originality. Neuropsychologia, 2011, 49（2）, pp.178 – 185.

② Gusnard, D. A., & Raichle, M. E. Searching for a baseline: functional imaging and the resting human brain. Nature Reviews Neuroscience, 2001, 2（10）, pp.685 – 694.

③ 谷传华、张笑容、陈洁、郝恩河、王亚丽：《状态与特质之分：来自社会创造性的证据》，载于《心理发展与教育》2013 年第 29 期，第 483～490 页。

侧眶部额叶皮层（CH39，BA11）$[F(1, 23) = 10.776, p < 0.01]$，见表 3 – 12；
右侧眶部额叶皮层（CH38，BA11）$[F(1, 23) = 9.337, p < 0.01]$，见表 3 – 13；
左侧背外侧前额叶（CH32，BA46）$[F(1, 23) = 7.928, p < 0.05]$，见表 3 – 14；
右侧背外侧前额叶（CH19，BA46）$[F(1, 23) = 9.009, p < 0.01]$，见表 3 – 15；
右侧三角部（CH2，BA45）$[F(1, 23) = 5.373, p < 0.05]$，见表 3 – 16。

表 3 – 12　　左侧眶部额叶皮层（CH39，BA11）状态创造性与
特质创造性 beta 值的描述统计

创造性人格		状态创造性					
		高			低		
		M	SD	N	M	SD	N
特质创造性	高	− 0.020	0.034	11	− 0.003	0.032	11
	低	0.001	0.011	14	0.000	0.016	14
合计		− 0.008	0.026	25	− 0.001	0.024	25

注：M 指平均值；SD 指标准差；N 指人数或试次数。

表 3 – 13　　右侧眶部额叶皮层（CH38，BA11）状态创造性与
特质创造性 beta 值的描述统计

创造性人格		状态创造性					
		高			低		
		M	SD	N	M	SD	N
特质创造性	高	− 0.014	0.025	11	− 0.002	0.025	11
	低	0.003	0.011	14	− 0.002	0.012	14
合计		− 0.008	0.020	25	− 0.002	0.018	25

注：M 指平均值；SD 指标准差；N 指人数或试次数。

表 3 – 14　　左侧背外侧前额叶（CH32，BA46）状态创造性与
特质创造性 beta 值的描述统计

创造性人格		状态创造性					
		高			低		
		M	SD	N	M	SD	N
特质创造性	高	− 0.005	0.014	11	0.005	0.009	11
	低	0.005	0.014	14	0.003	0.013	14
合计		0.001	0.015	25	0.004	0.011	25

注：M 指平均值；SD 指标准差；N 指人数或试次数。

表 3－15　　　右侧背外侧前额叶（CH19，BA46）状态创造性与
特质创造性 beta 值的描述统计

创造性人格		状态创造性					
		高			低		
		M	SD	N	M	SD	N
特质创造性	高	－0.005	0.010	11	0.006	0.011	11
	低	－0.001	0.009	14	－0.003	0.008	14
合计		－0.003	0.009	25	0.001	0.010	25

注：M 指平均值；SD 指标准差；N 指人数或试次数，下表同。

表 3－16　　　右侧三角部（CH2，BA45）状态创造性与
特质创造性 beta 值的描述统计

创造性人格		状态创造性					
		高			低		
		M	SD	N	M	SD	N
特质创造性	高	－0.002	0.008	11	0.004	0.009	11
	低	0.001	0.008	14	－0.001	0.007	14
合计		0.000	0.008	25	0.002	0.008	25

　　进一步简单效应分析发现，表现高状态创造性时，高特质被试在以下脑区氧合血红蛋白浓度变化小于低特质被试：左侧眶部额叶皮层（CH39，BA11）$[F(1, 23) = 4.80, p < 0.05]$；右侧眶部额叶皮层（CH38，BA11）$[F(1, 23) = 5.23, p < 0.05]$；而表现低状态创造性时，这些脑区则无显著差异。

　　从前面的分析可知，双侧眶额皮层在创造性思维过程中呈现显著的负激活，抑制作用减弱。我们推测，高特质创造性个体具有一贯的创造性特质，无需剧烈改变脑安静状态下的活动模式即能完成创造性任务，表现出类似于专家的"能量节省化"效应或是高神经效能。神经效能理论（neural efficiency hypothesis）认为高认知能力的个体在完成相同难度的任务时会出现更少的激活（Haier et al., 1988）。而相对于高特质创造性个体，低特质创造性个体需要引发更多的不同于常态下的脑功能活动才能产生出高创造性产品，因此其双侧眶部额叶皮层的血红蛋白浓度变化相较于高特质个体更大。而在低状态创造性情境中，因任务难度降低，两类被试脑功能活动间的差异减小。

　　另一种可能的解释是两类被试采用了不完全相同的思维方式去完成同样的创造性活动。克里斯（Kris）提出了初级思维加工、二级思维加工的观点。初级思

维加工是由具体形象进行的加工，能够自由联系和进行类别划分，一般是创造性灵感的发生阶段；二级思维加工是以抽象逻辑思维为主进行。他认为，创造性高的个体与创造性低的个体相比较，前者个体更多的是依赖初级思维加工形式，而且能在初级思维和二级思维加工之间进行很好的转换[①]。

此外，简单效应分析还发现，高特质被试，表现高状态创造性时以下脑区氧合血红蛋白浓度变化小于低状态创造性时：左侧背外侧前额叶（CH32，BA46）$[F(1,23)=11.10, p<0.01]$；右侧背外侧前额叶（CH19，BA46）$[F(1,23)=11.50, p<0.01]$；左侧眶部额叶皮层（CH39，BA11）$[F(1,23)=15.93, p<0.01]$；右侧眶部额叶皮层（CH38，BA11）$[F(1,23)=7.59, p<0.05]$；右侧三角部（CH2，BA45）$[F(1,23)=5.57, p<0.05]$；而低特质被试在这些脑区则无显著差异。

如前所述，我们的实验发现，这些脑区在创造性活动中有着起着重要作用，无论是常规的基于条件的分析还是更为严谨的基于反应的分析，这些脑区在创造性思维时均较非创造性思维表现出更大的功能变化。低特质被试高低创造性时这些脑区活动无显著差异可能反映了一种"饱和"现象，即对于这类被试而言，这些脑区在低状态创造性条件下已接近满负荷工作，在高状态创造性条件时能更进一步调动的能量已极少，因此二者差异不显著。而对于高特质被试而言，根据神经效能理论，任务难度较大时，高认知能力的被试在完成任务时，会出现相关脑区激活增加的现象，表现出与神经效能相反的效应[②]。因此，理论上，这些脑区在高状态创造性条件下的功能变化应该大于低状态创造性，但实验得出了相反的结果。很可能，"难度说"仅成立于被试间的比较，即同一创造性任务对特质创造性高低不同的被试而言可能存在难度因素，高特质创造性被试比低特质创造性被试更容易完成。而被试内比较时，本实验划属的高低状态创造性条件与难度无关，产品被专家评定为高创造性产品，生成产品的源刺激诱发的脑功能活动变化就被纳入高状态创造性组，分组与难度无直接有关系。遗憾的是，受实验范式所限，实验无法采集到被试的反应时，也没有对难度因素进行事后问卷。因此，高特质被试在高状态创造性条件下创造性脑区功能活动变化小于低状态创造性的确切机理有待于进一步探讨。

交互作用结果提示，在创造性思维过程中，同样的被试有可能产生出创造性高低不一样的产品；而且，对于高特质创造性的被试来说，高、低两种状态创造性条件下，额叶区域与创造性思维相关的脑区表现出不完全相同的功能活

[①] 邱江、张庆林：《创造性与初级思维过程》，载于《心理与行为研究》2006年第4期，第66~69页。

[②] Neubauer, A. C., & Fink, A. Intelligence and neural efficiency. Neuroscience & Biobehavioral Reviews, 2009, 33 (7), pp. 1004 - 1023.

动特点。

三、初步结论

被试创造性任务下的产品确实存在新颖性上的差别；即使被专家鉴定为高新颖性的产品，也可能不是被试创造性思维的结果，而是混淆了记忆提取因素。

右侧背外侧前额叶（BA46）、右侧额下回三角部（BA45）、双侧眶部额叶皮层（BA11）是完成创造性想象的主要脑区；提示右半球在创造性想象中起着重要作用。

默认网络在创造性活动中的去激活可能反映了它抑制作用的减弱，使更多的信息能够同时进入工作记忆并进行各种远距离联结从而产生创造性产品。

特质创造性与创造性思维激活的脑区间存在交互作用，高状态创造性时，高特质被试的表现符合神经效能理论，在双侧眶部额叶皮层（BA9）氧合血红蛋白浓度变化小于低特质被试。高特质被试在表现高状态创造性时创造性相关脑区功能活动变化小于低状态创造性时。

综上所述：以生成探索模型为理论支撑，本研究以高生态效度的近红外光学成像技术考查了创造性思维的神经基础，特别是右半球在创造性思维中的作用。结果发现，不同载体诱发的不同的创造性认知过程的神经活动有着不同的空间特征。但是，无论是以文字为创造性任务载体的概念扩展过程还是以图形为创造性任务载体的创造性想象过程，均诱发了右半球更多脑区的功能变化。同时，本研究还考查了创造性人格测试获得的个体特质创造性和这些脑功能区间的关系，结果同样发现，个体的特质创造性更多地与右半球的脑区存在关联关系。结果更倾向于支持右半球在创造性思维中具有更重要作用的假说。

虽然，关于"高创造力者到底有着怎么样的脑结构和功能特征、具备什么样的脑结构功能特征的个体具有高创造力"这个双向性问题，学术界迄今还没有得到明确、清晰、一致的结论。但无论是对爱因斯坦的个案研究还是大量对正常成人的研究，也确实发现高创造力个体或是个体进行高创造性思维时，其脑结构或功能特征不同于低创造力个体或是个体进行低创造性思维时；而且，个体的脑结构可随着个体因训练而产生的创造力的提高而变化[1]。大学生是创造力发展的重要时期，科学的创新培养模式可有效提高大学生的创造力，并同时可能促使大学

---

① Schlegel, A., Alexander, P., Fogelson, S. V., Li, X., Lu, Z., Kohler, P. J., ... & Meng, M. The artist emerges: Visual art learning alters neural structure and function. NeuroImage, 2015, 105, pp. 440 – 451.

生脑的结构和功能产生适应性变化，这反过来为创造力的提高提供了物质基础，可以促进其创造力的进一步提升。因此，大学阶段的创新教育尤为重要；同时，鉴于右半球在创造性思维中的重要作用，在教育实践中多采用开发右脑的方法应该能更有效地提高学生的创造力。

第四章

拔尖创新人才的培养模式研究

我们从 2003 年"创新人才与教育创新的研究"这个课题中体会到，人人都有创造性，创新教育要面向全体学生。因此，本书除了聚焦拔尖创新人才的智力特征、人格特征、成长历程和创造性成果获得过程，也同样关注在基础教育、高等教育中如何以学生为主体，以教师为主导，建构和实施拔尖创新人才培养模式。在本章中，我们针对自己的课题的研究任务，着重研究小学、中学、基础教育与高校衔接以及大学的创造性教育的措施，以显示创造性教育在拔尖创新人才培养中的重要作用。

第一节　小学阶段创新精神培养模式研究

小学阶段是创新教育的重要时期，该阶段的重要任务是给学生打下良好、坚实的基础，宽厚的基础知识是一个人创新的必要条件。基础教育阶段，我们认为不宜简单提"拔尖创新人才"和"精英教育"的概念，而应加强创新精神的培养。换句话说，就是培养创新的意识，进行创造性的活动，从而提高创新的才干。因此，小学阶段需要培养学生的基础创新素质，如创新意识、创新精神等。

本书选择了北京第二实验小学（以下简称实验二小）作为实验学校。20 世纪 90 年代，实验二小提出了"双主体育人"办学思想，强调师生的互育、自育及同步发展，同时提出"以爱育爱""以学论教"的核心理念和"以参与求体验""以创新求发展"的实施路径,并在多年的探索与实践中逐步形成了独具特色的教师文化、学生文化等"九大文化"。其中,"以爱育爱"作为核心、本质的教育思想,是开展一切教学育人工作的前提保障,也是孕育学生创新精神、创新素质的重要环境因素。在这种氛围下,学生能够充分调动起学习积极性,逐渐促进适合创新素质形成与发展的创造性人格特点。基于这一教育思想,学校在小学生创新精神的培养方面做出了大量理论研究和实践工作,包括建构了"以爱育爱"教育思想系列实践体系,创设了"学森课程"体系,在实践中形成"主体参与式"课堂教学模式等,这些均为实验二小创新精神培养模式的重要组成部分。随着实验二小创新精神培养模式的逐步完善与实施,学生创新精神得到充分培养与提升,学生不但参与意识强,而且在各种科学文化活动中都有上佳的表现;学校也培养出一支充满活力的创新型教师队伍,学校创新氛围日益浓厚,"以爱育爱"教育思想也在国内外推广共享,以期获得更优的成效。

一、"以爱育爱"教育思想的发展历程及内涵

(一)"以爱育爱"教育思想的缘起

1. 源自对教育理论问题的反思

(1)关于教育本质的反思。

实验二小李烈校长认为,教育的本质是基于关系的互动,关系的性质直接影响并决定了互动的效果与效能。亲其师,信其道,就是最好的例证。以她多年的教学实践经验来看,最好的关系是"爱"。挑战在于,如何界定"爱",以示区分溺爱和棍棒之爱?她突出强调"爱"的"效能",将之定义为"能给予人生长力量的爱"。她认为,教育的本质是基于"爱"的互动,有效能的教育须基于充满爱的师生关系,这种爱应体现出温暖的、吸引人的关系特质和具有可持续发展力量的动力特征。

(2)关于教育目标的反思。

教育的核心目标是育人。以人为本、立德树人,谈的都是关于"人"的培养。然而这个"人"字该如何解读?是否能找到某种操作化定义,使教育者一目了然地从中抓出教育重点,从而有效地实现育"人"目标?儿童的发展包括认知建构和心理建构两部分。巧借"人"字的结构,李烈校长创意性地将"人"解读为:一撇代表着儿童的认知发展,一捺代表着儿童的社会性发展,两者相辅相成、不可分割,共同撑起一个大写的"人"。这是学校关于"全人"概念的雏形,后又结合小学儿童的发展特点和任务,将认知发展聚焦到"学会思考",将

社会性发展聚焦到"学会交往",由此确定出小学阶段教育的根本任务。因此教学不仅仅是认知发展的过程,也是人际交往的过程。

2. 源自对社会发展现实的思考

无论是当年,还是当下,社会现实呼唤着教育改革。其中最为突出的是:

(1) 独生子女普遍缺失"爱"的感知能力与"爱"的品格。

爱,一直被奉行为最有效、最有价值的教育手段。然而在独生子女为主流的学生面前,很多学生认为教师的付出都是理所当然,更谈不上感恩或珍惜。在"4-2-1"家庭结构中长大的独生子女,因过度、过容易被满足,已普遍丧失了对"爱"的感知能力,更遑论具备对他人、对社会付出爱的品格。爱,不应仅仅是教育手段;爱,也应该成为教育目标。"培养懂爱、肯爱和会爱的小学生",成为实验二小的育人目标。

在以"立德树人"为教育己任的今天,实验二小一直坚持"爱"的教育目标同样适用、同样重要,它揭示的正是"立德树人"的核心诉求。

(2) 教师队伍普遍存在职业倦怠,缺乏"爱"的能力和发展动力。

职业倦怠普遍存在于教师队伍,这包括那些因热爱而迈入教师行业的老师。这些教师中不乏敬业者,每天辛苦付出却鲜有成就感,也就难以论及持续发展的动力。在深入观察与访谈中发现,这些教师或习惯于凭经验教学,缺乏科学、有效的方法;或看世界、看社会的认识有偏差,缺乏积极正向的行为模式,多表现为人际关系紧张。总之,就是"想爱,却不会爱、不懂爱"。

教育是生命与生命的互动,教师是教育的根本。培养懂爱、肯爱、会爱的学生,必须有一支热爱生活、热爱教育、积极向上的教师队伍。因此,如何培育教师的"爱",使其摆脱职业倦怠,走向可持续发展之路,实现"爱"的教育目标,成为亟待解决的问题。

综上所述,教师缺乏积极的职业生活体验,学生不懂得感恩、不懂得珍惜,导致情感冷漠、行为自私、进取心不足,缺乏积极的学习生活体验,师生成长动力匮乏,是"以爱育爱"教育思想及其实践解决的主要问题。

3. "以爱育爱"及其教育实践的提出

为此,突破前人更多将"爱"作为"教育手段"的认识,实验二小提出了"以爱育爱"的教育思想,包括:第一,将"爱"作为教育目标。对应于"人"字的解读,教育目标"爱"被相应地解读为两个方向:一是"爱他人、爱祖国、爱社会"等社会道德情感之爱,孕育在"学会交往"之中;二是"爱学习、爱探索、爱科学"等认知发展动力之爱,孕育在"学会思考"之中。第二,育"爱"的关键是师爱。促进教师具有可持续发展的动力,是"以爱育爱"在实践中首先需要解决的问题;第三,以爱育爱的"育",应基于"有效能的爱"的关

265

系，应以激发内在成长动力、实现师生主动发展为目的。

教学始终是学校发展的生命线。只有扎根于实实在在的教学之中，才能从根本上解决师生主动发展的问题，"以爱育爱"教育理念才能获得生命力。基于此，1997 年开始了"以爱育爱"教育实践的探索。

（二）"以爱育爱"教育思想的发展历程

"以爱育爱"教育思想的发展历程，是促进"教师主动成长和学生主动发展"的过程。大体经历了以下五个阶段。每个阶段都有具体的发展任务和采取的方法（见表 4 - 1）。

表 4 - 1　　　　　　　　"以爱育爱"教育思想的发展阶段

阶段	完成的主要任务（含方法）
初步构建及共识阶段 （1997.9 ~ 1997.10）	（1）基于自身多年丰富的教育教学实践经验，基于对教育本质和教育目标的再认识，提出"以爱育爱"，并以说文解字的方式进行了初步的内涵解读 （2）基于"以爱育爱"教育思想，构建出以"育爱"为目标，以案例分析法反复宣讲，获得教师认同 （3）基于前期的行为观察与访谈，通过分析，初步确立"师爱"培养之心智模式和育人能力两条成长线索
全面实践的研究阶段 （1997.11 ~ 2003.8）	（1）采取行动研究法，通过"专题研究月"、问题式学习提升教师育人能力，逐步推进"主体参与式"教学特色，实现学生主动发展。重点关注教师成长，由教师成长引发学生发展 （2）同步采取讲故事、案例分享、专题学习、组本交流等方法，关注教师信念重建和团队建设，促进教师心智成熟。总结提炼出"追求生命价值与职业价值的内在统一"的职业价值观，为促进教师成长两条线索的相互融合提供了思想基础
理性思考与初步梳理阶段 （2003.9 ~ 2008.8）	（1）通过专题学习和行动研究，借鉴学习型组织理论，在构建学习型学校的过程中，梳理出促进教师主动发展的四大要素：团队氛围—全员共识—学习网络—问题导引，为"无穷大∞"教师成长模型的构建提供了理性思考的方向 （2）借助文献分析法，系统梳理了之前所有"专题研究月"的研究成果，初步归纳出"主体参与式"教学特色策略包。同时以行动研究的方法，继续边实践边总结

阶段	完成的主要任务（含方法）
凝练总结与初步推广阶段 （2008.9～2010.12）	（1）采用自下而上和自上而下相结合的方式，总结梳理"以爱育爱"教育思想内涵及其实践，正式凝练出"∞"教师成长模型和"主体参与式"教学特色策略包 （2）借助专家"外脑"，通过逻辑建构，将"以爱育爱"教育思想凝练为涵盖学校工作各方面的九大特色文化，成为"以爱育爱"教育思想的丰富与延展 （3）"以爱育爱"教育思想及其实践，在北京市部分区县进行初步推广应用
修改完善与广泛推广阶段 （2011.2至今）	（1）将"以爱育爱"的理念从"师—生"关系延展到"管理者—教师"之间的关系，并以管理文化为保障，教师、学生文化为基石，构建"学森课程"体系 （2）成立教育集团，以全面植入的方式，将"以爱育爱"教育思想辐射至北京市十个区县、全国九省共14个地级市 （3）以来校参观、学术交流、专题报告会、发表文章等多种途径，将"以爱育爱"教育思想推广到全国各个地区；并受邀录制由中国教育电视台组织的《中国课堂》（海外版）576节，将"以爱育爱"教育思想进一步推向海外

教无止境，在获得丰富成果的同时，今天的实验二小仍通过持续的行动研究和反思性实践，边实践边总结，进一步丰富、完善着"以爱育爱"教育思想及其实践。

（三）"以爱育爱"教育思想的内涵

当"爱"被确定为教育目标和教师的重要地位被确认时，"以爱育爱"的教育思想已经呼之欲出。再经过实践探索，"以爱育爱"教育思想被丰富完善为：

1. "懂爱、肯爱和会爱"是"以爱育爱"教育思想的核心培养目标

阐述的是以爱育爱中的第二个"爱"字，也是小学阶段教育目标的具体描述。主要包括：使学生科学理解"爱"，使学生产生并拥有"主动"去爱的意愿与态度，以及使学生获得如何去爱的行为与能力。这个"爱"，包括社会道德情感与认知发展动力两个方向的爱，强化"全人"教育思想，避免学校教育被割裂与碎片化。

2. "以爱育爱"的先决条件是教师的"爱"，具体表现为"爱的四有"

阐述的是以爱育爱中的第一个"爱"字。主要表现为"爱的四有"：有爱的

_267_

情感、有爱的行为、有爱的能力和有爱的智慧。其中爱的情感和行为是基础，依靠唤醒和观察学习就可以获得；而爱的能力和智慧是难点，需要更多的智慧和修养，在不断的实践中逐步沉淀、内化而成。"走进学生—了解学生—发展学生"是提升教师爱的能力的关键。

3. "以爱育爱"的实践，必须基于"有效能的爱"

阐述的是以爱育爱中的"育"字，也是对教育本质反思的结果。有效能的爱，集中表现为安全、支持、协商的关系特征，和尊重主体、适应差异、呵护感受、激发动力的行为特征。

安全，刻画了关系的底色与氛围，是基础特征。支持，刻画了关系中的互动方式，反映出关系带来的温暖和力量，即"无条件的关怀"——无论成败，爱都以支持的方式存在。协商，刻画了关系中问题应对的态度与行为模式，反映出气度与智慧。因为协商传递的是善意，是信任和问题解决的可能性。这三者之间相互辅助，共同创设出"给予学生生长力量"的"有效能的爱"的关系。

尊重主体地位、激发主体精神，才能实现"我要学"。接纳个体差异，并提供适合差异的教育，才能确保每位学生都"我要学"。感受即情感，情感即动力，关注并呵护感受，就是关注并呵护发展的动力。教是为了不教，最好的教育是实现"自我教育"，必须以激发动力为首任。以爱育爱，追求的是学生主动发展。因此，尊重、适应、呵护、激励共同构成"以爱育爱"教育思想的行为特征。

4. 广义的以爱育爱，既包括以教师的爱育出学生的爱，也包括以管理者的爱育出教师的爱

为培养教师的爱，在以爱育爱教学实践中，"以爱育爱"又从"师—生"之间延展到"管理者—教师"之间，提出以"管理者"的爱育出"教师"的爱，形成爱的传递和充满爱的校园氛围（如图 4-1 所示）。

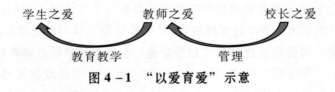

图 4-1 "以爱育爱"示意

二、"以爱育爱"教育思想与课堂教学

课堂教学是"以爱育爱"教育思想实践的主阵地，也是培养学生创新精神、创新素质的主要途径。如同关注教师的主动发展一样，"以爱育爱"教育思想同

样关注学生是否获得了主动发展，而且是充满"爱"的发展。因此"以爱育爱"教育思想重在构建"主体参与式"课堂教学特色。

在这一教学特色的思考中，提出一个观点（以学论教）、两个建构（认知、心理）、三个培养（兴趣培养、习惯培养、能力培养）、四个体现（信息的传递、思维的碰撞、情感的交流、情绪的体验）和五个结合（理论与实践相结合、继承与发展相结合、基础与创新相结合、规范与人文相结合、研究与特色相结合）。具体而言，构建了颇具特色的、实验二小标志性的"三段式"学习方式（课前参与—课中研讨—课后延伸）和"退与进"教学方式（教师要"勇敢地退、适时地进"），最终形成了"生本、对话、求真、累加"的课堂文化。

"三段式"学习方式是一种开放的、主体参与性的模式，它包括"课前参与—课中研讨—课后延伸"三段式。

"课前参与"是课堂教学的前奏曲，为课堂教学做准备。学生可以通过个人查阅书本、书籍、网络等资料，或是小组分工查阅各种资料的方式对知识进行预习。学生在课前参与的程度和参与状态，直接关系到课堂中学生学习的氛围和学习效果。课前参与不仅为后续的课中研讨奠定了基础，使学生带着思考与探索的思想走进课堂，促进课堂上进行有效的练习，更锻炼了学生收集、组织、分析、加工、运用信息的习惯和能力，展现了学生多元化的学习方式和学习基础，实现"学生主体"的教学思想。

"课中研讨"集中体现了"差异即资源"的思想，重在"分享差异"。"分享差异、增进理解、获得发展"是这一环节的要义。课中研讨以分享差异为根本，不仅使学生资源"最大化"，充分体现了"学生主体"的教学思想，而且学生在相互的交流和小组合作中，学会了表达、倾听、思辨、吸纳以及协作和欣赏等等，使学生今天的在校学习为明天的做人与发展打下坚实的基础。特别在研讨过程中，坚持四个开放：氛围的开放、思维的开放、结论的开放、评价方式的开放。课中研讨是体现学生主体的重要环节。

"课后延伸"集中体现了"有差异的发展"，即通过科学合理的作业，使学生在课内学习的基础上，将知识进一步拓展，能力进一步增强。强调层次性、开放性，以适应学生之间的"差异"；强调实践性、创新性，给学生一个有差异的发展空间。

三段式的教学模式，课前参与重在"体验"；课中研讨，重在"探索"；课后延伸，重在"实践"。这一模式充分鼓励学生的质疑、研讨、求异、实证等行为。随着改革的不断推进，在今天，"课前参与"又被进一步深化为"自主学习"，将培养学生"自主学习"的意识、习惯和能力作为新的核心教学目标；"课中研讨"又被进一步深化为"聚焦问题、交流研讨"，以核心知识、概念为基础，采用联系、整合、迁移等多种手段聚焦核心问题，引领学生在多样化的交流研讨中自主探究与发现，产生新一轮的自主学习；"课后延伸"又被进一步深化为"全人奠基"，尤其在应用、延伸环节，要培养的是同时具备一撇一捺的大写的"人"！

为培养学生"懂爱、肯爱、会爱"，促进其主动发展，实验二小全体教师在21年的实践探索中形成了一套可操作、系统的策略体系。该体系分教师策略和学生策略两大部分，每部分又由理念、行为和工具三类构成，具体解决如何想、如何做和用什么做的问题。该策略体系拟解决的问题，来自"主体参与式"教学特色的实施方式，分别为 G 课前参与，课中研讨六要素（A 敢于发言、B 学会表达、C 学会倾听、D 学会对话、E 学会质疑、F 学会合作）和 H 课后延伸，以及J 教师勇敢退和 K 教师适时进，共十大培养要点。将其表格化后，成为由 60 格包括 200 多条策略组成的、可供选择、开放式的策略检索表。

这个策略体系，完全来自一线教师的"草根式"行动研究，亲切鲜活，实用有效。虽耗时最多，却又最受教师欢迎，是"以爱育爱"教学实践体系中最具生命力和创造力的部分。因此，随着教学实践的推进，该策略体系具有动态发展的特性，每学年都有新的修订版本。表 4 - 2 列出的是 2013 年版本。

三、"以爱育爱"教育思想与课堂建设

课程建设是"以爱育爱"教育思想的核心载体，我们在前面提到，发展学生的思维品质需要结合学科教学，因此，开发适合学生创新精神、创新素质的课程，是学校建设创新精神培养模式的重要抓手。在 21 年探索的基础上，"以爱育爱"教育思想总结提炼出实验二小"学森课程"特色体系。

（一）"学森课程"的创设历程

课程是学生发展之平台，浓缩了学生在校生活的方方面面。因此，好的课程结构就是好的育人结构、教育实践和教育体系。课程最核心的部分是课程目标，即课程价值取向，它集中反映的是学校的办学追求、办学理念和办学特色。在课程目标的统领下，课程平台上的种种内容、课程内容的多样化实施，以及课程体系中的每一个组成部分，才会协同、统一、有机、忠实地反映出学校的办学目标和方向。

表4-2　　　　　　　　　　　　"以爱育爱"策略检索表

拟解决的问题	I 教师策略包			II 学生策略包		
	I-1 理念类	I-2 行为类	I-3 工具类	II-1 理念类	II-2 行为类	II-3 工具类
A学生 敢于发言	A-I-1 ◆有安全，才有主动学习 ◆无错原则 ◆睁大眼睛找优点 ◆蹲下来和孩子讲话 ◆每一位学生都有权力表达 ◆全员参与无死角，一个都不能少	A-I-2 ◆设定激励规则 ◆按需提问，按学号提问，不做举手控 ◆等待：一听二同三讲话	A-I-3 ◆特需名单 ◆知心手册 ◆激励卡	A-II-1 ◆无错原则 ◆课堂，研讨择地 ◆表达，开启了学习与思考 ◆准都有第一次 ◆成功源自不断的尝试	A-II-2 ◆模仿说 ◆我口说我心 ◆提前准备	A-II-3 ◆悄悄约定表
B学生 学会表达	B-I-1 ◆参与是每个孩子的权力 ◆以参与求体验 ◆把课堂还给学生 ◆语言是思维的外显：话语清，思维清 ◆表达是修养的外衣：言语敬，修为敬	B-I-2 ◆示范基本句式 ◆示范手势语 ◆示范表情和肢体语 ◆想一议一说三步曲 ◆尝试3分钟学生开口 ◆"逗"学生开口 ◆一听二同三讲话	B-I-3 ◆精彩两分钟 ◆我当小老师 ◆小干部竞选 ◆电视台 ◆基本句式 ◆常用表情，肢体和手势语	B-II-1 ◆以参与求体验 ◆我做学习小主人 ◆表达，领学习力的必修课程 ◆说清楚＝想明白 ◆良言一句三冬暖，恶语伤人六月寒	B-II-2 ◆说话时眼睛看对方 ◆善用肢体、表情（眼神）、手势表达 ◆一次只有一个声音	B-II-3 ◆基本句式 ◆常用表情语 ◆常用肢体语 ◆常用手势语

续表

拟解决的问题	I 教师策略包			II 学生策略包		
	I-1 理念类	I-2 行为类	I-3 工具类	II-1 理念类	II-2 行为类	II-3 工具类
C 学生学会倾听	C-I-1 ◆ 活而不乱，活而不散，倾听是基础 ◆ 会听的人，听需要学习；会听的，听门道 ◆ 不会听的，听热闹 ◆ 会听"三步曲"：集中精神—提炼要点—给出呼应	C-I-2 ◆ 示范如何听，听什么 ◆ 巧用提示语 ◆ 巧用语气、语调变换 ◆ 专时训练	C-I-3 ◆ 手势语 ◆ "我说，你做" ◆ "我说，你评" ◆ "I SAY, RE-PEAT PLEASE"	C-II-1 ◆ 倾听是修养，也是智慧 ◆ 倾听，传递友爱与智慧与友谊 ◆ 倾听他人，完善自己 ◆ 不做倾听语霸，谦让+引领	C-II-2 ◆ 眼神跟着声音走 ◆ 耳朵跟着声音走 ◆ 善用肢体，表情，手势等回应 ◆ 使用句式：我听到你……	C-II-3 ◆ 常用表情语 ◆ 常用肢体语 ◆ 常用手势语 ◆ 基本句式 ◆ "我说，你做" ◆ "我说，你评"
D 学生学会对话	D-I-1 ◆ 好课，要舍得时间 ◆ 课堂是思维碰撞的殿堂 ◆ 明辨之：道理越辩越明 ◆ "课堂常规"再认识：心在更重要 ◆ 多一个想法，多一种资源 ◆ 三人行，必有我师 ◆ 只要你是有心人 ◆ 与文本、同伴、环境、经历、生成、问题和评价对话	D-I-2 ◆ 示范手势语等 ◆ 同题先抛给学生 ◆ 变身"不知道"，鼓励学生对话；变身"学生"，平等参与 ◆ 张开耳朵，管住嘴	D-I-3 ◆ 对话问题单 ◆ "余粮"备课卡 ◆ 教案留白 ◆ 教案追记 ◆ 扇形流程	D-II-1 ◆ 课堂，研讨的阵地 ◆ 向文本学，向同伴学，向环境学，向经历学，向生成学，向问题学，向评价学 ◆ 明辨之：道理越辩越明 ◆ 学问问前，人人平等 ◆ 我也可以发现知识、创新知识 ◆ 重在求知，不强求接受；不强求知，有容乃大	D-II-2 ◆ 不说重复话（观点） ◆ 得到邀请再开口 ◆ 讲得快，讲得多，不如讲到位，讲简练（言简意赅） ◆ 听清再说，不清先问	D-II-3 ◆ 基本句式 ◆ 模拟辩论赛 ◆ 演讲训练 ◆ 常用表情、手势、肢体语言

272

续表

拟解决的问题	I 教师策略包			II 学生策略包		
	I-1 理念类	I-2 行为类	I-3 工具类	II-1 理念类	II-2 行为类	II-3 工具类
E 学生学会质疑	E-I-1 ◆ 千教万教教人求真，千学万学学做真人；审问之，知其所以然 ◆ 质疑，探究的开始；质疑，创新的火花；会提问的学生，会学习；不会提问的学生，像容器；质疑，切记对事不对人	E-I-2 ◆ 示范：多一些问号，少一些句号；示范：多一些追问，多一些反问 ◆ 感谢提问的学生，鼓励同学中的思考，欣赏同学中的巧妙	E-I-3 ◆ "质疑点"一览表 ◆ 教案"留白" ◆ 5WH法 ◆ 追问七法	E-II-1 ◆ 疑同，学习启动的信号 ◆ 不放过任何一个疑问 ◆ 做"提出问题—研究问题—解决问题"的行者 ◆ 质疑，不是为了为难，质疑，是为了求知	E-II-2 ◆ 多一些协商，少一些请教；少一些毋庸置疑，有想法直接说，无须顾忌 ◆ 有质疑，先思考，力不及，大家商	E-II-3 ◆ 基本句式 ◆ 5WH法
F 学生学会合作	F-I-1 ◆ 课堂，生命历程的构成 ◆ 今天的在校学习，奠基的是明天做人的基础 ◆ 合作，领导力的必修课程 ◆ 合作，训练的是结构化思考，合作，训练的是换位思考，善解人意；有效合作五要素：目标明确，志同道合，合理分工，适当妥协，控制进度	F-I-2 ◆ 设计适合合作的任务 ◆ 示范如何合作 ◆ 示范如何解决分歧 ◆ 示范如何控制整进度	F-I-3 ◆ 合作式任务单 ◆ 时间管理图 ◆ "表决"习惯与程序	F-II-1 ◆ 独学而无友，则孤陋而寡闻 ◆ 一个好汉三个帮 ◆ 大家赢，才真正赢；决议前充分表达；决议后坚决执行 ◆ 目标明确，志同道合是基础；合理分工是必然；适当妥协要关键；控制进度要关键	F-II-2 ◆ 明确目标，明确分工，明确标准，明确时间 ◆ 有问题及时沟通 ◆ 不要大包大揽，做好自己 ◆ 格守职责，遵守时间约定	F-II-3 ◆ 任务单 ◆ 时间管理图 ◆ 例会制 ◆ 通讯录

273

续表

拟解决的问题	I 教师策略包			II 学生策略包		
	I-1 理念类	I-2 行为类	I-3 工具类	II-1 理念类	II-2 行为类	II-3 工具类
G 课前参与的有效性	G-I-1 ◆ 带着思考、带着问号进课堂 ◆ 前参无意义，不如去跑圈 ◆ 前参，为激活学生思维而设，杜绝为教学表演而准备 ◆ 多元智能的启示：前参也可以多样化，适应学生差异	G-I-2 ◆ "前参"展示 ◆ 使用"前参" ◆ 适当点评"前参" ◆ 专项训练 ◆ 好前参，与家长分享	G-I-3 ◆ 前参提示卡 ◆ 问卷、访谈提纲 ◆ 资料任务单	G-II-1 ◆ 凡事预则立，不预则废 ◆ 好的开始是成功的一半 ◆ 机会留给有准备的人	G-II-2 ◆ 自学材料，提出质疑 ◆ 收集相关资料 ◆ 准备发言提纲 ◆ 制学具 ◆ 做批注	G-II-3 ◆ 前参提示卡 ◆ 任务单 ◆ 批注符号 ◆ 彩色笔
H 课后延伸的实效性	H-I-1 ◆ 延伸≠作业，延伸有"四性" ◆ 延伸，大教育观的构成 ◆ 概念往往是在亲身实践中建构、获得的	H-I-2 ◆ 课前有思考，教案有体现 ◆ 延伸要有反馈，形成学习"闭环"	H-I-3 ◆ 备课卡片	H-II-1 ◆ 学而时习之，不亦说乎，熟能生巧 ◆ 听十遍不如做一遍，边说边做，效果最好	H-II-2 ◆ 自己动手练一练 ◆ 和爸爸妈妈说一说 ◆ 带爸爸妈妈做一做 ◆ 走到外面去试一试 ◆ 给社会大众讲一讲	H-II-3 ◆ 讲事本

续表

拟解决的问题	I 教师策略包			II 学生策略包		
	I-1 理念类 J-I-1-1	I-2 行为类 J-I-2	I-3 工具类 J-I-3	II-1 理念类 J-II-1	II-2 行为类 J-II-2	II-3 工具类 J-II-3
J教师勇敢"退"	◆ 教师退，学生才有可能进 ◆ 退，学生主体参与的保证 ◆ 老师装傻，学生灵气 ◆ 要相信学生的自组织、自教育能力 ◆ 学会欣赏，学会等待，哪怕幼稚，哪怕错误连连 ◆ 不主导、不评论，用心陪伴在一旁 ◆ 身"退""心"不退，思维更不能退 ◆ 你沉默不语，学生必然开口讲话 ◆ 退，是为了更有效地"进" ◆ 走弯路，也是一种学习方式，它的名字叫"试误" ◆ 直接领人"捷径"，少了最重要的"悟"	◆ 管住自己的嘴巴 ◆ 尝试沉默3分钟 ◆ 给出重要话题时，退 ◆ 学生提出有价值的问题时，退 ◆ 遇到学生自己能学懂的内容时，退 ◆ 遇到学生可争辩明白的内容时，退 ◆ 需要学生练习时，退 ◆ 需要学生自悟时，退	◆ 平常心：耐心、静心、欣赏之心 ◆ 听课互助组	◆ 我是学习小主人 ◆ 我需要教师，但并非需要她时时"在场" ◆ 三人行，必有我师，只要我是有心人 ◆ 走弯路，也是一种学习方式，它的名字叫"试误" ◆ 不怕走弯路，弯路上别有一番风景和收获，走过弯路，更懂珍惜捷径 ◆ 直接走上捷径，少了"悟"的挑战和乐趣	◆ 争取尝试机会：（老师，我想试一试……） ◆ 邀请同学参与：（我们一起来试试） ◆ 提供努力保证：（放心，我们会……）	◆ 自言自语；举手、表达、冒险的勇气、协商的语气等

续表

拟解决的问题	I 教师策略包			II 学生策略包		
	I-1 理念类	I-2 行为类	I-3 工具类	II-1 理念类	II-2 行为类	II-3 工具类
K 教师 适时"进"	K-I-1 ◆ 学生还是学生，小小点拨，小小提示，峰回路转 ◆ 我，也是课堂学习中平等的一员 ◆ 我有不可替代的作用；不是非我不可，我不开口；一旦非我不可，我必开口 ◆ 教育是唤醒，不是给予 ◆ 该进没进，失职；不该进却进了，失人 ◆ 进，是职责；怎么进，是专业功力；何时进，是人文素养	K-I-2 ◆ 表现优异有水平，要欣慰地"进"——评价 ◆ 表达出错未意识，要果断地"进"——纠错 ◆ 认识停滞多雷同，要及时地"进"——提升 ◆ 交流凌乱失主题，要主动地"进"——点拨 ◆ 求解不得已卡壳，要坦然地"进"——讲解 ◆ 基本到位无他言，要自然地"进"——总结	K-I-3 ◆ 听课互助组 ◆ 教学监控 ◆ 手势语	K-II-1 ◆ 老师，平等交流中的首席 ◆ 听君一席话，胜读十年书 ◆ 学贵得师，亦贵得友 ◆ 疾学在于尊师 ◆ 停下来思考，是为了走得更快更远	K-II-2 ◆ 迅速静心闭嘴巴，认真听来不插话，细细品过再表达 ◆ 有疑问要表达，不得同要慌张，沉住气等课下	K-II-3 ◆ 敬畏心 ◆ 倾听百宝箱：常用手势、肢体、表情语言等

276

  课程的概念拓展了实验二小人的视野，改革的重心由"40分钟"的课堂转向更具空间和魅力的"小学6年12学期×每学期20周×每周的课时数×每节课40分钟"的课程。6年的贯通式"课程"概念，恰恰是对实验二小课堂文化"累加"最好的支撑与佐证。从课堂到课程的认识拓展，使实验二小课程改革的力度更大，平台更宽，也更加深入。课堂改革成为"课程实施"环节改革的重要组成。

  课程的概念促使学校原有的和正在进行的各项改革与探索逐步结构化。比如，"超越教材、超越教室、超越教师"的开放理念，使校园的每个角落、校外的博物馆和青少年教育实践基地、非物质文化遗产传人、少年宫和科技馆专家等，进入教学和课表，于是，校园成为"立体的书"，博物馆、教育实践基地成为"社会大课堂"，非物质文化遗产成为"主题研究课"和"文科艺体选修课"的重要内容，少年宫、科技馆成为"社团活动"以及"城宫计划"的有机组成，它们共同组成学校特有的"课程资源"。

  自1997年起，实验二小不断实施和推进的"扁平化管理""学习型组织建设"和"年级自治＋学校元治＋政府法治＝善治"的治理结构，使其成为课程开发和建设的源泉，同时也成为助推"课程主体"——教师队伍自主成长的平台与催化剂。同时，随着对教师思维模式、行为模式逐步成为"隐性课程"构成部分的深入认识，"双主体育人"的思想及其促进教师队伍发展的各项举措，显然一直以来都是课程主体——教师队伍自主成长的重要基石，"爱的四有""主体参与式教学策略""和谐团队""自我修身（如四态、九思）"等是课程主体——教师队伍自主成长的核心内容。

  "10＋N＋3""2∶1∶1∶1∶5""五小"作业、读书"三士"等是实验二小特有的"课程评价"。隔周周二下午的"文科艺体选修课"、每周两节连排的"主题研究课"、每月一次的"社会大课堂"、每学期"1＋N的学科平行选修课"，以及舞蹈、游泳、京剧、武术、书法、戏剧等各年级的特色课程，共同组成学校的"校本特色课程"。而对于国家规定的课程，学校一方面以分科为基础，以传统的课堂教学改革为抓手，不断探索"数学与游戏""数学与文化""数学中的问题"等不同学段的数学课程变革，不断探索"语文与课文"、倡导一篇带多篇的语文课程变革，不断探索"英语与活动""英语与视听""英语与戏剧（表演）"等英语课程变革；另一方面则尝试科目间的整合，开展主题板块式学习、主题研究课、学科或跨学科的综合实践活动等。总之，校本特色课程、国家规定课程和特色德育活动（含社团）一起，共同构成了实验二小的"课程内容"。

  通过对上述内容的有机整合，结合学校对课程的认识和思考，我们初步构建出实验二小人"金字塔"课程体系框架（如图4-2所示）。

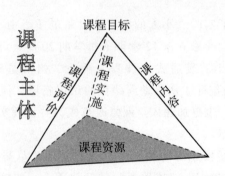

图 4 - 2 "金字塔"课程体系框架

在这个"金字塔"框架中,课程目标是核心,课程主体是基础,这两部分成为学校管理者的核心职责;课程内容、课程实施和课程评价,是实现课程目标的三大支柱,也是教师团队的核心任务;教师团队的所有工作,一方面凝聚在一起,服务于课程目标;另一方面在不断的生成、创新中,以"物化"的方式,转化成为丰富多彩的课程资源,所以课程资源是课程主体在辛勤劳动中自然生成的物化结果。这里还需强调两点:

1. 课程管理的"退出"与"隐身"

在实验二小"双主体育人"的办学思想中,管理的核心任务是打造教师团队、服务教师成长,让教师真正成长为教育主体。当课程成为校园生活的代名词时,"教师"自然成为课程建设的核心主体。为此,管理需淡出这个课程体系框架,凸显出教师的主体地位。而不可忽视的"管理"引领和"管理"组织等作用,就"隐身"在了教师这一课程主体不断实现自主成长的背后。只有这样,才能真正确保"教师"的课程主体地位,才能真正打破传统的"自上而下式"的课程体系。于是,在这个"金字塔"课程体系框架中,课程管理"隐身"了。

2. 教师——课程主体在课程建设中需拥有"闭环思考"

这个闭环要求囊括"金字塔"结构中的所有要素,包括教师团队在开发和建设课程时,要始于"课程目标"。只有厘清了"课程目标",才能确保所有的课程开发与建设不失去正确的方向,避免无用功,也才能确保出台的课程拥有高效能的教育价值。尤其当课程开发和建设中出现分歧、矛盾、混乱和困惑的时候,"课程目标"就像一座灯塔,能为在大雾中航行的课程建设一次次指引方向。这个闭环还包括教师团队在开发、建设课程时,要同时思考三个问题:做什么(即课程内容)、怎么做(即课程实施)、如何评价(即课程评价)。这三个问题相互制约、相互影响,同时也相互支撑、相互印证。只有同时回答这三个问题,才能使一门课程得以完整地展现。同时,教师团队在开发、建设课程时,不能止于课程方案,应终于"课程资源"的开发与建设。有价值的课程资源,就像一粒粒珍珠或者宝石，即使不附着于某一具体的课程方案，也因其本身可助力于学生的有效发展，而散发出迷人的光彩，拥有着诱人的价值。同时，当这些碎片化的课程资源配合不同的课程方案进入不同的课程有机构成中时，同样可焕发出大小不一的教育效益。所以，有意识地开发、建设有价值的课程资源，应成为教师团队开发、建设课程过程中的自觉行为。它们还将成为教师团队劳动价值最有力的佐证。上述这个"有始有终""有协调""有统筹"的思考，被称为实验二小人课程开发和建设中的"闭环思考"，是一种结构化思维。

结合实验二小"双主体育人"的办学思想和多年来的课程改革探索，对这个框架体系中的每一个环节进行细化、解读，最终构建出实验二小"学森课程"体系。

（二）"学森课程"的框架与内涵

"学森课程"体系的命名，一方面源于对我国知名科学家钱学森同志，也是实验二小的优秀校友，其精神与思想的继承。尤其是要秉承钱学森校友的爱国情怀与其晚年提出的钱学森之问背后对创新精神的渴望与推崇，另一方面取自其字面之本意。即：学，既指学生，也指学问和学习；森，强调的是物种丰富多样的森林生态环境，寓指多方位、多角度、丰富多样、生态化的系统结构。合在一起，即指促使学生获得全面发展的、多样化的、系统化的课程结构。于是"学森课程"体系包含三个层面的意思：一是培养出全面发展的学生主体（其内在素质是结构化的），作为课程建设目标；二是构建三维立体（知识、技能与文化）的学问体系，作为课程主体内容；三是关注知行合一、多维立体的学习过程（强调实践与开放的特点），作为课程实施要素。即学生、学问、学习，三者及其内在的多样性、结构化，共同构成学森课程体系。

毋庸置疑，"以爱育爱"教育思想下的学森课程，须以全"人"发展为基础。我们可以形象地将之表示为图4-3。这个图中，集中地将学校的特色育人目标、课程特色鲜明地一一对照起来，使得教师、家长一目了然，清楚地把握住学森课程中"以爱育爱"的育人目标。

最终，构建出以"学科课程"与"特色课程"两部分为主、相辅相成的"学森课程"体系的基本框架。

学科课程的核心目标，集中体现为"有序思维"和"良好习惯"。根据小学生发展的特点，学森课程体系以低、中、高三个学段强调出每学段的核心导向（见表4-3）。

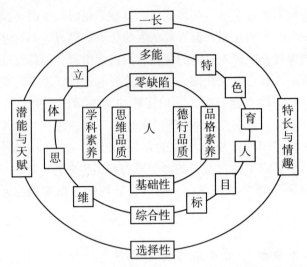

图 4 - 3   "以爱育爱"教育思想下的学森课程的内涵

表 4 - 3   学森课程各学段核心导向

	核心价值	具体目标	培养方式	教学特点	课程设置
低段 1～2年级	情感导向：亲近与热爱学校生活	在体验中关注感受，在想象中培养创意	强调体验的浸润，强调创意的展示性评价	基于整合的主题板块式教学	主题阅读、数、英、体、创意
中段 3～4年级	工具导向：掌握基本的学习策略与信息加工工具，如思维导图	主动质疑与探索，发展技能、掌握工具、学会表达	基于问题的学习，基于个体或者团体的学习	混合型教学模式	语、数、英、体、美、音、科学
高段 5～6年级	社会意义导向：在团队研究中解决有意义的问题	经历完整的研究过程，实现一次对社会的贡献	基于项目的学习 PBL，基于团体的学习	分科走班模块式教学 STEAM BIG IDEA	语、数、英、体、美、音、科学

通过 10 余年的探索，实验二小逐步形成了以下颇具特色的校本课程。分别为：

1. 主题研究课

重在培养学生立体多维的思维方式，重在培养学生运用知识、解决问题的能力。在多年探索的基础上，已经形成稳定的研究主题。各年级各学期研究主题如

表 4-4 所示：

表 4-4　　　　　　　　　各年级研究主题一览

一年级	结合主题式教学
二年级	结合主题式教学
三年级	上：非遗项目；下：一物一世界
四年级	上：环保项目；下：交通工具
五年级	上：地域文化（北京）；下：世界文化遗产
六年级	上：海洋；下：中学

2. 社会大课堂

重在使学生走出校园，通过场馆学习、实践基地体验，建立终身学习的行为与习惯。在多年探索的基础上，已经形成每学期的"2+2"模式。其中，第一个"2"为必修模块，包括 1 个博物馆 +1 个教育实践基地；后一个"2"为选修模块，表示 1 次结合主题研究课的活动、1 次结合年级德育的活动。

3. 国学课程

通过传统文化的弘扬，选取了体现民族精神的"国粹"作为课程内容。目前已经形成"低段的汉字文化"课程模块，"中段的校园内传统文化探索"课程模块和"高段的思辨文化"课程模块，取得了非常广泛的影响。

4. 54321 教育活动

将学校多年来的传统校园德育活动进行梳理，形成了特色课程模块。包括有"5 节"：体育节、艺术节、科技节、读书节、秋收节；"4 展演"："我秀我精彩"、新年音乐会、红五月歌咏比赛、年度创意大赛；"3 运动"：春季田径运动会、秋季亲子运动会、冬季长跑；"2 头"：六年级毕业节、一年级开笔礼；"1 文化"：国学周。重点突出了文化育人、活动育人的核心理念。

5. 文科艺体选修课

发展到今天，学森课程体系中已经有 40 余个选修品种，分别涉及文化类、科技类、艺术类和体育类四种。隔周周二下午两节连排，重在尊重学生的兴趣、天赋特点与发展现状，促进学生选择性素养的提升与发展。

6. 学科平行选修课

为实现教师扬长、学生补短的需要，以确保课程质量的选秀类课程。以学科教研组为单位进行实施，要求每学期至少有 2~3 次。在学森课程体系中，体育学科已经实现每周一次的菜单式"平行选修课"。

7. 年段特色课

为促进不同年龄学生有特色地发展，学森课程体系中形成了 1~2 年级的舞蹈、3年级的游泳、4~5年级的京剧，以及1~6年级的书法、武术为主的年段特色课。

四、"以爱育爱"教育思想与学校文化

"以爱育爱"围绕教师与学生提出，因此最早提出的学校文化也是主要围绕着"教师文化""学生文化"及两大主体之间最重要的活动"课堂文化"展开。随着改革的深入推进，教师群体中的"党员文化"和学生群体背后的"家长文化"又逐步浮现出来；与此同时，课堂文化也拓展延伸到了"课程文化"。但这仅仅完成了学校文化的显性部分。对于办学而言，隐性的"管理文化"所营造出来的氛围，才是实现显性教育教学活动的基础和保障。随着学校规模的不断扩张，管理文化更多地需要依靠制度及"制度文化"去实现，二者共同构成实验二小"以爱育爱"教育思想的管理精髓。环境育人也是我们不可忽视的内容，尤其在小学这一以形象思维为重点的发展阶段，环境育人的重要性同我们专门化的教育内容、教育活动一样重要。同时，好的环境，有助于每一位实验二小人在繁忙的工作之余、学习之余身心得以有效的放松和调试。所以，"校园文化"成为一种全面反映二小人追求精致、和谐、关爱等教育情怀的浓缩。这就是实验二小"以爱育爱"之九大特色文化建设的心路历程，而且很好地剖析出这九大文化之间的相互关系。具体如图4-4所示。

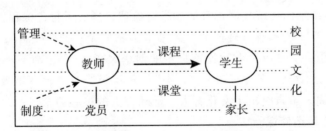

图4-4　"以爱育爱"九大特色文化关系示意

- 教师文化：美丽——形象文化，智慧——学习文化，快乐——合作文化
- 学生文化：美出修养与特长，玩出品位与健康，学出大气与习惯，做出妙想与责任
- 家长文化：权力、责任、成长
- 党员文化：旗帜、奉献、正气、引领
- 课程文化：个性、超越、未来
- 课堂文化：生本、对话、求真、累加

- 管理文化：垂范、授权、激励、沟通
- 制度文化：共识、自律、崇善、动态
- 校园文化：精致、人文、和谐

每项文化的具体内涵，都与"以爱育爱"教育思想的内涵遥相呼应。比如教师文化，尊重教师的主体地位，就要尊重教师爱美的天性，于是提出了形象文化，并在此基础上通过引领使教师明白"美"的不只是外表，是内涵，是对学生无条件的接纳与关爱；也只有有了"美"的内涵和深度，外在的言语和行为才能真正透出温暖、适度和从容、优雅来。所以，教师要时刻牢记爱的四个层次，不仅仅是爱的情感、爱的行为，更需要爱的能力和爱的智慧，这才是实验二小人效能感提升的基础。于是"学习"文化被自然地引出。只有通过学习，才能实现智慧地、高效率地工作，也才可以实现教师"爱的四有"，才可以使教师有时间、有余力去享受工作、享受生活。所以，学习是确保自己生活质量的一种投资，同时也是确保自我价值不断升值、提升效能感的有效举措。再有，教师爱的感受，还来自教师的归属感，于是就提出了合作文化，因为快乐与否很多时候都是在于我们为人处事中少了一份被接纳、被关爱的归属感和认同感。也因此，自1997年以来，和谐团队奖成为实验二小人心目中的头等大奖；而团队意识，包括"我为团队、团队为我"，已经成为每一位实验二小人的自觉行为。那种发自心底的归属感和被接纳，使得学校成为老师们倍感温暖的另一个家。

同样，管理文化中的"授权"是对教师、学生主动发展、主体地位的最大尊重。而"授权"并非盲目，需要有管理者自身的"垂范"做引领、做示范，这是管理者的"自爱"。同时，最有效的授权，就需要通过"始终能发现教师或学生做对的地方"来进行"激励"，在彰显管理之爱的情怀的同时，还是对主体地位和主体作用的进一步认可和激发。最后，实在是遇到不尽如人意的状况，甚至出现辜负管理者或者教师信任的情况发生，选择充满"爱"的"沟通"才是最有效的解决问题的办法。所以，管理文化的四个词中，不仅有着先进管理思想的体现，而且围绕这一管理思想，再次从另一个角度、另一个层面彰显出"以爱育爱"的教育思想。

诸如此类推，这些文化中的每一词，其涵义都凝聚了实验二小人教育智慧的结晶，更是实验二小人"以爱育爱"教育实践的指南。

五、"以爱育爱"教育思想在培养学生创新精神、创建创新型学校方面的效果与反思

21年来，"以爱育爱"教育思想经历了一个边实践边完善的过程，也经历了

一个有效经验被逐步固化为制度、凝练为措施的过程。随着改革持续不断的深入推进，"以爱育爱"教育思想的实践取得了令人骄傲的成绩，特别是在学校创新教育氛围、在学生创新精神培养上，均产生了较大成效。

首先，培养出一支充满激情与活力的创新型教师队伍，在不断创新中提升"爱的四有"，收获生命价值。

创新教育离不开创新型的教师。实验二小的老师在"以爱育爱"教育思想的指引下，从师德的各个方面提升自我，造就创新型教师队伍。实验二小这支充满激情的教师团队，每学年做各类公开课百余节，每学年获奖论文、教案、课例、现场教学百余人。而且以不断推陈出新的创新精神，多年来进行了主题研究课、走班类选修、三类特需生绿色教育通道等特色课程研究，2∶1∶1∶1∶5 学业评价、"10＋N＋3"综合素质评价、假期"五小"（小实践、小问号、小健将、小随笔、小博士）等特色评价研究，成效显著。"爱的四有"就在教师爱生敬业的不断创新中获得了巨大提升。仅以 2010 年北京市首届小学教师教学基本大赛为例，实验二小 11 位教师荣获一等奖，名列全市第一。

其次，课堂及校园充满爱与灵动，孕育出一批批大气、博爱、智慧、致行的莘莘学子。

实验二小最吸引人的就是课堂，尤其是"学生发言"和"生生互动"。"主体参与"的特色彰显在"以爱育爱"校园生活的各个角落，滋养着二小的每一位学生；"主体参与"的课堂能够极大限度地调动学生的主观能动性，促进其创造性人格的形成与发展，从而助力于创新素质的提升。在这样的氛围下，近乎百分百的学生活跃在学校十几个社团几十之才艺小组中，管乐团、合唱团、舞蹈团均为北京市金帆艺术团，同时具有三个金帆团艺术团以及一个金鹏科技校的小学，在北京仅此一家；三大校园节日（体育节、艺术节、科技节）、周五劳动日、假期社会实践则是 100% 学生参与。一批批出类拔萃的学生脱颖而出，仅以最近三年为例，756 人次在全国性比赛中获奖，也因此而获学校"小钱学森杯"；百余名学生因坚持两年以上爱的行动而获学校"育爱杯"；北京市中小学科学建议奖，就是因实验二小 2003 级学生朱小轩（女）发起的环保研究与爱心倡议而设立的；90% 以上的学生每年都能荣获"读书小博士"；无论是出国留学多年的毕业生，还是刚刚归国正在二小读书的小海归，无一例外都酷爱着"以爱育爱"的校园生活。以 2014～2016 年为例，区里将学生中考成绩还原到小学计算平均分，以倒推方式评价小学质量，实验二小不仅年年第一，且超越第二名的距离逐年加大。

最后，学校充满能量与生机，在持续无私的开放中扩大共享，实现优质资源增值发展。

284

　　不重宣传，拒绝包装，却脚踏实地、年复一年、不断将"以爱育爱"内化于心，外显于行的实验二小，其教育的高质量被一拨拨思维活跃、自信大气的学生诠释着，其教师的高素质被一批批充满感激之情的学生家长传颂着，其"以爱育爱"的理念与实践被高度赞扬，被广泛传播，影响从区域到全国，从国内到国外，为学校带来了良好的社会声誉，形成了学校独具特色的金字品牌。

　　21余年来，学校每年接待着近万人的到校参观，每年以长短期不等的时间代培国家级骨干校长、教师及全职在岗的集团校教师百余位。七年来，学校连年获北京市科研先进学校、北京市基础教育课程建设先进单位、北京市创建学习型学校先进单位等70余项殊荣。"以爱育爱""双主体育人""构建学习型学校，促进教师主动发展"等经验在普教界乃至社会上引起了强烈反响，《光明日报》《人民日报》《中国教育报》《人民教育》、中央电视台、中国教育电视台、北京电视台等20余家新闻媒体进行了报道，还被北京各大媒体联合评为影响北京教育的"常青树"小学和影响北京教育发展的校长培训基地校，另外出版有《双主体育人思考与实践》《以爱育爱个案选》《以学论教论文集》《给生命涂上爱的底色》等10余本专著。

　　到目前为止，北京第二实验小学教育集团已有分校、成员校30余所，涵盖北京市顺义、平谷、怀柔、密云、门头沟、大兴、通州、朝阳、丰台、西城10个区县，以及河北石家庄、迁安、山海关、辽宁抚顺、甘肃兰州、江西赣州、河南信阳、洛阳、栾川、贵州贵阳、陕西延安、山东青岛、广西北海等九省14个地区。除教育集团外，到校交流学习人员遍及全国34个省级行政区及比利时、新加坡、美、英、法等多个国家。此外受中国教育电视台的邀请，2008~2011年期间录制完成涵盖1~6年级语文、数学及品德与社会课的《中国课堂》（海外版）168节，深受海外华人华侨的热烈欢迎和高度评价。2011年受邀与美国麻州大学波士顿分校合作成立国际比较教育研究院。正是通过共享优质教育资源与教育思想，使更多地区的学校、学生受益，实现增值发展。

第二节　中学阶段创新精神培养模式研究

　　创新人才的培养是一项长期而复杂的系统工程，需要包括家庭、学校、社会等诸多合力的共同作用。在学校教育中，创新人才的培养同样是一个牵涉众多因素的任务，源于观念、文化、制度的氛围营造，需要课程、教学、评价的有效支撑，以培养学生的创新精神和创新能力为基本价值取向。

对于北京师范大学第二附属中学（以下简称北师大二附中）而言，改变传统教育单纯向学生传授知识的弊端，重视学生创新精神的培养始终是学校改革与发展的重要目标之一。尤其是 2011 年参加本课题以来，学校在提高学生创新意识和能力、培养学生创新精神方面进行了更为深入的探索，系统调整、更新、优化学校课程体系，不断变革教学方法、途径和手段，初步形成面向不同学生的多样培养模式。

一、"6+1+1"课程体系尊重学生差异，提倡自主发展

在创造性人格研究方面，塔迪夫（Tardif）和斯滕伯格将不同心理学家关于创造性的人格特点概括为 19 个方面，其中包括"对新的经验保持开放，兴趣广泛，善于产生奇特的想法，不因循守旧，精神自由、拒绝外部强加的限制"等等，可见关注人的差异性给予其选择权是培养创造性人才的重要途径。

自 20 世纪 90 年代初开始，北师大二附中始终将尊重学生差异、满足不同类型学生需求、促进学生自主发展作为整个课程改革的出发点和归宿，坚持"人文和自主"的办学特色，从内容、目标和学习方式三方面循序渐进，经历了从局部到整体，从个别学科到全面推进，从面向部分学生到惠及全体学生的发展之路。

对于创新人才的培养，学校同样遵循了"尊重差异，自主发展"这一基本教育理念，力求满足不同类型学生的不同需求，重在创新精神的培养，通过课堂教学的主渠道，辅以个性化的课程培养方案和指导方案，深入挖掘有利于创新人才成长的关键因素，营造良好的创新教育环境与氛围。

除了科学的教育理念和良好的学校氛围外，学生的创新精神和实践能力的培养还需要适当的载体和土壤，因此，学校在课程体系的设计中以"打好学生共同基础，促进学生全面而有个性发展"为指导，设计了"6+1+1"课程体系：在全面落实国家课程的基础上，将国家课程和校本课程全面整合，统筹安排，使其有利于学生全面而有个性的发展，有利于对学生创新精神和实践能力的培养。所谓"6"，主要安排的是必修课程和必选课程，重在促进学生全面发展，为学生打好共同的基础；第一个"1"主要安排学科拓展类校本选修课程，重在发展学生个性，使学生学有所长；第二个"1"主要安排综合实践类校本选修课程，重在满足和培养学生的兴趣，提高学生的创新精神和实践能力。

在这样的课程体系下，学生拥有了更大的选择空间。在必修部分，学生不仅有不同的选课方向，在体育、艺术和技术学科还有不同的模块选择。在学科拓展类校本选修课程部分，学生既有学科的选择，也有层级的选择。在综合实践类校本选修课程部分，除了大量的、不同类型的选修课程外，学生还可以自主创建社

团，以学生设计、学生活动为中心。给学生更多的选择权，一方面使学生能够根据自己的特点、兴趣和爱好编制与自身发展相适应的修习计划，满足学生个性化的需求，另一方面也促进学生主动选择、自主规划、自主发展。由此，具有不同志趣和不同潜质的学生在学校课程体系下得到了较为充分的自主发展。三大板块的课时长短、内容安排、上课形式、学生组成不同，以及培养目标的侧重点不同，具体结构如表 4-5 所示。

表 4-5　　　　　　　　　"6 +1 +1" 课程结构

分类	国家课程（学科领域）	学科拓展类校本课程	综合实践类校本课程
课程安排	第 1~6 节 （每节 40 分钟）	第 7 节 （70 分钟）	第 8 节 （60 分钟）
课程宗旨	为学生的发展打下共同基础，保证学生的全面发展	尊重学生差异，使学生学有所长，促进学生个性发展，适应社会对多样化人才的需求	提供灵活多样的学习和体验方式，侧重合作交流和自主探究，提高学生的创新精神和实践能力
课程内容	主要完成国家课程中的必修和必选的内容	以必修和必选课程为基础，安排与学生发展志向相一致的学科拓展内容	活动内容以各种活动主题形式呈现，包括社团类、课题研究类、科技类、学术类、体育和艺术类等
课程实施	历史、地理、物理、化学、生物、艺术、体育等学科为学生提供可自主选择的修习计划，按照教学班上课，其他学科按照行政班上课	学生必须在每天开设的该类课程中选择一种，将选择同类课程的学生编成教学班进行授课	学生依据爱好和兴趣自主选择，按照活动组、课题组、社团等组织形式开展以学生为中心的活动

结合学校课程实践经验，我们发现，后两个板块在培养学生创新精神和能力方面具有更为突出的优势。

在学科拓展类校本选修课程当中，学校的主要目标是促进学生学有所长，促进学生有个性地发展，以适应社会需求的多样化。该类选修课每一学科开设若干模块或专题，模块或专题之间相互独立，每一模块或专题有明确的教育目标和具体的内容纲要。课程内容的选择以必修课和必选课程为基础，适应社会对多样化人才的需求。学生可依据其发展志向、兴趣爱好以及学习基础，自主选择。目前已经开设的该类课程 60 余种，为学生的发展提供了更广阔的平台。2011 年学校调查表明，学科拓展类校本选修课程的实施效果良好，认为教师授课准备充分，内容充实的学生达到 96.2%；课后收获很大和较大的学生达到 88.7%；认为对必修课的学习帮助很大和较大的学生达到 88.1%。

在综合实践类校本选修课程当中，主要目标在于通过丰富多彩的活动，为学生提供更为灵活、多样的学习和体验方式，充分体现学生的主体性，激发学生的求知欲，发展学生的爱好和特长；通过活动让学生广泛地参与实践，掌握一定的科学研究方法并形成科学的态度和精神，学会合作交流和自主探究，提高学生的创新精神和实践能力。该类校本选修课包括社团类、课题研究类、人文类、科技类、兴趣类、体育和艺术类等类别，每个类别依据学校条件和学生的需要开设一种或几种活动课。课程由学科组、教师个人或学生自发提出方案，方案含有活动目标、活动内容、活动方式、时间安排、组织形式，以及必需的物质条件等，由学校统一组织实施。课程内容以"活动主题"形式呈现，每种课程包含若干活动主题。每次活动围绕某一主题，在教师的支持或辅导下，以学生自主学习和直接体验为主要学习方式。同样以 2011 年的调查为例，学校已开设的综合实践类校本选修课程当中社团类 31 种，科技类、兴趣类和艺术体育类合计达到 80 种，学生研究的课题有近 200 种。学生每周选择该类课程 3 种以上的占到 60.6%；对参加的活动非常喜欢和喜欢的占 87.5%；活动收获很大和较大的占 82.8%。

高中新课程改革的一个核心目标就是为了促进学生全面而有个性的发展，尤其要加强学生的创新精神和实践能力的培养，而全面发展、个性发展、实践能力和创新精神等培养目标相互关联，是一个有机的整体。北师大二附中将学校课程结构化，构建有益于学生自主发展的"6+1+1"的课程体系，其中"6"确保新课程中必修课、必选课的落实；第一个"1"为实现"选择性""发展个性"搭建了一个平台，为深化新课程改革创设了一个较大、较自由的空间；第二个"1"，为满足和培养学生的兴趣，为提高和培养学生的创新能力、实践能力提供了条件。结构中的每一部分都有不同的侧重点，使学校的教育培养目标通过课程完整地体现出来，学生创新精神的培养也有了坚实可靠的途径与抓手。

北师大二附中在尊重学生差异前提下，给予学生充分的选择权，关注到兴趣是创造性人才成长最好的导师，热衷于所从事的工作是创造性人才的特点。2010年考入北京中医药大学的窦豆，当年的高考成绩 636 分，高出北大文科提档线 4 分，完全有可能进入北大深造，而她却在早早地高考志愿里选择了北京中医药大学，获得了该校中医学实验班保送资格。面对众人的不解，窦豆的回答却很简单："我从初中起就决定要学中医了，北大虽好，但没有中医系，我要学中医就不能去北大。"放弃北大选择学中医，这在常人看来难以理解的行为，恰恰体现出她坚毅和果敢的品质。如今，社会上评价孩子成功的标准是考上北大清华，而忽略对真正人生价值的思考。窦豆敢于挑战传统观念，坚持自己理想的行为正是对这种偏见的抨击。为梦想执著努力也是创造性人才的特点。

二、以学生为主体，课程为土壤，探索多种培养模式

在不同的学科和特定的领域中，创新精神的培养以及创新人才的成长需要不尽相同的条件和要素。北师大二附中为尊重所有学生的志趣，激发各类学生的潜质，指向培养各行业的未来英才，在原有文科实验班课程改革经验的基础上，以扩大学生自主选择权和满足不同潜质学生发展需要为重点，完善特选课程的层次、内容和体系，使"特选课程"覆盖全体学生，力图让不同特点、不同发展志向的学生都能得到充分发展。下面仅以项目式学习实验班特选课程和文科实验班特选课程为例，展示学校在不同学生的发展需求面前有针对性地培养创新精神和创新能力的探索与实践。

（一）自然科学领域创新精神培养的探索

2011年，为满足有较强的学习能力和动手实践能力的学生的需求，学校开设项目式学习实验班，旨在培养具有综合运用知识技能解决实际问题能力和创新精神的科学技术领域预备人才。项目式学习实验班的特选课程采用项目式学习方式，内容包括项目研究课程（含项目研究基础课程、项目研究实践课程Ⅰ、项目研究实践课程Ⅱ）、讲座课程、社会实践课程等，设置方面尽量丰富学生的知识量，培养学生全面、多角度看问题的习惯和能力，促进学生的智力、人格、创新意识等养成，特别注重对学生创新精神和实践能力的培养。具体课程结构如表4-6所示。

表4-6　　　　　　　项目式学习实验班特选课程

课程	内容和形式	目的
项目研究基础课程	项目研究基础课程Ⅰ主要包括项目研究概论、项目研究方法和项目研究实例，以及项目研究所需要的实验技术和基本理论	引导学生走进项目研究，为进入项目铺设知识基础、能力基础和意志力

289

续表

课程	内容和形式	目的
项目研究实践课程 I	包含工程与技术方向、物质与材料方向、生命科学与生物工程方向、信息技术与网络安全方向、应用数学方向，学生根据兴趣自主选择 2 个方向完成相应项目	项目研究中培养和提升学生的执著精神和创造力，提高学生综合解决问题的能力 项目研究特选课程（一）引导学生根据基础和兴趣体验项目研究过程；项目研究特选课程（二）以培养学生发现问题，综合运用，科研和创新能力为主要目标
项目研究实践课程 II	在 5 个方向中选择 2 个方向完成相应项目。项目研究注重综合性、跨学科、有深度，采用校内外双导师制共同指导学生完成项目	
讲座课程	必选部分：人文与科技相结合 自选部分：科技热点和科技前沿为主	拓宽学生视野，激发兴趣和内驱力为目标，引导学生树立正确的人生观
社会实践课程	采用长短期相结合、科技与人文相结合的方式，增加野外科考项目	培养团队合作和实践能力，增强社会责任感

已有研究表明，在自然科学领域，创造性人才成长的关键因素有很多：导师或类似导师人的引导，交流与合作的气氛，父母积极鼓励，中小学以及大学教师的作用，多样化的经历，挑战性的经历，青少年时期爱好广泛，等等。在项目式学习实验班，我们结合学生的特点和学校的优势，尤为注重导师的引导、交流与合作的气氛、多样化和挑战性的经历这几个方面。

教师在项目课程实施中注重项目的缘起，引导学生发现问题；注重项目实施中核心问题的逻辑性，培养学生解决问题能力；注重项目反思，引导学生总结成功经验，反思项目成功与失败的缘由……这些引导比起知识的灌输对学生来说要重要得多。2014 年彭丽媛和米歇尔到北师大二附中观摩项目课程，事后采访的记者问学生：项目展示中如果失败了怎么办？学生很自然地回答："失败了就重新来，第一次项目课的时候老师就告诉我们，科研不是那么容易就成功的！"已经毕业的 2014 届学生谈到项目课程的感受中也提及："项目课已经让我学会接受失败了，觉得生活中失败是一件特别正常的事情。原来我认为按照合理正常的思路做下去还是失败了就会陷入纠结，现在很淡定。从错误得到的东西比自己学到的东西要多。"这种"败不馁"的科研品质是学生在项目实践中，在点滴渗透中慢慢培养起来的，而"韧性"和"毅力"是创新人才必不可少的品质。

项目课程实践中积极的交流合作氛围对学生创新精神的培养也非常重要。每个项目都以小组形式展开研究，每个小组 3~4 人，设项目助理，负责统筹安排整个项目，每位学生都必须有承担项目助理的经历。项目评价以项目小组为单位进行评价，不仅考查学生的个人能力，也考查项目小组的合作与交流能力。交流与合作的气氛对于学生性格及良好人际关系的形成也起着很大程度的促进作用。创新常常是以知识的交流、碰撞为基础，并在这个过程中产生的。学校鼓励每个学生根据自己的兴趣、愿望和能力，用自己的方式去操作、探究、学习，强调让每个学生都参与讨论和交流，表达自己的意见和看法。一些性格比较内向、不善于在公众场合发表意见的孩子有了更多锻炼的机会，他们在小组讨论交流和集体讨论交流的过程中，渐渐地产生了表达的欲望，愿意让大家和他一起分享探究的喜悦，和大家一起体验成功的快乐。学生能倾听和尊重别人的意见，接纳同伴的观点，进行有效的合作和交流，这些对他们将来良好人际关系的形成会产生深远的影响。

项目课程也常常给予学生一些挑战性经历，《有机保水材料的合成与性能检测》是一个跨学科的项目，融合了化学和生物领域的知识，而大部分知识是学生还未能在学科课堂学习中涉足的，以项目为中心的任务驱动式学习让不可能变成了可能，一位学生在毕业的时候回忆起项目课，有了以下的感言："做保水材料的时候，我们还没有学习有机知识，需要我们自学，自己买书，自己研究，遇到不懂的地方再去问老师，要靠自己的主动性。实验如果是我们完全不了解的领域，老师会给我们一些建议，我记得做保水材料的时候老师给我们指出了 13 个方向，我们再自主选择一个去深入探索。"

项目课程就是通过一个个挑战性的项目，引导学生学会了文献阅读、方案设计、方案实施以及总结反思。

项目式学习不仅关注学生探究活动的结果，更注重探究的过程；不仅关注学生是否在原有水平上获得了新的知识经验，更关注学生在探究过程中是否积极投入、尊重事实、有独到的见解、能设法解决问题。这种方式给了学生充分思考、充分想象、充分探究的空间，给了他们主动建构知识的机会，学生在动手尝试、动手实践的过程中，要设法解决问题，就必须积极思考，勇于尝试，这就在很大程度上促进了学生创新能力的发展。

以 2014 届调研为例（如表 4-7 所示），我们调研了学生完成了 2 年的项目课程之后的评价。其调研内容及结果如下。

表4-7　　　　　　　　2014届项目课程调研题目及结果

调研题目	非常同意	同意	说不清	不同意
	占比（%）			
1. 我很喜欢项目课	0.92		0	
2. 我所在的小组很好地完成了研究项目	0.76		0.08	
3. 我在项目课上学到了很多专业知识	0.76		0.12	
4. 相比学科课程，项目课上学习的知识更不容易忘记	0.81		0.04	
5. 项目课训练了我的实验设计能力	0.92		0	
6. 项目课训练了我的动手实践能力	0.88		0	
7. 项目课训练了我的语言表达能力	0.73		0.08	
8. 项目课训练了我系统思考的能力	0.96		0	
9. 项目课训练了我查阅文献的能力	0.88		0	
10. 项目课上我自由发挥的空间很大	0.77		0.08	
11. 项目课上我与小组的同学合作愉快	0.88		0	
12. 我很清楚完成一个项目研究的程序步骤	0.85		0.04	
13. 项目课上可以按照自己的设计完成项目	0.77		0.04	
14. 项目课上研究的项目很有趣	0.85		0.08	
15. 我对课上的研究项目还有很多疑问	0.73		0.04	
16. 我愿意将项目课上的项目深入地做下去	0.73		0.08	
17. 我对每个项目研究的进展情况了如指掌	0.77		0.04	
18. 项目课的训练会让我以后做事更严谨	0.77		0.08	
19. 每次项目课要做什么完全由老师确定，我并不太操心	0.38		0.31	
20. 项目课没有作业，所以学习压力不大	0.77		0.19	
21. 项目课没有考试，所以学习压力不大	0.69		0.15	
22. 项目课给我的学习负担比较重	0.15		0.46	
23. 与项目课相比，我更喜欢学科课程	0.19		0.46	
24. 完成一个项目需要对问题有整体性考虑	0.92		0.04	
25. 完成一个项目需要有很强的创造力和灵感	0.92		0.04	
26. 完成一个项目需要有耐心和坚持	0.96		0	
27. 完成一个项目需要有严谨求真的态度	1.00		0	
28. 完成一个项目需要团队合作	1.00		0	

续表

调研题目	非常同意	同意	说不清	不同意
	占比（%）			
29. 对问题发散性的思考和新奇的想法就是创新	0.73		0.19	
30. 对一项技术进行深入的专研和改造就是创新	0.65		0.15	
31. 在高精尖大项目中才能有创新，我们的项目没有创新	0.08		0.65	

注：说明：根据学生回答情况，统计学生在 A 和 B 以及 D 选项的人数百分数，反映了学生对该问题的认识。

从以上调研结果上看，学生对项目课程还是非常认可的，达到了课程的既定目标。

首先，在学生认可程度方面，92%学生喜欢项目课，92%学生认为自己所完成的项目有创新，80%以上的学生喜欢项目课的程度超过了学科课程，认为项目课很有趣。

其次，在对学生的能力培养方面，有超过85%的学生认为通过项目课程，自己的"实验设计""动手实践""系统思考""文献查阅""小组合作""项目研究的程序"等能力都有所提升。

最后，在激发学生对自我发展的引导方面，学生认为"整体性思考""耐心和坚持""严谨求实的态度""团队合作"等品质是完成项目所需的品质，以项目实践为载体，启迪学生思考自己的未来发展，激发学生的内驱力，引导学生不断完善自己。

当然，调研结果也反映了项目课程还有发展的空间，如在能力培养和认识方面有待完善，语言表达只有73%学生认为该方面有所提升。在对于"什么是创新"的问题方面，也有部分学生的认识有比较狭隘，"问题发散性的思考和新奇的想法就是创新"和"一项技术进行深入的专研和改造就是创新"占学生人数的73%和65%，学生学习的自由空间还可以进一步开放。

（二）人文社会科学领域创新精神的培养

文科实验班是学校于1995年恢复创办并率先获得市教委批准和教育部认可的教改项目，面向对人文和社会学科表现出强烈的学习兴趣、具有丰厚的阅读积累、具备较高的文科学习潜能，培养人文与社会领域的创新人才（文科实验班课程设置见表4-8）。

在文科实验班特选课程中，学校开设了科学课程、阅读课程、拓展课程、讲座课程、人文活动课程、人文社会实践课程，既满足了文科学生全面发展的需求，又体现了人文学科"宽、厚、实"的特色（见表4-9）。

在课程设置上，依据"促进学生全面而有个性的发展，尤其要加强学生的创新精神和实践能力培养"的核心目标，学校构建了《文科实验班课程方案》，开设文学、历史、政治、经济、哲学、艺术、社会学等文科实验班特色课程数十种，编订《文科实验班特选课程教材》十余种，包含语文：《秦汉文学》（第三版），《唐宋文学》（第三版），《明清散文》（第三版），《鲁迅作品专题讲读》（第二版）；英语：《高一文学作品阅读鉴赏》（第二版），《高二文学作品阅读鉴赏》（第二版）；地理：《跬步千里看世界》（第二版），《小流汇海游中国》（第二版）；历史：《中国古代史漫谈》（第三版），《世界遗产在中国》（第一版）；政治：《感悟中国古代哲学智慧》（第三版），《经济学常识》（第一版）；数学：《数学大视野》（第二版）。均衡、合理和科学的体系不仅保证了课程目标的落实，还大大提升了学生的创新意识和综合能力。

表4-8　　　　　　　　　　文科实验班课程设置

学习领域	科目	模块或专题（内容）
语言与文学	语文	在语文和英语学科中完成所有必修和限定选修内容外，增加《古文观止》《英语阅读》等特选内容
	英语	
	文学艺术	将语文、英语中戏剧部分内容与相关的艺术选修模块整合
数学	数学	与普通班相同
人文与社会	政治	完成政治、历史、地理所有必修模块和限定选修内容，增加《经济学》《经济热点问题探究》《城市规划》《区域发展的区位分析》等特选部分。开设《科学思维》《政史时空》《区域文化差异的地理渊源》以及社会热点问题等综合专题
	历史	
	地理	
	综合文科	
科学与技术	科学与技术Ⅰ	完成物理、信息与通用技术中必修和必选内容
	科学与技术Ⅱ	《技术与科学》将通用技术与物理相关内容整合
	科学与技术Ⅲ	完成化学、生物中必修和必选内容
	科学与技术Ⅳ	《环境科学与技术》综合生物化学相关知识和技术内容
艺术	艺术鉴赏	与普通班相同
体育与健康	体育与健康	与普通班相同

学习领域	科目	模块或专题（内容）
综合实践活动	"研学""社区服务""社会实践"以及学习内容与普通班相同	
	人文社会实践、短期主题社会考查和校内人文实践活动	
选修Ⅱ	文科实验班特选课程	
	校本活动课程与普通班相同	

表4-9　　　　　　　　　　文科实验班特选课程

课程	内容和形式	目的
科学课程	将物理、化学、生物和技术学科的必修内容整合为"科学与技术领域"，分为四个模块	加强学生科学基本素养
阅读课程	分阶段为学生开列文史社科类书籍的必读和选读、精读和泛读书单	通过阅读可获取知识、培养思维和指导人生
拓展课程	包含数学专题选修、英语专题选修、语文专题选修、综合文科专题选修、艺术专题选修和综合专题研究课程等	突出"宽、厚、实"的特点，全面提升学生的人文学科能力
讲座课程	包含文史类、经济类、法律类、时政类、艺术类、中外文化交流、生涯规划等门类	增长知识，开拓视野，激发学生学习动力，树立远大的人生理想
人文活动课程	包含读书会、文学创作、戏剧表演、书籍出版、社科研究、志愿活动、国际交流等	培养学生的人文实践能力
人文社会实践课程	文科实验班社会实践线路分为长途线路和短途线路。长途线路主要是地域文化考查。如"徽文化""秦汉唐文化"等线路；短途线路指北京市内及周边的线路	知行合一，增长见识，提升学生认识深度，强化学生的责任感和使命感，锻炼学生的综合能力

　　已有研究表明，在人文社会科学领域，有利于个体主动性发展的成长环境和产生创造性观点的研究环境以及思想引领者、政治人物等往往对于创新人才的成长发挥着重要的影响作用。在北师大二附中文科实验班的实践探索中，学校正是利用上述因素，积极开拓多种途径，加强文科实验班学生创新精神的培养。

　　课堂教学中，"双主体互动式"和"自主学习"是教学的基本原则。以自主研修课程为例，其主要内容是指导学生大量阅读经典作品，鼓励和指导学生开展个体创作实践和研究。学校制定《指导学生大量阅读和自主创作实施方案》，为学生提供丰富的学习资源，鼓励学生自主选题深入研究，学生的创新能力得到切实提高。各学科在教学中大力激发学生阅读兴趣，有计划地推荐必读、选读、精读、泛读书目供学生自主选择。教师分组指导学生合理分配课余时间进行阅读，指导学生养成阅读与思考并重的读书习惯。定期通过文学沙龙、读书会、知识竞赛、随堂检测等不同的考查方式检测学生的阅读效率和效果，鼓励学生边阅读边进行创作实践。统计结果显示，高中阶段文科实验班学生平均精读文史哲和社科类经典书籍30多种，泛读书目百种以上；文实在校学生平均每年在正式出版物发表文章近百篇。以语文学科为例，在特选课程《鲁迅作品选读》的实施过程中，以校内语文教师为主力，聘请北大、北师大的鲁迅研究专家学者来校授课，学生自主选题，校内外导师共同指导学生撰写《鲁迅研究报告》，极大提升了对鲁迅作品的研读能力。

社会实践课程，学校特别重视引导学生在中学阶段学习人文、社会学科的科研方法，组织学生开展丰富多样的社会实践和调研，引导学生在实践研究中关注社会，探索并明确自身未来的发展方向。在"晋文化""秦汉唐文化""徽文化""江浙文化"等地域文化考查中，引导学生注重考查区域的人文因素，指导学生有目的和有针对性地进行考查。考查前，学科教师建议课题方向，学生自主选报，阅读相关文献；考查中，学科教师指导学生进行科研实践，收集相关证据；实践结束，学生完成实践报告，学校组织学生进行展评。在短途实践中，加强实践与课堂教学密切联系，如在考查国子监、爨底下、故宫博物院等内容的过程中，将其与学科教学内容紧密结合，使学生做到感性认知与理性认知相结合。

学校利用讲座课程，充分发挥思想引领者、政治人物对学生的创新意识的激发。施一公、于丹、敬一丹、莫言等都曾在校园里传递他们对社会、人生的理解，施一公用自己的成长经历阐释了信仰的力量，于丹用一个个鲜活的事例告知学生们要尊重和传递中华的传统文化……这些思想的引领者在学生成长过程中的力量是巨大的。

综观文科实验班的实践探索，不仅着眼于高中阶段的学习成绩，更加注重文科学生创新意识以及终身学习能力的养成。学校从人文学科特点和学生的认知特点出发，在长期的教学实践中探索形成了科学有效的策略，充分调动学生学习的积极性和主动性，鼓励学生在过程中参与和体验、思考和表达、合作和探究，将学生学习知识的过程和形成能力的过程统一起来，着力培养人文社会科学领域具有领导力和创新能力的人才。

实践证明，上述实践是行之有效的。尽管文科实验班中考平均分基本持平甚至低于学校统招录取分数线，但经过三年的培养，高考重点大学升学率连续多年达到100%，平均分连续多年高居北京市第一名，多名同学考取北京市或西城区文科状元、单科状元，考入清华、北大的毕业生接近50%。跟踪调查显示，文科实验班毕业生不仅高考成绩优异，而且表现出很强可持续发展的综合实力，许多同学成为各大高校青年学子中的领军人物，在不同的领域取得了喜人业绩。可以说，文科实验班的课程改革，是对我国高中阶段整体课程设置的有益补充，满足了高中阶段具有文科志趣和潜质的学生的发展需求，对于培养人文社会科学领域的创新人才具有不可低估的借鉴意义。

三、中学阶段创新人才培养实践启示及反思

总结学校创新人才培养的行动研究，在"尊重差异，自主发展"的基本理念引领下，多方营造有利于创新精神养成的校园文化与氛围，为创新人才的培养提供良好环境；坚持多样化发展的方向，满足社会对人才的多样化需求，大胆改革，积极创新，为不同特点、不同志向的学生设置不同的特选课程，用多样课程满足多元需求；以学生为中心，构建学生指导体系和个性化的学生指导方案，同时加强科研指导和专业引领，用项目研究带动创新精神培养，推进培养模式多样化，积极探索中学阶段培养学生创新精神的有效途径。

（一）启示

1. 树立人文自主的基本理念，营造良好校园文化氛围

任何一项教育改革，都需要与之相适应的观念、策略和制度等支撑条件。学校在继承优良传统的基础上，强调人文自主，以人为本，鼓励创新，积极研究，实事求是，建立健全的学校制度，培养有创新意识的教师个体和集体，形成教师与学生共同发展的和谐氛围。实践表明，校园的物质环境、人际环境、学术环境和心理环境等都是影响学校教育创新发展的关键因素，良好的物质环境对师生创造欲望和创造行动都能起到诱发和促进作用，而那些看不见的因素，比如学校的人际氛围、师生关系、学术氛围等，对于师生最充分地释放自己的潜能，主动地去充实、去探寻、去创造、去发展有着极为重要的作用。

2. 建构具有浓厚校本特色的课程体系，为学生全面而有个性的发展提供土壤

高中新课程改革的一个核心目标就是为了促进学生全面而有个性的发展，尤其要加强学生的创新精神和实践能力的培养，而全面发展、个性发展、实践能力和创新精神等培养目标相互关联，是一个有机的整体。学校将学校课程结构化，构建的"6＋1＋1"的课程体系，结构中的每一部分都有不同的侧重点，使我们的教育培养目标通过课程完整地体现出来。与此同时，校本课程与国家课程相衔接，为学生的个性发展提供了更广阔、更多维的空间。

3. 建立和完善学生指导体系，为学生的健康成长保驾护航

学校的课程体系为学生的自主选择和个性发展提供了更加广阔的空间，为了帮助学生更好地进行自主选择，保证学生个性得到健康发展，学校于 2007 年构建了与之配套的"学生指导体系"，加强对学生的个性化指导。"学生指导体系"由学生指导中心、导师组、导师三个层面组成，面向全体学生，根据需求适时组织活动，进行有关心理、学法、选课和学生发展规划方面的指导，有序而深入地为学生提供全方位的支持。

4. 将科研和实践紧密结合，用高质量的行动研究引领学校教育创新

学校长期坚持"改革即科研，工作即科研，管理即科研"的工作策略，针对不断出现的新情况、新任务、新问题，建设了多种类型的改革项目团队，以工作组和课题组相结合的方式开展工作。这些团队或课题组有：人文教育课题组、"欣赏型"德育课题组、"学生指导工作组"、文科实验班课题组、理科实验班课题组、项目研究实验班课题组、艺术特色课程建设团队等。这些项目团队在继承传统的基础上总结反思，在课题研究的过程中结合实际，循序渐进的前提下注重落实，根据不同的研究对象，开展了高质量的行动研究，得出了有创新性和推广价值的科研成果，促进了教师和学生的共同发展。

（二）反思

1. 亟需教育教学理论支撑和专家的进一步深入指导

基础教育阶段的课题研究多围绕实际工作展开，实践经验多，理论提升少。这也是我们在培养学生创新精神课题研究过程中存在的困惑之一。教师们迫切需求先进的教育教学理论支撑和专家指导，尤其在教育学、课程论和教学法上。这无论对课题研究本身，还是对教师的专业成长，都具有重要意义。

2. 亟需对于创新人才思维特点的进一步深入研究

反思学校在培养学生创新精神方面的实践，主要是针对不同类型学生的培养途径进行的探索，成果是行之有效的，但缺乏更为上位的研究。比如，不同学科的本质特点是什么？具有什么思维特点的学生适合这类学科的学习？如何根据学科特点和学生的思维特点调整教学策略？这些关于思维特点的问题触及教学本质。深入研究这些问题，对创新人才的培养具有至关重要的意义。

3. 亟需建立与之配套的规范的调查反馈机制

成功的教育改革必须经得起实践的检验。学校在学生创新意识及创新精神的培养方面究竟成效如何？我们的学生在大学期间的表现如何？大学毕业后在社会上又有怎样的作为，是否真的称得上具有创新意识和创新能力的优秀人才？这些问题都需要与之配套的、规范的、持之以恒的调查和反馈。

第三节　中学与高校联合培养模式研究：
以"春笋计划"为例 [*]

高中阶段是学生创造性发展的关键时期，在高中阶段培养拔尖创新人才，对于提高自主创新能力，建设创新型国家，具有重要的意义。本研究在调查了高中学生创造力和创造性人格发展状况的基础上，借鉴国内外拔尖创新人才的培养模式，提出了适合普通高中学生的"中学和大学联合培养"的模式，进行了名为"春笋计划"的实践，取得了一定的成果，并为国内创新人才培养模式提供了启发。

一、问题提出：普通高中拔尖创新人才培养现状调查

在陕西省三个地区的 11 所高中，每所高中随机抽取 110 名高二学生和 55 名教师作为调查对象，通过问卷法对学校环境、学生创造性人格及创造力发展特点、教师创造性观念及培养方式进行了调查。回收有效问卷包括学生问卷 1 137 份、学生创造力测验 1 102 份、教师问卷 570 份，其中 790 名学生同时参加了学生问卷和创造力测验两个调查。数据采用 SPSS 16.0、LISREL 8.70 软件进行处理。

下面从学校环境、学生创造性人格、学生创造力、教师创造性观念、学校创新培养等几方面来阐述调查结果。

（一）现状描述

1. 学校环境状况

从学校的规章制度、物质环境和人文环境三大方面考查了学校环境状况。调查显示，11 所学校环境状况整体上较好，规章制度较合理，具有人性化；学校的自然环境优美，绿化面积较大，校园干净、整洁；学校硬件设施比较完善，拥有配备齐全的实验室，专门的图书馆；老师能照顾到多数学生，给予学生额外的帮助，师生关系比较和谐；课堂上老师会通过一些小组讨论、及时反馈学生观点

---

[*] 2014 年，《大学与普通高中联合培养创新人才的实践——春笋计划》获首届国家级基础教育类优秀教学成果二等奖。

等调动课堂气氛，这为学生创造性的发展提供了一定保障。从学校之间看，80%学校（包含示范高中和普通高中）的总体环境状况处于中等偏上水平。

但在具体方面还存在不足，如教师仍表现出一定的严厉性，很少有学生敢去做教师不允许做的事情；教学楼附近声音嘈杂，不能保证一个安静的教学环境，学生课外活动空间不足；学生普遍反映实验室利用率很低，图书馆资源不丰富；在课上、课外教师对学生夸奖或鼓励、引导学生表达方面做得较少，这在某种程度上会阻碍学生创造性的发展。

2. 学生创造性人格的发展特点

学生的创造性人格包括自信心、好奇心、内部动机、怀疑性、开放性、自我接纳、独立性、冒险性和坚持性等方面。调查显示：学生创造性人格平均值为242，约75%学校的学生创造性人格处于中等偏上水平，学生创造性人格得分除个别学校的学生较高外，其他几所学校学生分数相差不大。大部分学生有冒险精神，喜欢尝试一些新的事情，有较强的好奇心和独立性，这都是创造性人格所包含的特征。同时调查也发现，学生在自信心、怀疑性和坚持性维度上得分较低，很大比例的学生缺乏自信心，觉得自己不如身边的许多人，觉得自己不够出色，课堂上也由于缺乏自信而不敢举手发言；怀疑精神较欠缺，不善于或不喜欢去改变一些已存的东西；坚持性不够，如较难坚持对计划的实施、对事情的兴趣很容易转移或减弱，许多事情会半途而废。在性别和文理科差异方面，学生的创造性人格总分相差不大。

3. 学生创造力的发展特点

创造力测验包括科学问题提出、产品设计、产品改进、问题解决和创造性想象5方面，由独创性、流畅性和灵活性三个维度组成。11所学校学生创造力平均值为132，处于中上等水平，但学校之间差异很大。调查的6所省级示范高中，两所学校学生的创造力得分明显低于其他省级示范高中和部分普通高中的学生。具体来看，11所学校的学生在科学问题提出、创造性想象及问题解决方面的独创性较高，但在产品改进、产品设计方面的独创性较低；在创造性想象、产品设计方面的灵活性较高，但在产品改进、科学问题提出方面的灵活性较低。男生创造力略高于女生，理科学生的创造力稍高于文科学生。

4. 教师创造性及创造性培养观念

教师所认为的创造性学生特征与已提出的创造性人才特征基本吻合，但是教师选择的创造性学生和偏爱的学生所具有的前十位特征中只有思维清晰是两者共有的，也就是说创造性学生具有的特征基本不是教师偏爱的学生所具有的主要特征，这是值得我们注意的地方。

总体上来看，11所学校教师的应对方式与最佳应对方式的差异较大，也就是说，现在教师的应对方式需进一步改善。例如，教师们在课堂上应经常鼓励学生提问和探究，来激发学生的学习兴趣和好奇心，但是较大比例的教师会为了保证教学进度和学生成绩而放弃使用该教学方式；面对课堂上同学接连提几个由教学内容引发但与本节课无关问题的情形，很多教师会要求该同学不要多想，先认真听讲；课堂学习中教师们给予学生自己探索，自己发现问题、解决问题的时间非常少。

5. 学校环境、学生创造性人格与学生创造力的关系

学校环境对学生的创造性人格有正向预测作用，具体表现为：学校规章制度、师生关系、同伴关系和课堂气氛对学生的怀疑性、自信心、好奇心、内部动机、开放性、自我接纳、冒险性、坚持性8个维度有预测作用，其中对怀疑性有负向预测作用，对其他7个维度有正向预测作用；学校的物质环境对学生的自信心、好奇心、内部动机、开放性、自我接纳、独立性、冒险性、坚持性8个维度有正向预测作用。学生创造性人格对创造力有正向预测作用，具体表现为：自信心、开放性和自我接纳对问题提出有正向预测作用；好奇心和内部动机对问题解决有正向预测作用；同时，内部动机、开放性和自我接纳对产品设计有正向预测作用。

虽然学校环境总体对创造力没有预测作用，但对创造力的具体方面有预测作用，如：师生关系、同伴关系和课堂气氛对产品设计有正向预测作用；物质环境对产品改进、问题解决和产品设计有正向预测作用。同时，学校环境可以通过对创造性人格自信心、好奇心、内部动机、开放性、自我接纳、冒险性、坚持性8个维度的影响来间接对创造力的发展起作用。

6. 学校创新人才培养状况

通过访谈法对各学校创新人才培养状况进行了解，发现许多学校已开始重视对学生创造性的培养。如：西安中学把"厚德、求真、尚能、创新"作为校训；西北大学附属中学把"团结、勤奋、求实、创新"作为校训；延安中学把"改革创新、依法治校，民主管理、以德治校，从严治学、科研兴教"作为办学理念；西安高新一中的办学特色是"国际接轨、外语特色、创新实践、文理并重"。

部分学校不仅将"培养创新人才"列入办学理念，他们还进行了相关的实践活动。西安交通大学附中通过营造创新教育氛围，以课程改革为突破口，拓展学生的创新思维，进行中学与大学教育的"直通班"，创新培养取得了一定的成绩。西安一中坚持扬课程改革之帆，走素质教育之路，不断提高新课改背景下的教育教学质量，培养学生创新思维，承认学生之间的差异，开展分层次教学，创新人才培养成效显著，他们实行的少年班也是硕果累累。需要注意的是，大部分学校对创新人才的培养还处于理念状态，虽然少数学校已付诸实际行动，但涉及的创新人才培养对象辐射范围较狭窄，活动开展较少，开展时间短且缺乏系统性，在深度和广度上欠佳。

（二）培养中存在的问题

通过调查了解到，虽然陕西省在普通高中拔尖创新人才的培养上取得了一定的成效，但是还存在一些阻碍学生创造性发展的问题。下面从学校环境、教师、学生创造性人格三方面来对其存在的问题进行分析。

1. 学校环境方面

调查了解到许多学校开始重视对学生创造性的培养，将"培养创造性学生"列入学校的办学理念中，因此大部分学校的环境也非常优越。然而，需要注意的是，大部分学校对创新人才的培养还处于理念状态，在教学和活动中真正落实并真正有效地实施创新人才培养还尚未做到。许多学校仍然把成绩、分数、升学率作为评价教师和学生的主要标准，使教师对学生的创新培养行为受阻，对学生的创新精神和创造力培养成为一句空话。

优越环境如实验室、图书馆以及宽阔操场等优质设施的实质利用效果低。教学楼附近声音嘈杂，噪音较大。学校开展创新类活动相对较少，以致学生的特长没有得到足够发挥，个性没有得到充分发展，这在某种程度上会阻碍学生创造性人格的发展。良好的师生关系和融洽的课堂气氛会通过学生创造性人格的中介作用，间接地影响学生的创造力。而调查发现，较大比例的学生惧怕教师，不愿意与其交谈，或分享自己的一些真实想法和观点，而且老师也不经常鼓励和奖赏学生。这说明师生关系状况需要改善，否则会影响学生的创造性发展。

当然，部分学校如西安交大附中、西安一中等除了将"培养创新人才"列入办学理念中外，也采取了相关实践，并取得了一定成效。但他们的创新人才培养对象涉及范围较狭窄，只是针对极少数的学生，而我们需要的是培养整体学生的创造性，因为只有在学生创造性水平整体提高的情况下，才能真正选出拔尖的创新人才进行更高层次的培养。

2. 教师方面

我们调查发现教师的创造性观念合乎学生创造性的健康发展，他们所认为的创造性学生特征与已提出的创造性人才特征基本吻合，如：林崇德提出的创造性人才的五个特点：健康的情感、坚强的意志、积极的个体意识倾向性（兴趣、动机）、刚毅的性格及良好的习惯。但是，教师认为创造性学生的特征与自己偏爱学生的特征是不同的（见表4-10），在创造性和偏爱学生的前十位特征中只有思维清晰是两者共有的，这在某种程度上说明创造性的学生所具有的特征并不是教师所偏爱学生的主要特征。另外，教师应对方式的得分与最佳应对方式得分相差较大，这样，教师就有可能出现"想得出，做不到"的情况。由此可见，若要真正提高学生的创造力，教师不仅要有培养学生创造力的观念，还要将观念付诸到具体的行动中去。

表 4 – 10　　　　教师认为的创造性学生特征与喜欢学生特征排名前十位与后十位

特征排名	创造性评价独有	二者共有	喜欢评价独有
前十位	想象力丰富、思维发散、灵活、爱思考、好奇心强、自信、喜欢接受挑战、独立自主、意志坚定	思维清晰	真诚、有礼貌、负责任、热情、友好、有进取心、正义感、自信、可信赖
后十位	守纪律、愿作让步	激进、过于自信、不守规则、个人主义、情绪化、攻击性强、文静、易冲动	警觉的、爱冒险

3. 学生创造性人格方面

我们调查发现，学生创造性人格不完善，在自信心、好奇心、坚持性方面不理想。如多数学生因为不想当众发言而不举手，觉得自己不够出色，经常会因为一些令人兴奋的念头而忘了其他的事，给自己订的计划常常不能按期完成。学生创造性人格不完善的这些方面在某种程度上会阻碍学生创造力如科学问题提出、问题解决和产品设计的发展。

学校是学生个体社会化的重要场所，是以教师为主轴向学生传授知识，培养人格品质的场所，营造有利于培养创造性人格的教学氛围，教师要发挥主导作用。学生缺乏自信心，做事不能持之以恒在很大程度上是因为教师对学生的鼓励、奖励不够，对学生的坚持性引导、培养较少或行为欠佳。所以，教师应在注重学生学业成绩的同时，加强对学生自信心、好奇心、冒险性、坚持性、怀疑性等创造性人格的培养，进而提高学生的创造力。

二、已有模式：拔尖创新人才培养模式的系统分析

自从 20 世纪 50 年代以来，国际社会和学术界都非常重视创造力的研究和拔尖创新人才的培养。创新素质是拔尖创新人才所具备的素质，包括学习素质（包括学习动机和学习能力）、思维素质（包括思维能力和思维倾向）、知识的深度理解、创造性思维和创造性人格。儿童青少年时期是一个人创新素质形成的关键

阶段，世界各国探索了儿童青少年创新素质培养的不同模式，主要有如下几个方面。

（一）教学创新模式

学科渗透和教学创新是科技创新素质培养的主渠道，国际学术界提倡"自主学习、合作学习和探究学习"，倡导"学思结合、知行统一和因材施教"的教学模式。斯沃茨（Swartz）等人提出基于思维的学习（thinking-based learning）[1]，斯滕伯格提出以思维为基础的问题策略（thinking-based questioning approach）[2]。同时，研究者提出了不同的创造性学习和创造力培养理论，比较著名的有如下几种：

一是崔芬格的创造性学习模型（MCL）[3]。该模型包括创造性学习的三级水平，并且在每一级都考虑到认知与情感两个维度。第一级水平包括一类具有发散功能认知与情感因素，强调开放性——发现或感觉到许多不同的可能性；第二级水平包括更高级或更复杂的思维过程，同时还包括更高级或更复杂的情感过程如认知冲突、善于想象等；第三级是学习者真正融入真实的问题和挑战。

二是泰勒的三维课程模型[4]。泰勒提出了一种用于培养学生创造力的三维课程模型：第一维是知识维，即学生所学的学科知识；第二维是心理过程维，即学生学习学科知识的过程中发展起来的心理能力及所需要的心理过程；第三维是教师行为维，包括教师的教学方法、教学媒体以及影响思维及学习过程的教师、学生和环境因素等。

三是威廉姆斯的认知—情感交互作用理论[5]。威廉姆斯的创造性思维培养的理论是一种强调教师通过课堂教学，运用启发创造性思维的策略以提高学生创造性思维的教学模式，强调教师在课堂教学和课外活动中的渗透。

四是兰祖利的创造力培养理论[6]。兰祖利提出了一种通过追求理想的学习活

① Swartz, R., Costa, A, Beyer, B., Reagan, R., & Kallick, B. Thinking-based learning. NY: Teacher College Press, 2010. P. 54.

② ［美］Sternberg, R. J. & Spear – Swerling, L, 赵海燕译：《思维教学》，中国轻工业出版社 2001 年版，第 10 页。

③ Treffinger, D. J. Encouraging creative learning for the gifted and talented ventura. Ventura County Schools, 1980, 13（1），P. 5.

④ Taylor, C. W. Questioning and creating：a model for curriculum reform. The Journal of Creative Behavior, 1967, 1（1），pp. 22 – 33.

⑤ Williams, F. E. A Total Creativity Program for Individualizing and Humanizing the Learning Process. Englewood Cliffs, NJ：Educational Technology Publications, 1972. P. 312.

⑥ Renzulli, J. S. A general theory for the development of creative productivity through the pursuit of ideal acts of learning. Gifted Child Quarterly, 1992, 36（4），pp. 170 – 182.

动促进青少年发展的一般理论。该理论认为，一个理想的学习行为应处理好教师、学生及课程之间的相互作用及其关系，同时要处理好教师内部（包括教师的学科知识、教学技能和对该学科的热爱）、学生内部（包括能力、学习风格和兴趣）、课程内部（包括学科结构、学科内容及方法和激发想象）各因素之间的相互作用及其关系。

这些模型和理论与科学教学有机结合，形成创造性科学教学的不同模式。

（二）技能训练模式

创造性思维是思维活动具有新颖性、独创性、目的性和价值性的思维活动，是在抽象思维、形象思维和直觉思维基础上发展起来的一种高层次的综合思维能力，它是创新素质的核心。创造性思维没有固定的程序和格式，但一般认为，发散思维是科技创造性思维的核心。

学术界探索了不同的发散思维训练模式，最著名的有三种：一是奥斯本的头脑风暴法[1]。头脑风暴法是利用集体思维的方式，使思想互相激励，发生连锁反应，以引导创造性思维。它既可以用于在特定的情景中产生创造性的想法，也可以用于创造性思维能力的培养；二是德波诺侧向思维训练[2]。德波诺将思维分为纵向思维和侧向思维。纵向思维关心的是提供或发展思维模式，侧向思维则关心改变原有的模式，建立新的模式。由于侧向思维是一种创造性的思维方法，且被人们忽视，故需对其进行训练；三是托伦斯的创造技能训练[3]。托兰斯将儿童的创造技能分为6级水平，通过阅读活动对其进行训练，并强调期望的作用，帮助学生想象未来。在以上研究的基础上，人们提出了各种各样的创造技能共有100多种。研究者和实践者基于这三种基本的模式，开发出众多的创新技能训练方法，有效培养了学生的科技创新素质。

（三）课程改革模式

自从20世纪80年代以来，世界各国都制定或者修订国家课程标准，推进教育改革。大部分国家的课程标准强调创新素质的培养，如美国国家科学课程标准规定学校科学教育要培养学生由于对自然界有所了解和认识而产生充实感和兴奋感、培养运用证据进行描述、解释、预测和构建模型的能力、通过批判性和逻辑

---

[1] Osborn, A. F. Applied imagination. NY: Charles Scribner's Sons. , 1963. P. 54.

[2] De Bono, E. Lateral Thinking—A Textbook of Creativity. London: Ward Lock Educational Limited, 1970. P. 21.

[3] 张庆林：《当代认知心理学在教学中的应用》，西南师范大学出版社1995年版，第196~197页。

性思维建立证据与解释之间的关系等；英国国家科学教育课程标准强调培训学生的思维能力和创造性解决问题的能力；加拿大国家科学课程标准强调批判性思维和创造性思维的培养；日本强调开展有创意、有特色的活动，培养学生的自学能力和独立思考能力；新加坡强调培养学生对于探索周围环境、提出问题的好奇心和针对问题提出新颖而且可行的解决方案的创造力；等等。

　　教材改革是基础教育课程改革的重要组成部分，也是培养学生创新素质的重要环节。教材的内容选择、知识呈现、编排特点、能力培养等，集中体现了国家的教育思想和教育观念，是教师组织教学活动的主要依据。我们对 10 个国家的小学科学教材进行了比较分析，发现大部分国家特别重视学生科技创新素质的培养。例如，美国小学科学教材注重知识的先进性、递进性和核心概念的学习，在内容设计、练习设计、链接内容等方面设计一些小栏目训练学生的批判性思维、迁移思维能力、元认知能力；新加坡以科学探究的形式展开活动，以思维能力的培养为核心，在每一个活动中，教材都首先列出本次活动将要使学生掌握的思维能力，紧接着设计若干培养这些思维能力的活动，每个活动的最后，都会安排一个培训学生"反思能力"的栏目；德国重视发散思维、分类思维能力、合作能力、探究能力、信息搜集能力、制作图标能力、展示能力、实践能力等，强调学生学习兴趣的培养等。

（四）活动课程模式

　　活动是儿童青少年学习的重要方式，也是创新素质培养的主要方式。杜威主张建立儿童活动中心，重视学生的生活经验，通过"从做中学"来调动积极性，促进独立思考，发展创新素质；1995 年，法国诺贝尔物理学奖获得者夏尔帕将《美国国家科学教育标准》引进法国，1996 年 9 月，法国科学院组织召开题为"改善学生的培养方式，从幼儿园其进行自然科学教育"的特雷会议，编写了《动手做——法国小学科学教学实验计划》一书，2000 年公布科学教育改革计划，2002 年公布国家课程计划，从此，《动手做》系列书籍成为中小学科学教材的典范。

　　除基于做中学的活动课程外，研究者还开发了一些专门用于创新思维培养的活动课程，如卡温顿的创造性思维教程[1]。该教程共 15 本卡通一样的小册子，每册 30 页，每册讲述一个侦探故事，故事先就某个谜案提出一些线索，要求读者回答问题，目的是让读者"用自己的话陈述问题"，随后书中的人物帮助读者侦

---

[1] Adey, P., Shayer, M. & Yates, C. Thinking Science. London：Thomas Nelson and Sons Ltd, 1995. P. 134.

破谜案。每个故事的评析都针对解决问题的一些策略。多项研究表明这一思维教程可以有效地提高青少年的思维能力。在阿迪的思维科学课程中[1]，实施了通过科学教育对学生进行认知（思维）加速的研究（简称 CASE），CASE 项目强调在学生大脑中产生认知冲突，并通过学生之间以及学生与教师之间的交谈来寻求解决问题的思路和方法，建构认知结构，然后让学生总结自己的思维与解决问题的策略，发展自己的元认知能力，最后，将在活动中形成的这些策略应用到其他的问题，推广到其他的领域。研究表明，CASE 不仅有效地提高了学生的科学、数学成绩与学生的思维能力，同时，学生的创造力也有大幅度的提高[2]。

（五）联合培养模式

儿童青少年创新素质的培养需要学校和社会的联合，需要学校和企业的联合、需要不同学段的联合，世界各国重视这些联合，并形成了适合于创新人才成长的培养模式。

一是不同学段的联合。英国教育部特别重视加强小学、中学和大学之间的联系，指定牛津布鲁克斯大学"高能儿童研究中心"为中小学校的超常人才计划协调人进行培训，同时，鼓励地方企业、工业资助超常学生，为超常生的长期培养奠定基础[3]。2011 年 7 月，美国国家研究理事会（National Research Council）正式颁布了《K - 12 科学教育框架：实践、交叉概念和核心概念》，新框架强调科学教育的连贯性和整体性，从幼儿园到 12 年级连续、整体设计课程与教学。

二是学校与企业的联合。新加坡政府为了培养创新人才，搭建了不同级别、不同形式的平台来展示学生的创新才能。如花旗银行捐资的新加坡全国中小学生创新大赛，挑选 100 件创意计划书，资助 1 000 新币，帮助学生把创意计划做成创新作品；美国高校重视实践基地建设，联合企业培养科技创新人才。如加州大学伯克利分校重视与硅谷联合培养学生，在课程设计、教学改革、教学实施等方面，邀请硅谷企业家参与，按照社会需求设计专业和培养学生；法国要求学生到企业实习，注重于企业保持长期的合作关系。日本发展了独具特色的"产官学一体化"的研究生培养模式和"工业实验室"为主的研究生教育模式。工业企业为科研人员提供资金、课题和就业机会，由于其特有

---

① Weiping Hu, Philip Adey. A Scientific Creativity Test for Secondary School Students. International Journal of Science Education, 2002, 24 (4), pp. 389 - 403.

② 叶之红：《关于拔尖创新人才早期培养的基本认识》，载于《教育研究》2007 年第 6 期，第 36 ~ 42 页。

③ 惠新义：《新加坡高中课程结构改革及其启示》，载于《武汉市教育科学研究院学报》2007 年第 5 卷第 2 期，第 145 ~ 150 页。

的创新精神和进取精神的发挥，对研究生科研产生了巨大的推动力；反过来，由于科研人员的投入使企业获得了发展，因此企业会产生更大热情和实力在内部进行研究生教育工作。

三是学校与社会的联合。国外充分利用科技馆、博物馆等科普设施，通过科普组织、科技团体、研究机构、大学等广泛开展多种形式的青少年课外科技活动，利用大众传媒，播放科普动画片、专题片等，设立青少年科技俱乐部，努力为青少年创造丰富多彩的科技教育环境，包括科普讲座、科学研究、科技竞赛等活动，每年在美国举办的由英特尔（Intel）赞助的国际中学生科学工程大赛（ISEF），对学生科技创新素质的发展具有重要的影响。

（六）精英教育模式

科技创新人才的成长是遗传素质和后天培养共同作用的结果，世界各国都特别重视英才教育，精英教育成为一种非常重要的科技创新素质培养的模式。

美国形成杰出人才储备优势的重要原因之一是它始终提倡和重视英才教育。早在19世纪初，美国就出现了英才教育的雏形。多年来，其各级各类学校都高度重视学生创新能力的培养。在基础教育中，美国的中小学除了将创新能力的培养贯穿在整个教学活动之中，使所有学生都有机会提高其创新能力外，还设立专门的天才班级和天才学校。进入21世纪后，美国更加意识到要在全球取得知识经济中的长期霸主地位和保持国家的长期繁荣，不但需要全民具有基本的STEM［即科学（science）、技术（technology）、工程（engineering）、数学（mathematics）的首字母编写］素养，而且需要依靠本国的STEM杰出创新人才以引领美国STEM的发展。2010年美国国家科学委员会在大量调查研究的基础上，发布了名为培养下一代科学技术工程和数学杰出创新人才选拔和培养美国人力资本的报告，推动美国杰出创新人才的早期甄别、选拔和培养工作，建议其下属机构——美国国家科学基金会出资开展有关天才学生甄别、选拔和杰出创新人才培养等方面的更深入的研究，并为其列出了具体的研究议题。

英国教育部担负拔尖创新人才早期培养的主要责任，他们明确提出，超常生培养绝非"天才和专才"的培养，而是努力使"天才和专才"成为创造性的人才。同时，参考其他国家（新加坡、瑞典等）最优秀儿童智力水平评估方法，设立了9岁、13岁和18岁三个等级的"超常生国际水平测试"。

新加坡严格的分流制度确保了对优秀学生的教育。新加坡莱佛士书院校长王斯芸认为，综合课程是为全国成绩最优秀的10%学生开办的，而高才班是专为最顶尖的1%而设。这1%的精英与10%的优秀生的表现是有一定差距。莱佛士书院不仅不会减少高才班，还会继续加强高才教育①。

（七）老师发展模式

创造性的学生必须依靠创造性教师的培养，每一位教师都是创造者，因为教学本身就是一种创造性的活动，是教师对教学内容进行个性化处理并通过自己的个性化语言展现出来的过程，培养教师的创造性对培养学生的创造性有一定的推动作用。

世界各国都通过培养创造性教师来促进学生科技创新素质的发展。新加坡政府为了发展教师的创意②，主要采用三种方法：一是扩大教师的资讯信息；二是有计划、有目的地把教师送到企业、银行、工厂等部门工作、学习，开阔眼界，了解企业的创新制度、方案、技术等；三是分层次培训教师的创意思维和创意教学法；波兰对职前教师开设长达 5 年的本科和研究生阶段的创造力的心理教育课程，目的是为了提高教师的创造力以及对教育问题的识别和解决能力，从而促进孩子的成长和创造力的发展。追踪研究结果表明，这种创造力的课程培养是有效的，这些教师在之后的生活和职业领域都表现出了创造力，并且有更高的生活满意度③；有研究基于斯滕伯格的成功智能理论，对职前教师的创造性思维进行思维训练，结果发现实验组的创新思维能力比对照组有了显著的提高④。

（八）学科交叉模式

学科交叉和理工融合是当今科学技术发展的趋势，也是儿童青少年科学创新素质培养的有效途径。自 20 世纪 90 年代以来，美国大学不断进行教育创新，坚持一个"中心"、三个"结合"：即以学生为中心，课内与课外相结合，科学与人文相结合，教学与研究相结合，逐渐形成了独具特色的创新人才培养模式。强调教育的实践目的，注重训练学生思考的能力、批判性思辨和多学科知识交叉，是英国教育培养科技创新素质的特色。

2000 年，美国国家科学基金会（NSF）和美国商务部（DOC）共同资助 50

---

① Weiping Hu, Philip Adey. A Scientific Creativity Test for Secondary School Students. International Journal of Science Education, 2002, 24 (4), pp. 389 - 403.

② 王磊：《新加坡中小学创新教育政策分析》，载于《武汉市教育科学研究院学报》2007 年第 5 卷第 2 期，第 60~62 页。

③ Izabela. L. Are creativity teachers creative? A 6 - year qualitative follow-up. Procedia Social and behavioral Sciences, 2010, (2), pp. 1747 - 1751.

④ Tok E, Sevinc M. The Effects of Thinking Skills Education on the Creative Thinking Skills of Preschool Teacher Candidates. 2012, 37 (164), pp. 204 - 222.

多位科学家，启动了"聚合四大科技（NBIC），提高人类能力"的研究[①]，研究报告对儿童青少年科技创新素质的培养产生了深远的影响，整合了纳米技术、生物技术、信息技术和认知科学，被引进到 K－12、本科和研究生教育中。《K－12 科学教育框架：实践、交叉概念和核心概念》将自然科学和工程科学相结合，重视核心概念和跨学科概念的学习。随着研究的不断深入，基础教育阶段科学教育的学习内容、学习过程和学习工具正在发生革命性的变化。康涅狄格州的基础教育的焦点是建立在人类基因组计划的成就之上的，提供了纳米材料所涵盖的内容，来理解生命构成要素的互动。得克萨斯州已经改变了原来的严格的课程体系，加入了整合物理学和化学课程。

综观上述模式，我们可以清楚地看到：各国政府和学术界对青少年创新素质的研究和培养高度重视，创设了良好的有利于创新人才成长的社会环境，提出了各种创新素质培养的理论和方法，整合了学校、社会、企业等的相关资源，实施了跨学科、跨学段的联合攻关，形成了系统的创新素质培养方案和多样化的培养模式，这些对我国拔尖创新人才的培养都有很重要的借鉴意义。

三、"春笋计划"的组织与实施

"春笋计划"是在陕西省普通高中课程改革的背景下，选拔少数具有创造性潜质且学有余力的高中生，利用综合实践活动课程时间和节假日进入高校实验室参加课题研究；组建专家报告团，为高中生举办讲座、报告，参与高中生研究性学习的指导；高校重点实验室对中学生实行开放日制度，接待中学生有计划地参观和学习。通过这些活动，培养高中生的科学探索兴趣和创造性思维能力，拓宽基础教育阶段创造性人才培养的途径。

（一）组织结构

由省内 9 所普通高中教师与 7 所重点高校专家组建青少年拔尖创新人才培养的专家委员会，专家委员会由课题小组、专家报告团小组、开放实验室小组组成，其中课题小组负责项目课题研究、项目的制定和组织实施；专家报告团小组根据高中课程改革要求，负责安排选修课专题报告，并指导开展研究性学习；开放实验室小组负责在实验室开展实地研究指导和实验室面向高中的开放日活动。选拔出的具有创造性潜质且学有余力的学生，由高校一名专家和中学优秀老师联合指导，确定具体研究课题，制定个性化培养方案，在学生经过相关知识和能力

---

① 蔡曙山等：《聚合四大科技，提高人类能力》，清华大学出版社 2010 年版，第 2 页。

的培训后，直接进入高校实验室进行为期一年的课题研究。

专家委员会依据《陕西省教育厅关于启动大学与高中联合培养创新型人才"春笋计划"试点工作的通知》的基本精神，制定了《"春笋计划"学员手册》和《"春笋计划"课题研究学生指导方案》，明确了关于学生选题、开题、课题研究、论文（或实验报告）的撰写、论文答辩和成绩评定等工作，同时还明确了指导教师与学员的职责。与此同时，各学科指导小组的指导思想，在考虑学生基础、学生兴趣、课题难度（学生在一年内利用节假日和双休日完成）及实验条件的基础上，编写了学科《课题研究指南》。

（二）基本步骤

第一，确定高校专家、实验室及高中优势学科、指导教师，成立计划实施工作领导小组和专家委员会。各参与高校确定并推荐计划实施工作的专家以及向高中学生开放的实验室；普通高中确定并推荐参与高校相关工作的优势学科与指导教师。成立了由省教育厅领导、部分高校领导、有关普通高中校长及有关专家参加的领导小组，主要负责计划实施的协调以及中期检查评估和总结验收；组建计划实施专家委员会，主要负责课题研究学生的考核选拔，确定学生研究性课题指导人员组成，审定承担课题学生的培训方案。

确定西安中学、西安一中、西安市第83中学、西安高新一中、西铁一中、西安交大附中、西工大附中、西北大学附中、陕西师大附中9所高中为培养学生的来源；确定西北工业大学、西安交通大学、陕西师范大学、西安建筑科技大学、西北大学、西安理工大学、西安电子科技大学7所高校中的一些国家重点实验室、教育部重点实验室和陕西省重点实验室作为联合培养单位并从中选取优秀的教授、副教授作为培养导师；选择物理、化学、生物、地理和信息技术5门优势学科及相应学科老师。

第二，确定学科指导小组成员，制订选拔方案，选拔课题承担学生。成立各学科指导小组，以方便高校与学生的联系，学科指导小组负责各学科学员进入实验室的工作。根据学生选拔标准，第一期9所高中学校组织学生自愿报名，然后对报名的323名学生进行瑞文标准推理测验、瑞文高级推理测验及青少年科学创造力测验，各普通高中根据测试结果选出95名学生进行面试，最终确定38名学生参与该计划。

第三，课题承担学生统一培训并进入实验室、个别培养方案启动实施。对选出的学生进行通识培训，然后各学科指导小组对学生进行专业培训，最后学生进入各高校相关实验室开展为期一年的课题研究。

（三）具体实施

1. 学生的选拔

专家委员会在前期多年研究的基础上，制订了普通高中参与创新课题研究学生的选拔标准和选拔办法，保证了学生选拔工作的科学性和规范性。

选拔标准：有较为扎实的知识基础、有问题导向的知识构架、有较高的综合性动机、有较高的智力和思维能力、有自主牵引性格、有开放深刻的思维特点和有较为突出的相关领域学科特长或特殊的才能。选取相应的量表测量所属心理特征，如选取瑞文推理测验测量高中生的智力水平，选取青少年科学创造力测验测量高中生的科学创造力水平。

选拔流程分报名、初试、面试三个步骤。在学生自愿报名、学校推荐的基础上，专家委员会组织 20 多名研究人员，利用瑞文标准推理测验、瑞文高级推理测验、青少年科学创造力测验对学生的智力和创造力进行了测评。

初试结束后，专家委员会给参与学校反馈所有参加初试的同学的测试结果，该结果详细分析了每位参与同学的智力水平及创造力水平各维度的状况，并在此基础上提供学校智力及创造力测试结果说明。这个反馈不仅为进一步的选拔提供了依据，也为学校了解学生水平，制定下一步的教学目标提供了科学的指导。

根据测验结果，参考学生的学业成绩和研究性学习情况，各高中选出 10 名学生参加学科指导小组负责的面试，各学科指导小组的面试专家将根据学生的表现填写评估表，并确定建议名单。最后，专家委员会和课题小组召开会议，确定最终参加课题研究的学生名单。第一期共有 38 名学生参与课题。

2. 通识及专业培训

在选拔结束后，首先要对选出的学生进行通识培训，然后各学科指导小组对学生进行专业培训，最后学生进入各高校相关实验室开展为期一年的课题研究。

（1）通识培训。

由专家委员会和课题研究小组组织，对于选拔出的学生于进行了通识培训。通识培训采取专家讲座的方式，介绍科学研究的方法，培养学生的科学态度。自"春笋计划"实施以来，基地校邀请了 72 位著名专家进校为学生做了不同科学领域的 69 场科普报告，如"现代战斗机的秘密""环境监测的一般步骤与方法""超声波油井增油技术及装备研究""量子测量与调控——一条通向未来的高科技之路""生物技术的现状与未来展望""大学生科技创新的实施过程与成果展示""如何撰写科学论文""创新无限创意生活创新杂谈"，邀请杨利伟、聂海胜、刘伯明等航天员到校为全体学生进行了航天知识问答等活动。

除此之外，还有基地校特邀国外知名学者为学生做了相关的学术讲座，如高新一中邀请牛津大学数学系史密斯教授为学生作报告；西安交大附中邀请诺贝尔物理学奖获得者、美国物理学大师道格拉斯·奥谢罗夫教授为同学作了题为"我的科学发现故事"的科普报告，并先后邀请美国加州大学伯克利分校的诺贝尔奖经济学奖得主奥利弗·威廉姆森（Oliver E. Williamson）教授及夫人、美国康奈尔大学 1996 年诺贝尔物理学奖得主罗伯特·理查森（Robert C. Richardson）教授与学校师生进行了精彩交流与互动。

（2）专业培训。

在通识培训后，各学科指导小组根据各学科的具体要求针对不同的学生进行了专业培训。专业培训采取课堂教学和现场学习的方式，具体的培训由学科指导小组确定。

3. 参与课题

接受了通识教育和专业培训后的学员将根据各学科的《课题研究指南》，结合自身兴趣进行选题。第一期最终有 18 个课题是由《学科指南》选择的，15 个课题是学员自己选择的；其中有工程应用类，也有科技前沿类；物力、化学、生物、地理等学科学员为个人课题，信息技术学科的学员为团队课题。同时高校专家针对不同学生选择的不同课题，确定学生课题研究成果的不同呈现形式，如论文、设计成品、作品等。在生源校和基地校老师的指导和安排下，第一期 38 名学员顺利进入高校重点实验室进行各自的课题研究工作。

为保障课题的顺利进行，指导小组制定了严密的计划和评定指标，以《学生活动手册》的形式下发给学生、教师和指导专家。其中有情况记录及自评表、学员成长蓝图、参与基地学校活动情况记录表、参与高校实验室活动情况记录、自主活动记录表、课题研究开题报告表课题和研究过程自我评价表；还有他评的评价汇总表，包含参与活动情况评价汇总表、自主活动情况评价汇总表、课题研究结题评价表、学员评价表（高校实验室用）、学员评价表（生源校用）、成果答辩评审表和成果答辩评价汇总表。

课题结束后，学生参加由专家评审的"春笋计划"终期答辩会。第一期 38 名春笋学员阐述所选课题的研究背景、研究目的、研究内容以及研究过程，并展示其论文与作品设计，29 位答辩专家从选题、研究过程与方法、资料搜集和整理等 7 方面对学员的课题进行了综合评定。针对学员在研究过程中的问题疑惑以及研究结果，答辩专家提出了许多宝贵建议及意见，如延长课题时间，使学员能够对所研究课题进行更细致更深入的研究，选择和采取更科学有效的方法进行验证性实验，增加对研究对象的分析深度，将研究结果进行推广，运用于实践使其产生良好的社会价值等。

答辩专家评选出部分优秀课题，如第一期学员的优秀课题有陈文龙的《公路上桥梁（涵洞）交通安全防护系统的设计》、王浩宇的《铅离子试纸/棒的研制》、刘时昱的《"君一使"化合物的合成及代谢的研究》、白佳佳的《西安浐灞生态区的水质现状及保护措施研究》、刘珂磊和马振鑫的《西安市智能公交系统软件设计与实现》等 20 余位学员的研究课题。

四、"春笋计划"实施进程

"春笋计划"自 2010 年开始实施，第一期由陕西省教育厅牵头开展，参与"春笋计划"的学员来自包括西安市高新第一中学，西安交通大学附属中学和陕西师范大学附属中学等在内的 9 所西安市高中，参与人才培养的高校实验室包括西安交通大学、西安电子科技大学和陕西师范大学等高校的实验室，所涉及的课题领域主要集中在理工领域。在第一期"春笋计划"的成功实施之后，第二期"春笋计划"在各个方面有个更深一步的进展即地域不再限制在西安地区，而是扩展到陕西省 10 个地市。参与学员由第一期的 30 多人增加到 100 多人，高中和高校的数量也显著提升。除此之外，春笋学员的选题也扩展到社会科学领域，更为全面。从第二期开始，"春笋计划"由各个地市按照第一期的方案自主组织实施。截至目前，"春笋计划"已实施 4 期，共选拔了 412 名学生参与课题研究工作。

五、"春笋计划"的工作成效

（一）学生

在"春笋计划"实施中及结束后，专家委员会对计划实施情况和学员在高校实验室的学习情况进行了交流、汇报。通过对部分课题承担学生进行的访谈，我们发现学生都很支持"春笋计划"的实施。在前一阶段的实践过程中，就个人的成长来讲，课题承担学生对学科知识的认识、自身的人格特质，对事物的态度变化很大，部分学生还取得了显著的科研成果：

1. 学科知识

学生普遍反映，参加课题研究以来，自己对学科知识有了新的认识，对书本知识有了更深的理解，并为后续学习奠定了良好的基础。在知识学习过程中，多数学生由过去的被动的接受转为现在的自主探究，对知识的兴趣也更加浓厚，90% 的学生认为与之前相比，在自身的学习兴趣、学习方法方面提高较大，所有学生认为自己掌握知识的能力与之前相比得到了很大程度的提高。学到了许多科学研究的方法，并掌握了一定的专业知识。学员们在思维方式上得到转变，学习方法有了很大改善，课堂知识掌握更加牢固，能够更高效地完成学习任务。

2. 人格特质及对事物的态度

学员们的自信心、内部动机、好奇心、自我接纳与坚持性与计划之前相比显著增强，开放性、怀疑、独立性和冒险性也较之前有所提高（如图 4 - 5 所示）。学生的学习动机中以深层动机为主，且其显著高于成就动机与表层动机（如图 4 - 6 所示）。有的学员谈到自己现在不仅能够发现问题，更敢于质疑和探索，做事情更有耐心，也比较注意细节。

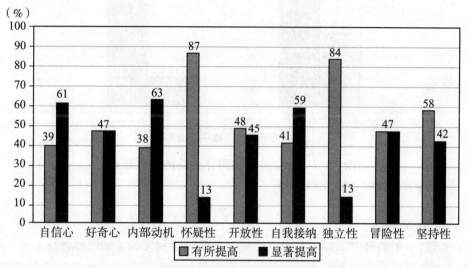

图 4 - 5　学生创造性人格的变化程度

资料来源："春笋计划"调研结果。

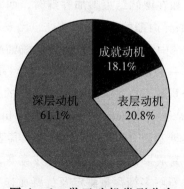

图 4 - 6　学习动机类型分布

资料来源："春笋计划"调研结果。

　　"春笋计划"的开展，使学员们将学科知识与实践更好地结合起来，一方面加强了动手操作能力，另一方面也提升了创新素质，增强了团队合作的意识，同伴关系得到很大提高。在日常学习中与同伴更好的相处，相互合作学习、探讨问题、共同提高。学员与老师之间沟通加强，老师对学生的关注度增高，能更及时有效地与学生交流，给予帮助和指导。有的学员之前与同学老师沟通存在问题，现在已经可以主动与同学老师交流（见图 4-7）。

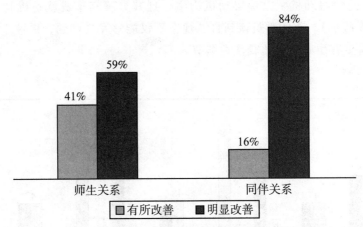

图 4-7　师生关系和同伴关系的变化程度

资料来源："春笋计划"调研结果。

3. 科研能力

　　经过一年的努力，参与"春笋计划"的学员顺利完成了课题的研究工作，部分学员取得了显著的研究成果，并最终顺利通过答辩。学员们的科研成果显著，许多课题研究不仅产出了有价值及实际应用意义的成果，其优秀论文也陆续发表在国内外的权威期刊上。如在课题结束参加答辩时，西北大学附属中学刘时昱的《"君—使"化合物咖啡酸异丙酯的合成与结构》，已发表于国际晶体学联合会主办的单晶学报 E；西安铁一中曹鑫林的《丹参肉桂酰辅酶 A 还原酶基因 CCR2 的克隆与生物信息学分析》一文已被《西北植物学报》录用，西安交通大学附属中学贾可南《具有空间分辨的真空电弧发射光谱诊断的初步实验研究》已投稿至《等离子体科学和技术》杂志（Plasma Science and Technology）、陕西师范大学附属中学张骁的《丹参海藻糖基因（SmTre）的克隆及其表达分析》文章也在投稿阶段。此外，学员们的研究成果也入围了多项科技竞赛，并取得了佳绩，如西安市高新一中许雪莹《铁皮石斛多糖含量测定及抗凝血作用研究》在陕西省第二十六届青少年科技创新大赛中获得三等奖；陕西师范大学附属中学龚睿《拟南芥PAP1 转录因子对贯叶连翘黄酮类成分合成的调控研究》参加了 2011 年第十一届

"明天小小科学家"竞赛活动。

自"春笋计划"实施以来，各基地校在研究性学习方面也取得了明显的成果，学生获得了众多的奖项。在全国青少年科技创新大赛中，西安中学有 13 篇论文获得市级一等奖、高新一中有 38 个项目获奖、西安铁一中有 3 个项目获二等奖、西北工业大学附属中学有 2 个项目获国家级三等奖；交大附中在全国首届中小学生研究性学习成果评比活动中有 15 个研究性课题成果在荣获一等奖，6个课题荣获二等奖；在"明天小小科学家"评选活动中，高新一中有两个项目获奖、西安铁一中在评选中获 3 个奖项；西安中学 4 名学生的研究性学习成果荣获省级一等奖；高新一中在参加世界机器人大赛中有两个项目分别获金奖和最佳发明奖；西安铁一中的 1 个项目全国十佳优秀科技实践活动；西北大学附属中学的研究性学习成果中获得科技创新大赛一等奖 8 个、二等奖 13 个、三等奖 9 个；西北工业大学附属中学有 1 个项目获得宋庆龄少年儿童发明奖中银奖等。

（二）教师

在"春笋计划"的实施过程中及实施之后，我们运用观察法和问卷法对参与学校的教师尤其是参与"春笋"计划指导的教师进行了调查。研究发现，不同于学生的变化，教师的变化主要集中于专业素养和教学观念。

首先，不同于之前重复性较强的教学内容及方式，"春笋计划"的参与使得他们与学生共同投入社会进行观察和思考，逼迫他们不断地学习与提高，以便及时给予学生指导；其次，与高校教授交流也使得高中教师们接近学科前沿，接触到新的研究方法，从而提升自己的理论修养，成为研究型教师。

其次，无论是选拔还是培训，"春笋计划"依据的标准都与教师平常习惯的标准大相径庭，这也使得教师们已有的教学观念受到巨大的冲击。为了适应新的环境，他们不得不重新思考"什么才是真正的人才"这样的基础问题。改变了固有的观念后便已开始普遍地关注那些在课堂中有独特想法的学生，并鼓励他们发表自己的意见，以达到教学相长。

（三）学校

随着教师和学生发生的转变，学校也发生了相应的变化。这种变化不仅体现在学校教师及校长的教学思维的转变，更体现在整个学校学习氛围、教学氛围甚至教育氛围的转变。

高中阶段是培养拔尖创新人才的基础阶段，创新人才的培养已在学校教育中的地位日益凸显。但"春笋计划"实施以前，基地校的创新人才培养基本还处于理念阶段，学校仍然从只注重学生成绩而忽视学生综合素质的全面发展；从"春笋计划"改变了这一现状。使得学校从注重以书本为主的学科知识学习转变为引导学生深入实践提高动手操作能力;从要求学生单纯接受吸收知识转变为塑造"我要学""我爱学""我会学"的新型创新人才。

在此基础上学校积极推进课程改革,探索"问题发现—问题研究—问题解决—连锁反应"为导向的课堂教学方式。通过专家报告、研究性学习和参观大学实验室一系列的实践活动中,基地校不仅加强了与高校、科研单位等的交流与联系,更通过提升研究性学习能力提高了办学治学能力。

在这个过程中,学校逐渐形成了新的教育氛围,激励学生质疑、创新,教师关心、理解学生,尊重他们的兴趣与爱好,引导其在质疑中不断钻研、在合作中学会共享、在探究中有所创新,同时带动周围同学的发展,共同创设良好的校园学习氛围,例如:西安中学的"创新从课堂开始、创新从日常生活开始、创新从理念开始",利用常态的课堂教学过程,在引导学生学习的经历、体验中,渗透创新理念,让学生在感悟知识和方法的同时形成创新意识;西安铁一中探索以"问题发现——问题研究——问题解决——连锁反应"为导向的课堂教学方式,引导学生进行主动实践,培养学生的质疑力、观察力、协同力。

六、高创造力高中生心理特征研究

在春笋计划的实施过程中,为了更好地、有针对性的培养拔尖创新人才,我们选取了25名参与春笋计划的高科学创造力学生,运用访谈法收集了相关数据,并用 NVivo 软件进行了数据分析,研究了高创造力共有的心理特征。从中提取出了高创造力青年的共有特征,根据频次高低分为典型特征和重要特征,这些特征可归纳为动机、能力、风格、性格和知识五大类,并进一步分析了家庭、学校及社会等层面对其的影响因素。

(一) 研究目的

高科学创造力青少年具有相同而特有的心理特征。在成长的不同阶段,其心理特征也有所不同。为深入了解其不同的具体内容,选取了25名高科学创造力的高中青少年进行访谈,以了解其在成长不同阶段的心理特点,找出高创造力青少年所具有的重要特征。

(二) 研究方法

1. 研究对象

从陕西省24所重点高中240余名学生进行科学创造力测试,测试采用申继亮等修订的胡卫平等人编制的《青少年科学创造力测验》，共 7 个题目，每个题目测试时间为 8 分钟。测验从被试答案的流畅性、灵活性和独创性三个维度来进行评分。测试成绩按照创造力得分由高到低进行排序，最终按照 10% 的标准，确定前 25 名学生为本研究的研究对象。25 名学生中，理科生 21 名（其中 15 名为男生，6 名为女生），文科生 4 名（男女各 2 人），平均年龄为 17.8 岁。

2. 研究程序

在确定了研究对象后，对其进行一对一访谈。由于访谈对象来自于不同的重点高中，学习时间非常紧迫。为了避免对其学习和生活产生过多的影响以及保证访谈工作的顺利进行，研究者进行多次预约，以确定每位被试合适的访谈时间。

在与被试见面后，首先进行访谈介绍，说明研究的目的、意义、访谈资料的运用等，在征得其同意后与其约定访谈时间。在约定的访谈时间进行访谈，访谈开始前，提出录音的请求，在征得被试同意后开始访谈。

本研究的访谈提纲主要分为"访谈导入""访谈主体"和"结束语"三部分。首先简单了解被访者的一些个人特征，包括平时的生活、学习状况，再按照时间线索，回忆成长历程。在回忆的过程中，也尽可能将问题聚焦在被访者的学习、生活以及与创造性相关的事件和活动上来。研究 1、2 均采用此访谈提纲。

3. 访谈资料分析

（1）访谈资料的转录。

访谈工作及转录工作全部由研究人员一人完成。将 25 位被试的访谈录音材料全部逐字转录并保存为 doc 格式，每位访谈者的平均访谈时长为 40 分钟，转录文字在 5 500 字左右，转录文字共计为 145 601 字。转录后对所有文本材料进行核对。

（2）资料分析与整理的原则。

在访谈中，对于资料的整理与分析，初级阶段采取"微观分析"，最大程度保留材料的真实性。在进行编码时，充分发挥研究人员的主观能动性，结合已有研究资料，并借鉴和汲取前人的研究方法与经验，对每一份材料都尽可能进行全面而详实的分析。

（3）访谈资料分析与整理的方法和步骤。

本研究主要采用 NVivo 8.0 对访谈资料进行分析。NVivo 是一种功能强大的的质性分析（qualitative data analysis）软件，能够有效地分析多种不同的数据，如大量的文字、影像图形、声音和录像带数据。

（三）研究结果

1. 高科学创造力青少年心理特征的分析结果

（1）对高科学创造力青少年心理特征编码的信度分析。

本研究中，采用了两位编码者编码。首先由一位主编码者对所有文本进行开放编码，然后由另一位编码者对主编码者的编码进行编码复查。运行编码查询功能后，可以看到两位编码者对每一心理特征编码的 Kappa 系数和一致性百分比。一致百分比是一致项数除以数据项内的测量总数所得的商，以百分比显示。Kappa 系数（Cohen's Kappa Coefficient）是一种用于定性项目中测量者间或测量者内的统计方法。Kappa 计算结果为 −1 ~ 1，但通常 Kappa 是落在 0 ~ 1 间，可分为五组来表示不同级别的一致性：0.0 ~ 0.20 为极低的一致性（slight）、0.21 ~ 0.40 为一般的一致性（fair）、0.41 ~ 0.60 为中等的一致性（moderate）、0.61 ~ 0.80 为高度的一致性（substantial）和 0.81 ~ 1 为几乎完全一致（almost perfect）。通过 NVivo 软件，可以实现所有用户对每一位受访者特征编码的比较。例如在本研究中，共有两位编码人员 A 与 B，对 25 份文本资料按照编码手册进行心理特征编码，通过运行编码比较查询可得出编码人员 A 与 B 对于每一位受访者每一项心理特征编码的 Kappa 系数与一致性百分数。通过统计可汇总得出每一特征的 Kappa 系数与一致性百分数值区间（见表 4 − 11），并计算出其平均值。经计算，Kappa 值均值从 0.4273 到 1.0，平均值为 0.，说明编码具有一定的一致性，采用此编码手册可以有效辨别出高科学创造力青少年的重要心理特征。

表 4 − 11　　　　　　　　心理特征编码信度（部分）

心理特征	Kappa 系数均值	一致性均值（%）
一般智力强	1.00	100
求知欲强	0.7704	99.68
勤奋努力	1.00	100
自我反思总结	0.9934	98.79
乐观开朗	0.7456	99.62
知识广博	0.7774	99.92
执着	0.5546	99.27
喜欢接受挑战	0.7527	99.33
勤于思考	0.7774	99.93
喜欢交流合作	0.7638	99.8

心理特征	Kappa 系数均值	一致性均值（%）
乐于钻研	0.9753	99.82
喜欢阅读	0.8768	99.91
追求卓越	0.9444	99.76
好奇心强	0.8554	98.71
喜欢参加社会实践	0.5973	97.77
自控力强	0.6682	98.3
兴趣广泛	0.976	99.96
思维灵敏	0.9902	99.98
乐于接受新鲜事物	0.6606	99.26
喜欢动手操作	0.9913	99.98
自信	0.7902	99.89
谦虚	0.7522	98.56
……	……	……
喜欢创新	0.9913	99.98

（2）高科学创造力青少年心理特征编码结果。

在上一步的编码过程中，我们对每一位研究对象的访谈内容进行了全文编码，由于访谈的内容包含了高科学创造力青少年的成长资料，因此所得的编码包含了各个阶段的心理特征。因此，在提取重要心理特征前，先将现阶段的心理特征区分出来。重要心理特征的界定标准是：某一特征出现的频次不少于总人数的25%。本研究共有25位被试，所以重要特征的频次应不低于7次。通过区分出的现阶段的所有特征的频次统计得出，共有31项特征符合这一标准。按照编码手册建立的编码索引体系，这31项特征可分为动机、能力、风格、性格和知识五个维度，每个维度具体包括的心理特征如表4-12所示。

表4-12   高科学创造力青少年重要心理特征分类表

维度	内容
动机	求知欲强、乐于钻研、喜欢交流合作、追求卓越、兴趣广泛、喜欢创新、有理想、质疑
能力	一般智力强、自控力强、思维独特、思维灵敏、洞察力强、具有批判性思维、善于分析、联想与想象力好

321

续表

维度	内容
风格	自我反思总结、解决问题讲策略、严谨认真
性格	勤奋努力、乐观开朗、喜欢接受挑战、执着、乐于接受新鲜事物、不怕困难、自信、谦虚、精力充沛、真诚、耐挫力强
知识	知识广博

（3）高科学创造力青少年心理特征重要程度分析。

对于高科学创造力青少年的心理特征已从频次上确定了其重要的特征，但是单从频次这一角度无法看出每一特征的强弱程度。为了更好地了解每一心理特征在高科学创造力青少年身上表现出的强弱程度，我们再次回到文中，对这43项特征进行五级评分。具体做法为按照某一特征在某一被访者身上表现出的强弱程度，进行评分，1为不太确定，2为有点符合，3为基本符合，4为大部分符合，5未完全符合。

本研究采用两位评分者同时评分的方法，在进行统计分析之前先分析评分者的信度。用斯皮尔曼等级相关来计算两位评分者的对每一特征的评分的一致性系数（表4-13为前31个心理特征的评分信度）。所得一致性系数数值从0.618到0.988，评分者平均信度为0.842，标准差为0.094，评分者信度达到了可接受水平，评分具有一定的稳定性。

表4-13　　　高科学创造力青少年心理特征评分信度

编号	心理特征	信度系数（r）
01	一般智力强	0.794
02	求知欲强	0.912
03	勤奋努力	0.776
04	自我反思总结	0.734
05	乐观开朗	0.886
06	知识广博	0.745
07	执着	0.618
08	喜欢接受挑战	0.922
09	喜欢交流合作	0.875
10	乐于探究钻研	0.907
11	追求卓越	0.825

编号	心理特征	信度系数（r）
12	自控力强	0.672
13	兴趣广泛	0.672
14	自信	0.829
15	乐于接受新鲜事物	0.925
16	思维灵敏	0.972
17	谦虚	0.761
18	思维独特	0.969
19	洞察力强	0.946
20	喜欢创新	0.938
21	不怕困难	0.807
22	有理想和抱负	0.902
23	解决问题讲策略	0.906
24	具有批判性思维	0.861
25	善于分析	0.899
26	质疑	0.796
27	联想与想象力好	0.908
28	精力充沛	0.884
29	真诚	0.793
30	耐挫力强	0.772
31	严谨认真	0.631

注：①一共 25 名受访者；

②选取标准为某一特征出现的频次不少于总人数的 25%，即重要特征的频次应不低于 7 次；

③频次相同序号相同，但占据下一序号。

　　由于两位评分者的评分具有一定的一致性，因此将两人的分数合并求均值，作为某一心理特征的得分。将所有特征分数进行统计，并进行排序。通过统计分析，31 项特征的均值为 3.65，标准差为 0.41，从表 4 – 13 中可以看出，包括勤奋努力、乐于钻研、一般智力强、求知欲强、喜欢接受挑战、乐于接受新鲜事物等 16 项特征的均值大于所有特征的总均值，因此我们将这 16 项特征作为高科学创造力青少年的典型心理特征，其余 15 项为一般重要心理特征。其中一般智力强这一项，因为关系到生物与遗传等多方面的因素，在本研究中不做讨论与研究。

2. 高科学创造力青少年成长阶段心理特征分析

在本研究中,对高创造力青少年的访谈内容,不仅收集到了现阶段在成长方面的相关资料,也了解了他们从小学阶段到高中阶段的成长情况,这些资料对于进一步探索高创造力青少年的心理成长规律是极为有用的。因此,在初步了解了高创造力青少年的心理特征后,我们从纵向角度来研究一下高创造力青少年在各个成长阶段的心理特征。

将之前的心理特征分类汇总为小学、初中与高中阶段,按照频次进行排序,将三阶段心理特征所有心理特征分类呈现如表 4 – 14 所示。

表 4 – 14　　　　高科学创造力青少年阶段心理特征分类比较

分类	小学阶段	初中阶段	高中阶段
动机	喜欢得到他人肯定、好奇心强、洞察力强、兴趣广泛、喜欢表现自我、勤于思考、喜欢动手操作、积极参加课外活动、广泛阅读、乐于探究钻研	求知欲强、喜欢参加社会实践、乐于探究钻研、好奇心强、兴趣广泛、勤于思考、喜欢交流合作、广泛阅读、喜欢动手操作、喜欢创新、质疑、喜欢自我表现、好胜心	求知欲强、乐于钻研、喜欢交流合作、追求卓越、兴趣广泛、喜欢创新、有理想和抱负、质疑
能力	联想与想象力好、思维独特、思维灵敏、有艺术特长、记忆力好	思维独特、思维灵敏、动手能力强、善于分析	一般智力强、思维独特、思维灵敏、洞察力强、具有批判性思维、善于分析、联想与想象力好
风格	良好的学习习惯	自我反思总结、做事讲效率、喜欢走捷径、有主见、追求个性	自我反思总结、解决问题讲策略、严谨认真
性格	勤奋努力、乐于接受新鲜事物、精力充沛、集体感强、活泼外向、自信、乐于助人、喜欢冒险	喜欢接受挑战、执着、勤奋努力、活泼外向、乐观开朗、乐于接受新鲜事物、自信、不怕困难、倔强	勤奋努力、自控力强、乐观开朗、喜欢接受挑战、执着、乐于接受新鲜事物、不怕困难、自信、谦虚、精力充沛、真诚、耐挫力强
知识	学业成绩良好	知识广博	知识广博

（四） 讨论

经过分析，最终一共确定了高科学创造力青少年的 31 项重要心理特征，参考张景焕《科学创造人才心理特征及影响因素》中对科学创造人才的重要心理特征的分类标准，我们将这 31 项特征划分为五大类，分别是：动机、能力、风格、性格与知识。动机包括求知欲强、乐于钻研、喜欢交流合作、追求卓越、兴趣广泛、喜欢创新、有理想、质疑共 8 项特征。能力包括一般智力强、自控力强、思维独特、思维灵敏、洞察力强、具有批判性思维、善于分析、联想与想象力好共 8 项特征。风格包括自我反思总结、解决问题讲策略、严谨认真共 3 项特征。性格包括勤奋努力、乐观开朗、喜欢接受挑战、执着、乐于接受新鲜事物、不怕困难、自信、谦虚、精力充沛、真诚、耐挫力强共 11 项特征。知识包括知识广博 1 项特征。

1. 强有力的内部动机

回顾本研究中高科学创造力青少年的阶段重要心理特征，我们发现其中一些心理特征是三个阶段共有的，如强烈的好奇心与求知欲、乐于探究、勤于思考、广泛的兴趣爱好等。但这些特征在不同阶段却有不同的表现形式。例如，在童年阶段，儿童的好奇心主要表现在对现象的吸引上，并且对象较为丰富。他们往往对于生活中的一切都会产生强烈的好奇心。随着年龄的增长，他们开始更关注于现象下的原理，兴趣的范围也逐渐缩小并主要集中在某一或某几方面。

然而，也有少部分青少年在访谈中谈到，自己在童年时期具有比较强的好奇心，喜欢观察与探索。但是随着年龄的增长，好奇心逐渐减弱，主要表现在好奇对象的范围缩小与好奇的程度上。我们无法确定，是否因为随着知识的增长，原有的困惑得以解决，还是有某种外在因素影响了好奇心的发展。同样减弱的还有联想与想象力，一部分青少年陈述从童年时期到青少年时期，一直保持很好的联想与想象能力，而有个别青少年描述自己童年时想象力很丰富，但随着年龄增长，表现为越来越不敢想，想的内容越来越平淡无趣。

2. 个性心理特征

高创造力的青少年也具有勤奋努力、有理想和抱负、自信等特征。由于高科学创造力的青少年还没有从事系统的科学研究过程，尚未形成个人的研究风格。在本研究中，我们仅发现了他们在学习和生活上的个人风格，包括善于自我反思总结、解决问题讲究策略、做事有计划性、严谨认真等。自我反思主要表现在对自己的行为结果及过程的回顾与梳理。例如在创造性活动或研究性学习中，在遇到困难或者克服困难取得进展时，都会反思回顾自己的思考过程，总结经验。这种思维风格也经历了一个由外部监督到内部自动化的过程。在童年时期，需要成

325

人的引导，逐步发展到中学阶段，开始自主的采用。反思与总结的技巧与深度也在不断发展。

在解决问题讲策略方面，也经历了最初由不懂得使用策略到开始使用策略以及习惯性使用策略的过程。有部分青少年描述自己从小就是一个比较"懒"的人，表现在不喜欢花费多一些的精力在一些自己不喜欢的事情上，因此总在寻找偷懒的方法。最开始尝试的捷径，往往是不成功的。一开始他们只是急于想达到结果，未进行深入的思考。在尝试了多次失败后，有一段循规蹈矩的经历，随着经验的积累与思维水平的发展，开始掌握一些简单策略。在享受过策略带来的回报后，他们更积极主动地寻找策略。

在研究中，我们还发现极个别青少年在某些心理特质方面表现出其他大部分人相反的心理特征。例如，内向、不愿与他人交流等特点。在以往的研究中也曾发现，科学创造人才在人格上具有支配、傲慢、自信、自主、内向、动机强、有抱负的特征。

七、高创造力高中生心理特征影响因素研究

（一）研究目的

在前面的研究中，通过对访谈材料的编码和分析，分别找出了高科学创造力青少年的重要心理特征。那么，究竟是何种心理特征对创造力产生了作用，又是何种影响因素对这些心理特征产生了作用，还有哪些因素对青少年的科学创造力有关？这些问题都是需要在本研究进行进一步分析。

（二）研究方法

1. 研究对象与研究材料

研究对象仍是"高创造力高中生心理特征研究"中所选取的 25 名高科学创造力青少年。研究材料也为其中所收集的访谈材料。在访谈提纲中，已经包含让被访者回忆了其成长的过程。访谈是按照被访者从小学到高中的成长阶段来回忆和陈述的，在各个阶段被访者都会说到成长过程中一些难忘的事件或者对这一阶段进行整体的描述。

2. 研究资料的整理与分析

（1）访谈录音的转录。

研究文本为"高创造力高中生心理特征"中所转录资料。

（2）访谈资料分析与整理的方法和步骤。

具体操作仍然在 NVivo 8.0 中进行，与"高创造力高中生心理特征研究"有所不同的是我们主要是要找出科学创造力青少年的成长影响因素以及创造性与影响因素间的关系，因此，重点是主要针对高科学创造力青少年的创造力与重要心理特征建立关系节点。同时还要对 25 位高科学创造力青少年的成长资料进行再一次分析，建立关系节点。最终一共建立了 104 个初级关系节点。通过对建立的关系节点进行分析，汇总所有的影响因素，对其进行归类整理，首先将相同的关系类型合并到同一关系类型上，再将低层次的关系类型合并到高一级的关系类型上来。最后，在 NVivo 中为关系节点创建模型。

（三）研究结果

1. 从访谈资料中建立的主要关系

经过对研究材料的再一次分析，我们共建立了 103 个关系节点，其中单向关系 98 个（包括 89 个正向关系，9 个负向关系），对称关系 5 个。详细关系类型及数量见表 4 – 15。

表 4 – 15　　　　　　　　　　影响因素关系类型

自名称	类型	至名称	方向	参考点
内在兴趣	促进	勤奋努力	单向	18
乐于探究钻研	促进	知识广博	单向	18
内在兴趣	促进	乐于探究钻研	单向	17
科学家的事迹	促进	乐于探究钻研	单向	17
父母的鼓励	促进	勤奋努力	单向	17
教师的专业能力	促进	内在兴趣	单向	17
科学家的精神	促进	勤奋努力	单向	16
繁重的课业负担	阻碍	创造力	单向	16
科普节目	促进	知识广博	单向	15
成功体验	促进	自信	单向	15
学科竞赛	促进	知识广博	单向	15
成功体验	促进	勤奋努力	单向	14
乐于探究钻研	促进	实践操作技能	对称	14
科学家的事迹	促进	内在兴趣	单向	13
教师的关注与鼓励	促进	自信	单向	13

自名称	类型	至名称	方向	参考点
科技创新活动	促进	动手能力	单向	13
内在兴趣	促进	乐于接受挑战	单向	13
父母的鼓励	促进	自信	单向	13
研究性学习	促进	思维分析能力	单向	13
父母的引导	促进	内在兴趣	单向	13
科技创新活动	促进	思维独特	单向	13
研究性学习	促进	思维综合能力	单向	13
勤奋努力	促进	知识广博	单向	13
科普节目	促进	内在兴趣	单向	12
动手能力	促进	创造力	单向	12
思维独特	促进	创造力	单向	12
创造倾向	促进	创造力	单向	12
合作交流	促进	思维灵活	单向	12
学科竞赛	促进	思维分析能力	单向	12
成功体验	促进	创造倾向	单向	11
乐于接受挑战	促进	技能掌握	单向	11
科技创新活动	促进	发散思维	单向	11
乐于接受挑战	促进	创造倾向	单向	11
科技创新活动	促进	创造力	单向	11
课内有限的知识	阻碍	思维独特	单向	10
发散思维	促进	创造力	单向	10

注：由于建立的关系节点较多，在这里只呈现次数在 10 次及以上的关系。

2. 高科学创造力青少年影响因素之间的关系

将所有关系节点进行汇总，整理出的影响因素可分为三大类，分别为环境、动机和个性心理特征。其中环境又可分为家庭环境、学校环境、社会环境。动机可分为外部动机与内部动机、个性心理特征包含能力与性格（见图 4 - 8）。

为了更好更清晰地呈现所有影响因素与创造力以及影响因素之间的关系，研究将主要的关系以模型形式呈现。在 NVivo 中，为频次较高的关系节点创建模型（由于影响因素较多，只呈现主要关系），最终所建立的关系模型如图 4 - 9 所示。

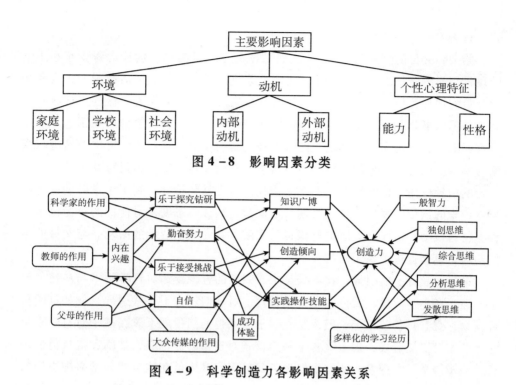

图 4 - 8　影响因素分类

图 4 - 9　科学创造力各影响因素关系

可以看出，影响个体创造性发展的因素既包括了外部的环境因素，又包含了包括动机、个性心理特征在内的人格因素。智力、思维、知识、技能、性格等因素直接对创造力及创造倾向产生作用，内部的兴趣通过影响性格特征来影响创造力及创造倾向。外部的环境因素一方面通过影响内部的兴趣、性格特征来影响创造力，另一方面通过对知识、技能及思维的影响来影响创造力。在此关系图中，我们只研究了对创造力及创造倾向有促进作用的因素，并且只呈现了主要的关系，当然还有其他许多关联类型未呈现，包括对创造力起阻碍作用的因素等。

（四）讨论

1. 家庭环境的影响

在研究中高科学创造力青少年成长过程中，我们发现家庭环境中的诸多因素都直接或间接地对其创造性的发展起到一定的作用，其中主要影响因素包括早期的引导、教育方式、家庭氛围、家庭成员间的关系等等。

在童年期，父母为他们创造了轻松而愉快的家庭氛围，鼓励其积极探索外部世界，从情感与物质双方面都给予了大量的投入。在情感方面，包括自身积极性格的影响、理解与支持、表扬与鼓励。一直到青少年时期，家庭成员之间都能够进行良好的沟通与交流。同时父母自身也会成为孩子学习的榜样，包括处事方式、行为习惯、兴趣爱好等。

第一，父母的理解与支持。"强烈的好奇心"是高科学创造力青少年在小学阶段最明显的特征之一。在这个时期，儿童进入学校，随着生活范围的扩大和知识容量的增加，他们对外界也开始逐步的探索。广泛的兴趣爱好让他们接触到更多更新鲜的事物，但由于知识水平的限制，许多事物都会让他们感到困惑。而在这个时期，父母的支持与鼓励，能够增强儿童的自信心，让他们更勇敢地进行探索与实践。同时，父母的参与也能够激发儿童的探索欲望，不仅对儿童的兴趣有一定的引导作用，也能帮助他们在完成任务时更具坚持性。到了中学时期，他们自主探索的欲望变强烈，这个时期父母支持与默许的态度，对他们的行为也是一种支持与鼓励。由此会大胆进行探索与实践，并尝试创造性的活动。与父母的良好沟通，也会促进了亲子间的关系。

第二，教育上的引导。在本研究中，84%的青少年都对科学技术与科技信息感兴趣。在小学阶段，父母和家人在教育上对他们就有了一些引导，例如订阅科普读物、观看科普节目等，但都是在孩子感兴趣的前提之下。在孩子对科学现象感兴趣萌发伊始阶段，他们就善于利用孩子对现象的好奇心，鼓励和支持他们进行进一步的学习与探索。研究中发现，父母等家庭成员在注重对孩子兴趣引导的同时，也十分注重动手能力的培养，鼓励孩子多动手实践，尤其是在童年时期，更倾向于让孩子在"玩"中学，在"玩"中做。通过动手实践、操作，孩子不仅体会到了乐趣，增加了对事物探究的兴趣，也掌握了一定的技能，这对于孩子自信心及韧性的培养是极为有意义的。在动手操作活动中，也经历了从开始的模仿，到模仿基础上的初步创造的过程。

第三，家庭成员的榜样作用。在家庭环境中，父母等家庭成员的性格特征、个人风格、行为习惯、知识构成、兴趣爱好都会影响到孩子。比如，乐观积极的父母，孩子的性格也会乐观向上；父母在为人处事时的风格与策略，也会被孩子所学习。

在家庭中，父母的支持与理解、教育的引导、家庭成员的榜样作用等都会对高科学创造力青少年的成长产生影响。一方面，家庭的物质环境，为了他们科学知识的学习、科学兴趣的产生提供了条件与资源，另一方面，来自于家庭成员的情感支持也在不断鼓励他们大胆进行探索与学习。在童年时期，儿童行为习惯的养成上，父母也具有很大的影响作用。当然在本研究中，也发现了一些不利于高科学创造力青少年成长的家庭环境因素，首先，一些父母对于青少年的创新行为不予以支持，他们认为青少年的创新没有必要或者会影响到其学业成绩，因此反对他们进行与学习（这里针对的是学业考试）无关的任何事情。其次，高频率的重复教导与批评时同他人作比较都影响到了亲子间的良好沟通，他们得不到源自于父母的情感支持，自信心降低，表现在对一切挑战性的活动都不愿尝试，害怕失败。有些孩子可能会在表面上"顺从"父母，他们的"勤奋努力"也是出于避免父母训导的外部动机；而另一些孩子会采取直接与父母"对抗"的方式，表现为只要是父母要求的坚决不做，即使他们对某一事物有兴趣，行为上也会采取抵触的态度。

综上所述，家庭环境对于高科学创造力青少年的成长的影响作用主要是父母及家庭成员的支持与理解，既包含精神上的鼓励表扬，也包括物质资源的保证。其次，父母在儿童早期兴趣爱好的培养以及个性心理特征的形成方面也有一定影响，在教育方面也起到了一定的引导作用。

2. 学校环境的影响

自儿童入学起，学校便成为他们生活的主要场所，并以学习为主要活动。在学校中，青少年儿童不仅习得了大量的知识，还通过各种实践活动掌握了一定的社会技能。学校对高科学创造力青少年成长的作用，主要包括通过教师的教学使其掌握一定的基础知识，通过实践活动掌握一定的技能，以及学校环境对其人格的塑造作用。

第一，教师的作用。同家庭环境中父母的影响类似，教师也是青少年情感支持的来源之一。但与父母不同，教师是知识的主要传播者，直接与青少年的学习活动相联系。首先，在课堂教学中，教师的专业能力使得教师在准确传授知识的同时，能够激发学生对学科学习的兴趣，增强学生的求知欲。其次，教师的关注、鼓励与表扬也会增强学生的自信心，使得他们大胆探索与创新。此外，教师严谨的治学态度、高标准的自我要求，也会影响到学生，成为学生学习的榜样。

第二，课堂氛围。课堂中轻松自由的氛围会促进学生思维的发散。在课堂中，教师以学生为主体，鼓励学生勇于表达自我意见，对教学内容大胆进行质疑，并鼓励学生相互交流。在这种开放自由的环境下，学生的思维不再受制于权威或课本，可以充分自由表达观点，同伴间的交流与合作也会促使思维火花的不断碰撞，产生更多更新更独特的观点。具体例证如下：

第三，校园活动。校园活动为青少年提供了多种多样的学习与实践机会。在小学阶段，丰富的校园活动为儿童提供了许多尝试的机会，他们通过参与各种活动，寻找自己的兴趣点。进入中学后，在兴趣的引导下，学生积极选择与个人兴趣与能力相符的活动。这些活动既包含校园中的文化活动，也包含学科兴趣小组、学科竞赛以及研究性学习等多种形式的活动。在参与这些活动的过程中，他们的知识面进一步扩大，知识的深度也进一步增加，思维能力得到锻炼与发展，同时也培养了良好的动手操作能力。

3. 社会环境的影响

随着社会的不断发展，社会的信息化程度越来越高，社会环境对青少年的成长的影响也越来越大。在本研究中的 25 位高科学创造力青少年身上，充分感受到了社会环境对他们的创造性发展的作用。

第一，公众人物的影响。在谈及个人理想时，多位青少年都提到了科学家及成功人士对他们的影响。在提到的公众人物中，提及频次最高的依次为钱学森、比尔·盖茨、乔布斯、爱因斯坦、霍金。青少年时期，是人生观与价值观形成与发展的重要时期，在这些公众人物精神的鼓舞和榜样作用下，初步树立了热爱祖国、勤奋努力、乐于接受挑战、积极探索钻研的人生价值观。

第二，大众传媒。在这个知识大爆炸的时代下，每天都会有大量的信息以不同形式呈现给大众。而处在这个时代下的青少年也会受到很大程度的影响。例如之前谈到的对科学家等成功人物生平事迹的了解，也是通过广播、电视、计算机网络得以深入了解的。与传统的文本资料不同，这些多种形式的信息呈现方式，更具有生动性与感染力。利用各种传播载体，青少年能在短时间内获得到大量的科普知识以及科技前沿信息，他们的知识更加广博，同时科学技术的突破与创新也激发了他们自主探索与创新的欲望。

（五）结论

第一，家庭环境的影响。本研究中高科学创造力青少年的成长，我们发现家庭环境中的诸多因素都直接或间接地对其创造性的发展起到一定的作用，其中主要影响因素包括早期的引导、教育方式、家庭氛围、家庭成员间的关系等等。

第二，学校环境的影响。自儿童入学起，学校便成为他们生活的主要场所，并以学习为主要活动。在学校中，青少年儿童不仅习得了大量的知识，还通过各种实践活动掌握了一定的社会技能。学校对高科学创造力青少年成长的作用，主要包括通过教师的教学使其掌握一定的基础知识，通过实践活动掌握一定的技能，以及学校环境对其人格的塑造作用。

第三，社会环境的影响。随着社会的不断发展，社会的信息化程度越来越高，社会环境对青少年的成长的影响也越来越大。在本研究中的 25 个高科学创造力青少年身上，充分感受到了社会环境对他们的创造性发展的作用。

八、总结

"春笋计划"的推广工作取得了显著效果，参与计划的市区、高校及高中规模扩大、受益的教师和学生数量增加，自主开发的创新人才选拔系统可为基础教育阶段创新人才的培养提供测评服务，其效果体现在以下方面：

1. 学校的办学理念有所转变，研究型教师涌现

高中学校加强了与高校、科研单位的交流与联系，营造了鼓励创新的环境，办学理念有所转变，由注重学业成绩转变为注重学生创新素质的培养，每位高中生的研究性学习能力得到显著提升；高中指导教师积极参加优质讲座和专业培训，在教学方式和学习方式上大胆创新，涌现了70余位具有创新精神的研究型教师，为学生的发展提供更好的服务。

2. 学生的创新素质得到有效培养，科研成果显著

跟踪研究发现，前两期的150余名课题承担学生的学习动机、创造性思维能力、创造力有了明显的提升，科研意识不断提高，共取得120余项科研成果，有效培养了学生的创新素质，其中90余项成果在各级各类评比或竞赛中获奖，10余篇优秀论文发表于国内外学术期刊、4项成果已获批或正在申请专利。

3. 资源建设初具规模

依据科学的选拔标准，我们自主开发了创新人才选拔测评系统，实现选拔过程的科学化、客观化、便捷化，基于此系统建立测评数据库，此数据库模式得到美国专家的认可与借鉴；建设了专家报告团报告视频资源库，同时搭建资源共享平台并开发了高校专家网上答疑系统，实现了优质资源共享。

4. 探索出创新人才的特征

我们探索出高素质创新人才的31项心理特征，包括动机、能力、风格、性格与知识5个方面，其中勤奋努力、乐于钻研等16项特征为典型心理特征，乐观开朗、耐挫力强等15项心理特征为一般重要心理特征。

5. 社会反响强烈

"春笋计划"的实施，受到了省内各高校及高中的肯定和好评，引起了社会各界的高度关注，《中国教育报》曾对"春笋计划"进行了报道，新浪网、西部网、搜狐网等各大门户网站及中国教育新闻网等各大教育网站也纷纷进行多角度的广泛报道，取得了良好的社会反响。

第四节　我国大学拔尖创新人才的培养研究

创新人才培养是一个漫长的过程，我国通过学校教育培养创新人才从幼儿园开始，一直贯穿至小学、初中、高中和大学。每个阶段在创新人才培养过程中所发挥的作用是不同的，大学担负着培养高级专门人才、发展科学技术文化、促进现代化建设的任务，因此在拔尖创新人才培养中的作用更为直接和关键。

333

人才培养的规格和质量是由培养模式决定的，有什么样的培养模式，就有什么类型和层次的人才。为了适应我国经济社会发展的需要，提高教育质量，尽快涌现出一大批拔尖创新人才，党和国家颁布了一系列政策文件，大力推进教育创新和人才培养模式改革，如自 1978 年起，在中国科学技术大学、西安交通大学等学校创办的"少年班"，2010 年启动的培养各行业高质量创新型工程技术人才的"卓越工程师教育培养计划"以及 2009 年启动的"基础学科拔尖学生培养试验计划"2011 年启动的培养适应社会主义法治国家建设与经济社会发展需求的高素质政法人才的"卓越法律人才教育培养计划"……各类人才项目的实施为我国创新拔尖创新人才培养模式树立了范本。课题组所依托的北京师范大学参与了其中的"基础学科拔尖学生培养试验计划"（以下简称"拔尖计划"），至今已招收了 8 届学生，取得了良好成效。因此，课题组选择了"拔尖计划"作为探究我国高等教育阶段拔尖创新人才培养模式的案例。"拔尖计划"自 2009 年执行，是由教育部、中组部、财政部联合推动，参与学校有北京大学、清华大学等 19 所国内一流大学。该计划在选拔优秀学生、配备一流教师、创新培养模式、营造学术氛围、改革教学管理、加强条件保障、开展国际合作等方面进行了大胆的探索和试验，已取得较明显的成效。作为研究单位之一，下面，我们就从"拔尖计划"中学生的选拔、课程体系建设、体制机制创新与条件保障建设等三个方面对参与该计划的 19 所大学的工作进展状况和特点进行概括与分析。

一、基础学科拔尖学生的选拔

人才选拔是人才培养的前提，科学合理地选拔学生，是成功落实拔尖学生培养计划的关键。自"拔尖计划"实施以来，各大学探索出了"选""鉴"结合的学生选拔方式。

在拔尖学生的选拔中，需要解决一系列问题，包括"从哪里选拔学生""选拔什么样的学生""通过什么途径选拔学生""如何选拔学生""选拔后如何鉴别和管理""选拔多少学生"等等。总结起来，主要涉及生源、选拔对象、选拔途径、选拔标准与方法、鉴别与管理机制和学生规模等六个方面的问题。

关于拔尖人才的选拔，教育部高等教育司长张大良曾做过比较全面的概述：

以"选""鉴"结合探索拔尖学生选拔方式。选准选好，遴选有志于攀登世界科学高峰的优秀学生；观察鉴别，动态进出，建立科学和人性化的退出机制；"选才"和"鉴才"结合，实现进出渠道畅通，保持计划的活力和竞争力。在选拔标准上注重多方面考查，综合考虑学生的兴趣志向、学科潜力、综合能力、心理素质等因素，科学地看待"偏才""怪才"。在选拔方式上采取多途径遴选，通过自主招生、二次选拔、与高中衔接等渠道选拔，避免应试，注重平时考查。在选拔过程上实行多阶段动态进出，对进入计划的学生进行综合考查、慎重分流，遵循拔尖创新人才成长的规律，减少功利、重在长远。[①]

北京大学、清华大学等 19 所参与"拔尖计划"的大学在选拔"有志于攀登世界科学高峰的优秀学生"这一基本一致的目标下，在具体的选拔环节上根据自身的理念与特点形成了一套有效的人才选拔体制。

（一）生源

优质的生源是选拔优秀学生、培养拔尖创新人才最基本的条件。"拔尖计划"颁布于 2009 年底，首批入选学校正式实施计划开始于 2010 年年初，因此第一届学生的选拔主要来自于 2009 级学生校内选拔。在 2010 级以后，各个试点大学的生源呈现出越来越多元的趋势（见表 4 - 16）。"拔尖计划"的主要生源包括本科生和中学生，其中本科生包括本科在校生和本科新生；中学生包括取得过国家或省竞赛名次、满足自主招生等条件的优秀学生，或者直接来自人才培养基地的中学生。

表 4 - 16　　　　　　　　"拔尖计划"生源及代表学校

生源	代表学校
本科在校生	北京大学、中山大学、四川大学
本科新生	南开大学、南京大学、吉林大学、上海交通大学、西安交通大学、北京师范大学、武汉大学、厦门大学、哈尔滨工业大学
优秀中学生	上海交通大学，复旦大学，南京大学、四川大学
人才培养基地学生	四川大学，西安交通大学

由于承担"拔尖计划"的试点大学多具有优秀的生源，因此各大学主要从其本科生中进行选拔。例如，北京大学于 2009～2013 年采取相对开放的培养模式，面向北京大学数量庞大的优秀本科生群体进行选拔；中山大学在 16 个本科专业中的二年级学生中进行选拔。另外，一些学校对刚入学的新生进行择优选拔参与项目，例如，南开大学从当年入学的新生中进行选拔。

此外，一些院校积极开展与中学合作，培养和选拔优秀中学生参与项目。上

[①] 张大良等：《基础学科拔尖学生培养试验计划阶段性总结报告（2009 - 2013 年）》，高等教育出版社 2015 年版，第 9～10 页。

海交通大学于 2009 年就在全国率先成立了"拔尖创新人才早期培养基地",通过与优秀中学合作办班、共建实验室、选派优秀教授到中学指导等途径更早地培养中学生的科学精神,进而从中发掘对科学有激情的学生进入致远学院。另外,优秀中学生还可以通过推荐进入计划。2012 年,复旦大学"望道计划"实行自主招生,完全打通招生和培养环节,除了为"博雅杯"保留少量名额外,复旦大学在全国(非江浙沪)自主选拔录取改革试点(俗称 5% 自主招生)的名额全部用于"道远计划"。同时取消笔试,统一采取中学推荐、大学面试的方法进行选拔。设立直推生和推优生两种形式,由中学校长向复旦大学推荐高中毕业生。[①] 南京大学启动中学与大学协同育人计划,鼓励优秀学生进入拔尖计划,保送和自主招生的名额(规划总人数的 1/3 左右)。这种让高中生提前体验大学生活,接触科学研究对于学生来说,能够培养他们对于科学研究的兴趣,对于学校和专家来说,则能够更好地了解和选拔人才,发现具有科研潜质的优秀生源。

还有一些试点院校直接从人才培养基地选拔和输入人才。例如,四川大学从国家理科基础科学研究和教学人才培养基地、专业所属学科大类、吴玉章学院进行遴选。西安交通大学分别从高考生和"少年班""钱学森试验班"及各专业优秀生选拔。

自从 2009 年基础学科拔尖学生培养试验计划开启以来,最初比较普遍的学生选拔方式是通过高考统招录取,在已经录取的本科新生或在校生中进行选拔。能够进入拔尖计划的学生一般都是在高中学习中出类拔萃的,因此这种方式在一定程度上可以保证生源质量。但是,随着高考制度的改革和国家对于高校自主招生权限的放宽,越来越多的大学可以在中学阶段尽早培养和筛选拔尖创新人才。这在一方面能够充分结合学校自身的特点,发挥学校的自主性来选拔人才;另一方面也实现了从单纯的"选"人才到"育选结合"方式的转变。

(二) 选拔对象

拔尖创新人才项目目的在于遴选有志于攀登世界科学高峰的优秀学生。具体来说,各大学力图选拔在数学或科学领域特别优秀、具有发展潜质、热爱科学、有兴趣从事学术研究的拔尖学生。自 2009 年起在 19 所试点大学所实施的"拔尖计划"涵盖了数学、物理学、化学、生物学和计算机科学 5 个学科。因此,绝大多数大学将人才选拔的学科领域聚焦在理科上,如数学、物理学、化学、生命科学、计算机科学等专业。除此之外,一些学校在此基础上能够做到有所拓展,如

---

① 复旦大学"基础学科拔尖创新学生培养试验"网站. 复旦大学"基础学科拔尖学生培养试验计划"实施报告, http://www.exc.fudan.edu.cn/doku.php.

北京师范大学在进行学生选拔时，其对象既包括数、理、化、生学科的拔尖学生，也包括文、史、哲学科的拔尖学生；武汉大学弘毅学堂的选拔对象既包括数学、物理学、化学、生物学、计算机科学领域理科类的学生，也包括国际数理经济与数理金融、国学领域文科类的学生。

此外，从大学的招生办法中可以体现出，大多数试点大学对于符合条件的学生的定位多数集中在高中获奖或高考成绩优秀的学生。以 2014 年清华大学、北京大学和吉林大学的招生对象为例：

2014 年清华大学自主选拔进入"新百年拔尖计划"的学生，其招生对象如下：[①]

①高中阶段获得全国中学生学科奥林匹克竞赛（包括数学、物理、化学、生物学、信息学）省赛区一等奖的高中毕业生。获得其中 2 项以上（含 2 项）省赛区一等奖的同学优先；

②高中阶段在全国青少年科技创新大赛（含全国青少年生物和环境科学实践活动）或"明天小小科学家"奖励活动中获得全国一、二等奖的高中毕业生；

③高中阶段在国际科学与工程大奖赛或国际环境科研项目奥林匹克竞赛中获奖的高中毕业生；

④除上述全国、国际竞赛获奖外，在其他方面（如学术研究、发明创造、文学创作等）有突出才华并取得一定成果的高中毕业生。

2014 年北京大学生命科学拔尖创新人才的招生对象如下：[②]

①2013 年进入全国中学生学科奥林匹克竞赛省代表队（含数学、物理、化学、生物），且对生物科学极其热爱的学生；

②高中阶段获得两项以上（含两项）全国中学生学科奥林匹克竞赛省级一等奖（含数学、物理、化学、生物），且对生物科学极其热爱的学生。

2014 年吉林大学选拔进入"拔尖计划"的对象如下：[③]

①学生自愿学习基础学科各专业方向，致力于基础科学研究；

②高考总分为 750 分的省份，高考总分应高于考生所在省份重点线 80（含80）分以上，理科综合 240 分以上，数学 120 分以上，英语 120 分以上，上述四项分数需同时满足；

③高考总分非 750 分的省份（如浙江省），理科综合满分非 300 分的省份

---

① 2014 年清华大学自主选拔"新百年拔尖计划"实施办法。http：//www. tsinghua. edu. cn/publish/bzw/7527/2013/20131121121544748700653/20131121121544748700653_. html.

② 2014 年北京大学生命科学拔尖创新人才自主选拔录取实施办法，http：//www. pinggu. org/index. php？m = content&c = index&a = show&id = 509771&page = xy.

③ 吉林大学关于"基础学科拔尖学生培养试验计划"2014 级学生选拔工作的通知，http：//jjxy. jlu. cn/？mod = info&act = view&id = 5857.

（如山东省），其设定申报条件中的总分及单科成绩按照相应的比例予以折算（如某省高考总分为900分，总分数应高于其本省重点线96分；如某省理科综合总分为240分，经折算分数应高于192分）；

④外语语种为英语，具有较为熟练的英语交流能力。

可见，以上大学对于报名学生设置了很高的门槛，符合条件的学生需要高考成绩突出或者在国家、省级竞赛中获得奖项，类似的学校还有浙江大学求是科学班等。这种做法虽然可以保证生源质量，但是也有可能遗漏一些无法满足这两个条件的"偏才""怪才"。还有一些院校并没有设置如此高的门槛，给更多的学生申请和参与选拔的机会。例如，2015年南开大学物理伯苓班的招生对象为"选拔喜欢物理、对物理有见解并且日后希望从事物理研究的学生进入该班"。但是这种过于宽泛的招生对象又为下一步的筛选增加了难度。

四川大学在上述两种问题上取得了一定的平衡，在实施自主招生时将招生对象分为"学科特长""双特生"和"国家试点学院"三类，通过自主招生录取的学生也是"拔尖计划"学生来源之一。具体来说，四川大学自主招生的对象如下：

（1）具备下列条件之一者可以报考"学科特长"计划

①高中阶段获得全国中学生（数学、物理、化学、生物学、信息学）奥林匹克竞赛全国决赛一、二、三等奖或省级赛区一等奖；

②高中阶段获得国际科学与工程大奖赛或国际环境科研项目奥林匹克竞赛奖项；

③在某一学科领域具有特殊兴趣、爱好和特殊专长、潜质并能提供真实、有效材料证明者。

（2）具备以下条件可以报考"双特生"。

在某一学科领域具有特殊兴趣、爱好和特殊专长、潜质并在某一学科领域已经取得一定成绩，有一定独到见解的"奇才""偏才"和"怪才"，并能提供真实、有效材料证明者。

（3）具备下列条件之一者可以报考"国家试点学院"。

①对生命科学具有执着的兴趣爱好和创新潜质，立志于生命科学基础研究，高中阶段生物成绩特别优秀且已初显生命科学研究潜质并能提供真实、有效材料证明的应届高中毕业生；

②高中阶段在全国中学生生物学竞赛全国决赛中获得一、二、三等奖或在全国中学生生物学联赛省赛区竞赛中获得一等奖的应届高中毕业生。

可见，四川大学这种根据学生情况分类招生的做法，既能够保证整体的生源质量，又能为一些"偏才""怪才"提供入学的机会，是目前选拔"拔尖计划"

学生的一种比较合理的做法。

（三）选拔途径

为了保证人才选拔的科学、合理性，一些试点大学制定了相应的选拔评价办法以探索拔尖学生选拔的途径和方法。总体来说，各大学在选拔方式上采取多途径遴选，通过高考录取、自主招生、二次选拔、在校生选拔、保送生等渠道选拔。以吉林大学为例，首先进入计划的前提条件是高考总分要高于本省重点分数线 70 分，数学和理综两个单科也有相应的最低分数线，满足条件的考生可以自由申报。然后由教务处牵头，由相关学院组成考核小组，通过资格审查的学生将参加学校组织的"拔尖学生培养"统一考试，择优录取。

此外，北京大学通过保送生、自主招生、中学校长实名推荐、学科夏令营等方式尽早发现潜质优秀、兴趣浓厚的学生，吸引其进入相关学科学习。南京大学采取了自主招生和校内二次招生两条途径进行学生选拔。北京师范大学实行入校后自愿申请、专家评审、多元化考查选拔学生和高考统招相结合的选拔方式。中国科学技术大学英才班的学生可通过学科竞赛保送、自主招生和从当年录取新生中择优等方式选拔。复旦大学生命科学学院实行了学生自主申请、学院通过研讨班形式进行初选、学生与导师面谈交流后双向选择和学院配对的方式进行选拔。每种方式所录取的学生比例在每所学校有所不同，有些学校入选计划试验班的学生以保送和自主招生占多数，有些学校则以高考成绩为主要参考，以此来界定学生是否能够参加入学后的进一步选拔。多种选拔途径相结合，能够增加拔尖创新试验班的流动性，尽最大可能吸纳优秀人才。

以上多种录取方式均是作为一种统一高考外的补充性选拔方式，其目的是通过灵活自主的招生方式，录取一些具有特长的学生，尽量减少统一高考的束缚，为高水平"偏才""怪才"提供进一步发展的平台和渠道。但可以看出，参与"拔尖计划"的大学在一定程度上都谨慎地采取了以高考分数作为衡量标准之一的做法，实际上还是在高考这个大体制下进行筛选，并没有完全脱离应试教育的窠臼。而且，约有 10 余所大学是在已经考取该校的学生中进行二次选拔，而不是面向全社会的有志青年，这在人才选拔的广度上也有所欠缺。

此外，不同大学对于入选学生的专业定位也有所不同。有的大学按照专业进行招生，学生一旦进入计划即确定专业方向，在整个拔尖创新人才培养计划中都有明确的目标指向；而有的大学则是按照基础学科大类进行招生，待基础课程学习完毕，学生再根据自身的兴趣和学习情况来选择具体的专业方向。例如，武汉大学的弘毅学堂按照数学班、物理班、化学班、生物班、计算机班、国际数理金融班、国学班等专业方向进行招生，学生一旦进入计划，就确定了自己的专业方向。上海交通大学致远学院的新生选拔则没有按照不同的方向进行单独招生，而是以整个学院的形式进行招生。"……实施两年部分专业的基础课教育，三年级的时候再选择专业"①。同样，学生进入浙江大学竺可桢学院后，不分专业，先在文、理、工三大类平台上进行通识课程和基础课程的前期培养，在第二学年，再根据自己的兴趣、特长确认主修专业。

相比较来看，按照基础学科大类进行招生，为学生提供了在大学中进一步了解和选择具体专业的机会，刚刚毕业的高中生对于大学所学专业还难以有充足而明确的认识，虽然直接确定专业能够让学生较快地进入专业领域进行学习和科研，但是如果一旦进入计划即确定专业方向并且不改变，则很有可能使一些本来条件很好的学生因为在某专业领域的兴趣和能力上不足，导致学习成绩不佳甚至最终被淘汰。

从学生选拔的角度来说，学生、学校和专业实际上是一个双向选择的过程，无论学生是通过何种途径和以何种身份进入学校和专业，在这个过程中都应该给予学生较大的自由度，共同探索一条最适合学生发展的道路，以便后期拔尖学生培养的顺利进行。

（四）选拔标准与方法

选拔标准涉及学生的知识结构（成绩排名）、能力结构和综合素质等方面②。具体来说，各大学主要侧重于学生的学术素养，包括思考能力、专业兴趣、专业基础、学科志向、学术潜力等。此外，还包括学生的创新素养，包括创新精神、创新潜力、批判性思维等。另外，各学校对于学生的表达能力、团队合作能力、领导能力、通识知识、体能等方面也进行考查。

例如，北京大学的选拔标准不局限于学生的学习成绩，而是着重考查学生的学习兴趣、学术志向、创新精神和发展潜质；南京大学的计算机学科主要考查学生在"计算思维"潜质、主动探索精神、团队合作方法和英文阅读能力 4 个方面的表现。浙江大学通过"三测三面六维度求是科学班学生选拔体系"，重点考查学生综合能力、学术兴趣和发展潜质，避免高水平"偏才""怪才"的流失及避免具有严重心理疾病学生的录取。北京师范大学综合考查学生的学科兴趣、学术潜力、团队合作能力、综合能力、发展潜质、创新精神以及智力品质等。选拔还为具有特殊才能的学生开辟了通道。武汉大学的弘毅学堂所考查的综合素质包括

---

① 孙鑫：《本科阶段创新人才培养研究——以"基础学科拔尖学生培养试验计划"为例》，江西师范大学 2012 年硕士论文。

② 曾德军、柯黎：《近十年拔尖创新人才培养问题研究综述》，载于《高等理科教育》2013 年第 4期，第 1~8 页。

专业素质、创新素质与情商素质3个方面。在面试中主要考查学生的好奇心和想象力、自我控制能力、忍耐力、获取新知识的能力、批判性思维能力、人际沟通能力，团结协作精神等。北京航空航天大学将心理测试，科学、经济、国情认识，团队合作，数理基础，外语水平，综合素质6方面均纳入到考查标准中。复旦大学生命科学学院通过研讨班的形式来考查学生参与研讨和提问的积极性、思维和分析能力、对科学问题的敏感性，以及表达和交流的能力等，进一步确认入选计划的学生。

为了能够全方位考查学生，各大学采用了组合式的评价方法，常见的模式有笔试与面试相结合——笔试是考查学生学识水平的重要工具，可以有效地测评学生的基本知识、专业知识、思维能力和文字表达能力等素质及能力的差异；面试的评委主要由学科专家组成，在组织者设定的场景和问题下，考官能与学生面对面交谈和观察，能够由表及里测评学生的知识、能力、兴趣、志向、经验等综合素质和综合能力。笔试与面试相结合的方式能够使招生单位全面、迅速地了解学生，从而挑选出符合条件的拔尖创新人才。例如，华中科技大学启明学院根据学生课程考试成绩（占总成绩的70%）和综合面试成绩（占总成绩的30%）计算总成绩，确定录取名单。

在具体的评价内容上，各大学根据其选拔目的和侧重点不同制定了各具特色的考查内容。如南开大学的考核内容以英语和专业知识为主，并且兼顾思想品德和心理测试。南京大学的笔试试卷是一段描述某个适合计算机求解的经典问题和英文材料，要求学生完成阅读、简译缩写、解出阅读材料中提出的问题；面试题目是若干个适合计算机求解的经典问题，候选者随机组成3~4人团队，围绕随机给定的某个问题开展讨论、求解。面试专家根据学生的解题思路、表达能力、合作能力、领导能力，最终筛选出入选名单。浙江大学建立了独具特色的"专业潜质＋综合能力＋心理测试"与"专业个面＋综合群面＋英语听说"相结合的"三测三面六维度求是科学班学生选拔体系"，全面、多维度地选拔创新人才。北京师范大学的考查方式是除了笔试（能力倾向测试）和专家面试，还要参考学生的高考成绩。笔试测验主要考查学生的一般能力和学习潜力。除了一般能力倾向测验（包括文字理解、逻辑推理、图形推理和资料分析）外，还加入了WG推理测验、实践智力测试两部分作为辅助的录取参照指标。

另外一些院校也将夏令营拓展训练表现、实验、口头报告等多种方式结合起来进行人才选拔。例如，北京航空航天大学为了更好地发现具备良好发展潜力的学生，以夏令营作为复试的方式。"拔尖计划"学生的暑期选拔主要依托卓越之旅夏令营。夏令营为期1周，将学生分成不同小组，开展团队拓展训练、讲座报告、定向越野等活动。此外，北京航空航天大学经过多年实践，形成了包括心理测试，科学、经济和国情认识，团队合作，数理知识基础，外语水平，综合素质等6方面的复试内容及一系列相关考查方式。武汉大学的弘毅学堂经过三年的建设与实践，形成了一套独特的人才选拔方式，其考核内容包括"专业知识＋自然科学＋人文社会科学"的综合知识测试，考核方式为"笔试＋试验＋面试"，并结合"中文＋英文"的双语专业测试。

浙江大学求是科学班在过去的选拔方式的基础上增加了体能测试，其2015级求是科学班新生选拔的方式为"综合测试＋体能测试＋专家面试"。其中，综合测试主要考核文史哲经管法天地生及数理化等方面知识。体能测试根据教育部最新公布的7个项目执行，包括身高、体重、肺活量、立定跳远、坐位体前屈、引体向上（男）/仰卧起坐（女）、50米跑和800米跑（女）/1 000米跑（男）。专家面试主要考核学生思想志向、潜在特质、压力应对能力、领导沟通能力、反应能力、独立精神和主动担当等。① 我们将部分大学选拔拔尖人才的途径、标准和方法总结在表4-17中。

表4-17   部分大学的选拔途径、选拔标准与方法

代表学校	选拔途径	选拔标准与方法
北京大学	高考录取、保送生、自主招生、中学校长实名推荐、学科夏令营	简历筛选、专家委员会面试、实验班课程等
吉林大学	高考录取、在校生选拔、自主招生	笔试（数学、生物、物理、化学、英语）；面试（综合素质和应用能力）
南京大学	自主招生、校内二次招生	计算机求解经典问题、英语
北京师范大学	高考录取、在校生选拔	能力倾向测试、高考成绩、WG推理测验、实践智力测试
中国科学技术大学	高考录取、自主招生、保送生	笔试、专家面试
南开大学	在校生选拔	英语、专业知识、思想品质、心理测试
浙江大学	高考录取	"专业潜质＋综合能力＋心理测试"与"专业个面＋综合群面＋英语听说"

---

① 浙江大学2015级求是科学班新生选拔通知，http：//ckc. zju. edu. cn/chinese/redir. php？catalog_id = 50009&object_id =47090.

续表

代表学校	选拔途径	选拔标准与方法
北京航空航天大学	高考录取、二次选拔、夏令营	心理测试，科学、经济和国情认识，团队合作，数理知识基础，外语水平，综合素质
武汉大学	高考录取	"专业知识＋自然科学＋人文社会科学"，"中文＋英文"的双语专业测试

从总体上来说，拔尖学生的选拔体现了依靠专家判断、多种评估手段相结合和全方位考查等特点。相比于高考笔试录取这种单一的选拔方法，各大学采取了灵活多样的评估方式，不仅重视学生的专业知识、专业素养及认知能力，越来越多的学校也通过心理测试、面试、夏令营、研讨会等方式来了解学生的非认知能力，这体现出了大学日益重视学生的认知和非认知能力的协调发展。只具有专业能力的学生是很难为这个社会做出贡献的，只有真正热爱自己的专业、懂得与他人合作且心理健康的学生，才能在本学科中有更加长远、健康的发展，才能为本学科领域及社会做出更多的贡献。

但是，选拔标准的全面性也容易导致"以全盖偏"的问题，即只有极少数的学生能够满足一些大学所制定的所有标准，甚至一些"偏才""怪才"只能满足其中的一、两项标准，在其他方面上的表现很有可能不如普通学生，这样的特殊人才实际上是很难进入到"拔尖计划"中的。例如，钱钟书在报考清华大学外文系时，数学只考了15分，而他的英文却是满分，国文水平也高到了让同学们拜服的地步。这样的人才，想要满足如今选拔体系中几乎"十项全能"的标准是不可能的。此外，学业的成绩可作为参考，但不应该作为必要条件，这样才不会将对科学研究有浓厚兴趣并具有较好培养潜能或个性鲜明的学生拒之门外。例如，著名力学专家钱伟长高考物理只考了5分，数学、化学共考了20分，英文因没学过是0分。这在今天的中国连大学都进不了，更别说进入拔尖创新人才培养计划中了。因此，在大学日益强调多元、全面的考查时，如何权衡各方面的重要性和构成比例，是各参"拔尖计划"的大学需要继续探索的。

（五）鉴别与管理机制

经过多年探索，试点大学建立了"选""鉴"结合的学生选拔方式，一方面，运用多种考核手段来选拔学生；另一方面，通过日常观察来鉴别学生。而在拔尖创新人才的管理上各大学无不采用动态进出机制，不断吸收有潜质的学生、淘汰不适合的学生，在已经选拔的基础上进行多次选拔，充分尊重学生的意愿，建立科学和人性化的管理机制，从而保证拔尖学生培养质量（见图 4 - 10）。

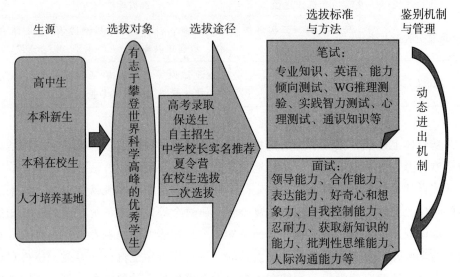

图 4 - 10 "拔尖计划"学生选拔流程

具体来说，动态进出机制是在进入计划的学生没有达到培养目标或者学术兴趣发生转移的情况下，可以由学生申请或者学科专家审查后离开该计划，转入普通班级；而其他未进入计划的学生如果成绩突出、表现出色，也可以申请进入计划学习，在申请后根据各大学制定的考核评价办法，判断学生是否能够进入计划。

为了能够顺利地实施动态进出机制，保证拔尖学生质量，各大学采取了多种做法。例如南开大学通过采取课程免修、学分置换的做法来保证学生能够顺利地转入和转出伯苓学院。吉林大学采取了择优选拔、阶段分流和末位淘汰的做法，每学年结束时，将不适合"拔尖计划"培养的学生分流到其他专业继续学习。浙江大学采用了"黄红牌"警告分流机制。对于专业思想不稳定或不适合求是科学班学习的学生，进行适时地重新定位，在专业选择上尽可能尊重学生意愿。

动态进出的管理标准总体上以学生的学习状况（核心课程成绩、日常表现）和科学研究状况为基础，以学生的科研潜质和创新能力为重要指标，综合考虑学生志向、兴趣、个人发展目标和综合表现等情况。

动态进出机制能够根据学生的个人意愿和学习情况进行调整。带有激励性质又符合人才培养实际需要的动态进出机制能够实现优中选优，既能让已经入选计划的学生继续保持领先，避免出现入选计划的学生不够拔尖的情况，又能让其他没有进入培养计划的学生有机会参与进来，促使优秀拔尖学会能够脱颖而出，从而保证拔尖学生培养计划中学生群体的活力与质量。

（六）学生规模

一些院校设定了基本稳定的学生规模。如南开大学的数学、物理、化学、生物 4 个伯苓班每年约 20 人，年总规模 80 人左右。中国科学技术大学每个英才班初次选拔时每班 30 人左右。四川大学从数学、物理、化学及生命科学 4 个学院遴选出首批 2009 级 58 名学生、2010 级共 50 名学生进入计划。复旦大学"试点班"人数初选在 40~60 人左右。上海交通大学致远学院每个班学生人数一般不超过 35 人。浙江大学求是班每个班的招生人数不超过 20 人。

一些院校总结了几年来的学生总规模数。如清华大学截至 2013 年 6 月，当年入学计划的学生约 430 余名；吉林大学在 2010~2013 年间，学校通过高考招收拔尖计划学生 114 人，自主招生选拔学生 5 人，校内综合考核选拔学生 101 人，共选拔学生 220 人，各学年通过综合考核评定分流学生 23 人，2010~2013 年总规模数约 200 人；南京大学开展拔尖计划的匡亚明学院、数学系、物理学院、天文和空间科学学院、化学化工学院、生命科学学院、计算机科学与技术系共招收 2009 级拔尖学生 61 人，2010 级为 245 人、2011 级为 234 人、2012 级为 237 人。厦门大学截至 2013 年 6 月，已有 264 名拔尖学生进入拔尖计划。

从 2009 年起，参与"拔尖计划"的大学在学生选拔的各个环节中都探索出了一套有效的体制，所有大学都制定了相应的选拔办法，一些大学还积极举办研讨会来探讨全面科学的人才选拔方式。例如，2012 年 10 月，北京航空航天大学举办了基础学科拔尖创新人才培养试验计划学生选拔机制研讨会，参会大学就拔尖学生选拔的方式、标准、途径、管理机制、取得的成就、存在的问题等方面进行了深入的思考和探索，这种相互交流、互相学习的方式对于今后拔尖计划的推进和改革具有重要的意义。

总之，人才选拔是人才培养的基础和关键一步，选育好"苗子"不仅能够为"拔尖计划"添彩，还能够让一些在传统体制下无法发展和被识别的学生提供了进一步提高的平台，各大学都需继续在"严标准、高要求"和"灵活性、包容性"上寻找合适的平衡点，为下一步的人才培养打好基础，为更多的拔尖学生提供发展机会。

二、基础学科拔尖学生培养课程体系建设

课程体系建设是"拔尖计划"中的一项核心任务，它以实现培养目标为导向，以教育思想、教育理论为依托，逐步确立各学科开设的课程门类和内容、课程的层次结构、运行方式和实施程序等。在本节中，首先将概述"拔尖计划"课

程体系建设的现状，然后总结值得推广的经验，最后指出课程体系建设中存在的问题并提出改进的建议。

（一）"拔尖计划"课程体系建设的现状

1. 培养目标的确定

"拔尖计划"在启动之初就已明确提出了目标任务，即在我国高水平研究型大学的数学、物理学、化学、生命科学、计算机科学等优势基础学科，建设一批国家青年英才培养基地，大力推进拔尖创新人才培养模式和机制的全方位创新，吸引最优秀的学生投身基础科学研究，形成拔尖创新人才培养的良好氛围，努力使学生成长为基础学科领域的领军人物，并逐步跻身国际一流科学家队伍[①]。其中，该计划的培养目标是"努力使学生成长为基础学科领域的领军人物，并逐步跻身国际一流科学家队伍"。该培养目标的提出为参与"拔尖计划"的 19 所大学开展体制机制创新以及教学模式、教学内容和方法的改革指明了方向。

部分高校还在深刻领会"拔尖计划"精神的基础上，结合本校优势和特色提出了具体的培养目标。例如，上海交通大学提出要培养具有批评性思维能力、知识整合能力、沟通协作能力、具有多元文化理解和全球化视野的创新型科技领袖人才。中国科技大学提出要针对有潜力的优秀人才进行重点培养，造就国家科学与工程领域的拔尖创新人才。山东大学提出要培养具有宽口径的学科基础，扎实的专业知识，开阔的学科和国际视野，浓厚的学科兴趣，良好的跨文化沟通交流与合作的能力，有自主学习、自我管理、自我完善能力，有强烈的批判与质疑精神，良好的科研素养和实践能力的拔尖创新人才。北京航空航天大学提出要培养面向基础科学的工程技术领军人才。

另外，一部分高校对该培养目标进行了扩展。例如，北京大学提出以"拔尖计划"的开展为契机，全面带动北京大学教学改革的深化与人才培养质量的提高，让更多的学生受益。清华大学提出用"拔尖计划"带动整体人才培养质量提高。厦门大学强调要将教学改革的局部突破与整体推进相结合。北京师范大学也提出通过"拔尖计划"实施的示范和辐射作用，带动全校人才培养质量的全面提升。

2. 教育思想和理念的凝练

在探索拔尖创新人才成长规律构建人才培养最优模式的过程中，19 所大学主要从三条渠道寻找理论依据。

---

① 张大良等：《基础学科拔尖学生培养试验计划进展报告（2012 年）》，高等教育出版社 2013 年版，第 7 页。

　　首先是老一辈杰出科学家的有关论述。教育部高教司张大良司长曾把钱学森教育思想概括为四点，即一是要用现代科学技术体系来教育培养学生，二是要把系统科学的最新成果教给学生，三是拔尖创新人才培养要专博相济，注重专深博广的统一，四是拔尖创新人才培养要文理并重，注重科学与艺术的结合，并且还在纪念钱学森诞辰 100 周年暨拔尖创新人才培养座谈会上进行了宣讲。钱学森教育思想已成为"拔尖计划"各参与学校制定和实施行动计划的指南。

　　其次，开展与拔尖人才培养相关的研究。厦门大学凭借本校国家级重点学科"高等教育学"学科的力量，通过积极探究，在"拔尖计划"的有效实施方面形成四点共识：一是处理好重点改革与长远发展的关系，二是处理好特殊学生培养与一般学生培养的关系，三是将计划"拔尖"与自由"冒尖"相结合，四是将教学改革局部突破与整体推进相结合。浙江大学通过对杰出校友的访谈，概括得出基础学科拔尖创新人才培养的基本规律，主要包括本科阶段这类学生的学习成绩不一定是最靠前的，但仍处在第一梯队；严格要求学生，加强基本功训练，培养学生刻苦、专注的精神；重视多学科交叉培养；为拔尖学生提供最大的自由度和包容，鼓励、至少不过分限制他们与众不同；选择正确的研究方向和正确的合作者；重视对人才培养的国际化；等等。

　　最后，在实践中不断总结和反思。各个学校根据自身优势和实践探索，凝练出各具特色的教育思想和理念。大致有以下几类：一是"领跑者"理念，例如，清华大学希望拔尖学生既要在"领"中表现出厚德载物的使命和责任，又要在"跑"中体现出自强不息的精神追求。二是精英教育理念，例如，浙江大学提出教学要"高端化、国际化、专业化"，按照"精、深、通"原则设计课程内容；中山大学强调"小班教学、名师主讲、互动授课"，着重形成以博学、实践和国际化为主要元素的人才培养体系。三是"以人为本"的育人理念，例如，南开大学要求教师从"学科为本"转变为"学生为本"，真正实现"一切以学生成长作为出发点和落脚点"；在教育内容上，从侧重"传授知识"转变为重在"提升素质"；在培养模式上，从"以教为主"转变为"以学为主、教学相长"，努力形成学生自觉学习的生动局面。上海交通大学提出以"知识探究"为基础，以"能力建设"为核心，以"人格养成"为根本的"三位一体"的育人理念。四是"宽口径，厚基础"的理念，例如，复旦大学提出"宽口径，厚基础，重能力，求创新"的人才培养理念；北京师范大学提出文理互渗、注重人文和科学精神的塑造，"开放式、宽口径、厚基础、个性化"的理念。五是"全面发展"的教育理念，例如，哈尔滨工业大学把拔尖学生作为一个"全人"进行思想、情感、能力和修养方面的培养；北京航空航天大学提出拔尖创新人才应该是具有坚实知识基础、自主学习能力和跨文化交流能力、善于思考、敢于质疑、勇于实践、视野

347

开阔、个性得到良好发展、社会责任感强的人才。

3. 参与"拔尖计划"的学科与课程体系构建

19 所大学参加"拔尖计划"的基础学科数量在 1~6 个之间不等，最少的是哈尔滨工业大学，只有 1 个学科参与了该计划；最多的是北京大学和南京大学，分别有 6 个学科参与了该计划。各大学参与"拔尖计划"的具体学科名称见表 4-18。

表 4-18　　　　　　　各大学参与"拔尖计划"的学科名称

大学名称	参与学科
北京大学	数学、物理学、化学、生命科学、计算机科学、环境科学
清华大学	数学、物理学、化学、生命科学、计算机科学、力学
南开大学	数学、物理学、化学、生命科学
吉林大学	数学、物理学、化学、生命科学
复旦大学	数学、物理学、化学、生命科学
上海交通大学	数学、物理学、生命科学、计算机科学
南京大学	数学、物理学、化学、生命科学、计算机科学、天文与空间科学
浙江大学	数学、物理学、化学、生命科学、计算机科学
中国科学技术大学	数学、物理学、化学、生命科学、计算机科学
四川大学	数学、物理学、化学、生命科学
西安交通大学	数学、物理学
北京师范大学	数学、物理学、化学、生命科学
山东大学	数学、物理学、化学、生命科学、计算机科学
中山大学	数学、物理学、化学、生命科学
武汉大学	数学、物理学、化学、生命科学、计算机科学
厦门大学	数学、化学、生命科学
兰州大学	数学、物理学、化学、生命科学
北京航空航天大学	数学、计算机科学
哈尔滨工业大学	计算机科学

在"拔尖计划"实施过程中各大学对原有的课程体系进行了有力度的改革，许多大学都采取了一些大致相同的措施，但在某些方面也存在差异。例如，19 所大学都为"拔尖计划"开设了专业核心课程和专业选修课程，84.2% 的大学开设了通识/素质教育课程，73.7% 的大学开设了学院平台课程，而只有 47.4% 的大学开设了学校公共平台课程（见表 4-19）。

表4-19   各大学课程体系建设情况

大学名称	学校公共平台课程	学院平台课程	专业核心课程	专业选修课程	通识/素质教育课程
北京大学	√	√	√	√	√
清华大学			√	√	√
南开大学	√	√	√	√	√
吉林大学	√	√	√	√	√
复旦大学		√	√	√	√
上海交通大学			√	√	√
南京大学	√	√	√	√	√
浙江大学	√	√	√	√	√
中国科学技术大学			√	√	
四川大学		√	√	√	
西安交通大学			√	√	√
北京师范大学	√	√	√	√	√
山东大学			√	√	
中山大学	√	√	√	√	√
武汉大学	√	√	√	√	√
厦门大学	√	√	√	√	
兰州大学		√	√	√	√
北京航空航天大学			√	√	√
哈尔滨工业大学			√	√	√
合计（%）	47.4	73.7	100	100	84.2

在具体的改革措施方面，63.2%的大学对拔尖创新人才实施分阶段培养，57.9%的大学允许拔尖学生跨学科选修课程，68.4%的大学建立了课程置换或免修制度，84.2%的大学对拔尖学生实施全英语或双语授课，100%的学校举办了暑期学校，78.9%的大学建立了本科生和硕士生培养贯通制度。部分大学通过减少总学分要求，给拔尖学生提供更多自主学习和自主探索的时间。不过，只有26.3%的大学减少了总学分（见表4-20）。

表 4 – 20 　　　　　　　各大学课程体系改革的具体措施

大学名称	分阶段	跨学科选修	课程置换/免修	英语授课	暑期学校	本硕贯通	减少总学分
北京大学		√	√	√	√		
清华大学	√	√		√	√	√	
南开大学	√		√		√	√	
吉林大学	√	√		√	√	√	
复旦大学	√				√	√	
上海交通大学	√		√	√	√		√
南京大学	√	√	√	√	√	√	
浙江大学		√	√	√	√		
中国科学技术大学	√				√		
四川大学				√	√		√
西安交通大学	√	√	√	√	√		
北京师范大学	√	√		√	√	√	
山东大学				√	√	√	
中山大学	√		√	√	√	√	
武汉大学	√		√	√	√		√
厦门大学	√	√	√	√	√		
兰州大学			√	√	√		
北京航空航天大学			√	√	√		
哈尔滨工业大学					√	√	
合计（%）	63.2	57.9	68.4	84.2	100	78.9	26.3

4. 课程的形式与内容

在"拔尖计划"课程体系建设过程中，19 所大学都为拔尖学生设置了学科前沿课程、实验/实践课程、专题研讨课程和学科交叉课程。

在每一门课程的建设中，各大学通过更新课程内容和教学方式方法等来培养拔尖学生的能力和个性。所有的大学都开设了研究性课程，并且让学生参与导师的科研项目，以此来培养科研能力。94.7% 的大学重视培养拔尖学生的学习主动性，通过专题研讨课以及启发式、探究式和开放式教学，提高拔尖学生的自主学习能力。94.7% 的大学注重培养拔尖学生的学习兴趣，通过学科前沿课、实验课、实践教学等来激发拔尖学生学习和研究的热情。另外，84.2% 的大学强调要培养拔尖学生的创新能力，84.2%的大学注重培养拔尖学生的沟通能力，78.9%的大学强调要让学生学会独立思考，57.9%的大学提出要培养拔尖学生的创新意识，57.9%的大学注重培养拔尖学生的问题解决的能力，36.8%的大学注重培养拔尖学生的社会责任感（见表4-21）。

表4-21　　　　　　各大学对学生能力和个性培养的重点

大学名称	学习兴趣	独立思考	创新意识	创新能力	问题解决	科研能力	自主学习	责任感	沟通能力
北京大学	√	√		√	√	√	√		√
清华大学	√			√		√	√	√	√
南开大学	√			√		√			
吉林大学	√	√		√	√	√			
复旦大学	√	√	√	√	√	√			√
上海交通大学	√	√		√		√	√		√
南京大学	√	√				√	√		√
浙江大学	√			√		√	√		√
中国科学技术大学	√			√		√	√		√
四川大学	√	√	√	√	√	√	√		√
西安交通大学	√	√	√	√	√	√	√		√
北京师范大学	√			√		√	√	√	√
山东大学	√			√		√	√	√	√
中山大学	√	√				√	√	√	√
武汉大学	√	√		√	√	√			
厦门大学	√	√		√	√	√			√
兰州大学	√	√				√	√		√
北京航空航天大学	√	√	√	√		√	.	√	√
哈尔滨工业大学	√	√				√	√		√
合计（%）	94.7	78.9	57.9	84.2	57.9	100	94.7	36.8	84.2

（二）值得推广的经验

1. 做好顶层设计，实施宏观管理

为了更好地实施"拔尖计划"，在项目启动之初，教育部领导就对各参与学校阐述了拔尖创新人才培养的重要性和紧迫性，明确提出了该计划的目标任务，

351

即在数学、物理学、化学、生物学、计算机科学等基础学科领域建设一批国家青年英才培养基地，大力开展人才选拔和培养模式创新，形成良好的育人氛围，加快优秀本科生成长速度，使拔尖创新人才尽早成为各学科领域的领军人物。

教育部领导从多个方面对参与学校的工作进行了部署，提出了若干原则和要求，例如，要求以多阶段、多样化的选择方式甄选拔尖学生；采取"导师制、小班化、个性化、国际化"的培养模式；遵循"少而精、高层次、开放式、国际化"的教学原则；等等。鼓励各参与学校积极探索，大胆实践，认真总结经验。

教育部还组织专家到参与该计划的大学督导工作，定期举办经验交流会和专题研讨会，每所大学汇报自己在拔尖创新人才选拔、培养模式创新、教育教学改革和人才培养国际化等方面所采取的措施，分享在"拔尖计划"实施过程中已取得的经验以及对所遇到的各种问题的思考。由于有教育部的顶层设计、严格管理和有力推动，该项目进展顺利。

在学校层面，各参与学校几乎都由"一把手"挂帅，在学校统筹协调下充分分析研究"拔尖计划"的目标任务和学校的学术传统及优势，并通过各院系自主探索，形成行动计划。各参与学校都汇聚了本校一流的专家教授，研究制定培养方案和课程体系。许多大学还聘请两院院士、长江学者、千人计划学者、国家杰出青年学者、国内外相关学科的知名教授等一流的教师给拔尖学生授课，确保了新课程体系的实施和教学质量。

2. 拓宽知识面，增厚学业基础

参与"拔尖计划"的大学中大多数都提出了"宽口径，厚基础"的教育理念，在实践中构建了学校公共平台和学院平台课程，为拔尖学生拓宽知识面创造了有利的条件。例如，北京大学充分发挥综合性大学的学科特点与优势，为学生开设了 303 门全校性的高水平素质教育通选课程，为理科生开设了 109 门全校理科大类平台课程[①]。

大多数参与"拔尖计划"的院系都开设了大量的专业选修课，允许学生跨学科选修课程，为拔尖学生打下厚实的学业基础提供了可能性。例如，西安交通大学数学学院为计算数学、信息科学、生物数学和数学金融等四个方向的学生开设了近 30 门专业选修课，鼓励学生跨学科专业、跨年级选课以及选修研究生阶段的课程。

著名心理学家斯滕伯格等在论述"创造力的发挥需要何种资源"时指出[②]，

[①] 张大良等：《基础学科拔尖学生培养试验计划阶段性总结报告（2009－2013 年）》，高等教育出版社 2015 年版，第 25～26 页。

[②] Sternberg, R. J. Wisdom, Intelligence, and Creativity synthesized. Cambridge University Press, 2003, pp. 106－109.

创造力包括既相互区别而又相互联系的六个方面：智力技能、知识、思维风格、人格、动机和环境。心理学界一般也认为，知识是创新的必要条件，虽然有丰富的知识不一定能创新，但是如果没有必要的知识，肯定不可能创新。由此可见，参与"拔尖计划"的大学重视拓宽拔尖学生的知识面，增厚学业基础是符合心理学规律的。

3. 实施精英教育，追求专业高度

对拔尖学生实施精英教育是许多大学响应"拔尖计划"要求而采取的行动。具体的措施包括：①邀请权威专家做充分调研，借鉴国际名校的成功经验，设计一流的课程体系。例如，中山大学参照国际排名前100的知名高校同类专业课程设置的经验，高起点地设立了专业核心课与专业特色课。②进行小班化研讨式教学。例如，复旦大学为参与"拔尖计划"的学生每个年级每学期开设十余门不同方向的无学分讨论班，每位学生根据自己的兴趣选择参加 1~2 个讨论班。讨论班上由教师提出主题，学生自己独立查阅文献资料，并讲解自己的理解，回答提问。③开设前沿创新性课程，让拔尖学生了解学科最新的研究动态和最新的方法技术。④采取全英文或双语授课，提高拔尖学生英语理解和表达能力，为他们阅读外国文献资料，与外国专家直接交流扫清障碍。⑤聘请外国知名教授或国内一流教授授课，以拔尖人才培养未来的拔尖人才。例如，中国科学技术大学在每年的夏季学期里都有计划地邀请国际著名科学家来校举办短期课程和前沿讲座，安排学生与他们近距离接触，让学生直接感受科学的魅力。⑥重视科研训练，让拔尖学生尽早进入实验室参与科研实践，培养他们独立思考和解决问题的能力。例如，南京大学以国家实验室、国家重点实验室及教育部重点实验室为平台，鼓励学生参与科研项目，培养学生的研究及创新能力。⑦加大国际化培养的力度，开阔学生的学术视野，增强自信心。例如，浙江大学与美国哈佛大学、斯坦福大学、莱斯大学、哥伦比亚大学、加州大学理工学院等多所国际一流大学开展了专项国际交流与合作，高年级拔尖学生出国交流的比例已接近100%。

心理学家阿玛拜尔（1983）在深入探讨创造力的结构之后指出，创造力主要包含三种成分：相关领域技能、创造力相关技能和任务动机[1]。相关领域技能指的是专业知识和专业技能，它是创造性活动的基础。19 所大学都非常重视向拔尖学生传授高深的专业知识和专业技能，这对于实现"拔尖计划"的培养目标是十分有益的。

4. 增加灵活性，重视个性化培养

参与"拔尖计划"的大学基本上都采取了灵活和开放的课程设置、选课方

---

[1] Glover, J. A., Ronning, R. R., & Reynolds, C. R. Handbook of creativity. NY: Plenum Press, 2010, pp. 26 - 28.

式、教学形式和学习方式。在课程设置方面，所有的大学都开设了大量的选修课，采取学分制，拔尖学生只要修够一定的学分即可毕业。在选课方面，给予拔尖学生很大的选择权，他们可以跨院系、跨专业、跨年级选修课程，用所获得的学分替换本专业的课程。在教学方面，采取大班授课、小班专题讨论、大班授课＋小班专题讨论、讲座、实验、实践、海外游学等多种形式。在学习方面，鼓励拔尖学生自主学习，通过自主选择专业方向，安排学习内容、方式方法和学习进程，独立查阅文献资料，参与课堂讨论，完成读书报告和专题研究报告等，培养独立思考和从事科学研究的能力。

自20世纪80年代以来，美国和日本的教育界基于个性自由发展是创新人才的重要特征，是创新人才成长的基础的教育理念，积极倡导个性化的培养方式。2015年9月20日哈佛大学最年轻的华人教授尹希在接受澎湃新闻采访时也说道，他曾就读的中国科学技术大学少年班给他们那群孩子很大的选择权，弥补了中国教育的短板。参与"拔尖计划"的19所大学改革传统整齐划一、僵化的人才培养模式，增加课程与教学的灵活性、多样性，重视拔尖学生的个性化培养，提高了学生所学专业与其潜能及人格特性的匹配度，激发了学习的兴趣和积极探究的主动性，有利于他们成长成材。

5. 加强交叉融合，提高综合能力

近几十年来，科学发展的综合化趋势十分明显，科学将在不断分化的同时加强各学科之间的交叉、渗透和融合，即使在自然科学、人文科学、社会科学三大科学领域间也将出现相互整合的趋势①。顺应这种发展趋势，在课程体系建设中所有参与"拔尖计划"的大学都加大了学科交叉融合的力度，主要体现在以下三个方面：①自然科学与人文科学和社会科学的大融合。例如，北京师范大学在建立理科拔尖人才实验班的同时，建立了励耘人文学科实验班，开设了励耘学院平台课程如文化原典研读、科学史、艺术史、政治学、经济学原理、法学基础等，鼓励理科实验班学生修读该平台的课程。②自然科学之间的融合。例如，上海交通大学允许拔尖学生选择数学（或者物理）作为第一专业方向，同时鼓励他们选择计算机科学、生命科学、物理（或者数学）作为第二专业方向。又如，中山大学在二年级以上课程中建立"数学＋物理""化学＋物理""生物＋化学""数学＋生物"等交叉学科课程群，要求学生跨学科学习课程。③学科内部的交叉融合。例如，南京大学生物科学学院在对原有课程进行系统性整合的基础上构建了四个层次的课程体系：第一层次是公共基础课与生命科学相关的关联与整合；第二层次是生命科学基础课之间的整合；第三层次是生命科学专业课之间的整合；

---

① 钟秉林主编：《中国大学改革与创新人才教育》，北京师范大学出版集团2008年版，第55页。

第四层次完成生命科学知识结构体系"微观到宏观、个体到群体、结构与功能、交叉与整合"的过渡。

心理学家梅德尼克（Mednick，1962）在论述创造过程时指出，创造是"个体将已有知识经验通过联想重新联接、组合的过程"[①]。在创造和创新过程中既要有宽广的知识经验储备，又要善于联想和发散性思维，只有把各种知识和经验进行有意义的组合，才能产生新的概念、新的理论、新的设计思想等等。参与"拔尖计划"的大学以不同的方式打通各学科之间的壁垒，对拔尖学生实施跨学科教育，不仅能培养解决复杂问题的复合型人才，而且有助于造就一批拔尖创新人才。

6. 重视素质教育，培养优秀人格

参与"拔尖计划"的大多数大学都认识到，只有科学精神与人文精神并举，塑造健全的人格，才有希望培养出杰出人才，出名家，出大家。因此，各大学积极探索素质教育的有效途径。目前，在这个方面已取得的经验主要有以下几条：①丰富通识教育课程的内容。例如，中山大学为本科生开设了近200门通识教育核心课程，引导学生修读中国文明、全球视野、科技/经济/社会、人文基础与经典阅读等模块课程，促进学生陶冶情操。②加大思想品德教育课程改革的力度。例如，吉林大学采取了四种改革措施，一是实施思想政治理论教育班主任制度，指导本班学生拟订学期"社会实践计划"，并有针对性地帮助学生解决思想和生活上的困惑；二是开展主题讨论活动，提高学生的人文素养和道德信仰；三是参观伪满皇宫博物院、东北沦陷史纪念馆、一汽轿车股份有限公司等，培养爱国主义情怀；四是深入厂矿、企业、社区开展社会调查，了解社情国情，增强社会责任感和使命感。③建立"辅导员、新生之友、班主任、专业导师"四位一体的培养模式。例如，浙江大学让辅导员负责统筹协调拔尖学生的思想政治教育和素质教育工作，新生之友负责对新生进行生涯规划、学习、生活方面的指导和帮助，班主任主要针对拔尖学生的特点开展素质教育活动（如理想信念教育、心理健康教育、荣誉意识教育等），专业导师则负责科研能力、论文写作等方面的训练。④创建书院制。例如，2012年秋季北京航空航天大学开始推行书院制改革试验，以高等工程学院为基础建立了"汇融书院"，通过心理辅导、就业辅导、组织社团活动等隐性课程的开设以及学习氛围的营造，探索将教书与育人相结合，提升拔尖学生人文素养和道德品质的有效途径。

创造和创新与创造者的个性有着密切的关联，在这一点上心理学界已基本达

---

① 李靖君：《大学生创造力与自我决定动机、创新环境支持的关系研究》，北京师范大学2014年硕士毕业论文，第14页。

成共识。早在 20 世纪 60 年代吉尔福德（Guilford）就曾指出，创造性人才在人格（或个性）上有如下 8 个方面的特点：有高度的自觉性和独立性，不肯雷同；有旺盛的求知欲；有强烈的好奇心，对事物的运动机理有深究的动机；知识面广，善于观察；工作中讲求理性、准确性与严格性；有丰富的想象力、敏锐的直觉，喜好抽象思维，对智力活动与游戏有广泛兴趣；富有幽默感，表现出卓越的文艺天赋；意志品质出众，能排除外界干扰，长时间地专注于某个感兴趣的问题之中①。斯腾伯格也曾列出高创造性个体可能具有的 7 种人格特征：能容忍模棱状态，具有克服障碍的意志，具有自我超越的愿望，受内在动机驱动，具有适度的冒险精神，希望得到认可，具有为获得认可而工作的愿望②。虽然这两位心理学家所描述的人格特征不尽相同，但是他们都确信人格在创造过程中发挥着重要的作用。参与"拔尖计划"的大学在新课程体系建设以及教学改革和实践中都十分重视对学生良好品德和人格的培养，这非常符合拔尖创新人才的成长规律。

（三）目前存在的问题与建议

2015 年 7 月 23 日，中共中央政治局委员、国务院副总理刘延东出席教育部直属高校工作咨询委员会第 25 次全体会议并发表了重要讲话，她强调，"创新能力是一个国家和民族核心竞争力的重要标志""高校要主动作为、落实责任，切实承担起引领和服务创新战略的历史使命"。刘延东副总理的讲话既包含重托，又是对我国高等院校的鞭策。回顾"拔尖计划"实施 9 年来的历程，我们看到已收获了丰硕的成果和宝贵的经验。为了更好地贯彻党中央、国务院的战略部署，提高拔尖创新人才培养的质量，我们还需认真反思，发现目前工作中存在的问题和不足。只有不断地反思和改进工作，才能实现提升我们国家和民族核心竞争力的宏伟目标。

通过分析参与"拔尖计划"的 19 所大学的阶段性总结报告，我们认为目前我国在拔尖创新人才培养课程体系建设方面仍存在几个尚需改进的地方：

第一，相关的理论和实证研究需加强。虽然各大学在构建课程体系时皆依据一定的教育理论或理念，但是这些理论或理念大多数是前人经验的总结，还不够丰富、成体系。另外在课程设计上，应该设置哪些通识课程、哪些专业课程，哪些是必修课程，哪些是选修课程，什么课程应该以讲授为主，什么课程以讨论为主，什么课程应采取讲座的形式，什么课程应采取实验或实践的方式，什么课程

---

① 林崇德：《培养和造就高素质的创造性人才》，载于《北京师范大学学报》（社会科学版）1999 年第 1 期，第 5～13 页。

② 邹枝玲、施建农：《创造性人格的研究模式及其问题》，载于《北京工业大学学报》（社会科学版）2003 年第 3 卷第 2 期，第 93～96 页。

可以互换学分，总学分是多少较为合理，如何进行分阶段长周期培养等等，都应该通过实证研究来做抉择。

第二，课程体系需要完善。部分大学不理解搭建全校性的平台课程的重要性，不理解为什么要增加课程的多样性、选择性和灵活性，一味追求课程的专、精、深。部分大学不理解跨学科、跨专业、综合性教学的意义，以为聘请了本专业一流的教授来授课就能培养出一流的人才。部分大学只重视专业课程建设，不重视通识/素质教育课程建设。部分大学对学科知识没有充分地整合和系统化，对于教与学、课内与课外、专业内与专业外、校内与校外、理论与实践、科研训练与人文素质养成等的关系还需要进一步理顺。

第三，能力与人格培养应并重。大多数大学都十分重视拔尖学生能力的培养，除了科研能力外，许多大学还通过全英文授课提高学生的语言沟通能力；通过专题讨论课，培养学生独立思考和语言表达能力；通过实验课锻炼学生实际动手能力。然而，许多大学对拔尖学生创造性人格的培养还不够重视，虽然开展了素质教育，但缺乏针对性。心理学研究表明，创造过程与创造性人格有关，具体来说，与求知欲、好奇心、内部动机、意志力、冒险精神等特征有关。目前我国的大学在激发学生的内部动机，培养好奇心、意志力、敢于冒险等方面做得还很不够，这不利于造就杰出的创造性人才。

第四，要突出创新能力的培养。拔尖人才不等于拔尖创新人才，科研能力不等于创新能力，然而，大多数大学常常混淆这些概念。在课程体系建设中，许多大学把重点放在科研能力和问题解决能力的训练上，却很少强调创新能力的培养，因此，极少设置与创造力培养有关的课程。2015年1月5日《中国青年报》发表了一篇对美国工程院院士李凯的专访，在专访中他尖锐地指出科研和创新不是一回事，"如果从培养人的角度来说，863计划是培养出了一批人才，但是，如果从科研创新的角度而言，我认为它是失败的"。这个问题应引起各大学的重视。

第五，要加强课程学习与实际应用之间的联系。一直以来，我国的大学都非常重视学生的课程学习，不太重视学以致用，因此造成大学里缺乏创新活力，拔尖创新人才的出现也比较滞后。2015年5月31日《文汇报》刊登了一篇介绍美国麻省理工学院（MIT）创新创业模式的文章。据介绍，MIT是世界上最好的理工大学，到目前为止，已拥有80位诺贝尔奖得主。同时MIT又坚持技术为社会服务的理念，开创了以高校为主导的大学、政府、产业联合的"三螺旋模型"，实现了科学研究、教学、实际应用与学校收益的最佳组合。MIT努力营造独特的创新文化，建立鼓励创新创业的机制，在学校里学生可以系统地学习创新创业课程，学生参与创新创业不仅合规，更能赢得尊敬和羡慕。MIT的创新创业模式或

357

许对我国高教的综合改革有一定的借鉴意义。

鉴于上述问题和不足，我们建议在今后的工作中要加大改革的力度，首先，各大学应成立创新人才培养研究中心，开展有关创新教育理论和实践的研究，并把最新的科研成果应用于课程体系建设。其次，进一步加强学科交叉与教育，为学生打下宽厚的基础，提高创造性解决问题的能力。再次，对教师实施创造性思维和创造性人格方面的教学培训，指导教师进行教学内容和方法的改革，使教师具备激发、培养和评价学生创造力的能力。最后，打通课程学习、科研创新与创业之间的通道，激发学生自主学习与创新创业的动机，促使他们尽早成为拔尖的创新型人才。

三、拔尖人才培养的体制机制创新与条件保障建设

（一）人才培养的体制机制探索

"拔尖计划"立足于各校实际，在拔尖人才培养的体制机制上积极探索，建立了多种模式。大多数的高校都专门组建了学院或者学堂，如清华大学的清华学堂、兰州大学的萃英学院等作为拔尖人才培养的试验区；有的高校设立实验班实施人才培养计划，如西安交通大学成立理科实验班，北京航空航天大学成立华罗庚班等；有的高校则是在普通班中培养，辅以专门性的指导。仔细分析，即便是专门成立学院（或学堂），不同高校所成立的学院在具体职能、管理形式以及职责分工等方面也存在较大差异。下面按照各高校实施拔尖计划的不同组织形式，加以具体分析①。

1. 单独成立学院（或学堂）

（1）清华大学——清华学堂。

清华大学于 2009 年推出"清华学堂人才培养计划"，在数学、物理学、化学、生命科学、计算机科学和力学 6 个领域实施"学堂计划"，建立相应学科的实验班。学校为每个参与计划的项目分别设立"清华学堂首席教授"和"清华学堂项目主任"岗位，并建立工作组，负责学生的培养工作。

首席教授一般聘请在学术领域造诣深厚、教学经验丰富、具有国际视野的院士、长江学者、杰出学者来担任。首席教授负责制订本单位项目的培养方案、组织协调项目实施。项目主任聘请教学名师、知名教授担任，主要是配合首席教授

---

① 以下各学校资料均来自于：《基础学科拔尖学生培养试验计划阶段性总结报告（2009－2013年）》，高等教育出版社 2015 年版。

全面负责拔尖学生的培养和项目管理工作。

"清华学堂"作为特色人才培养基地，为拔尖人才的培养营造了浓厚的学术氛围、搭建了多学科的交流平台，使其成为名副其实的"清华学堂人才培养计划"。

（2）南开大学——伯苓学院。

南开大学在"伯苓班"的基础上，于2010年成立"伯苓学院"，负责"拔尖计划"的组织协调工作，学生由各专业所在学院培养。

"伯苓学院"由主管副校长任职院长。学院设有院务委员会，由校长、主管副校长、教务长以及教务处、学工部、相关院系等部门负责人组成，专门负责落实拔尖学生培养的教学计划、课程建设、教师选聘、绩效考核等方案的制订和实施工作。

南开大学制订《伯苓学院工作职责》，明确学院的工作内涵；制订《南开大学伯苓学院奖学金评选办法》《关于资助伯苓学院奖学生外出交流学习的暂行规定》等相关制度，确保人才培养工作的顺利进行。

"伯苓学院"只是"拔尖计划"人才培养的管理机构，人才培养的具体任务由实验班（即伯苓班）所在院系承担。"伯苓班"采取项目主任负责制，由各专业所在学院分别成立以院长为项目负责人的领导小组、工作组和考核督导小组，负责试验班培养方案和教学计划的制订、专业必修课程任课教师的选聘等工作。

（3）上海交通大学——致远学院。

上海交通大学于2009年6月正式启动"上海交通大学理科班"项目，为了确保项目的顺利进行，学校在体制机制上进行了特殊的设计，2010年成立基础学科拔尖人才培养特区——"致远学院"，由校长兼任院长。设立常务副院长和教学副院长职位，由教务处副处长和学生处副处长兼任副院长和副书记，学院下设学生事务办公室和行政事务办公室。涉及到人才培养的各相关学院作为协办单位，配合拔尖人才培养。同时，"致远学院"成立教学指导委员会，作为学院人才培养决策机构，负责设计人才培养总体目标，控制教学质量，协调各专业培养方案等。

"致远学院"不组建专属于自己的全职师资队伍，而是通过遴选校内优秀教师、选聘国际一流学者等方式，组建国际一流的师资队伍。学院经常邀请包括诺贝尔奖得主、图灵奖得主、菲尔兹奖得主、美国科学学院院士等在内的学者来访和学术交流，与大师的日常交流会潜移默化地影响学生，激发他们对科学的兴趣和人生的追求。

作为一个人才培养实体，"致远学院"对不同学科方向的学生采取集中管理相互激励的模式，不同方向的学生学习、生活在一起，自然而然地形成了相互影响、相互促进的学科交叉环境。学院通过这种独特的学科交叉环境与氛围，激发学生的求知欲和创新潜能。

（4）南京大学——匡亚明学院。

南京大学主要以"匡亚明学院"大理科模式为引领，改革人才选拔机制、培养模式、课程体系和教学方法，在此基础之上，遵循拔尖人才成长规律，强化拔尖人才培养优良生态环境建设，形成"宽基础""重交叉""高水平"的南京大学基础学科拔尖学生培养机制。

在拔尖计划内实施"通识教育"+"专业培养"的人才培养模式。即"2+2"的培养模式，2年"匡亚明学院"和2年专业培养，前两年开展通识教育的培养，后两年依托各相关院系实施专业培养。学生在导师指导下可以自主选修课程，跨年级修读课程，申请免修课程，利用灵活的课余时间制定符合自己兴趣与特长的学习计划。

（5）浙江大学——竺可桢学院+求是科学班。

浙江大学设立"求是科学班"，下设数学、物理学、化学、生物学、计算机科学5个基础学科班。成立"求是科学班"培养委员会，委员会由校长、分管本科生的副书记和副校长、教授代表等组成。委员会下设工作组，由本科生院、研究生院、相关部处、学院负责人等组成，工作组办公室设在"竺可桢学院"。

遵循"学院为主，学部协调，竺院统筹"的管理原则求是科学班学籍由"竺可桢学院"管理，相关院系承担思政管理和教学管理。理学部和相关院系负责师资聘请、学生培养规划及学生思想教育；落实培养计划，开展课程建设，组建师资队伍、开展国际交流等。"竺可桢学院"会同相关学院开展学生的遴选，质量监督及学籍管理。

（6）北京师范大学——励耘学院+试验班。

北京师范大学成立"励耘学院"作为计划实施的载体，每届委托参与"拔尖计划"的一个学院负责"励耘学院"的管理工作，这样的管理模式，有利于各学科之间的打通培养，也有利于带动各学科的自身发展。实行教授治理的理念，成立专家委员会，成员由相关学科知名教授、教学名师、国家杰出青年、本科教学院长以及国内外相关学科知名专家等组成，负责计划的总体设计，学生的选拔方案和培养方案的制订，计划实施的指导等。

（7）山东大学——泰山学堂。

山东大学于2010年7月成立山东大学"泰山学堂"，负责"拔尖计划"的具体实施。学堂配备精干高效的管理队伍，负责组织协调专家和有关部门进行学生的遴选和培养方案设计、通识与平台课程师资的调配与聘任、课程组织、学生日常管理等。各承担项目的学科，负责协调制定专业培养计划以及学科、专业平台的课程建设。

学堂采用"住宿学院制""导师制"和"游学制"的管理模式。学生集中住宿,一、二年级采取特聘教授小组指导制,大三之后采取导师制和双导师制;实行取向管理,不固定专业。学堂有专门的办公和教学用房及学堂专用教室。

同时学堂还出台了《泰山学堂教师工作职责》《泰山学堂教师教学工作量核算评价表》《泰山学堂教学研究与改革项目管理办法》等一系列文件,规范学堂的管理和运行。

(8)中山大学——逸仙学院。

中山大学的拔尖人才培养计划面向数学、物理学、化学和生命科学4个基础学科选拔优秀学生进入试验班学习,2012年成立"逸仙学院",将参与基础学科拔尖学生培养试验计划的学生纳入该学院进行学习和管理。"逸仙学院"的成立,促进了学科间的科教协同,以及跨学科的拔尖人才培养。

学校成立教育体制改革领导小组及"拔尖计划"工作委员会,充分发挥教授治学的作用。工作委员会的构成主要考虑学术大师、活力较强的年轻学术骨干、教学领域的名师三者有机结合,以提高试验计划的总体规划、决策与评价的科学性。

(9)武汉大学——弘毅学堂+试验班。

武汉大学专门成立"弘毅学堂",下设5个学科小班。"弘毅学堂"的办学宗旨是:创建一个开放流动的学堂,吸纳最优秀的学生,为其配备一流的师资、探索一流的教学模式,提供一流的学习条件,创设一流的研讨氛围,打造一个高起点的教学平台。

在"弘毅学堂"中,实行导师制与班级相结合的管理模式。学科小班分别设立首席教授和班主任。聘请学术造诣深厚、教学经验丰富、具有国际视野的院士、专家、知名学者担任首席教授,主持培养方案制定和学生遴选标准。聘请责任感强、有爱心的优秀教师担任班主任,配合首席教授组织协调"拔尖计划"的实施,全面负责学生培养和项目管理。

"弘毅学堂"的特点在于以专业学院为依托,实施集中与分散相结合的管理模式。学校层面统筹负责"弘毅学堂"人才培养的整体设计与协调工作,具体人才培养工作依托相关院系。这种模式强化了学院的主体责任地位,极大地调动了学院探索人才培养新模式的主动性和学院投入教学的积极性,最大限度地利用了学院在学科、教师、科研、实验条件等方面的资源。

(10)兰州大学——萃英学院。

兰州大学于2010年8月成立"萃英学院"全面负责"试验计划"的实施。该学院的定位是兰州大学探索本科生培养和管理模式国际化的荣誉学院和试点学院；拔尖学生自主学习、个性发展和创新人才培养的重要基地；学校深化教学改革的"试验区"。

"萃英学院"由校长兼任院长，主管教学副校长兼任副院长，在数理和生化两个学科方向各设一名学科主任，配备精干高效的教学管理和学生管理队伍，并制定相应的管理办法。通过创新的培养平台，完善了由"萃英学院"牵头、相关院系协同、职能部门支持配合的管理和运行机制。

学校为"萃英学院"的学生在校内提供独立的居住环境、专用教室及相对独立的、设施齐全的小型学术活动中心，聘请专人进行管理，做好后勤保障工作。

（11）哈尔滨工业大学——英才学院。

为了有效整合教育资源、进一步深化教学改革与创新，探索拔尖创新人才培养机制，确保"拔尖计划"的顺利开展，学校整合原有的实验学院和英才班，于2011年5月成立"英才学院"，专门负责"拔尖计划"的落实及日常管理和组织协调工作，采取集中式、柔性化管理模式。"英才学院"实施"本研"贯通式的精英人才培养模式。该学院的成立形成了统一的"精英教育"管理环境，集中学校的优势管理力量、优质师资队伍、优质学习资源，实施系统化、规范化的统一管理；大力建设拔尖学生所需要的文化氛围、学习交流环境、学生研讨环境、创新实验环境、综合素质提升环境等硬件条件和活动条件。

2. 建立实验班

（1）北京大学——基础项目组。

拔尖人才培养计划是北京大学多样性与全方位创新人才培养体系建设与元培教学改革深化的一个重要部分。学校在数学、物理学、化学、生命科学和计算机科学5个领域成立了五个基础项目组，项目的学生主要从相关学科院系和元培学院一年级优秀学生中遴选。相关院系负责拔尖学生的培养工作，教务部设立"基础学科专业人才培养试验计划"工作办公室，承担"拔尖计划"的事务性工作以及和相关院系的沟通联络。

（2）吉林大学——唐敖庆试验班。

学校以著名化学家、吉林大学前校长唐敖庆教授命名，成立"唐敖庆试验班"。以数学和化学学科为主体，涵盖物理学和生物学两大学科。试验班分为两个方向，一个是化学和生物学方向，一个是数学和物理学方向，由学校化学、数学等四个学院进行培养，学校设立拔尖人才培养办公室隶属教务处，负责学生的培养及管理。

（3）复旦大学——试点班。

复旦大学实施"望道计划"在数学、物理学、化学、生物学等4个基础学科设立四个"拔尖人才'试点班'"，选拔有志于基础学科研究的优秀学生参加。

学生的培养由各个学科所在的院系来承担，每个参与试点的院系均成立以院长（或系主任）为首的"拔尖计划"工作组，审定拔尖人才培养目标、方案和相关政策。

（4）中国科学技术大学——英才班。

中国科学技术大学拔尖学生的培养，坚持"英才培养"的传统，发挥"所系结合"的优势，以华罗庚数学英才班、严济慈物理英才班、卢嘉锡化学英才班、贝时璋生命英才班、计算机科技英才班5个基础科学英才班为落点，开展人才培养工作。在本科阶段培养分为两段，第一阶段基础教育在校内进行，依托各试验班所在学院开展，第二阶段专业教育由学校和中科院相关研究院所联合完成。目前已经形成了中国科学技术大学"基础学科拔尖学生培养试验计划"和中国科学院"科技英才培养计划"的无缝对接和有机融合。

学校联合中国科学院有关部门成立了以校长为首的改革试点领导小组，全面组织指导试点工作。各英才班的建设采取项目管理的形式，由所在学院和中科院共建院所携手组建联合领导小组和工作小组，定期召开英才班研讨会，形成年度例会制度。共建各方选派著名教授和研究员组成专家组，审订"拔尖计划"学生培养方案、完善课程体系，参与学生的选拔与培养效果考评。

（5）四川大学——拔尖班。

"四川大学基础学科拔尖人才培养试验班"启动于2009年，2010年成立了数学、物理学、化学和生物科学4个"拔尖学生培养实验班"开展试点工作。学校成立"拔尖计划"领导小组、专家小组和工作小组，负责计划的落实，在2010年又成立副处级机构"教育创新改革办公室"，具体负责该计划的组织实施。

（6）西安交通大学——试验班。

西安交通大学自参与"拔尖计划"之初就设立试验班，并成立了以校长为组长的领导小组，宏观把握试验班的教学思想和培养模式，设立专家委员会、拔尖人才培养办公室、各学科试验班工作组等机构，从组织管理上保障"拔尖计划"的顺利实施。学院试验班工作组分别由数学与统计学院、理学院教师组成，负责落实培养方案、教学计划以及学生管理办法，选聘授课教师与学业导师，联系国外合作与联合培养，以及日常教学管理工作。

（7）厦门大学——试验班。

厦门大学于2010年在化学、生物学、数学3个基础学科启动"拔尖计划"，每年动态选拔特别优秀的学生，配备一流的师资，提供一流的学习条件，创造一流的学术环境与氛围，创新培养方式，构筑基础学科拔尖人才培养的专门通道。每一个开展"拔尖计划"的学科均成立项目领导小组。项目领导小组由项目主任、院主管教学院长及院系相关工作的领导组成，并配备项目行政秘书来落实具体工作。

（8）北京航空航天大学——试验班。

北京航空航天大学将高等工程学院、华罗庚班、计算机专业实验班作为"基础学科拔尖计划人才培养实验区"。2012年学校开始推行书院制改革，以高等培养工程学院为基础建立了"汇融书院"，探索将教书与育人相结合的博雅教育模式，以进一步提高拔尖人才的培养质量。

以书院为载体的人才培养模式改革，注重在潜移默化中加强学生个人修养和自我完善，通过社团活动、心理辅导等隐性课程的开设以及学习氛围的营造，着力提升拔尖学生的人文素养和道德品质，培养学生的自我管理能力、独立思辨精神和创新思维能力，将课堂教学和课外培养环节统筹设计，相互促进、互为补充。

（二）保障体系建设

1. 组织保障

（1）基本情况。

为确保"基础学科专业人才培养试验计划"的顺利开展，各参与高校一般都采取成立由校长或主管副校长牵头负责的领导小组，由院士、长江学者等知名专家组成的专家委员会，由校内各相关部门如教务处、学生处、外事处以及培养院系等单位领导组成的工作小组，确保各项工作的顺利落实。其中，领导小组负责总体设计和领导；专家委员会研究并决定基础学科拔尖学生培养整体方案；工作小组制定学生培养各阶段工作方案，落实学校各项政策的要求，定期召开研讨会议协调处理具体行政事务等。

有的学校还设立独立的办公室作为学校层面的管理部门，牵头负责协调学校相关管理部门、培养单位及专家委员会等，做好服务和管理工作。

各个承担计划的学院也成立学院层面的领导小组、专家委员会及工作小组具体落实学生在学院层面培养需要组织实施与协调的工作。

（2）典型案例。

①北京大学。北京大学实施学校统筹协调下的学科自主探索，在组织管理上，成立校级领导小组、专家委员会和工作委员会，在学校层面加强统筹管理和政策引导，协调各部门为开展拔尖人才培养提供政策支持和制度保障，同时协调各学科之间的互动和交流。

学校领导小组负责拔尖人才培养工作的总体设计与领导；由院士等著名专家组成的学术委员会，对师资队伍建设、人才培养方案及课程体系进行总体设计和把关。由教务长办公室牵头负责协调学校教务部、研究生院、人事部、财务部等职能部门，做好项目的管理与服务工作。同时在教务部设立"基础学科专业人才培养试验计划"工作办公室，主要承担事务性工作和与院系的沟通。各院系设立"基础学科专业人才培养试验计划"工作委员会，由资深专家牵头，集合一批学术造诣较深、富有责任心的教授专家以及院系领导，研究本学科拔尖人才培养各个环节的改革措施的制定并确保措施的落实。

②南京大学。南京大学成立了由校党政领导一把手及首席科学家牵头，管理团队体系和学术团队体系并行的工作机制。其中，管理团队体系包括学校领导小组、各学科工作组和拔尖班三层次组织梯队：学校领导小组负责规划拔尖学生的培养目标与总体思路，统筹并监督拔尖学生的培养与管理全过程；各学科工作组负责执行本学科拔尖学生的选拔、学生管理、教师配备及各项教学活动的开展；"拔尖计划"管理办公室负责制定拔尖学生培养的各项管理制度，协调、分配各项相关资源及经费。学术团队体系则由"拔尖计划"项目的首席科学家、学校专家小组、"拔尖计划"导师委员会等构成：首席科学家由院士来担任；专家小组由来自相关院系的优秀教授组成，负责为拔尖学生的培养与管理提供咨询服务，协助领导小组为拔尖学生培养的各项工作提供指导性意见；导师委员会负责组织计划的教学改革与教学工作的研究和推进。

③山东大学。山东大学成立"泰山学堂"作为学校跨学科人才培养的试点，学堂由教务处负责协调相关学院进行管理和运行。为确保学堂工作的顺利开展，学校成立"拔尖计划"领导小组，由校长任组长，相关部门主要负责人任组员，协调各方力量支持学堂的建设和发展。由院士牵头、相关学院院长和知名教授组成专家组，决定学堂发展的重大事项。

"泰山学堂"的日常管理工作由院长、两位副院长和四位秘书负责。由学堂的副院长和各学院教学院长组成工作组，协调学堂和相关院系的工作。成立特聘教授指导小组，负责指导培养方案制定、教师选派、学生流动和拔尖学生培养国际化等问题。

2. 条件保障

（1）基本情况。

各高校都为"拔尖计划"的实施提供了一流的条件保障。为学生配备最好的设备和实践条件，国家重点实验室、开放实验室、实验教学示范中心、创新基地等向学生开放，为学生的创新活动提供专门的支持。很多学校为学生开辟专用教室、专用学术研讨室、专用会议室、专用学术报告厅、专用图书资料室、学生日常工作学习区等，有学校开设导师辅导室，为导师进行个性化辅导提供专门的场所，为学生的全身心投入学习和科研营造好的环境。

（2）典型案例。

①清华大学。清华大学为了支持"清华学堂人才培养计划"，特将作为清华标志性建筑之一的清华学堂作为计划实施的专用教学场所。清华学堂内设置具有浓郁学堂特色的专用教室，举办学术报告、专题讲座、讨论课等的报告厅和讨论室，以此推动建立学校层面的交流平台，促进学科交叉、学术交流。这一举措不仅有利于充分发挥清华学堂本身所蕴含的深厚历史底蕴和文化内涵，使拔尖学生更加深切地感受清华传统，而且增强了学生的使命感和责任感，激励学生加倍努力地成长成才。

②上海交通大学。上海交通大学专门成立"致远学院"负责"拔尖计划"的落实，开辟专门的致远学院用房，包括多媒体教室、研讨室、报告厅、公共休息区、教师办公室等，其核心就是为一流的学生和一流的教师提供能够进行自由和深入地进行学术研讨的环境。致远学院通过独特的学科交叉环境与氛围激发学生的求知欲和创新潜能。学院还和自然科学研究院共享物理空间，在这里用于师生交流讨论室、阅览室和白板。利用公用的物理空间随处可见，两个学院联合举办学术讲座、开展沙龙活动，为师生们之间的经常性交流提供了一个轻松活泼的平台。大师们潜移默化地影响着学生们的科学兴趣和态度，创新氛围日益浓厚。致远学院和学校的物理与天文系、生命科学学院、计算机系共建创新联合实验室，并向其他院系的优秀学生开放，实现优质资源共享。

③兰州大学。兰州大学成立"萃英学院"，落实"拔尖计划"。为了创造培养拔尖人才的条件，确保学生的学习生活环境方便舒适，学校为"萃英学院"学生在校内提供专门独立的居住环境、专用教室及相对独立的学术活动中心，聘用专人进行管理，做好后勤保障及服务工作。

3. 制度保障

（1）基本情况。

在国家"拔尖计划"实施有关政策的支持下，各高校为学生的培养提供全方位的政策支持和保障，建立人才培养特区。主要体现在以下几个方面：

在招生、培养、管理等环节实行特殊政策，制定相应的规章制度，规范管理工作。

在对学生的考核上，注重对学生综合素质的考核，突出"拔尖"和"创新"的培养目标。

设立专项经费，用于聘请高水平教师、支持学生国际交流和科研训练、为学生提供奖助学金等。

在教师选聘与考核上，实行特区政策，不以常规的考核方式来评价教师的教学绩效，薪酬制度灵活。

（2）典型案例。

①南开大学。南开大学对承担"拔尖计划"工作的教师，实行教学绩效考核方式。建立教学绩效考核标准及测评方法，鼓励教师投身教学工作，创新教学方式。参与"拔尖计划"的教师打破传统考核方式，按照新制定的拔尖学生培养计划教师绩效考核方式进行，注重考核拔尖学生培养的质量和实效。

在学生学业考核方面，改革现有考核方式，克服应试弊端，突出拔尖和创新的目标；注重学生兴趣、潜质的挖掘、引导和开发，增强学生学习主动性、实践性和创新性。建立学业绩效考核标准及测评方法，对拔尖学生的知识、能力、素质等方面进行综合考评，激发学生自主学习的积极性。

在教学管理方面，实行全程导师制，即在选课授课、课程学习、辅导答疑、日常管理、科学研究等方面均有导师的指导，导师定期与学生交流，力图解决学生在学习、生活等各方面的问题，使其身心愉快的学习和发展。

在学生的管理上，采取全程导师制和学生自主管理相结合的方式，建立学生自主管理小组，由学生自主、自立、自行地对学习和生活进行全面管理。

②西安交通大学。西安交通大学在高水平师资队伍的建设上，按照课程体系建立教学团队；按照 PI（principle item）制度聘任国外教师；采取高水平专职与兼职教师相结合的方式组建师资队伍，确保师资达到高标准。在师资队伍建设过程中，改革教师聘任措施，加大资金的支持力度。例如，进入课程教学团队的教师实施年薪或按课程计薪制，不按照学校年终的常规考核进行考核。按照 PI 制度选聘的国外教师，可以根据项目制定聘任薪酬标准，建立基础学科高水平教师队伍的特区。

在学生管理上，实行导师制和班级管理相结合的模式，一对二配备导师，一个为学业导师，一个为素质教育导师。

在学生的教学管理上，制定灵活的课程免修、缓修和分流制度。学生可多次任意选择课程，优秀学生可以"跳级"，提前进入研究生阶段的学习和课题研究。

③中山大学。中山大学优化评价与管理机制，为拔尖学生培养提供有利条件。变单一的课程知识考核为课程设计、小组研讨、探索性试验、课程论文等的综合测试与训练体系。建立人才培养追踪评价体系，每学期期末由导师对学生的课程学习及科研训练情况进行评估，再由"拔尖计划工作委员会"进行综合考查及动态遴选。

在学生奖励机制上适当倾斜，学生每年度考核合格者享受一年奖学金，在获得本科学士学位的同时，还将获得学校颁发的荣誉证书，增强学生的荣誉感。

④南京大学。南京大学实施教师考评机制的改革，以教学为核心指标，确立科学、公正、合理的教师考评制度和薪酬制度。对于参与"拔尖计划"的学术导

师和授课教师，按照其在参加"拔尖计划"教学和学生指导方面的投入与绩效来评估，由学校人事处和教务处单独制定评价指标体系。教师的奖励措施包括建立教师荣誉激励制度，大力提升导师和授课教师的地位，专项奖教金等。

⑤兰州大学。兰州大学成立"萃英学院"，出台一系列有关教师聘任、学生选拔、经费管理及培养过程管理的文件。建立和完善了授课教师和教学团队激励和退出机制，实施以本科生人才培养为核心、兼顾科研、学术交流与社会服务等联动评估考核体系。

在人才培养过程中，强化过程性评价，鼓励每一门课程根据教学内容进行考试改革。建立学业评估与预警制度，每学年末，分不同学科，组织专家小组对学生的学业进行评估。平时针对学生出现的学业问题，提出学业预警。每一位学生的学业进展和课程评价等情况都收入学生的成长档案。

四、"拔尖计划"实施成效

"拔尖计划"实施一个周期结束后（2009～2013年），教育部组织专家组对"拔尖计划"进行了阶段性总结评价，各参与学校也就本校计划实施进行了总结。基于此，我们将各校实施进展与成效进行了总结与归纳。

第一，"拔尖计划"引领和带动了高校各学科专业创新人才培养改革。"拔尖计划"在各校实行过程中，充分起到了创新人才培养改革试点的作用。一是一些重点的教学改革项目，可以在"拔尖计划"中先行实施，再逐步推广至全校，有效带动了全校各学科优秀人才的培养和教学质量的全面提高；二是"拔尖计划"中优质的教学资源、建设的课程、开展的学术讲座等资源能够实现全校共享，充分发挥了示范和辐射作用。

第二，"拔尖计划"汇聚了一支高水平的师资队伍，形成了各具特色的育人制度。各校在教师聘用、评价手段等方面开展体制机制创新，切实保障高水平教师在本科教学一线的稳定性。在体制机制保障下，各校为"拔尖计划"配备的教师团队人才层次高、教学科研能力强，完成了师资队伍建设方式的创新，并形成了各具特色的教育教学制度。如武汉大学建立了"首席教授—教学团队—科研导师—班主任"的教师队伍、南开大学的"学业导师＋班导师"制度等，将教学科研与学生管理有机结合在一起；中山大学的"全程导学"制度、厦门大学的"全程育人导师制"、浙江大学的"导师＋学长"的"良师益友"体系等，均倡导师生密切接触的个性化培养模式，充分尊重了学生自主发展。

第三，"拔尖计划"优化了课程体系建设，创新了多种教学方法。由于"拔尖计划"在每所高校均涉及多个基础学科，因此多数高校在课程体系改革中，均加强了通识教育的内容，同时突出专业核心课程，既重视基础，又突出个性，达到了学科交叉与渗透、各科知识贯通的良好效果。如北京大学构建了以主干基础课、大类平台课和通选课为主体的多层次、个性化、高质量的课程体系，有利于培养高素质的跨学科人才；北京师范大学通过该计划进一步强化了通识教育、分流培养、本研衔接的"三位一体式"课程体系，深化了因材施教理念等。在具体教学中，各校也创造性的开展了多种教学方法与手段，注重小班化培养，采用启发式、讨论式、探究式等研究性教学方法，促进学生探究式学习；同时注重营造第二课堂学术氛围，通过学术沙龙、读书报告、科研小组等，提升学生学习兴趣和自主性。

第四，"拔尖计划"开阔了学生的国际视野，带动了高校国际交流与合作水平的提升。各校均将学生"走出去"和大师"请进来"有机结合，通过安排学生参与国际交流短期访学、国际暑期学校、国际会议、学科竞赛；聘请国际知名专家进行短期授课、开展讲座、实施远程导师组制；与国际知名大学、研究所建立国际教学项目、引入国际高水平课程等方式，多管齐下，为学生搭建多元化的国际学术交流平台，提供更广阔的国际视野，同时也提升了学校国际交流与合作水平。

第五，"拔尖计划"参与学生创新精神与科研潜力得到激发，科研成果显著。在"拔尖计划"为学生营造的良好创新学术氛围下，通过各具特色的培养模式，各校计划参与学生的学术兴趣和专业素养得到了较大提升，激发了科研潜力与创新精神，本科毕业后绝大多数学生选择了继续深造，追求学术道路上的进步。通过对"拔尖计划"首届毕业生的去向调查，有96.6%的毕业生选择继续深造，其中继续深造的毕业生有59.6%选择到国外高校读研究生，4.2%的毕业生选择去港台地区高校读研究生，32.4%的毕业生选择在内地高校读研究生。首届毕业生中，有22%的毕业生选择在世界顶尖大学（在2013年世界大学学术排名500强中排名世界前10名）继续深造，在前100名大学读研比例为46.6%[1]。这些学生也已初步展现出良好的创新潜质，很多学生产出了优秀的科研成果，在国内外顶尖学术杂志发表文章，在国内外学科竞赛中取得优异成绩。

总之，"拔尖计划"以"选""鉴"结合探索形成了一套有效的拔尖学生选拔方式，以"导师制、小班化、个性化、国际化"培养探索因材施教模式，带动了参与学校的本科教育教学质量的整体提升，在全国范围内也产生了较大反响，发挥了较好地示范辐射作用。

---

[1] 张大良等：《基础学科拔尖学生培养试验计划阶段性总结报告（2009－2013年）》，高等教育出版社2015年版，第215～220页。

369

第五章

拔尖创新人才培养的政策建议

党的十八大以来，习近平同志把创新摆在国家发展全局的核心位置，围绕实施创新驱动发展战略、加快推进以科技创新为核心的全面创新，发挥科技创新在全面创新中的引领作用，加快形成以创新为主要引领和支撑的经济体系和发展模式，实现"两个一百年"奋斗目标，实现中华民族伟大复兴的"中国梦"，是当前工作的重中之重。

实现中华民族伟大复兴"中国梦"，人才是关键。进入新世纪新阶段，党中央、国务院颁布了《国家中长期人才发展规划纲要（2010—2020 年）》（以下简称《人才规划》），反映了我国社会发展对创新型人才的强烈需求。《人才规划》作出了实施人才强国战略的重大决策，尤其是创新性人才强国战略已成为我国经济社会发展的一项基本战略。《人才规划》提出要"创新人才培养模式，适应国家和社会发展需要，遵循教育规律和人才成长规律，深化教育教学改革，创新教育教学方法，探索多种培养方式，形成各类人才辈出、拔尖创新人才不断涌现的局面"。为了深入落实《人才规划》精神，着力培养高层次创新型人才，根据中央人才工作协调小组的统一部署，由科学技术部牵头，会同七部门联合制定了《创新人才推进计划实施方案》（以下简称《实施方案》），为确保创新人才强国战略的实施提供了政策保障。

几十年来，我国在创新人才培养方面取得了一定的成就，积累了一大批各行各业的人才，但问题依然十分突出：如人才培养体制不健全、导向不科学，存在重学历轻能力、重学术成果数量轻质量等现象；当前我国人才发展的总体水平同世界先进国家相比仍存在较大差距，尤其是拔尖创新人才的数量，全国总数大约在 4 万人左右，与中国 14 亿人口总数之比，实在太少；与我国经济社会发展需要相比还有许多不适应的地方，主要是高层次的拔尖创新型人才匮乏、人才创新创业能力不强、缺乏掌握核心技术和自主知识产权的人才，在全球产业竞争和国家安全方面存在隐患；人才分布不均衡，西部地区的人才竞争力和人才使用效益较低；企业尚未成为技术创新人才培养的主体，企业内专业技术人员的比重较低，研发能力与发达国家企业相比还有很大差距；创新型人才发展体制机制障碍尚未消除等。当务之急是"重视培养领军人才和复合型人才，大力开发经济社会发展重点领域急需紧缺专门人才，统筹抓好党政人才、企业经营管理人才、专业技术人才、高技能人才、农村实用人才以及社会工作人才等人才队伍建设，培养造就数以亿计的各类人才，数以千万计的专门人才和一大批拔尖创新人才"。① 迅速造就宏大的创新人才队伍，尤其是拔尖创新人才队伍。未来十几年，是我国人才事业发展的重要战略机遇期。我们必须坚定不移地走人才强国之路，推动创新型国家建设。要"科学规划、深化改革、重点突破、整体推进"②，在"当前和今后一个时期，坚持'服务发展、人才优先、以用为本、创新机制、高端引领、整体开发'③ 的人才发展指导方针，制定科学、合理的创新人才培养系列战略规划，探索创新人才培养模式的目标和路径，建立学校教育和实践锻炼相结合、国内培养和国际交流相衔接的开放式培养体系，加快培养我国拔尖创新人才数量，逐步实现由人力资源大国向人才强国的转变。"

一、要努力创建一个创新人才成长的良好社会环境

要培养出一流拔尖创新人才，关键在于创造出一个有利于创新人才成长的良好环境，良好环境主要包括以下六个方面：人才荟萃；具有追求真理和献身科学的学术氛围，师生对所研究的学术问题有强烈兴趣；有良师指导；学生拥有自主学习知识和创造知识的空间；学生具有国际化视野；具有学生安心学习研究和教师安心教学研究的软硬件条件。它涉及个体、国家和社会整体环境等综合因素。

（一）解放教育思想，树立正确的知识观、创造观

长期以来，大家将知识与创新能力等同起来，所以大中小学教育都拼命给学生灌输大量的知识。其实创新能力并不等于知识多。科学史上许多重要的发明，

---

① 《国家中长期人才发展规划纲要 2010 – 2020 年》第一项第三条。
② 《国家中长期人才发展规划纲要 2010 – 2020 年》序言。
③ 《国家中长期人才发展规划纲要 2010 – 2020 年》第一项第一条。

并不是因为科学家拥有的知识量决定的，而是因为思想特别活跃发生的。朱清时院士认为："创新能力最本质的要素，恰好是我们中国教育所忽略的东西，第一是好奇心和兴趣；第二是想象力；第三是洞察力。"[①] 而中国现行的教育，尤其是中小学教育，考试的内容主要是各类知识，考试的方法主要是死记硬背，无关乎孩子的好奇心、想象力和洞察力。当然不可能培养出拔尖创新人才了。当下教育综合改革的主要问题之一就是要转变人们的知识观、创造观和教育观，引导人们科学地认识创新能力的本质内涵，树立正确的创造教育观，并把培养创新人才作为教育的主要目标。

（二）树立正确的人才观，形成创新人才成长的精神氛围和舆论环境

如前所述，要转变大众的观念，树立正确的人才观，让大众认识到创造性或创新人才是分层次的，即分三个层次。

一是人人能成才。这样对创造性或创新人才的分类是客观的、科学的。最广泛的层次是数以亿计的高素质创造性的劳动者。在一定程度上，人人都有创造性，我们要关心每一个劳动者的创造力或创新能力。在过去的心理学中，创造性的研究对象仅仅局限于少数杰出的发明家和艺术家。实际上，创造性是一种连续的而不是全有全无的品质。人人乃至儿童都有创造性思维或创造性；人的创造性素质及其发展，仅仅只是类型和层次上的差异，因此，不能用同一模式来看待社会成员和去培养每个学生的创造性。由此可见，我们应该提倡创造性或创新的大众化，创造性教育或创造性人才培养模式也要大众化，尤其在大、中、小学里人人都可通过创造性教育获得创造性的发展，只不过是人与人之间的创造性有大小不同的差异罢了。

二是"行行出状元"。也即培养数以千万计的各领域富于创造性、先见性、独创性、领导力的卓越的高素质的专门人才。这就是我们平时说的各行各业的创造性人才或创新专门人才。这类人才的创新最佳年龄或创新第一高峰期在 25～40 岁。雷曼的研究表明，国外各个行业的创新人才的最佳创新年龄分别为：数学家：30～34 岁；化学家：30～34 岁；物理学家：30～34 岁；哲学家：35～39 岁；发明家：25～29 岁；医学家：30～39 岁；植物学家：30～34 岁；心理学家：30～39 岁；生理学家：35～39 岁；作曲家：35～39 岁；油画家：32～36 岁；诗人：25～29 岁；军事家：50～70 岁；运动健将：30～34 岁。为什么创造性表现

① 朱清时：《新民教育讲坛第五期演讲"求解中国创新型人才培养困局：教育体制和思想"》，2009年8月。

在风华正茂的青年期？从国际上重要的智力理论"流体智力"与"晶体智力"观来分析，前者来自先天的因素，与生理发育有关，26～34 岁呈现高峰，34～50 岁处于高原期，50 岁以后会走下坡路。后者依靠经验、知识，来自教育与学习，16 岁的时候刚刚起步，到了 20 岁进入发展期，直到 50 岁达到高峰，50～70 岁为高原期，70 岁以后走下坡路。这两种智力，即流体智力与晶体智力都能用上，并都能有助创新性发展的年龄约为 20～34 岁，这就是各行各业专门人才成长的年龄特征，它有助我们分析创新人才成长规律与培养模式的研究。

三是培养一大批"拔尖创新人才"。这"一大批"仅仅是时代的需求，实际上比起前两种创造性或创新人才来要少得多。所谓拔尖创新人才，一般有如下几个特点：一是从发展顺序来看，它属于创造后期，是在上述的最佳创造期的基础上，经过质疑反思、勇于竞争、不怕挫折，一步步经过时空、社会、实践的检验，直到最后获取重大的成果；二是从产品质量来看，其原创性的成果具有重大发现发明和社会影响，甚至有历史意义；三是从同行中地位来看，应该是所在行业或专业的领军人物，在国外，以诺贝尔奖获得者、杰出的总统和部长、有名声的企业家作为研究拔尖人才的被试，在我国则以院士、德高望重的社会科学家和有声望的企业家为拔尖创新人才的代表。

基于上述三种认识，我们建议：要努力使大众树立人才是第一资源的理念并关心人才成长，鼓励和支持人人作贡献，解决创新人才成长的心理环境，为创新人才成长提供适宜的精神土壤；要打造人尽其才、才尽其用、优秀人才脱颖而出的社会制度和环境；要破除论资排辈、求全责备的观念，加大对优秀青年科技人才的发现、培养、使用和资助力度，在全社会营造尊重知识、尊重人才的氛围，为创新型人才成长提供宽松的社会环境。

（三）实施大众化的创造教育

过去，我国创新人才的成长主要依赖于国外大学的培养。自 20 世纪 80 年代以来，国家与政府逐渐认识到拔尖创新人才培养的重要性，将创造性教育大众化作为国家培养拔尖创新人才的长期发展战略。使得学生在大、中、小学阶段，人人都可以通过创造性教育获得创造性发展。国家于 1985 年明确提出要培养学生的"创新精神"（《中共中央关于教育体制改革的决定》），推行了以创造力培养为核心的素质教育，进行了基础教育课程的改革；提倡课程与教学的创造性，强调学生的自主学习、合作学习、探究性学习、研究性学习，激发学生的学习兴趣，突出学生的主体地位，培养学生创造性的问题提出能力和问题解决能力；改革评价制度，重视形成性评价和促进学生发展的发展性评价；重视教师的培养和培训，启动了教育创新平台等。从 1985 年开始，中国科技大学、西安交通大学等学校实施了超常教育。2008 年，北京市启动了"翱翔计划"。上海交通大学与上海交大附中、上海中学等结盟组建"拔尖创新人才培养基地"。2014 年胡卫平教授主持了将大学与高中结合创建拔尖创新人才培养实践基地的"春笋计划"。除此之外，还有称龙安（1999）、王灿明（2004）、谢贤杨（2000）等一批国内学者的教育实践。

对创新人才与教育创新，我们也进行了深入系统的研究。2003～2006 年我们团队主持了教育哲学社会科学重大攻关项目"创新人才与教育创新"的研究。课题分成八个子课题：第一，教育创新的理论研究；第二，创新型拔尖人才效标群体的研究；第三，创造性人才测量工具的研制；第四，青少年创造力的跨文化研究；第五，学校教育中的创造力培养实施；第六，中小学课堂教学创新研究；第七，教育信息化与创造性的培养；第八，创造性与心理健康的关系。该课题系统、深入地研究了创新人才的心理特点与教育创新的内涵，凸显了创造性人才研究的重要性。

在上述研究的基础上，我们开展了教育哲学社会科学的另一个重大攻关项目"拔尖创新人才成长规律与培养模式的研究"，着重探索拔尖创新人才的成长规律以及创新人才培养的有效机制。我们主要研究了创新人才的特点，创新人才成长的影响因素和成长阶段，回顾性地研究创新人才的思维、个性、代表性的实际创造成就及个人成长经历，从而揭示其创造才能的形成机制，努力培养造就数以亿计的高素质劳动者、数以千万计的专门人才和一大批拔尖创新人才提供科学依据。创新人才的培养是一项长期而复杂的系统工程，需要包括家庭、学校、社会等诸多合力共同作用。在学校教育中，创新人才的培养同样是一个牵涉众多因素的任务，源于观念、文化、制度的氛围营造，需要课程、教学、评价的有效支撑，以培养学生的创新精神和创新能力为基本价值取向。我们采用了多年龄段的研究方式，从小学、中学、大学以及高等教育与基础教育相结合的模式等方面，探索创新人才培养模式的目标和路径。这些研究成果对我国培养创造型人才具有重要的理论价值和实践意义。

二、探索贯穿各级各类教育的创新人才培养途径

遵循创新人才成长的规律，让拔尖人才的培养具有延续性。加强衔接，将基础教育阶段、本科教育阶段、研究生教育阶段贯通起来，做好衔接，让创新人才成长具有可持续性。探索贯穿各级各类教育的创新人才培养途径，鼓励高等学校联合培养拔尖创新人才，支持有条件的高中与大学科研院所合作开展创新人才培养研究和试验等。

（一） 探索具有创新精神的中学培养模式

创新中学教育可以为拔尖创新人才的成长奠定坚实的基础。北京师范大学第二附属中学（以下简称北师大二附中）的研究成果值得借鉴。北师大二附中始终把改变传统教育单纯向学生传授知识的弊端、重视学生创新精神培养作为学校改革与发展的重要目标之一。自 2011 年起，北师大二附中参加了"拔尖创新人才成长规律与培养模式的研究"，学校在提高学生创新意识和能力、培养学生创新精神方面进行了更为深入的探索，系统调整、更新、优化学校课程体系，不断变革教学方法、途径和手段，初步形成了面向不同学生的多样培养模式。依据这项研究的成果，我们提出如下建议：

1. 创新中学教育理念，建构适宜创造性人才成长的课程环境

一是需要创新基础教育理念和创设良好的学校氛围。任何一项教育改革，都需要与之相适应的观念、策略和制度等支撑条件。学校在继承优良传统的基础上，强调人文自主，以人为本，鼓励创新，积极研究，实事求是，建立健全的学校制度，培养有创新意识的教师个体和集体，形成教师与学生共同发展的和谐氛围。实践表明，校园的物质环境、人际环境、学术环境和心理环境等都是影响学校教育创新发展的关键因素，良好的物质环境对师生创造欲望和创造行动都能起到诱发和促进作用，而那些看不见的因素，比如学校的人际氛围、师生关系、学术氛围等，对于师生最充分地释放自己的潜能，主动地去充实、探寻、创造、去发展有着极为重要的作用。自 20 世纪 90 年代初开始，北师大二附中树立人文自主的基本理念，营造良好校园文化氛围遵循"尊重差异，自主发展"的教育理念，将尊重学生差异、满足不同类型学生需求、促进学生自主发展作为课程改革的出发点和归宿，以培养有创新精神的中学生，从内容、目标和学习方式三方面循序渐进，经历了从局部到整体，从个别学科到全面推进，从面向部分学生到惠及全体学生的发展之路。力求满足不同类型学生的不同需求，重在创新精神的培养，通过课堂教学的主渠道，辅以个性化的课程培养方案和指导方案，深入挖掘有利于创新人才成长的关键因素，营造良好的创新教育环境与氛围。

二是建构具有浓厚校本特色的课程体系，为学生全面而有个性的发展提供土壤。建设适宜的课程资源是培养创造性人才的关键，要以中学生创新精神发展和实践能力培养为核心，全面整合国家课程和校本课程，统筹安排，形成课程体系。还以北师大二附中为例，学校创设了由基础课程、学科拓展课程和综合实践课程组成的"6 + 1 + 1"课程体系，很具有典型意义。所谓"6"，是指必修课程和必选课程，是促进学生全面发展的基础课程（1～6 节），包括历史、地理、物理、化学、生物、艺术、体育等学科，为学生提供可自主选择的修习计划，按照

375

教学班上课，其他学科按照行政班上课；第一个"1"是指学科拓展类校本选修课程，是重在发展学生个性、使学生学有所长的拓展课程，学生必须在每天开设的该类课程中选择一种，将选择同类课程的学生编成教学班进行授课（第7节）；第二个"1"是指综合实践类校本选修课程，重在满足和培养学生的兴趣，提高学生的创新精神和实践能力的综合实践课程，提供灵活多样的学习和体验方式，侧重合作交流和自主探究，提高学生的创新精神和实践能力（第8节）。活动内容以各种活动主题形式呈现，包括社团类、课题研究类、科技类、学术类、体育和艺术类等。学生依据爱好和兴趣自主选择，按照活动组、课题组、社团等组织形式开展以学生为中心的活动。这样的课程，使学生拥有了更大的选择空间。三大板块的课时长短不同，内容安排不同，上课形式不同，学生组成不同，培养目标的侧重点不同，尤其是后两个板块在培养学生创新精神和能力方面具有更为突出的优势。学科拓展类校本选修课程目标是促进学生学有所长，促进学生有个性地发展，以适应社会需求的多样化。该类选修课每一学科开设若干模块或专题，模块或专题之间相互独立，每一模块或专题有明确的教育目标和具体的内容纲要。课程内容的选择以必修课和必选课程为基础，适应社会对多样化人才的需求。学生可依据其发展志向、兴趣爱好以及学习基础，自主选择。目前已经开设的该类课程60余种，为学生的发展提供了更广阔的平台。2011年学校调查表明，学科拓展类校本选修课程的实施效果良好，认为教师授课准备充分，内容充实的学生达到96.2%；课后收获很大和较大的学生达到88.7%；认为对必修课的学习帮助很大和较大的学生达到88.1%。综合实践类校本选修课程主要目标在于通过丰富多彩的活动，为学生提供更为灵活、多样的学习和体验方式，充分体现学生的主体性，激发学生的求知欲，发展学生的爱好和特长；通过活动让学生广泛地参与实践，掌握一定的科学研究方法并形成科学的态度和精神，学会合作交流和自主探究，提高学生的创新精神和实践能力。该类校本选修课包括社团类、课题研究类、人文类、科技类、兴趣类、体育和艺术类等类别，每个类别依据学校条件和学生的需要开设一种或几种活动课。课程由学科组、教师个人或学生自发提出方案，方案含有活动目标、活动内容、活动方式、时间安排、组织形式，以及必需的物质条件等，由学校统一组织实施。课程内容以"活动主题"形式呈现，每种课程包含若干活动主题。每次活动围绕某一主题，在教师的支持或辅导下，以学生自主学习和直接体验为主要学习方式。同样以2011年的调查为例，学校已开设的综合实践类校本选修课程当中社团类31种，科技类、兴趣类和艺术体育类合计达到80种，学生研究的课题有近200种。学生每周选择该类课程3种以上的占到60.6%；对参加的活动非常喜欢和喜欢的占87.5%；活动收获很大和较大的占82.8%。北师大二附中形成了全面发展、个性发展、实践能力和创新精神等培养目标相互关联有机统一的结构化的学校课程，有力地促进了学生创造能力的发展。既确保新课程中必修课、必选课的落实，又为深化新课程改革创设了一个较大、较自由的空间，更为满足和培养学生的兴趣、提高和培养学生的创新能力、实践能力提供了条件。三部分都有不同的侧重点，使学校的教育培养目标通过课程完整地体现出来，学生创新精神的培养亦有了坚实可靠的途径与抓手。

2. 适应社会对不同领域创造性人才需求，创新中学培养模式

坚持多样化发展的方向，满足社会对人才的多样化需求，大胆改革，积极创新，为不同特点、不同志向的学生设置不同的特选课程，用多样课程满足多元需求。

在不同的学科和特定的领域中，创新精神的培养以及创新人才的成长需要不尽相同的条件和要素。二附中为尊重所有学生的志趣，激发各类学生的潜质，旨在培养各行业的未来英才，在原有文科实验班课程改革经验的基础上，以扩大学生自主选择权和满足不同潜质学生发展需要为重点，完善特选课程的层次、内容和体系，使"特选课程"覆盖全体学生，力图让不同特点、不同发展志向的学生都能得到充分发展。北师大二附中的项目式学习实验班特选课程和文科实验班特选课程，展示了学校在不同学生的发展需求面前有针对性地培养创新精神和创新能力的探索与实践。

一是在自然科学领域创新精神培养的探索，旨在培养具有综合运用知识技能解决实际问题能力和创新精神的科学技术领域预备人才。项目式学习实验班的特选课程采用项目式学习方式，内容包括项目研究课程（含项目研究基础课程、项目研究实践课程Ⅰ、项目研究实践课程Ⅱ）、讲座课程、社会实践课程等，设置方面尽量丰富学生的知识量，培养学生全面、多角度看问题的习惯和能力，促进学生的智力、人格、创新意识等养成，特别注重对学生创新精神和实践能力的培养。针对这一实验的调查结果表明，在关于学生认可程度维度上，92%学生喜欢项目课，92%学生认为自己的所完成的项目有创新，80%以上的学生喜欢项目课的程度超过了学科课程，认为项目课很有趣。在对学生的能力培养的维度上，有超过85%的学生认为通过项目课程，自己的"实验设计""动手实践""系统思考""文献查阅""小组合作""项目研究的程序"等能力都有所提升。在激发学生对自我发展的引导的维度上，学生认为"整体性思考""耐心和坚持""严谨求实的态度""团队合作"等品质是完成项目所需的品质，以项目实践为载体，启迪学生思考自己的未来发展，激发学生的内驱力，引导学生不断完善自己。

二是在人文社会科学领域创新精神的培养上独辟蹊径。二附中的文科实验班是学校于1995年恢复创办并率先获得市教委批准和教育部认可的教改项目，面向对人文和社会学科表现出强烈的学习兴趣、具有丰厚的阅读积累、具备较高的文科学习潜能，培养人文与社会领域的创新人才。在文科实验班特选课程中，学校开设了科学课程、阅读课程、拓展课程、讲座课程、人文活动课程、人文社会实践课程等六大类，既满足了文科学生全面发展的需求，又体现了人文学科"宽、厚、实"的特色。在课程设置上，依据"促进学生全面而有个性的发展，尤其要加强学生的创新精神和实践能力培养"的核心目标，学校构建了《文科实验班课程方案》，开设文学、历史、政治、经济、哲学、艺术、社会学等文科实验班特色课程数十种，编订"文科实验班特选课程教材"十余种：语文：《秦汉文学》（第三版）、《唐宋文学》（第三版）、《明清散文》（第三版）、《鲁迅作品专题讲读》（第二版）；英语：《高一文学作品阅读鉴赏》（第二版）、《高二文学作品阅读鉴赏》（第二版）；地理：《踮步千里看世界》（第二版）、《小流汇海游中国》（第二版）；历史：《中国古代史漫谈》（第三版）、《世界遗产在中国》（第一版）；政治：《感悟中国古代哲学智慧》（第三版）、《经济学常识》（第一版）；数学：《数学大视野》（第二版）。均衡、合理和科学的体系不仅保证了课程目标的落实，还大大提升了学生的创新意识和综合能力。

在课堂教学中，"双主体互动式"和"自主学习"是教学的基本原则。以自主研修课程为例，其主要内容是指导学生大量阅读经典作品，鼓励和指导学生开展个体创作实践和研究。学校制定《指导学生大量阅读和自主创作实施方案》，为学生提供丰富的学习资源，鼓励学生自主选题深入研究，学生的创新能力得到切实提高。各学科在教学中大力激发学生阅读兴趣，有计划地推荐必读、选读、精读、泛读书目供学生自主选择。教师分组指导学生合理分配课余时间进行阅读，指导学生养成阅读与思考并重的读书习惯。定期通过文学沙龙、读书会、知识竞赛、随堂检测等不同的考查方式检测学生的阅读效率和效果，鼓励学生边阅读边进行创作实践。

在社会实践课程方面，学校特别重视引导学生在中学阶段学习人文、社会学科的科研方法，组织学生开展丰富多样的社会实践和调研，短途的如考查国子监、爨底下、故宫博物院等，长途的如"晋文化""秦汉唐文化""徽文化""江浙文化"等地域文化考查。在调查研究过程中，教师引导学生在关注实践，关注社会，能够基于自身的已有认识创造性地有所发现。

尤为值得一提的学校不定期开设的讲座课程。以2014年9月的"开学第一课"为例，学校邀请清华大学生命科学院院长施一公院士进行了题为"信仰的力量"的讲座。同学们为施一公院士获得的多项第一所震撼：全国高中数学联赛河南省第一名；清华求学年年名列第一，以第一名成绩提前毕业，多年清华竞走一万米项目保持者；美国普林斯顿大学分子生物学系最年轻终身教授、美国双院士；我国第一批"千人计划"国家特聘专家；国际知名"爱明诺夫奖"第一人……在他不拘一格的演讲中，好胜、坚持、自信、耿直等品质，获得了一次次掌声，原定一个小时的演讲，延了45分钟。许多同学感叹，今年的《开学第一课》，演讲者没有说教，更像是与同学们谈"未来的自己"，是一堂生动的"理性思维课"。"历经攀登的艰辛，山顶总会有无尽的风光"。事实上，正是以施一公院士为代表的一批思想引领者，用他们卓尔不群的性格、思维方式、世界观深深吸引着大家，不仅激发了同学们的创新意识，而且更为深远地影响着师生的学习与生活。

纵观文科实验班的实践探索，不仅着眼于高中阶段的学习成绩，更加注重文科学生创新意识以及终身学习能力的养成。学校从人文学科特点和学生的认知特点出发，在长期的教学实践中探索形成了科学有效的策略，充分调动学生学习的积极性和主动性，鼓励学生在过程中参与和体验、思考和表达、合作和探究，将学生学习知识的过程和形成能力的过程统一起来，着力培养人文社会科学领域具有领导力和创新能力的人才。

实践证明，上述实践是行之有效的。尽管文科实验班中考平均分相当于甚至低于学校统招录取分数线，但经过三年的培养，高考重点大学升学率连续多年百分之百，平均分连续多年高居北京市第一名，多名同学成为北京市或西城区文科状元、单科状元，考入清华、北大的毕业生接近50%。跟踪调查显示，文科实验班毕业生不仅高考成绩优异，而且表现出很强的可持续发展的综合实力，许多同学成为各大高校青年学子中的领军人物，在不同的领域取得了喜人业绩。可以说，文科实验班的课程改革，是对我国高中阶段整体课程设置的有益补充，满足了高中阶段具有文科志趣和潜质的学生的发展需求，对于培养人文社会科学领域的创新人才具有不可低估的借鉴意义。

3. 创新中学教育教学管理机制，为培养创新人才提供充分保障

一是建立和完善学生指导体系，为学生的健康成长保驾护航。学校要以学生为中心，构建学生指导体系和个性化的学生指导方案，学校的课程体系要为学生的自主选择和个性发展提供更加广阔的空间，为了帮助学生更好地进行自主选择，保证学生个性得到健康发展，北师大二附中于2007年构建了与之配套的"学生指导体系"，加强对学生的个性化指导。"学生指导体系"由学生指导中心、导师组、导师三个层面组成，面向全体学生，根据需求适时组织活动，进行有关心理、学法、选课和学生发展规划方面的指导，有序而深入地为学生提供全方位的支持。

二是将科研和实践紧密结合，用高质量的行动研究引领学校教育创新。学校要加强科研指导和专业引领，用项目研究带动创新精神培养，推进培养模式多样化，积极探索中学阶段培养学生创新精神的有效途径；要长期坚持"改革即科研，工作即科研，管理即科研"的工作策略，针对不断出现的新情况、新任务、新问题，建设多种类型的改革项目团队，以工作组和课题组相结合的方式开展工作。如北师大二附中的团队或课题组有：人文教育课题组、"欣赏型"德育课题、"学生指导工作组"、文科实验班课题组、理科实验班课题组、项目研究实验班课题组、艺术特色课程建设团队等。这些项目团队在继承传统的基础上总结反思，在课题研究的过程中结合实际，循序渐进的前提下注重落实，根据不同的研究对象，开展了高质量的行动研究，得出了有创新性和推广价值的科研成果，促进了教师和学生的共同发展。

三是加强教育教学理论支撑和专家的进一步深入指导。基础教育阶段的课题研究多围绕实际工作展开，实践经验多，理论提升少。这也是我们在培养学生创新精神课题研究过程中存在的困惑之一。教师们迫切需求先进的教育教学理论支撑和专家指导，尤其在教育学、课程论和教学法上。这无论对课题研究本身，还是对教师的专业成长，都具有重要意义。

四是进一步加强创新人才思维特点的进一步深入研究。反思实验学校在培养学生创新精神方面的实践，主要是针对不同类型学生的培养途径进行的探索，成果是行之有效的，但缺乏更为上位的研究。比如，不同学科的本质特点是什么？具有什么思维特点的学生适合这类学科的学习？如何根据学科特点和学生的思维特点调整教学策略？这些关于思维特点的问题触及教学本质。深入研究这些问题，对创新人才的培养具有至关重要的意义。

五是建立与之配套的规范的调查反馈机制。成功的教育改革必须经得起实践的检验。学校在学生创新意识及创新精神的培养方面究竟成效如何？我们的学生在大学期间的表现如何？大学毕业后在社会上又有怎样的作为，是否真的称得上具有创新意识和创新能力的优秀人才？这些问题都需要与之配套的规范的持之以恒的调查和反馈。

4. 实施中学与高校联合培养模式，培养高中阶段的拔尖创新人才

高中阶段是学生创造性发展的关键时期，在高中阶段培养拔尖创新人才，对于提高自主创新能力，建设创新型国家，具有重要的意义。以"春笋计划"为例，胡卫平在调查了高中学生创造力和创造性人格的发展状况的情况基础上，借鉴国内外拔尖创新人才的培养模式，提出了适合普通高中学生的"中学和大学联合培养"的模式，并进行了实践，为国内创新人才培养模式提供了启发。

"春笋计划"是在普通高中课程改革的背景下，选拔少数具有创造性潜质且学有余力的高中生，利用综合实践活动课程时间和节假日进入高校实验室参加课题研究；组建专家报告团，为高中生举办讲座、报告，参与高中生研究性学习的

指导；高校重点实验室对中学生实行开放日制度，接待中学生有计划地参观和学习。通过这些活动，培养高中生的科学探索兴趣和创造性思维能力，拓宽基础教育阶段创造性人才培养的途径。

从学生角度看，学生对学科知识的认识、自身的人格特质，对事物的态度变化很大，部分学生还取得了显著的科研成果。一是学科知识方面，学生普遍反映参加课题研究以来，自己对学科知识有了新的认识，对书本知识有了更深的理解，并为后续学习奠定了良好的基础。在知识学习过程中，多数学生由过去的被动的接受转为现在的自主探究，对知识的兴趣也更加浓厚，90%的学生认为与之前相比，自身的学习兴趣、学习方法上提高较大，所有学生认为自己掌握知识的能力与之前相比得到了很大程度的提高，学到了许多科学研究的方法，并掌握了一定的专业知识。学员们的思维方式得到转变，学习方法有很大改善，课堂知识掌握更加牢固，能够更高效地完成学习任务。二是人格特质及对事物的态度上，学员们的自信心、内部动机、好奇心、自我接纳与坚持性同之前相比显著增强，开放性、怀疑、独立性和冒险性也较之前有所提高。学生的学习动机中以深层动机为主，且其显著高于成就动机与表层动机。有的学员谈到自己现在不仅能够发现问题，更敢于质疑和探索，做事情更有耐心，也比较注意细节。"春笋计划"的开展，使学员们将学科知识与实践更好地结合起来，学员们一方面加强了动手操作能力，另一方面也提升了创新素质，增强了团队合作的意识，同伴关系得到很大提高。在日常学习中与同伴更好的相处，相互合作学习、探讨问题、共同提高。学员与老师之间沟通加强，老师对学生的关注度增高，能更及时有效地与学生交流，给予帮助和指导。有的学员之前与同学老师沟通存在问题，现在已经可以主动与同学老师交流。三是在科研能力上，经过一年的努力，参与"春笋计划"的学员顺利完成了课题的研究工作，部分学员取得了显著的研究成果，并最终顺利通过答辩。学员们的科研成果显著，许多课题研究产出了有价值及实际应用意义的成果，学员们的优秀论文陆续发表在国内外的权威期刊上。

在"春笋"计划实施前后，教师也有了很大变化，主要集中于专业素养和教学观念上。一是不同于重复性较强的教学内容及方式，"春笋计划"的参与使得教师与学生共同投入社会进行观察，进行思考，逼迫他们不断地学习与提高，以便即使给予学生指导；其次，与高校教授交流也使得高中教师们接近学科前沿，接触到新的研究方法，从而提升自己的理论修养，成为研究型教师。二是无论是选拔还是培训，"春笋计划"依据的标准都与教师平常习惯的标准大相径庭，这也使得教师们已有的教学观念受到巨大的冲击。为了适应新的环境，他们不得不重新思考什么才是真正的人才，这样的基础问题。改变了固有的观念后，教师们已开始普遍地关注那些在课堂中有独特想法的学生，并鼓励他们发表自己的意见，以达到教学相长。

从学校的角度看，随着教师和学生发生的转变，学校也发生了相应的变化。这种变化不仅体现在学习教师及校长的教学思维的转变，更体现在整个学校学习氛围、教学氛围及教育氛围的转变。高中阶段是培养拔尖创新人才的基础阶段，创新人才的培养已在学校教育中的地位日益凸显。但"春笋计划"实施以前，基地校的创新人才培养基本还处于理念阶段，学校仍然从只注重学生成绩而忽视学生综合素质的全面发展；从"春笋计划"改变了这一现状。使得学校从注重以书本为主的学科知识学习转变为引导学生深入实践提高动手操作能力；从要求学生单纯接受吸收知识转变为塑造"我要学""我爱学""我会学"的新型创新人才。在此基础上学校积极推进课程改革，通过专家报告、研究性学习和参观大学实验室一系列的实践活动中，基地校不仅加强了与高校、科研单位等的交流与联系，更通过提升研究性学习能力提高了办学治学能力。在这个过程中，学校逐渐形成了新的教育氛围，激励学生质疑、创新，教师关心、理解学生，尊重学生的兴趣与爱好，引导学生在质疑中不断钻研、在合作中学会共享、在探究中有所创新，同时带动周围同学的发展，共同创设良好的校园学习氛围，如：西安中学的"创新从课堂开始、创新从日常生活开始、创新从理念开始"，利用常态的课堂教学过程，在引导学生学习的经历、体验中，渗透创新理念，让学生在感悟知识和方法的同时形成创新意识；西安铁一中探索以"问题发现—问题研究—问题解决—连锁反应"为导向的课堂教学方式，引导学生进行主动实践，培养学生的质疑力、观察力、协同力。

（二） 构建以创新人才培养为核心的大学教育模式

我们要学习世界高等教育的先进经验和教育模式，从根本上改变我国现有的以考试成绩定优劣的培养体系，创新大学教育体系。从以教师、课堂、传授知识为中心的大学，转变为以学生、学习实践、培养人才为中心的创新型大学，并做好本科与研究生教育的有效衔接。

1. 创新现代大学教育制度，理顺政府与大学的关系

创新现代大学教育制度，最主要的是政府要充分放权，让大学按教育规律自主办学。中国高等教育发展史上有过这样的办学独立的时代。最著名的就是西南联大。1937 年北京大学、清华大学、南开大学先迁到湖南，后来又到昆明，改成西南联合大学，短短的 7 年里，总共培养了 2 000 多名学生，出现了诺贝尔奖获得者杨振宁、李政道，数学大师华罗庚，以及 137 位中科院院士，可谓拔尖创新人才济济。西南联大堪称中国教育史上世界一流的大学。

时至今日，尽快改革大学内部的行政化管理制度，改革学术机构的人才管理

方式，建立与现代科研院所制度、现代大学制度相适应的人才管理制度、鼓励大学自主化、个性化发展十分关键。在学术机构建立专家治校、治所制度，防止过于行政化，完善决策民主化、科学化机制，尊重研究性人才成长的规律和科研工作的性质和特点，给予充分自由研究的时间和空间，调动和发挥每一位科技工作者的积极性和创造性，让科学家潜心研究。

2. 统筹推进世界一流大学和一流学科建设

一是在考试招生、人事制度、经费管理、学位授权、科研评价等方面给高校更多自主权，支持、引导大学积极探索不同的一流建设之路。尤其要给大学自主设置专业的权利。长期以来，我国高等教育的课程设置是计划体制的。申请社会需要的新专业非常难，且过程繁琐、复杂。所以大学的专业设置往往落后于社会发展的需要，大学培养的人无法满足快速发展社会的需要，这是在所难免的。发达国家的大学，每年都要淘汰许多专业，同时会增加许多新专业（甚至多达上千个），使得大学生能够较快地适应创新需求。所以，国家给大学自主设置专业的权利，有利于大学办出特色、办出水平。二是建设一流学科。以学科为基础，着力打造学科领域高峰，建设具有世界领先的学科，以一流学科建设带动高校整体建设。三是培养一流人才。抓好高质量的本科生教育，重点推进拔尖创新人才培养、协同育人机制、创新创业教育，建设一流师资队伍、培养拔尖创新人才、提升科学研究水平、传承创新优秀文化、产学合作与促进科研成果转化。

3. 明确以科学精神和实践创新能力为核心的大学培养目标

目前，我国各人才培养模式中，存在由于高等教育结构失衡现象导致的人才培养目标趋同，创造性人才类型单一；人才培养目标脱离社会需求；学校教育模式僵化，不适应创造性人才成长的要求等问题。当务之急，需要进一步明确人才培养的目标定位，树立以创新精神和实践能力为核心的创新人才培养目标。细化培养目标，建立指向和针对创新能力的培养目标体系，建立由综合目标、专项目标、层次目标和单元目标所组成的完整的目标评价体系。有利于将创新能力培养渗透到教育教学的全过程，改变侧重理论知识记忆和理解的考查得传统教学模式和评价模式。在各人才培养模式中，突出创新精神、创新能力、职业综合能力的培养。注重培养学生运用理论知识和方法，创造性的解决实际问题的能力，从而使学生在当今社会和经济飞速发展的情况下具备良好的适应性和灵活性。

做好本科教育和研究生教育的衔接。本科教育可加强实践综合能力的培养，打好人才成长的基础。研究生教育要侧重创新人才的培养，尤其是博士研究生教育要以培养各领域的拔尖创新人才为目的，使之成为未来社会各领域的领军人。而目前我国研究生教育的质量偏低，与国际发达国家的研究生教育质量和水平相比存在一定的差距。这些年研究生教育扩招，考试内容侧重知识、技能类，考查的能力主要是记忆力，那些富有创造天赋，不擅记忆的人被拒之门外，导致研究生教育的同质化严重，培养的研究生缺乏个性和创造力，降低了研究生教育的水平。

4. 建立以应用和创新为导向的课程体系

培养拔尖创新性人才，课程改革非常关键。我国的课程结构虽然经过几次调整，但仍然没有摆脱传统的、单一的学科课程倾向，普遍存在着重视学科课程、忽视实践活动课程；重视必修课程，忽视选修课程；重视专业课程，忽视综合课程等现象。同时，教学内容脱离社会需要，落后于学科发展，对学生缺乏吸引力。这些不科学、不合理的课程严重遏制了知识创新、制度创新和创新人才的涌现。着力课程改革，强化创新性的课程体系和教学内容，为大学生提供有助于师生创新性的发挥和培养的新型课程，是高等教育改革的重中之重。

解决的主要办法如下：一是根据行业和当地企业的实际需要安排课程内容和结构，打破传统僵化的学科课程结构，建立起模块化的课程结构。这样的课程面向市场需求，可以适时地进行调整和优化，有利于学生学到必需、实用的知识，培养专业应用能力和创新能力，更有利于学生毕业后及时就业，也有利于高校缩小与企业需求之间的差距，提高创新人才培养质量和针对性。与此同时，也要从长计议，保证长线专业和人文专业的重要地位，增加通识课程，培养学生的综合素质。二是课程内容要充分体现学科前沿，也即教师要根据学科研究领域的最新进展，及时更新补充教学内容，丰富课堂知识，提升课堂吸引力，培养学生的创新精神。教师要改革教学方式，授课方式要以学生为中心，增强学生课堂参与性，有效培养学生创新精神，提升学生创新能力。三是课程要利于发展学生的个性和兴趣。近年来，国内高校的有益经验值得关注，如加大学生主体意识和自主选择，激励创新，包括多元化人才培养模式的分流培养制度、平台—模块式课程结构、公共课分层教学方案、专业二次选择条例、主辅修制度、弹性学习年限、小学期排课制度、实践周、跨校跨院系跨专业选课制度等，推进学生个性化弹性学习。[①] 这些课程改革有利于创新人才的培养。

5. 摒弃传统的灌输式教学方式，提倡启发式教学方式

传统的教学方式以教师为中心，采用灌输式教学方式，不利于发展学生创新意识和创造能力。创新大学教育就要进行转变：由只重视同一性、固定性和规范性的教育向鼓励多样性、变通性和创造性的教育转变；由对学生的灌输式教学向启发式教学转变；引导学生从被动学习向研究性学习、自主性学习、探索性学习

---

① 钟秉林、董奇等：《创新型人才培养体系的构建与实践》，载于《中国大学教学》2009 年第 11 期。

转变。从同质化的、技能型人才培养模式向独立思考、理性质疑、探索未知、勇于创新的人才模式转变。

6. 创新研究生培养模式

一是服务创新驱动发展战略和高等教育质量提升，加速深化研究生教育综合改革。加快完善研究生教育制度，大力提升研究生创新能力和实践能力，形成具有示范作用的拔尖创新人才培养模式，发挥研究生教育在科技创新、产业结构转型升级、优秀文化传承中的重要作用。二是坚持寓教于研，推动研究生深入科研实践，提高研究生创新能力。在高水平的科学研究中培养高质量人才，提高原始创新能力，是我国创新人才培养的关键。面向世界科技前沿，面向国家重大需求，面向国民经济主战场，研发能够解决经济社会发展重大问题的标志性成果和能够阐释自然现象和规律、具有突破性意义并被广泛引用的原创性成果，让研究生在科学研究的氛围和环境中得到培养和锻炼。三是探索强基础、宽口径、跨学科的创新人才培养模式。依托各类创新研究平台，建立贯通的"本硕博"学科群课程体系，打破学科壁垒，促进学科交叉。

7. 全面树立立德树人、育人为本的教育思想

要注重理想信念教育和职业道德建设，培养具有远大的理想、高度的使命感、责任感，具有正确的世界观、人生观、价值观，拥有高尚的情操、人格，具有拼搏奉献、艰苦创业、诚实守信、团结协作精神，可以忍耐种种压力的全面发展的人才。

8. 加强实践活动，开设创业教育，走产、学、研相结合的道路

大学生的创新能力主要包括了四个方面：第一，学习的能力，即对主要已有知识及知识源的接触、筛选、吸收、消化；第二，发现问题的能力，即对已有知识框架结构的漏洞或盲点的发掘以及对知识框架结构的完善，对已有知识框架结构合理性的质疑和重建；第三，提出解决问题方案的能力；第四，实践其方案的能力[①]。可见，实践教学是使理论知识向能力转化的重要环节，是培养学生实践能力和创新精神的重要途径，也是提高学生综合素质的关键环节。党中央、国务院明确部署，当前我国需深入推进高校创新创业教育，提高大学生的实践能力。创新创业教育的本质就是以更加实践性、个体性、多样性的方式实现创新人才培养这一目标。

从创新创业教育的客体来看，创新创业教育要培养大学生对创业的基本认知，这种认知本身就是一种知识结构，可以作为大学生知识体系的一部分。在

---

① 周旋：《研究性学习与网络平台下大学生创新能力的培养》，载于《高等教育研究》2007 年第2 期。

一个创新驱动的社会中，创业知识的内容可以体现当今社会主流和日常的各种创新模式，以及社会态度、经济政策和法律制度对创造力、冒险精神和创业行为的支持等。此外，创业不仅仅是一种商业行为，作为思维、推理和行动的独特模式，创业需要想象力、洞察力及创造性整合资源的能力。因此，从更广泛的意义上来讲，创新创业教育是体现创新教育的最佳实践路径，对于大学生优化知识结构、适应未来不断创新的社会并实现自我发展具有重要作用。具体来说，创新创业教育应该针对不同学生采取不同的方式。对于那些具有高绩效表现力、创业欲望强的学生，高校创新创业教育的侧重点应当更加偏重于大学生的创业实践支持体系建设；对于特别缺乏创业动力和热情的大学生，高校应当尊重其个人选择，通过校园创业文化来对其进行熏陶；比重最为庞大的则是居于中间层面的大学生，这一群体的特征非常明显，他们对创业有所了解也具有一定的动力，但是他们缺乏某种促使其创业的最关键要素。对于高校创新创业教育来讲，中间层面的学生应当是整个体系设计和实施过程中关注的重点群体。对创新创业教育目标群体的准确分类，是创新创业教育面向全体学生但要分层分类实施的重要依据。

从创新创业教育的主体看，目前我国高等教育在实践教学环节比较缺乏，还存在许多亟待解决的问题，如重视技能训练、活动创新能力培养、实践时间短等。创新创业教育的目标远超过记忆、分析、推理等传统的教学目标，创新创业教育必须在复杂性的情境中感知问题、处理问题。因此，建议开展下列做法：引进实践学期做法，鼓励学生在全面学习专业理论知识的基础上进行大量实践锻炼；支持学生进入企业实习并有相关学分规定，将理论与实践相结合，做到学以致用；增加科研活动和实践类课程的比重，如实验教学、延长实习时间、项目教学、毕业设计和学术交流活动；建立社会实践大课堂、开放实验平台、实施走班制；采取案例式、自主式、项目式等多种实践教学模式，鼓励学生开展研究性学习等，从而提升其专业综合能力和创新能力。

我国的高等教育，自古以来都是以考试教育为中心的知识教育，忽视创新、创业教育。导致大学生的学习兴趣、特长、创造力的淹没；造成大批大学本科生、研究生就业难、创业难、创新难的困境。尤其是人才培养模式单一、封闭，学校与企业没有共建双赢的机制，合作缺乏组织基础和制度保障，这严重制约了创新人才的培养。我国高校每年平均有3万多项科技成果，其中只有15%～20%转化为生产力，形成产业化的成果不足5%。而美国1999年有1 100所高校开设创业课程，建立大学—企业联合研究中心，坚持产学研一体化办学。高校创立的科技成果总量占全球科技成果总量的60%，其中80%都转化为经济，对美国经济贡献率高达70%。硅谷60%～70%的公司都是由斯坦福大学的学生和老师创办的，硅谷收入中有一半为斯坦福大学师生的公司创造。①

因此，我国高等教育一定要重视创业教育，构建产学研一体化培养创新人才的模式。一是实行校企结合，规定大学必须与企业合作。明确高校和企业在合作过程中的方式、责任和权利，制定相关合作运行制度，建立有效的资源共享机制。二是建立多样化的校企合作形式，使企业直接或间接参与人才培养的全过程。其最大的好处是三方获益：科研成果可以及时地被应用于地区企业发展，促进了企业核心竞争力的提高，促进产学研合作，推动科技人才向企业集聚，提高企业的研发能力；学生可以通过参与应用型科研，学习和研究的积极性被充分调动起来，其创新精神、创新能力、专业能力和综合素养也得到极大提高；院校在地区社会经济发展中的地位和作用也得以提升。三是鼓励企业录用大学毕业生，尤其是研究生。国家、大学以及产业界应不断增加博士毕业生的实习机会，以提高学生的职业适应能力和创业能力，以有利于这些人才发挥实践创新的作用。

9. 培养创新型教师

所谓创造型教师是能够及时更新和掌握国内外最新研究动态，掌握学科前沿知识，能够不断主动地更新教学内容、能够有意识地传授创新方法的教师。

世界各国著名大学的共同经验证明，创新型的师资队伍既是决定一所大学的核心竞争力，也是培养创新型人才的关键所在。只有具有创新精神、创新能力和创新知识的教师，才能教会学生如何发现、研究问题和解决问题，才能重视因材施教、开展启发式教学，培养学生的创新精神和能力。在美国耶鲁大学，教师都是各自研究领域中的国际级大师，他们既对学生进行学科专业方面的指导，又教会学生形成追求科学、献身科学、严谨做学问的精神态度，掌握研究问题的方法。

相较之下，我国的教师队伍现状不容乐观。不少老师已经沦为教书匠，缺乏有创新精神和能力的学科带头人，缺少把发现、培养超越自己的优秀学生视为天职的胸怀宽广的教师；一些教师专业水平不高，研究能力不强，教风和学风不良，教育教学观念落后、教学方法机械陈旧，加之教师人事制度刻板，难以吸引和留住优秀教师。我们必须把建设一支高水平的教学科研队伍摆到学校发展战略最重要的位置，必然集中优势资源，创造各种条件促进高水平师资队伍的形成与发展，采取岗位培训、升学深造、科研支持等途径促进教师的创新精神和创新能力的提升。

---

① 蒲心文：《高校如何构建创新型人才培养体系》，载于《科学时报》2009年第2期，第10页。

三、继续优化拔尖创新人才发展与管理机制

（一）改革人才发展体制机制和管理机制

把深化改革作为推动人才发展的根本动力，坚决破除束缚人才发展的思想观念和制度障碍，构建与社会主义市场经济体制相适应、有利于科学发展的人才发展体制机制，最大限度地激发人才的创造活力。

首先，完善人才管理体制。进一步改革人才管理体制，创新人才培养开发、评价发现、选拔任用、流动配置、激励保障机制，营造充满活力、富有效率、更加开放的人才制度环境，做到人尽其才、才尽其用。

其次，要建立以学术和创新绩效为主导的科研评价机制，防止过于频繁、过度量化的考核倾向。建立合理的科研投入机制。加大对重大的基础研究、国内外前沿技术研究、社会公益类科研机构的投入力度，健全高等学校和科研院所分配激励机制，注重保护和发挥科研关键岗位和拔尖创新人才的研究积极性。建立有效的竞争激励机制，切实保护创新成果，使创新者按照创新贡献享受创新收益，鼓励创新型人才脱颖而出。

最后，构建灵活高效的人才配置机制。为了满足科学技术不断发展的需要，要吸引研究人才，鼓励人才的跨国、跨机构和跨产学界的流动，为创新活动构建灵活高效的人力资源配置机制，使人才的使用趋于合理化，加快知识传播和成果转化。欧盟国家在这方面有许多先进的经验可供学习，如通过发布政策文件的形式，确保促进人才流动的优先领域和行动方案的落实。主要措施有：第一，改革僵化的用人体制，引进竞争机制，在国际范围内招聘人才。第二，改革社会保障、医疗及退休金等方面阻碍，研究跨国、跨地区人才的流动政策或规定，为引进人才提供快捷通道。第三，保障给引进的人才提供更好的就职条件、工作环境和待遇。

（二）实施更加开放的人才引进政策

首先，要开放人才引进渠道，得天下英才而用之，加快形成具有国际竞争力的人才制度优势。引进人才的优势如下：一是能促进创新型国家建设。依托国家重大科研项目、重点工程，支持我国重点科研院所、大型国有企业等引进高端外国专家和创新团队。二是可以支持产业转型升级。重点支持节能环保、生物、高端装备制造、新能源、新材料、新能源汽车、新一代通信技术等战略性新兴产

业。围绕国家重大工程建设、重点基础性研究、关键技术攻关和重大装备研发，以及区域发展战略等，实施引进外国专家项目，实现项目引领。完善政策、健全机制、拓宽海外引才引智渠道。

其次，不断优化创新型人才成长环境。坚持自主培养开发与引进海外人才并举，将国内培养和国际交流相衔接，既可以联合培养，也可以引进拔尖创新人才，大力吸引海外高层次人才和急需紧缺专门人才，促进人才培养的国际化，但要加强对其的跟踪评估以及建立海外引进人才与国内人才公平竞争的机制。组织实施创新人才推进计划、海外高层次人才引进计划，推进"百人计划""长江学者奖励计划""国家杰出青年科学基金"等人才项目。学习国外创新人才培养的成功经验，借鉴国外现代大学制度和人才培养模式的先进成果，探索我国创新人才培养的新理念、新途径、新方法。

（三）建立人才培养与科技发展、教育规划有效衔接的长效机制

尽快全面落实《国家中长期人才发展规划纲要（2010 - 2020 年）》要求，加强与《国家中长期科学和技术发展规划纲要（2006 - 2020 年）》和《国家中长期教育改革和发展规划纲要（2010 - 2020 年）》实施工作的紧密结合。建立人才培养与科技发展、教育规划有效衔接的整体性的长效机制，从根本上保障创新人才的成长。尤其是落实好《创新人才推进计划实施方案》的有关政策，加强领军人才、核心技术研发人才培养和创新团队建设，形成科研人才和科研辅助人才衔接有序、梯次配备的合理结构，提高自主创新能力。

1. 建设科学家工作室

主要选取我国具有相对优势的科技前沿领域或符合国家发展战略需求的重点领域，选取具有国际水平的科技人才，围绕若干重大科学问题开展探索性、开创性研究。科学家工作室要在世界科学前沿取得重大科研成就，增强原始创新和技术突破能力，在优势领域中培养和造就出顶尖级科学家和工程师，积极探索拔尖创新人才培养的新机制、新方法、新途径。

2. 关注潜力，鼓励探索，培养大批中青年科技创新领军人才

美国科学社会学家朱克曼对 1901 ~ 1972 年 286 名诺贝尔奖获得者的年龄进行分析得出，获诺贝尔奖研究室的年龄平均为 38.7 岁。因此，我国也要注意选拔有突出创新能力的中青年学科带头人，重点扶植、培养一批在世界科技前沿和战略性新兴产业的重点领域中，具有较强创新能力的青年科技人才。

3. 鼓励长期稳定合作，打造重点领域创新团队

任何重大的科研成果获得都是依赖于创新团队来完成的。屠呦呦团队的青蒿素研究成果就是典型的范例。创新团队年龄结构和专业结构要稳定、合理，具备

389

可延续性，确保出色地完成国家重大战略任务，保持和提升我国在若干重点领域的科技创新能力和国际竞争力。

4. 扶植一批科技创新创业人才

对那些在企业中拥有核心技术或自主知识产权的创业人才进行扶植，鼓励其研究成果快速进行转化。大力扶植企业中那些具有较强的创新创业精神、市场开拓和经营管理能力的人才。加大对成长型企业的扶持，重点向初创期和成长期企业倾斜。

5. 推进拔尖创新人才培养的改革试点，建立创新人才培养示范基地

在高水平研究型大学和科研院所的优势基础学科建设一批国家青年英才培养基地，吸引最优秀的学生投身基础科学研究，努力使受计划支持的学生成长为相关基础学科领域的领军人才，并逐步跻身国际一流科学家队伍；突出高精尖导向，面向学术大师、全球顶尖人才、青年拔尖人才培育建设一批科学家工作室。对于那些在人才培养的体制机制改革方面积极探索且取得明显成效、在政策和机制创新方面具有突出特色、具有明确的改革思路和重要举措的科技园区或有独立法人资格的高等学校、科研机构，建立示范基地，以发挥其辐射和带动作用。

6. 要转变人才培养的观念

一是要鼓励冒尖。改变中国传统文化中循规蹈矩、中庸保守的价值观，鼓励科研人员大胆想象、大胆创造，倡导学术自由和冒尖。二是要保持平常心。以平常心对待科学研究和失败。三是要营造环境。营造潜心研究的精神和物质环境，让科学家能心无旁骛地潜心科研。打造能持续合作的创新团队，以确保拔尖创新人才的成长。

四、实行开放式培养，创立大科研协同育人机制

（一）深化协同创新育人模式

扩大创新人才培养的社会资源，完善科教结合、校企合作、产教融合的育人机制。拔尖创新人才的培养不仅仅局限在校园，科研院所、企业都蕴含着丰富的教育资源，学校要注重协同育人，主动扩展和汇聚社会资源，为拔尖人才培养提供经费、资源支持和条件保障。

协同创新是培养拔尖创新人才的主渠道，科学研究与人才培养密不可分，在实现协同创新的过程中，培养创新人才，并最终依靠创新人才推进协同创新；尤其是在重大科研项目开发研究中可以凝聚、储备、成长大批的创新人

才。我们应大力推进科研与教育的融合，探索具有中国特色的协同创新路径，培养创新人才。

创新人才培养是个系统工程，培养的主体具有多元化特征，除了高校外，科研院所、行业企业也都拥有自身独特的人才培养优势和条件，创新人才培养的资源分别掌握在不同的创新主体手中，任何一个创新主体都不能够有效掌握创新人才培养所需要的全部资源，必须依靠其他的主体提供支持，形成协同效应，共同达成人才培养目标。因此，创新人才培养需要突破制约创新人才培养的内外部机制障碍，建立多机构、多部门、多单位协同创新机制。

高校内部协同创新，重点在跨学科体制创新。如组建各种跨学科研究中心、实验中心、教学中心；突破学科壁垒，搭建多种形式的跨学科教育平台，组织不同学院、不同学科的教师组成跨学科研究小组和教学小组；创设跨学科公共课程，以基础宽厚、整体组合的课程替代严格的学科分类课程；推进校内跨学科选课制，鼓励学生跨学院跨专业选课，为学生带来不同的学科视野和综合化的知识结构。

高校外部的协同创新重在校企合作，通过联合共建实验室、共建实践创新基地、开展基于项目的合作、建立战略联盟等形式，建立基于产学研结合的教育平台，把课堂教学与课外活动，校内教学与校外实践，国内教学资源与国外教学资源有机结合起来，将课堂教学的"小课堂"延伸到课外、校外和国外，变成课内课外、校内校外、国内国外"三结合"的"大课堂"。合作各方以产学研合作教育平台为支撑，通过立项和联合开发等途径，开发学科前沿课程、专题研讨课程、问题中心课程等新型课程，为创新人才培养奠定坚实的基础。

在协同创新中培养创新人才，已成为欧美等发达国家的基本国策。例如欧盟建立了创新集群以推动创新协同机制。所谓创新集群，即一组独立单位，包括创新实验室、企业、研究机构和大学，在一个特定产业和区域中运营，通过深入互动、共享设施、交流专业技术知识、技术转让、网络联系和信息传播，促进创新活动。欧盟在其战略方向中，明确鼓励成员国和地区在经济改革战略框架下推动有实力的集群发展。集群已经成为欧盟各成员国或地区创新战略的重要组成部分。[1]

为加强教育、科研和创新的有效整合以及产学研的紧密结合，我国也实施了"2011 计划"，全称高等学校创新能力提升计划。这是继"985 工程""211 工程"之后，国务院在高等教育系统又一项体现国家意志的重大战略举措，其实质是一种协同创新机制。"2011 计划"以协同创新中心建设为载体，主要按前沿、

---

[1] 柯常青：《欧盟创新人才培养政策举措》，载于《中国人才》2012 年第 2 期。

行业、区域、文化等类别中的重要领域和课题开展跨地域、机构的合作联盟。2012 年 7 月北京师范大学中国基础教育质量监测协同创新中心成立，这是我国第一个、也是目前唯一一个通过教育部认定的教育学和心理学领域的国家协同创新中心。协同中心依靠北京师范大学在全国教育领域的资源优势，组织、协调全国各相关单位、各相关领域科研力量，建设一支专兼结合的专家队伍，在实施全国基础教育质量监测工作的同时，指导各地开展基础教育质量监测工作，推动国家基础教育质量监测网络的逐步建立。其使命在于构建具有中国特色、国际可比的国家基础教育质量监测体系，推动教育管理和决策的科学化，推动我国基础教育质量水平不断提升，促进亿万儿童青少年全面、个性发展，为建设教育强国和人力资源强国奠定坚实基础。2013 年 4 月 11 日，由北京大学、南京大学、中国科学技术大学、哈尔滨工业大学、北京航空航天大学、北京交通大学、中国政法大学、天津大学、南京工业大学、浙江工业大学等校牵头的首批 14 家国家协同创新中心通过"2011 计划"认定，成为首批"2011 计划"建设体。目前，国家已经建成了一批协同创新中心。协同创新机制建立后的效果还有待评估。需要强调的是，建立协同机构并不意味着就可以培养出创新人才了，还要加大协同机制的内涵建设。协同创新中心要聚焦重大的研究课题、国际相关领域的前沿课题、国家发展中重大领域的核心技术，凝聚各类人才，进行协同攻关，防止为协同而协同的形式主义。对那些已经成为协同中心，但多年始终没有研究成果的协同中心要予以评估和取缔。

（二）建立多元化的协同创新模式

　　总结、提炼、推广我国高校在协同育人方面的成功经验，建立多元化的创新人才培养模式，形成创新人才培养的长效机制。一是校际协同创新的人才培养模式。各高校依托自身的优势学科、特色学科及优势学科群，以及优势师资群，开展校际之间的协同创新与合作。通过共同承担大型科技攻关项目、互聘师资、共享课程和实验室资源等途径，充分发挥人力、物力、智力等创新要素的活力，共同搭建创新人才培养大平台。二是校所协同创新的人才培养模式。依托科研院所研究团队和优质科研资源，面向世界科技前沿、国家重大战略需求和围绕国家重大基础研究、战略高技术研究、重大科技计划和国家重大工程专项，展开联合攻关，在科研协同攻关中，创新拔尖创新人才培养模式。三是校企（行业）协同创新的人才培养模式。依托高校与行业结合紧密的优势学科，充分发挥行业特色优势和地域优势，选择具有全局性、战略性的重大工程，集中力量组织攻关，突破关键核心技术，服务产业升级转型和结构调整，从而探索建立多学科融合、多团队协同、多技术集成的重大研发与应用平台，大力开展工程技术人才培养的协同创新。特别需要强调的是，当前高校要以教育部"卓越工程师教育培养计划"的实施为契机，着力构建学校与企业联合培养工程创新人才新机制。四是区域协同创新人才培养模式。面向区域科技、经济、文化发展的重大需求，高校与属地政府机构、科研院所、大型企业共建协同创新中心或基地，促进科技成果和资源向全社会开放，构建多元化的成果转化与辐射模式，带动地方经济、文化、科技发展。同时也促进高校学科交叉型、复合应用型创新人才培养模式的形成。五是国际交流与合作协同创新的人才培养模式。依托国际交流合作平台，与国外先进高校和机构开展合作，在工程师跨国企业实习、国际化课程、国际化师资、工程教育学科与专业认证、联合培养学位项目、国际交换生、短期游学项目等方面开展国际合作，提高工程教育的国际化水平，培养具有国际视野和国际交往能力的工程创新人才。六是以核心技术攻关为纽带创新研究院所人才培养模式。以高校、科研机构和企业的创新人才结合，共同进行创新研究和开发，同时培训新领域的创新人才，提高他们的创业和创新管理能力。发挥集体智慧，针对交叉学科的关键技术问题，提出创新性的解决方案。创新研究院为来自不同领域的高端人才提供成长和发挥的广阔空间，让他们通过合作促进创新，以创新带动合作，最终成长为未来中国知识社会所需的创新人才。创新研究院不同于科学家工作室，前者的创新团队是同一领域的、来自不同单位的人才，可以是高校，也可以是科研机构，也可以是企业，甚至是海外的科学家，这种创新研究院的建立是基于大科研创新的理念，不限于一时一地的人才。关键是要组织好、管理好，要从国家层面进行推进，才能得以实现。

（三）建立高效的科研奖励和资助机制

创新中心和创新研究院的建立都需要配套资金来资助。保证创新型人才投资的优先权。健全政府、社会、用人单位和个人多元人才投入机制，加大对人才发展的投入，提高人才投资效益。需要建立不同的项目计划以资助不同的人员和领域。如为科研人才在重点技术领域的合作研究提供经费，为前沿领域的创新研究提供资助，为吸引国际人才加盟国内研究团队提供资助，为研究基础设施建设提供资助，为科研人才提供良好的工作环境提供资助，为吸引人才从事研究，鼓励科研人员留在国内工作提供资助，还可以设立专门的人才计划，建设创新人才集聚地区。建立整体性的、可持续发展的人才计划，使科研创新人才在各个阶段的发展都得到扶持和帮助。加强对青年科研人员的扶持性资助，促进青年人才成长；深化博士后制度改革，鼓励博士后多出成果，吸引更多优秀人才从事博士后研究工作。

总之，未来十几年，是我国人才事业发展的重要战略机遇期，我们必须坚定

393

不移地走人才强国之路，推动创新型国家建设，制定科学、合理的拔尖创新人才培养系列战略规划，全国深化教育综合改革，创新人才培养体系、把培养造就创新人才作为建设创新型国家、人力资源强国的战略举措，为实现中华民族伟大复兴的"中国梦"奠定坚实的人才基础。

参 考 文 献

[1] 阿瑞提著，钱岗南译：《创造的秘密》，辽宁人民出版社 1987 年版。

[2] 白光林、李国昊：《农民企业家胜任特征模型构建——基于 43 位农民企业家案例的内容分析研究》，载于《中国农学通报》2012 年第 5 期。

[3] 白学军：《智力心理学的研究进展》，浙江人民出版社 1996 年版。

[4] 蔡华俭、符起俊、桑标、许静：《创造性的公众观的调查研究成果 (1)》，载于《心理科学》2001 年第 1 期。

[5] 蔡曙山等：《聚合四大科技，提高人类能力》，清华大学出版社 2010 年版。

[6] 陈丽君、郑雪：《大学生问题发现过程的表征层次研究》，载于《心理发展与教育》2009 年第 3 期。

[7] 陈丽君、郑雪：《大学生问题发现过程的问题行为图研究》，载于《心理发展与教育》2011 年第 1 期。

[8] 陈丽君、郑雪：《矛盾式与潜藏式情境问题发现思维策略的比较研究》，载于《心理学探新》2014 年第 4 期。

[9] 陈丽君：《大学生问题发现过程的思维特点》，载于《心理与行为研究》2014 年第 4 期。

[10] 陈龙安：《创造性思维与教学》，中国轻工业出版社 1999 年版。

[11] 迟宇宙：《宗庆后：万有引力原理》，红旗出版社 2015 年版。

[12] 戴惠、陈新忠：《谈以诗词鉴赏的形式培养大学生高尚的人格》，载于《教育探索》2007 年第 10 期。

[13] 董奇：《右脑功能与创造性思维》，载于《北京师范大学学报》（社会科学版）1986 年第 1 期。

[14] 冯承金、潘建红：《论创新教育中科学素养与人文素养的结合》，载于《武汉理工大学学报》（社会科学版）2016 年第 4 期。

[15] 傅小兰：《探讨顿悟的心理过程与大脑机制——评罗劲的〈顿悟的大

脑机制〉》，载于《心理学报》2004 年第 2 期。

[16] 复旦大学"基础学科拔尖创新学生培养试验"网站．复旦大学"基础学科拔尖学生培养试验计划"实施报告，http://www.exc.fudan.edu.cn/doku.php。

[17] 高凌飚：《谈谈科学素质教育的特点和内容》，载于《华南师范大学学报》（社会科学版）1994 年第 4 期。

[18] 高珊、曾晖：《大学生创造力倾向现状调查分析》，载于《中国电力教育》2012 年第 10 期。

[19] 谷传华、张笑容、陈洁、郝恩河、王亚丽：《状态与特质之分：来自社会创造性的证据》，载于《心理发展与教育》2013 年第 5 期。

[20] 郭昊龙：《我国科学教育与人文教育融合的现状与问题》，载于《武汉大学学报》（哲学社会科学版）2008 年第 1 期。

[21]《国家中长期人才发展规划纲要 2010 – 2020》第一项第三条，新华社2010 年 6 月受权发布。

[22]《国家中长期人才发展规划纲要 2010 – 2020》序言，新华社 2010 年 6 月受权发布。

[23]《国家中长期人才发展规划纲要 2010 – 2020》第一项第一条，新华社2010 年 6 月受权发布。

[24] 郭元婕：《"科学素养"之概念辨析》，载于《比较教育研究》2004 年第 11 期。

[25] 韩琴、胡卫平：《小学生创造性数学问题提出能力的发展研究》，载于《心理学探新》2007 年第 4 期。

[26] 韩琴、胡卫平：《小学生创造性文学问题提出能力的发展研究》，载于《心理发展与教育》2005 年第 3 期。

[27] 韩琴：《课堂互动对学生创造性问题提出能力的影响》，华中师范大学2008 届博士论文。

[28] 何云峰、金顺尧：《论批判性思维和创造性思维及其相互关系》，载于《中共浙江省委党校学报》1998 年第 5 期。

[29] 胡卫平、王兴起：《情绪对创造性科学问题提出能力的影响》，载于《心理科学》2010 年第 3 期。

[30] 胡卫平、周蓓：《动机对高一学生创造性的科学问题提出能力的影响》，载于《心理发展与教育》2010 年第 14 期。

[31] 胡卫平：《青少年科学创造力的发展与培养》，北京师范大学出版社2003 年版。

[32] 胡咏梅、唐一鹏：《高中生科学素养的性别差异》，载于《北京大学教育评论》2013 年第 4 期。

[33] 黄玉莉：《当代大学生人文精神的缺失及培育》，载于《教育探索》2006 年第 12 期。

[34] 吉林大学关于"基础学科拔尖学生培养试验计划"2014 级学生选拔工作的通知。http：//jjxy. jlu. edu. cn/？ mod = info&act = view&id = 5857。

[35] 江来、肖芬：《中国航天之父：钱学森》，中国少年儿童出版社 2011 年版。

[36] 金兼斌：《科学素养的概念及其测量》，中国科技新闻学会第七次学术年会暨第五届全国科技传播研讨会会议论文，2002 年。

[37] 柯常青：《欧盟创新人才培养政策举措》，载于《中国人才》2012 年第 2 期。

[38] 孔庆茂：《钱钟书传》，江苏文艺出版社 1992 年版。

[39] 赖小琴：《广西少数民族地区高中学生科学素养研究》，西南大学（博士论文），2007 年。

[40] 李大光：《世界范围的认识：科学素养的不同观点和研究方法》，中国国际科普论坛会议论文，2000 ~ 2001 年。

[41] 李海燕、胡卫平、申继亮：《学校环境对初中生人格特征与创造性科学问题提出能力关系的影响》，载于《心理科学》2010 年第 5 期。

[42] 李靖君：《大学生创造力与自我决定动机、创新环境支持的关系研究》，北京师范大学 2014 年硕士毕业论文，第 14 页。

[43] 李婧君、韦小满：《关于 4P 模型的国内外创造力研究综述》，载于《中国信息技术教育》2013 年第 12 期。

[44] 李文福：《创造性的脑机制》，西南大学 2014 届博士论文。

[45] 林崇德、辛自强：《关于创新人才培养的心理学思考》，载于《国家教育行政学院学报》2004 年第 4 期。

[46] 林崇德：《教育与发展》，北京师范大学出版社 2013 年版。

[47] 林崇德：《培养和造就高素质的创造性人才》，载于《北京师范大学学报》（社会科学版）1999 年第 1 期。

[48] 林崇德：《试论思维的心理结构研究》，载于《北京师范大学学报》（社会科学版）1986 年第 1 期。

[49] 林崇德：《我的心理学观》，商务印书馆 2008 年版。

[50] 林崇德：《智力活动中的非智力因素》，载于《华东师范大学学报：教育科学版》1992 年第 4 期。

［51］林幸台、王木荣：《威廉斯创造力测验》，心理出版社（台湾），1994 年。

［52］林幸台、王木荣：《威廉斯创造力测验指导手册》，心理出版社（台湾），1994 年版本。

［53］刘昌、翁旭初、李恩中、李德明、马林：《青老年组不同难度下心算活动的脑功能磁共振成像研究》，载于《心理科学》2005 年第 4 期。

［54］刘春晖：《大学生信息素养与创造性问题提出能力的关系——批判性思维倾向的调节效应》，载于《北京师范大学学报》（社会科学版）2015 年第 1 期。

［55］［法］卢梭著，李平沤译：《爱弥儿——论教育》，商务印书馆 1978 年版。

［56］罗劲：《顿悟的大脑机制》，载于《心理学报》2004 年第 2 期。

［57］罗晓路：《大学生创造力特点的研究》，载于《心理科学》2006 年第 1 期。

［58］［美］美国科学促进协会，中国科学技术协会译：《面向全体美国人的科学》，科学普及出版社 2001 年版。

［59］米哈伊·奇凯岑特米哈伊著，夏镇平译：《创造性——发现和发明的心理学》，上海译文出版社 2001 年版。

［60］潘津津、焦学军、姜劲、徐凤刚、杨涵钧：《利用功能性近红外光谱成像方法评估脑力负荷》，载于《光学学报》2014 年第 11 期。

［61］潘津津、焦学军、焦典、王春慧、徐凤刚、姜劲等：《利用功能性近红外光谱法研究大脑皮层血氧情况随任务特征变化规律》，载于《光学学报》2015 年第 8 期。

［62］彭美慈等：《批判性思维能力测量表的信效度测试研究》，载于《中华护理杂志》2004 年第 9 期。

［63］蒲心文：《高校如何构建创造型人才培养体系》，载于《科学时报》2009 年第 2 期。

［64］奇凯岑特米哈伊著，夏镇平译：《创造性：发现和发明的心理学》，上海译文出版社 2001 年版。

［65］邱江、张庆林：《创造性与初级思维过程》，载于《心理与行为研究》2006 年第 1 期。

［66］邱江、张庆林：《字谜解决中的"啊哈"效应：来自 ERP 研究的证据》，载于《科学通报》（中文版）2007 年第 22 期。

［67］全民科学素质行动计划纲要（2006—2010—2020 年），人民网：http：//scitech. people. com. cn.

[68] 申继亮、胡卫平、林崇德：《青少年科学创造力测验的编制》，载于《心理发展与教育》2002 年第 4 期。

[69] 沈汪兵、刘昌、罗劲、余洁：《顿悟问题思维僵局早期觉察的脑电研究》，载于《心理学报》2012 年 7 期。

[70] 沈汪兵、刘昌、袁媛、张小将、罗劲：《顿悟类问题解决中思维僵局的动态时间特性》，载于《中国科学生命科学》（中文版）2013 年第 3 期。

[71] 师保国、申继亮：《家庭社会经济地位，智力和内部动机与创造性的关系》，载于《心理发展与教育》2007 年第 1 期。

[72] 舒新城：《辞海（第六版）》，上海辞书出版社 2009 年版。

[73] 宋炬：《文学作品与大学生人文素养的提高》，载于《重庆工商大学学报》2005 年第 4 期。

[74] 宋哲、黄沛钰、中林、邱丽华、龚启勇：《图形创造性思维脑部机制的功能磁共振研究》，载于《西南师范大学学报》（自然科学版）2012 年第 4 期。

[75] 孙鑫：《本科阶段创新人才培养研究——以"基础学科拔尖学生培养试验计划"为例》，江西师范大学 2012 年硕士论文。

[76] 田玉、邱同和：《综合理科教育专业学生科学素养调查统计分析研究》，载于《扬州教育学院学报》2008 年第 1 期。

[77] 童丹丹、代天恩、崔帅、张庆林：《科学发明问题发现中的原型启发效应》，载于《西南师范大学学报》（自然科学版）2012 年第 12 期。

[78] 王灿明：《儿童创造教育论》，上海教育出版社 2004 年版。

[79] 王大华、付艳、唐丹、段云云、于春水：《任务难度与老化对大脑激活的影响——以线索记忆编码为例》，载于《心理与行为研究》2012 年第 1 期。

[80] 王国章：《宗庆后传奇：平民首富的中国奋斗史》，电子工业出版社 2013 年版。

[81] 王汉清、况志华、王庆生、居里锴：《大学生创新能力总体状况调查分析》，载于《高等教育研究》2005 年第 9 期。

[82] 王磊：《新加坡中小学创新教育政策分析》，载于《武汉市教育科学研究院学报》2007 年第 2 期。

[83] 王琳琳：《高师院校理科学生人文素质问题现状与对策研究——以东北师范大学为个案》，硕士学位论文，东北师范大学 2007 年版。

[84] 王孟成：《潜变量建模与 Mplus 应用·基础篇》，重庆大学出版社 2014 年版。

[85] 王敏、刘春雷、张庆林：《创造想象的半球偏向是左还是右》，载于《西南大学学报：自然科学版》2010 年第 2 期。

［86］王素:《科学素养与科学教育目标比较:以英、美、加、泰、中等五国为中心》,载于《外国教育研究》1999 年第 2 期。

［87］王英雪:《大学生信息素养和批判性思维的培养》,载于《辽宁工程技术大学学报》(社会科学版)2011 年第 2 期。

［88］温忠麟、侯杰泰、马什赫伯特:《潜变量交互效应分析方法》,载于《心理科学进展》2003 年第 5 期。

［89］吴继霞、黄希庭:《诚信结构初探》,载于《心理学报》2012 年第 3 期。

［90］吴泰昌:《我认识的钱钟书》,上海文艺出版社 2005 年版。

［91］谢贤扬:《21 世纪中小学生创新能力的培养与开发丛书》,武汉大学出版社 2000 版。

［92］谢中兵:《思维/智力/创造力理论与实践的实证探索》,载于《中国经济出版》2007 年第 258 页。

［93］徐芝君、陈学志、邱发忠:《〈报纸的不寻常用途〉测验之编制》,载于《创造学刊》2012 年第 2 期。

［94］杨环霞、胡卫平:《普通高师院校大学生科学素养和对科学技术态度的调查与分析》,载于《山西师大学报》(社会科学版)2006 年第 5 期。

［95］杨叔子:《是"育人"非"制器"——再谈人文教育的基础地位》,载于《高等教育研究》2000 年第 2 期。

［96］杨小洋:《中学生个人认识论的特点及与自我提问、创造性思维的关系》,北京师范大学 2006 届博士学位论文。

［97］曾德军、柯黎:《近十年拔尖创新人才培养问题研究综述》,载于《高等理科教育》2013 年第 4 期。

［98］张淳俊、陈英和:《学业成就、创造力与跨学科概念图创作能力的关系》,载于《心理与行为研究》2000 年第 1 期。

［99］［美］张纯如著,鲁伊译:《蚕丝——钱学森传》,中信出版社 2011 年版。http://scitech.people.com.cn/GB/25509/56813/60788/60790/4219943.html。

［100］张大良等著:《基础学科拔尖学生培养试验计划阶段性总结报告(2009－2013)》,高等教育出版社 2015 年版。

［101］张金福:《中国近代大学人文教育与科学教育位序演变的考查》,载于《西南师范大学学报》(人文社会科学版)2003 年第 3 期。

［102］张丽华、胡领红、白学军:《创造性思维与分心抑制能力关系的汉字负启动效应实验研究》,载于《心理科学》2008 年第 3 期。

［103］张庆林:《当代认知心理学在教学中的应用》,西南师范大学出版社 1995 年版。

［104］张智、张宝明、郭磊魁、杜丽华：《大学生科学素养和对科学技术态度的调查分析》，载于《云南师范大学学报》2001 年第 6 期。

［105］赵德芳：《批判性思维与创造性思维的比较分析》，载于《湛江师范学院学报》2011 年第 1 期。

［106］［美］斯腾伯格，R. J. 和斯皮尔 – 史浞林，L 著，赵海燕译：《思维教学》，中国轻工业出版社 2001 年版。

［107］赵磊：《当代大学生人文素养的内涵与提升》，载于《重庆大学学报》2002 年第 9 期。

［108］浙江大学 2015 级求是科学班新生选拔通知。http：//ckc. zju. edu. cn/chinese/redir. php？catalog_id = 50009&object_id = 47090。

［109］郑秀英、王倩莹、张璇、王陶冶：《大学生创造性发展研究》，载于《清华大学教育研究》2013 年第 4 期。

［110］钟秉林主编：《中国大学改革与创新人才教育》，北京师范大学出版集团 2008 年版。

［111］钟秉林、董奇等：《创新型人才培养体系的构建与实践》，载于《中国大学教学》2009 年第 11 期。

［112］周远清：《挑战重理轻文推进人文教育与科学教育的融合》，载于《中国高教研究》2002 年第 1 期。

［113］周治金、杨文娇、赵晓川：《大学生创造力特征的调查与分析》，载于《高等教育研究》2006 年 5 月第 5 期。

［114］周治金、杨文娇、赵晓川：《大学生创造力特征的调查与分析》，载于《高等教育研究》2010 年第 5 期。

［115］周治金、杨文娇：《论知识与创造力的关系》，载于《高等教育研究》2007 年第 28 期。

［116］朱菲菲：《言语和图形创造性思维个体差异的大脑结构基础及其异同》，硕士学位论文，西南大学 2014 年。

［117］朱海雪、杨春娟、李文福、刘鑫、邱江、张庆林：《问题解决中顿悟的原型位置效应的 fMRI 研究》，载于《心理学报》2012 年第 44 期。

［118］朱清时：《新民教育讲坛第五期演讲"求解中国创新型人才培养困局：教育体制和思想"》2009 年版。

［119］邹枝玲、施建农：《创造性人格的研究模式及其问题》，载于《北京工业大学学报（社会科学版）》2003 年第 2 期。

［120］2014 年清华大学自主选拔"新百年拔尖计划"实施办法。http：//www. tsinghua. edu. cn/publish/bzw/7527/2013/201311211215447487006530/2013112

1121544748700653_. html。

[121] 2014 年北京大学生命科学拔尖创新人才自主选拔录取实施办法。http：//www. pinggu. org/index. php? m = content&c = index&a = show&id = 509771& page = xy。

[122] Abraham, A. Creative thinking as orchestrated by semantic processing vs. cognitive control brain networks. Frontiers in Human Neuroscience, 2014, 8 (1), P. 95.

[123] Abraham, A. Neurocognitive mechanisms underlying creative thinking: indications from studies of mental illness. Creativity and Mental Illness, 2014b, P. 79.

[124] Abraham, A., Beudt, S., Ott, D. V., & von Cramon, D. Y. Creative cognition and the brain: dissociations between frontal, parietal-temporal and basal ganglia groups. Brain research, 2012, 1482, pp. 55 – 70.

[125] Abraham, A., Pieritz, K., Thybusch, K., Rutter, B., Kröger, S., Schweckendiek, J., & Hermann, C. Creativity and the brain: uncovering the neural signature of conceptual expansion. Neuropsychologia, 2012, 50 (8), pp. 1906 – 1917.

[126] Abraham, A., Windmann, S., Siefen, R., Daum, I., & Güntürkün, O. Creative thinking in adolescents with attention deficit hyperactivity disorder (ADHD). Child Neuropsychology, 2006, 12 (2), pp. 111 – 123.

[127] Acar, S., & Runco, M. A. Assessing Associative Distance Among Ideas Elicited by Tests of Divergent Thinking. Creativity Research Journal, 2014, 26 (2), pp. 229 – 238.

[128] ACT: Reading between the lines: What the ACT reveals about college readiness in reading? Retrieved June 10, 2007 from: http://act. org.

[129] Adey, P., Shayer, M. & Yates, C. Thinking Science. London: Thomas Nelson and Sons Ltd, 1995.

[130] Adey, P., Shayer, M. & Yates, C. Thinking Science. London: Thomas Nelson and Sons Ltd, 1995, P. 134.

[131] Ahmed, A., & Pollitt, A. Improving the quality of contextualized questions: An experimental investigation of focus. Assessment in Education, 2007, 14 (2), pp. 201 – 232.

[132] Albright, T. D. On the perception of probable things: neural substrates of associative memory, imagery, and perception. Neuron, 2012, 74 (2), pp. 227 – 245.

[133] Allen, M. Promoting critical thinking skills in online information literacy

instruction using a constructivist approach. College & Undergraduate Libraries, 2008, 15 (1), pp. 21 – 38.

[134] Amabile, T. M. The meaning and measurement of creativity. The social psychology of creativity. US: Westview Press, 1996, pp. 19 – 79.

[135] Amabile, T. M. The social psychology of creativity: A componential conceptualization. Journal of Personality and Social Psychology, 1983, 45, pp. 357 – 376.

[136] Ameriean Library Association (ALA). Presidential Committee on Information Literaey. Final Report [EB/OL]. http://www. ala. org/ala/mgrps/divs/aerl/publications/whitepapers/presidential. cfm, 1989.

[137] Anticevic, A., Cole, M. W., Murray, J. D., Corlett, P. R., Wang, X. J., & Krystal, J. H. The role of default network deactivation in cognition and disease. Trends in cognitive sciences, 2012, 16 (12), pp. 584 – 592.

[138] Aron, A. R., Robbins, T. W., & Poldrack, R. A. Inhibition and the right inferior frontal cortex. Trends in Cognitive Sciences, 2004, 8 (4), pp. 170 – 177.

[139] Aziz – Zadeh, L., Liew, S. L., & Dandekar, F. Exploring the neural correlates of visual creativity. Social cognitive and affective neuroscience, 2013, 8 (4), pp. 475 – 480.

[140] Baas, M., De Dreu, C. K., & Nijstad, B. A. A meta-analysis of 25 years of mood-creativity research: Hedonic tone, activation, or regulatory focus? . Psychological bulletin, 2008, 134 (6), P. 779.

[141] Baer, J. The effects of task-specific divergent-thinking training. The Journal of Creative Behavior, 1996, 30 (3), pp. 183 – 187.

[142] Barkan, M. Through art to creativity: Art in the elementary school program. Boston: Allyn and Bacon, Inc. 1960.

[143] Beaty, R. E., Benedek, M., Wilkins, R. W., Jauk, E., Fink, A., Silvia, P. J., …& Neubauer, A. C. Creativity and the default network: A functional connectivity analysis of the creative brain at rest. Neuropsychologia, 2014, 64, pp. 92 – 98.

[144] Bechtereva N P, Korotkov A D, Pakhomov S V. PET study of brain maintenance of verbal creative activity. International Journal of Psychophysiology, 2004, 53, pp. 11 – 20.

[145] Bink, M. l., & Marsh, R. L. Cognitive regularities in creative activity. Review of General Psychology, 2000, 4 (1), P. 59.

［146］ Bose, M., Folse, J. A. G., & Burton, S. The role of contextual factors in eliciting creativity: Primes, cognitive load and expectation of performance feedback. Journal of Consumer Marketing, 2013, 30 (5), pp. 400 – 414.

［147］ Bowden, E. M., & Jung – Beeman, M. Aha! Insight experience correlates with solution activation in the right hemisphere. Psychonomic Bulletin & Review, 2003a, 10 (3), pp. 730 – 737.

［148］ Bowden, E. M., & Jung – Beeman, M. Normative data for 144 compound remote associate problems. Behavior Research Methods, Instruments, & Computers, 2003b, 35 (4), pp. 634 – 639.

［149］ Bowden, E. M., Jung – Beeman, M., Fleck, J., & Kounios, J. New approaches to demystifying insight. Trends in cognitive sciences, 2005, 9 (7), pp. 322 – 328.

［150］ Bradshaw, J. L., & Sheppard, D. M. The neurodevelopmental frontostriatal disorders: evolutionary adaptiveness and anomalous lateralization. Brain and language, 2000, 73 (2), pp. 297 – 320.

［151］ Browne, T. A.. Confirmatory factor analysis for applied research. New York: Guilford Press, 2006.

［152］ Buckner, R. L. The serendipitous discovery of the brain's default network. Neuroimage, 2012, 62 (2), pp. 1137 – 1145.

［153］ Bunge, S., Dudukovic, N., Thomason, M., Vaidya, C., & Gabrieli – Johnd, E. Immature frontal lobe contributions to cognitive control in children: evidence from f MRI. Neuron, 2002, 33 (2), pp. 301 – 311.

［154］ Burgess, P. W., Gilbert, S. J., & Dumontheil, I. Function and localization within rostral prefrontal cortex (area 10). Philosophical Transactions of the Royal Society B: Biological Sciences, 2007, 362 (1481), pp. 887 – 899.

［155］ Burgess, P. W., Simons, J. S., Dumontheil, I. & Gilbert, S. J. The gateway hypothesis of rostral PFC function. In Measuring the mind: speed, control and age (eds J. Duncan, L. Phillips & P. McLeod), UK: 2005, pp. 215 – 246.

［156］ Cai, J. Singaporean students' mathematical thinking in problem solving and problem posing: An exploratory study. International Journal of Mathematical Education in Science and Technology, 2003, 34 (5), pp. 719 – 737.

［157］ Carlsson, I., Wendt, P., & Risberg, J. On the neurobiology of creativity: Differences in frontal lobe activity between high and low creative subjects. Neuropsychologia, 2000, 38, pp. 873 – 885.

［158］Chavez, R. A. , Graff – Guerrero, A. , Garcia – Reyna, J. C. , Vaugier, V. , & Cruz – Fuentes, C. Neurobiology of creativity: preliminary results from a brain activation study. Salud Mental, 2004, 27 (3), pp. 38 – 46.

［159］Chen, Q. , Yang, W. , Li, W. , Wei, D. , Li, H. , Lei, Q. , …& Qiu, J. Association of creative achievement with cognitive flexibility by a combined voxel-based morphometry and resting-state functional connectivity study. NeuroImage, 2014, 102, pp. 474 – 483.

［160］Chin, C. , Brown, D. E. , & Bruce, B. C. Student-generated questions: A meaningful aspect of learning in science. International Journal of Science Education, 2002, 24 (5), pp. 521 – 549.

［161］Christoff, K. , & Gabrieli, J. D. The frontopolar cortex and human cognition: Evidence for a restrocaudal hierarchical organization within the human prefrontal cortex. Psychobiology, 2000, 28 (2), pp. 168 – 186.

［162］Christou, C. , Mousoulides, N. Pittalis, M. , Pitta – Pantazi, D. , & Sriaman, B. An empirical taxonomy of problem posing processes. Zentralblatt für Didaktik der Mathematik (ZDM), 2005, 37 (3), pp. 149 – 158.

［163］Csikszentmihalyi, M. Implications of a system perspective for the study of creativity. Handbook of Creativity. New York: Cambridge University Press, 1999, pp. 313 – 335.

［164］Csikszentmihalyi, M. Society, culture, and person: a systems view of creativity. In R. J. Sternberg (Ed.), The nature of creativity. New York: Cambridge University Press, 1988, pp. 325 – 339.

［165］Cui, X. , Bray, S. , & Reiss, A. L. Functional near infrared spectroscopy (NIRS) signal improvement based on negative correlation between oxygenated and deoxygenated hemoglobin dynamics. Neuroimage, 2010, 49 (4), pp. 3039 – 3046.

［166］D. K. Simonton. Age and outstanding achievement: What do we know after a century of research? . Psychological bulletin, 1988, 104 (2), pp. 251 – 267.

［167］Davis G. A. Creativity is Forever . Kendendall Hunt, 1992, pp. 185 – 197.

［168］De Bono, E. CoRT Thinking Program: Work cards and teachers, notes. Chicago: Science Research Associates, 1987.

［169］De Bono, E. Lateral Thinking——A Textbook of Creativity. London: Ward Lock Educational Limited, 1970, P. 21.

［170］De Bono, E. Six thinking hats. the cognitive spiral: creative thinking and cognitive processing. The Journal of Creative Behavior, Boston: Little Brown, 1985, 28 (4), pp. 275 – 290.

［171］Dietrich, A. , & Kanso, R. A review of EEG, ERP, and neuroimaging studies of creativity and insight. Psychological bulletin, 2010, 136 (5), P. 822.

［172］Dollinger, S. J. , Urban, K. K. , & James, T. A. Creativity and openness: Further validation of two creative product measures. Creativity Research Journal, 2004, 16 (1), pp. 35 – 47.

［173］Dreher, G. F, Ash R A. A comparative study of mentoring among men and women in managerial, professional, and technical positions. Journal of applied psychology, 1990, 75 (5), P. 539.

［174］Facione, Peter A. Critical Thinking: A Statement of Expert Consensus for Purposes of Educational Assessment and Instruction. Research Findings and Recommendations. Eric Document Reproduction Service, 1990, P. 112.

［175］Feist, G. J. ; A meta-analysis of personality in scientific and artistic creativity. Personality and Social Psychology Review, 1998, 2 (4), pp. 290 – 309.

［176］Fink, A. , Grabner, R. H. , Gebauer, D. , Reishofer, G. , Koschutnig, K. , & Ebner, F. Enhancing creativity by means of cognitive stimulation: Evidence from an fMRI study. Neuroimage, 2010, 52 (4), pp. 1687 – 1695.

［177］Fink, A. , Koschutnig, K. , Benedek, M. , Reishofer, G. , Ischebeck, A. , Weiss, E. M. , & Ebner, F. Stimulating creativity via the exposure to other people's ideas. Human brain mapping, 2012, 33 (11), pp. 2603 – 2610.

［178］Fink, A. , Weber, B. , Koschutnig, K. , Benedek, M. , Reishofer, G. , Ebner, F. , et al. Creativity and schizotypy from the neuroscience perspective. Cognitive, Affective, & Behavioral Neuroscience, 2014, 14 (1), pp. 378 – 387.

［179］Finke, R. A. , & Slayton, K. Explorations of creative visual synthesis in mental imagery. Memory & Cognition, 1988, 16 (3), pp. 252 – 257.

［180］Finke, R. A. , Ward, T. B. , & Smith, S. M. Creative cognition: Theory, research, and applications. Cambridge, MA: MIT Press, 1992.

［181］Folley, B. S. , & Park, S. Verbal creativity and schizotypal personality in relation to prefrontal hemispheric laterality: A behavioral and near-infrared optical imaging study. Schizophrenia research, 2005, 80 (2), pp. 271 – 282.

［182］Friedman, R. S. , Förster, J. , & Denzler, M. Interactive effects of mood and task framing on creative generation. Creativity Research Journal, 2007, 19

（2 - 3），pp. 141 - 162.

[183] Furnham, A. , Batey, M. , Booth, T. W. , Patel, V. , & Lozinskaya, D. Individual difference predictors of creativity in Art and Science students. Thinking Skills and Creativity, 2011, 6, pp. 114 - 121.

[184] Gansler, D. A. , Moore, D. W. , Susmaras, T. M. , Jerram, M. W. , Sousa, J. , & Heilman, K. M. Cortical morphology of visual creativity. Neuropsychologia, 2011, 49（9）, pp. 2527 - 2532.

[185] Getzels, J. , & Csikszentmihalyi, M. The creative vision: A longitudinal study of problem finding in art. New York: Wiley. 1976.

[186] Ghacibeh, G. A. , & Heilman, K. M. Creative innovation with temporal lobe epilepsy and lobectomy. Journal of the neurological sciences, 2013, 324（1）, pp. 45 - 48.

[187] Glover, J. A. , Ronning, R. R. , & Reynolds, C. R. Handbook of creativity. NY: Plenum Press, 2010, pp. 26 - 28.

[188] Gino, F. , & Ariely, D. : The dark side of creativity: Original thinkers can be more dishonest. Journal of Personality and Social Psychology, 2012, 102（3）, pp. 445 - 459.

[189] Goel, V. Creative brains: designing in the real world. Frontiers in human neuroscience, 2014, 8, P. 241.

[190] Goel, V. , & Vartanian, O. Dissociating the roles of right ventral lateral and dorsal lateral prefrontal cortex in generation and maintenance of hypotheses in set-shift problems. Cerebral Cortex, 2005, 15, pp. 1170 - 1177.

[191] Goldenberg, J. , Mazursky, D. , & Solomon, S. Creative Sparks. Science, 1999, 285, pp. 1495 - 1496.

[192] Gould, R. L. , Brown, R. G. , Owen, A. M. , Ffytche, D. H. , & Howard, R. J. Fmri bold response to increasing task difficulty during successful paired associates learning. Neuroimage, 2003, 20（20）, pp. 1006 - 19.

[193] Green, A. E. , Fugelsang, J. A. , Kraemer, D. J. , Shamosh, N. A. , & Dunbar, K. N. Frontopolar cortex mediates abstract integration in analogy. Brain research, 2006, 1096（1）, pp. 125 - 137.

[194] Guilford, J. P. Some theoretical views of creativity. Contemporary approaches to psychology. Princeton NJ: Van Nostrand, 1967, pp. 419 - 459.

[195] Guilford, J. P. Three faces of intellect. American Psychologist. 1959, 14, pp. 469 - 479.

［196］Guilford, J. P. , Creativity: retrospect and prospect . The Journal of Creative Behavior, 1970, 4（3）, pp. 149 – 168.

［197］Gusnard, D. A. , & Raichle, M. E. Searching for a baseline: functional imaging and the resting human brain. Nature Reviews Neuroscience, 2001, 2（10）, pp. 685 – 694.

［198］Haller, C. , & Courvoisier, D. Personality and thinking style in different creative domains. Psychology of Aesthetics, Creativity and the Arts, 2010, 4, pp. 146 – 160.

［199］Hampshire, A. , Chamberlain, S. R. , Monti, M. M. , Duncan, J. , & Owen, A. M. The role of the right inferior frontal gyrus: inhibition and attentional control. Neuroimage, 2010, 50（3）, pp. 1313 – 1319.

［200］Handbook of creativity（pp. 3 – 32）. New York Plenum Press.

［201］Hao, X. , Cui, S. , Li, W. , Yang, W. , Qiu, J. , & Zhang, Q. Enhancing insight in scientific problem solving by highlighting the functional features of prototypes: An fMRI study. Brain research, 2013, 1534, pp. 46 – 54.

［202］Hoffman, P. , Evans, G. A. , & Ralph, M. A. L. The anterior temporal lobes are critically involved in acquiring new conceptual knowledge: evidence for impaired feature integration in semantic dementia. Cortex, 2014, 50, pp. 19 – 31.

［203］Howard, E. G, Doris B W. Creative work: The case of Charles Darwin. American Psychologist, 2001, 56（4）, pp. 346 – 340.

［204］Hu, W. , & Adey, P. A scientific creativity test for secondary school students. International Journal of Science Education, 2002, 24（4）, pp. 389 – 403.

［205］Huang, F. , Fan, J. , & Luo, J. The neural basis of novelty and appropriateness in processing of creative chunk decomposition. NeuroImage, 2015, 113, pp. 122 – 132.

［206］Huang, P. , Qiu, L. , Shen, L. , Zhang, Y. , Song, Z. , Qi, Z. , ...& Xie, P. Evidence for a left-over-right inhibitory mechanism during figural creative thinking in healthy nonartists. Human brain mapping, 2013, 34（10）, pp. 2724 – 2732.

［207］Hudson, L: Fertility in the arts and sciences. Science Studies, 1973, 3. pp. 305 – 318.

［208］Isaksen, S. G. , Dorval, K. B. , & Treffinger, D. J. Creative approaches to problem solving: A framework for change. DuBuque, IA: Kendall/Hunt, 2000.

［209］Izabela. L. Are creativity teachers creative? A 6 – year qualitative follow-up. Procedia Social and behavioral Sciences, 2010, (2), pp. 1747 – 1751.

[210] Jang, K. E. , Jeong, Y. , Ye, J. C. , Tak, S. , Jung, J. , & Jang, J. Wavelet minimum description length detrending for near-infrared spectroscopy. Journal of biomedical optics, 2009, 14 (3), pp. 034004 – 034013.

[211] Jung – Beeman, M. , Bowden, E. M. , Haberman, J. , Frymiare, J. L. , Arambel – Liu, S. , Greenblatt, R. , & Kounios, J. Neural activity when people solve verbal problems with insight. PLoS biology, 2004, 2 (4), pp. 500 – 510.

[212] Kalady, S. , Elikkottil, A. , & Das, R. Natural language question generation using syntax and keywords. In Boyer, K. E. , & Piwek, P. (Eds.), Proceedings of QG2010: The Third Workshop on Question Generation, 2010 , pp. 1 – 10.

[213] Kaufman, J. C, Baer J. The Amusement Park Theoretical (APT) model of creativity. The Korean Journal of Thinking & Problem Solving, 2004, 14 (2), pp. 15 – 25.

[214] Kaufman, J. C, Beghetto, R A. Beyond big and little: The four c model of creativity. Review of General Psychology, 2009, 13 (1), P. 1.

[215] Kaufman, J. C. , & Begehtto, R. A. Beyond big and little: The four c model of creativity. Review of General Psychology, 2009, 13, pp. 1 – 12.

[216] Klahr, D. & Simon, H. A. Studies of scientific discovery: Complementary approaches and convergent findings. Psychological Bulletin, 1999, 125 (5), pp. 524 – 543.

[217] Kleibeuker, S. W. , Koolschijn, P. C. M. P. , Jolles, D. D. , De, D. C. K. W. , & Crone, E. A. The neural coding of creative idea generation across adolescence and early adulthood. Frontiers in Human Neuroscience, 2013, 7 (7).

[218] Kowatari, Y. , Lee, S. H. , Yamamura, H. , Nagamori, Y. , Levy, P. , Yamane, S. , & Yamamoto, M. Neural networks involved in artistic creativity. Human brain mapping, 2009, 30 (5), pp. 1678 – 1690.

[219] Kröger, S. , Rutter, B. , Hill, H. , Windmann, S. , Hermann, C. , & Abraham, A. An ERP study of passive creative conceptual expansion using a modified alternate uses task. Brain research, 2013, 1527, pp. 189 – 198.

[220] Kröger, S. , Rutter, B. , Stark, R. , Windmann, S. , Hermann, C. , & Abraham, A. Using a shoe as a plant pot: neural correlates of passive conceptual expansion. Brain research, 2012, 1430, pp. 52 – 61.

[221] Kwon, N. A mixed-methods investigation of the relationship between critical thinking and library anxiety among undergraduate students in their information search

process. College and Research Libraries, 2008, 69 (2), pp. 117 – 131.

［222］Lang, F. R, John D, Lüdtke O, Schupp J, Wagner G G. Short assessment of the Big Five: robust across survey methods except telephone interviewing. Behavior research methods, 2011, 43 (2), pp. 548 – 567.

［223］Lau, E. F. , Phillips, C. , & Poeppel, D. A cortical network for semantics: (de) constructing the N400. Nature Reviews Neuroscience, 2008, 9 (12), pp. 920 – 933.

［224］Laugksch, R. C. & Spargo, P. E. : Scientific Literacy of Selected South African Matriculants Entering tertiary Education: a Baseling Survey. South African Journal of Science, 95, pp. 427 – 432.

［225］Laugksch, R. C. : Scientific Literacy: A Conceptual Overview. Science Education, 2000, P. 71.

［226］Laureiro – Martínez, D. , Canessa, N. , Brusoni, S. , Zollo, M. , Hare, T. , Alemanno, F. , & Cappa, S. F. Frontopolar cortex and decision-making efficiency: comparing brain activity of experts with different professional background during an exploration-exploitation task. Frontiers in human neuroscience, 2014, 7, P. 927.

［227］LeBoutillier, N. , & Marks, D. F. Mental imagery and creativity: A meta-analytic review study. British Journal of Psychology, 2003, 94 (1), pp. 29 – 44.

［228］Lehman, H. C. The Chemist's Most Creative Years: The 2500 ablest of the world's chemists attained their maximum production rate at ages 30 through 34. Science, 1958, 127 (3308), pp. 1213 – 1222.

［229］Lehman, H. C. The most creative years of engineers and other technologists. The Journal of Genetic Psychology, 1966, 108 (2), P. 263.

［230］Lehman, H. C. The psychologist's most creative years. American Psychologist, 1966, 21 (4), pp. 363 – 369.

［231］Leutgeb, b, V. , Ille, R. , Wabnegger, A. , Schienle, A. , Schöggl, H. , Weber, B. , et al. Creativity and borderline personality disorder: evidence from a voxel-based morphometry study. Cognitive neuropsychiatry, 2016, pp. 1 – 14.

［232］Li, W. , Li, X. , Huang, L. , Kong, X. , Yang, W. , Wei, D. , ...& Liu, J. Brain structure links trait creativity to openness to experience. Social cognitive and affective neuroscience, 2014, P. 41.

［233］Liu, M. X. , Hu, W. P. , Adey, P. Cheng, L. , & Zhang, X. L. The impact of creative tendency, academic performance, and self-concept on creative science problem-finding. Psycho Journal. 2013, 2 (1), pp. 39 – 47.

拔尖创新人才成长规律与培养模式研究

［234］Liu, M., Hu, W., Adey, P., Cheng, L., & Zhang, X. The impact of creative tendency, academic performance, and self-concept on creative science problem-finding. Psych Journal, 2013, 2 (1), P. 39.

［235］Mackinnon, Donald W. The Creative Person. American Biology Teacher, 1975, 37 (9), pp. 535 – 535.

［236］Maquet, P. & Ruby, P. Insight and the sleep committee. Nature, 2004, 427, pp. 304 – 305.

［237］McCrae, R. R., Costa, P. T., Comparison of EPI and psychoticism scales with measures of the five-factor model of personality. Personal. Individ. Differ, 1985, 6, pp. 587 – 597.

［238］Mednick, S. The associative basis of the creative process. Psychological review, 1962, 69 (3), P. 220.

［239］Mihov, K. M., Denzler, M., & Förster, J. Hemispheric specialization and creative thinking: A meta-analytic review of lateralization of creativity. Brain and Cognition, 2010, 72 (3), pp. 442 – 448.

［240］Miller, B. L., Cummings, J., Mishkin, F., Boone, K., Prince, F., Ponton, M., & Cotman, C. Emergence of artistic talent in frontotemporal dementia. Neurology, 1998, 51 (4), pp. 978 – 982.

［241］Moore, D. W., Bhadelia, R. A., Billings, R. L., Fulwiler, C., Heilman, K. M., Rood, K. M., & Gansler, D. A. Hemispheric connectivity and the visual-spatial divergent-thinking component of creativity. Brain and cognition, 2009, 70 (3), pp. 267 – 272.

［242］Mumford, M. D., Mobley, M. I., Uhlman, C. E., Reiter – Palmon, R., & Doares, L. M. Process analytic models of creative capacities. Creativity Research Journal, 1991, 4, pp. 91 – 122.

［243］Mumford, M., Reiter – Palmon, R., & Redmond, M. Problem Construction. In M. Runco (Ed.) Problem finding, problem solving and creativity. NJ: Ablex Publishing Corporation, 1994.

［244］Muthen, L. K., & Muthen, B. O. Mplus user's guide (7th ed.). Los Angeles: Muthen & Muthen, 2012.

［245］National Research Council: National Science Education Standards. Washington, DC: National Academy Press, 1996, pp. 22 – 23.

［246］Neubauer, A. C., & Fink, A. Intelligence and neural efficiency. Neuroscience & Biobehavioral Reviews, 2009, 33 (7), pp. 1004 – 1023.

411

［247］Norton – Meier, L., Hand, B., Hockenberry, L., & Wisw, K. Questions, claims, and evidence: The important place of argument in children's science writing. National Science Teacher Association Press, 2008.

［248］Osborn, A. F. Applied imagination. New York: Charles Scribner's Sons, 1963, P. 54.

［249］Otero, J., & Graesser, A. C. PREG: Elements of a model of question asking. Cognition and Instruction, 2001, 19, pp. 143 – 175.

［250］Ozawa, S., Matsuda, G., & Hiraki, K. Negative emotion modulates prefrontal cortex activity during a working memory task: a NIRS study. Frontiers in human neuroscience, 2014, 8, P. 46.

［251］Pettus, C., & Diener, E. Factors affecting the effectiveness of abstract versus concrete information. The Journal of Social Psychology, 1977, 103 (2), pp. 233 – 242.

［252］R. T. Brown. Creativity: What are we to measure? In JA Glover, RR Ronning & CR Reynolds (Eds.), 1989.

［253］Raichle, M. E., MacLeod, A. M., Snyder, A. Z., Powers, W. J., Gusnard, D. A., & Shulman, G. L. A default mode of brain function. Proceedings of the National Academy of Sciences, 2001, 98 (2), pp. 676 – 682.

［254］Ralph, M. A. L., Pobric, G., & Jefferies, E. Conceptual knowledge is underpinned by the temporal pole bilaterally: convergent evidence from rTMS. Cerebral Cortex, 2009, 19 (4), pp. 832 – 838.

［255］Ramirez, V. E. Finding the right problem. Asia Pacific Education Review, 2002, 3, pp. 18 – 23.

［256］Raposo, A., Vicens, L., Clithero, J. A., Dobbins, I. G., & Huettel, S. A. Contributions of frontopolar cortex to judgments about self, others and relations. Social Cognitive and Affective Neuroscience, 2010, nsq033.

［257］Reece, G. J. Critical thinking and cognitive transfer: Implications for the development of online information literacy tutorials. Research Strategies, 2007, 20, pp. 482 – 493.

［258］Reiter – Palmon, R., Mumford, M. D., O'Connor Boes, J., & Runco, M. A. Problem construction and creativity: The role of ability, cue consistency, and active processing. Creativity Research Journal, 1997, 10 (1), pp. 9 – 23.

［259］Renzulli J. S. & Reis S. M. The schoolwide enrichment model: A focus on student strengths & interests. In Renzulli, J. S., Gubbins J. E., McMillen K. S. Eckert R. D. & Little C. A. (Eds.), Systems & models for developing programs for

拔尖创新人才成长规律与培养模式研究

the gifted and talented. Mansfield Center, CT: Creative Learning Press, Inc, 2009, pp. 323 – 352.

[260] Renzulli, J. S. A general theory for the development of creative productivity through the pursuit of ideal acts of learning. Gifted Child Quarterly, 1992, 36 (4), pp. 170 – 182.

[261] Rhodes, M. An analysis of creativity. The Phi Delta Kappan, 1961, 42 (7), pp. 305 – 310.

[262] Robbins, T. W. The Case for Frontostriatal Dysfunction in Schizophrenia. Schizophrenia Bulletin, 1990, 16 (3), P. 391.

[263] Robbins, T. W., Gillan, C. M., Smith, D. G., de Wit, S., & Ersche, K. D. Neurocognitive endophenotypes of impulsivity and compulsivity: towards dimensional psychiatry. Trends in cognitive sciences, 2012, 16 (1), pp. 81 – 91.

[264] Rominger, C., Papousek, I., Fink, A., & Weiss, E. M. Enhancement of figural creativity by motor activation: Effects of unilateral hand contractions on creativity are moderated by positive schizotypy. Laterality: Asymmetries of Body, Brain and Cognition, 2014, 19 (4), pp. 424 – 438.

[265] Rosenshine B., Meister C., Chapman S. Teaching Students to Generate Question: Review of the Intervention Studies. Review of Educational Research, 1996, 66 (2), pp. 181 – 221.

[266] Runco, M. A., & Okuda, S. M. Problem discovery, divergent thinking, and the creative process. Journal of Youth and Adolescence, 1988, 17 (3), pp. 211 – 220.

[267] Rutter, B., Kröger, S., Hill, H., Windmann, S., Hermann, C., & Abraham, A. Can clouds dance? Part 2: an ERP investigation of passive conceptual expansion. Brain and Cognition, 2012b, 80 (3), pp. 301 – 310.

[268] Rutter, B., Kröger, S., Stark, R., Schweckendiek, J., Windmann, S., Hermann, C., & Abraham, A. Can clouds dance? Neural correlates of passive conceptual expansion using a metaphor processing task: implications for creative cognition. Brain and cognition, 2012a, 78 (2), pp. 114 – 122.

[269] Sawyer, R. K. Explaining Creativity: The Science of Human Innovation. New York: Oxford University Press, 2012.

[270] Scharf, D., Elliot, N., Huey, H., Briller, V., & Joshi, K. Direct assessment of information literacy using writing portfolios. Journal of Academic Librarianship, 2007, 44 (4), pp. 462 – 478.

[271] Schlegel, A., Alexander, P., Fogelson, S. V., Li, X., Lu, Z.,

Kohler, P. J. , …& Meng, M. The artist emerges: Visual art learning alters neural structure and function. NeuroImage, 2015, 105, pp. 440 – 451.

[272] Scott, G. , Leritz, L. E. , & Mumford, M. D. The effectiveness of creativity training: A quantitative review. Creativity Research Journal, 2004, 16 (4), pp. 361 – 388.

[273] Shamay – Tsoory, S. G. , Adler, N. , Aharon – Peretz, J. , Perry, D. , & Mayseless, N. The origins of originality: the neural bases of creative thinking and originality. Neuropsychologia, 2011, 49 (2), pp. 178 – 185.

[274] Simonton K D. , Creativity in Highly Eminent Individuals. In James C. Kaufman & Robert, J. Sternberg (Eds), The Cambridge Handbook of Creativity. New York: Cambridge University Press, 2010, P. 413.

[275] Simonton, D. K. , Biographical determinants of achieved eminence: a multivariate approach to the Cox data. Journal of Personality and Social Psychology, 1976, 33 (2), P. 218.

[276] Smith, E. E. , & Jonides, J. Storage and executive processes in the frontal lobes. Science, 1999, 283 (5408), pp. 1657 – 1661.

[277] Spreng, R. N. The fallacy of a "task-negative" network. Frontiers in psychology, 2012, 3, P. 145.

[278] Sternberg, R. J. Wisdom, Intelligence, and Creativity synthesized. Cambridge University Press, 2003, pp. 106 – 109.

[279] Sternberg R J, Lubart T I. An investment theory of creativity and its development. Human Development. 1991.

[280] Sternberg, R. J, O'Hara L A, Lubart T I. , Creativity as investment. California Management Review, 1997, 40 (1), pp. 8 – 21.

[281] Sternberg, R. J, Todd, I. L. Investing in Creativity (1996) American Psychologist, 1996, 51 (7), pp. 677 – 689.

[282] Sternberg, R. J. A three-facet model of creativity. The natural of creativity: contemporary psychological perspectives. New York: Cambridge University Press, 1988.

[283] Sternberg, R. J. An investment theory of creativity and its development. Human Development. 1991, 34, pp. 1 – 31.

[284] Sternberg, R. J. An investment theory of creativity and its development. Human Development, 1991, 34, pp. 1 – 31.

[285] Sternberg, R. J. Questioning and intelligence. Questioning Exchange, 1987, (1), pp. 11 – 13.

[286] Sternberg, R. J. The nature of creativity. Creativity Research Journal, 2006, 18, pp. 87 – 98.

[287] Sternberg, R. J. , & Lubart, T. I. Defying the crowd: Cultivating Creativity in a Culture of onformity. New York: Free Press, 1995.

[288] Sternberg, R. J. , & Lubart, T. I. Investing in creativity. American Psychologist, 1996, 51 (7), pp. 677 – 688.

[289] Sternberg, R. J. , & Lubart, T. I. The concept of creativity: Prospects and paradigms. In R. J. Stern-berg (Ed.), Handbook of creativity: 3 – 16. New York: Cambridge University Press. 1999.

[290] Strangman, G. , Culver, J. P. , Thompson, J. H. , & Boas, D. A. A quantitative comparison of simultaneous BOLD f MRI and NIRS recordings during functional brain activation. Neuroimage, 2002, 17 (2), pp. 719 – 731.

[291] Strauss, A. , & Corbin, J. Basics of qualitative research: Grounded theory procedures and techniques. Newbury Park: Sage, 1990.

[292] Stumpf, H. Scientific creativity: A short overview. Educational Psychology Review, 1995, 7 (3), pp. 225 – 241.

[293] Sun, J. , Sun, B. , Zhang, L. , Luo, Q. , & Gong, H. Correlation between hemodynamic and electrophysiological signals dissociates neural correlates of conflict detection and resolution in a Stroop task: a simultaneous near-infrared spectroscopy and event-related potential study. Journal of Biomedical Optics, 2013, 18 (9), pp. 096014 – 096014.

[294] SuzanneK. & Vosburg, G. K. Paradoxical Mood Effects on Creative Problem-solving. Cognition & Emotion, 1997, 11 (2), pp. 151 – 170.

[295] Swartz, R. , Costa, A, Beyer, B. , Reagan, R. , & Kallick, B. Thinking-based learning. NY: Teacher College Press, 2010, P. 54.

[296] Takeuchi, H. , Taki, Y. , Hashizume, H. , Sassa, Y. , Nagase, T. , Nouchi, R. , & Kawashima, R. The association between resting functional connectivity and creativity. Cerebral Cortex, 2012, 22 (12), pp. 2921 – 2929.

[297] Taylor, C. W. Questioning and creating: a model for curriculum reform. The Journal of Creative Behavior, 1967, 1 (1), pp. 22 – 33.

[298] Taylor, I. A. Psychological sources of creativity. The Journal of Creativity Behavior, 1976, 10, pp. 193 – 202, P. 218.

[299] Tenenbaum, H. R, Crosby F. J, Gliner M. D. Mentoring relationships in graduate school. Journal of Vocational Behavior, 2001, 59 (3), pp. 326 – 341.

［300］Tok E, Sevinc M. The Effects of Thinking Skills Education on the Creative Thinking Skills of Preschool Teacher Candidates. 2012, 37 (164), pp. 204 – 222.

［301］Tong, D., Zhu, H., Li, W., Yang, W., Qiu, J., & Zhang, Q. Brain activity in using heuristic prototype to solve insightful problems. Behavioural Brain Research, 2013, 253 (18), pp. 139 – 144.

［302］Torrance E. P. Forty years of watching creative ability and creative achievement. Newsletter of the Creative Division of the National Association for Gifted Children, 1999, 10, pp. 3 – 5.

［303］Torrance, E. P. Guiding creative talent. Englewood Cliffs, NJ: Prentice – Hall. 1962.

［304］Treffinger D. J., Selby E. C., Isaksen S. G. Understanding individual problem-solving style: A key to learning and applying creative problem solving. Learning and Individual Difference, 2008, 18 (4), pp. 390 – 401.

［305］Treffinger, D. J. Encouraging creative learning for the gifted and talented ventura. Ventura County Schools, 1980, 13 (1), P. 5.

［306］Tregellas, J. R., Davalos, D. B., & Rojas, D. C. Effect of task difficulty on the functional anatomy of temporal processing. Neuroimage, 2006, 32 (1), pp. 307 – 315.

［307］Urban K K. On the development of creativity in children. Creativity Research Journal, 1991, 4 (2), pp. 177 – 191.

［308］Vartanian, O., Bouak, F., Caldwell, J. L., Cheung, B., Cupchik, G., & Jobidon, M. E., et al. The effects of a single night of sleep deprivation on fluency and prefrontal cortex function during divergent thinking. Frontiers in Human Neuroscience, 2014, 8 (1), P. 214.

［309］Wagner, U, Gais, S., Haider, H., et al. Sleep inspires insight. Nature, 2004, 427, pp. 352 – 355.

［310］Wakefield, J. E. Towards creativity: Problem finding in a divergent-thinking exercise. Child Study Journal, 1985, 15, pp. 265 – 270.

［311］Wang, Q., Pomerantz, E. M., & Chen, H. The role of parents' control in early adolescents' psychological functioning: A longitudinal investigation in the United States and China. Child Development, 2007, 78 (5), pp. 1592 – 1610.

［312］Ward, D. Revisioning information literacy for lifelong meaning. The Journal of Academic Librarianship, 2006, 32 (4), pp. 396 – 402.

［313］Ward, T. B. Structured imagination: The role of conceptual structure in exemplar generation. Cognitive Psychology, 1994, 27, pp. 1 – 40.

[314] Weiping Hu, Philip Adey. A Scientific Creativity Test for Secondary School Students. International Journal of Science Education, 2002, 24 (4), pp. 389 – 403.

[315] Williams F. E. Creativity assessment packet. Buffalo, NY: DOK, 1980.

[316] Williams, F. E. A Total Creativity Program for Individualizing and Humanizing the Learning Process. Englewood Cliffs, NJ: Educational Technology Publications, 1972, P. 312.

[317] Williams, F. E. Creativity assessment packet. Buffalo, NY: DOK Publishers, 1980.

[318] Xin, F., & Lei, X. Competition between frontoparietal control and default networks supports social working memory and empathy. Social cognitive and affective neuroscience, 2015, 10 (8), pp. 1144 – 1152.

[319] Yerdelen – Damar, S., & Eryilmaz, A. Questions about physics: The case of a Turkish 'ask a scientist' website. Research Science Education, 2009, 40 (2), pp. 223 – 238.

[320] Yoshioka, T., Suganuma, T., Tang, A. C., Matsushita, S., Manno, S., & Kozu, T. Facilitation of problem finding among first year medical school students undergoing problem-based learning. Teaching and Learning in Medicine, 2005, 17, pp. 136 – 141.

[321] Zabelina, D. L., & Robinson, M. D. Creativity as flexible cognitive control. Psychology of Aesthetics, Creativity, and the Arts, 2010, 4 (3), P. 136.

[322] Zeki, S. Artistic Creativity and the Brain. Science, 2011, 293 (5527), pp. 51 – 52.

[323] Zenasni, F., & Lubart, T. Effects of mood states on creativity. Current psychology letters, 2002, (8), pp. 33 – 50.

[324] Zhang, H., Liu, J., & Zhang, Q. Neural representations for the generation of inventive conceptions inspired by adaptive feature optimization of biological species. Cortex, 2014, 50, pp. 162 – 173.

[325] Zhao, Q., Zhou, Z., Xu, H., Chen, S., Xu, F., Fan, W., & Han, L. Dynamic neural network of insight: a functional magnetic resonance imaging study on solving Chinese 'chengyu' riddles. PloS one, 2013, 8 (3), P. 59351.

[326] Zhao, Q., Zhou, Z., Xu, H., Fan, W., & Han, L. Neural pathway in the right hemisphere underlies verbal insight problem solving. Neuroscience, 2014, 256, pp. 334 – 341.

417

后 记

　　我们所承担的教育部哲学社会科学重大课题攻关项目"拔尖创新人才成长规律与培养模式研究"应该于 2014 年底结题，但因为我本人于 2013 年 4 月底接受教育部重大委托课题"中国学生发展核心素养"的研究任务，历时 3 年，于 2016 年 9 月 13 日召开了新闻发布会才告一段落，故"拔尖创新人才成长规律与培养模式研究"有所延迟。

　　然而，我们"拔尖创新人才成长规律与培养模式研究"的研究任务并未中断，这是由于我们课题组成员坚持这项任务研究，刘春晖、胡卫平、张景焕、金花、韦小满、李艳玲、贾绪计、曹保义、吴安春、芦咏莉等在各自的子课题的研究岗位上坚持不懈地做出了贡献。尤其是刘春晖博士，她是跟我参加申报答辩的三位成员之一，当我因"中国学生发展核心素养"紧迫的研究任务忙得不可开交之时，她竟然接受委托，代理我担任起主持"拔尖创新人才成长规律与培养模式研究"扛鼎式的任务，从协调全课题的研究到催促研究任务的完成，到最后协助我对研究成果的统稿；我更要为之感动的是课题组的其他成员，绝大多数是刘春晖的师兄师姐，有的还教过刘春晖，然而，为了课题的任务，大家都不顾名利，不计较谁指挥谁，积极支持刘春晖的工作，这是一种团队精神，体现了我们这个研究团队的精诚团结、心心相融的事实，正是这股集体精神和研究力量，使课题于 2016 年 10 月获得通过，现在我们把成果可以交经济科学出版社出版了。

　　于此，我们还要感谢教育部社科司的宽容，感谢北京师范大学社科处的支持。

林崇德

教育部哲学社會科学研究重大課題攻関項目
成果出版列表

序号	书　名	首席专家
1	《马克思主义基础理论若干重大问题研究》	陈先达
2	《马克思主义理论学科体系建构与建设研究》	张雷声
3	《马克思主义整体性研究》	逄锦聚
4	《改革开放以来马克思主义在中国的发展》	顾钰民
5	《新时期　新探索　新征程 ——当代资本主义国家共产党的理论与实践研究》	聂运麟
6	《坚持马克思主义在意识形态领域指导地位研究》	陈先达
7	《当代资本主义新变化的批判性解读》	唐正东
8	《当代中国人精神生活研究》	童世骏
9	《弘扬与培育民族精神研究》	杨叔子
10	《当代科学哲学的发展趋势》	郭贵春
11	《服务型政府建设规律研究》	朱光磊
12	《地方政府改革与深化行政管理体制改革研究》	沈荣华
13	《面向知识表示与推理的自然语言逻辑》	鞠实儿
14	《当代宗教冲突与对话研究》	张志刚
15	《马克思主义文艺理论中国化研究》	朱立元
16	《历史题材文学创作重大问题研究》	童庆炳
17	《现代中西高校公共艺术教育比较研究》	曾繁仁
18	《西方文论中国化与中国文论建设》	王一川
19	《中华民族音乐文化的国际传播与推广》	王耀华
20	《楚地出土戰國簡册［十四種]》	陈　伟
21	《近代中国的知识与制度转型》	桑　兵
22	《中国抗战在世界反法西斯战争中的历史地位》	胡德坤
23	《近代以来日本对华认识及其行动选择研究》	杨栋梁
24	《京津冀都市圈的崛起与中国经济发展》	周立群
25	《金融市场全球化下的中国监管体系研究》	曹凤岐
26	《中国市场经济发展研究》	刘　伟
27	《全球经济调整中的中国经济增长与宏观调控体系研究》	黄　达
28	《中国特大都市圈与世界制造业中心研究》	李廉水

序号	书 名	首席专家
29	《中国产业竞争力研究》	赵彦云
30	《东北老工业基地资源型城市发展可持续产业问题研究》	宋冬林
31	《转型时期消费需求升级与产业发展研究》	臧旭恒
32	《中国金融国际化中的风险防范与金融安全研究》	刘锡良
33	《全球新型金融危机与中国的外汇储备战略》	陈雨露
34	《全球金融危机与新常态下的中国产业发展》	段文斌
35	《中国民营经济制度创新与发展》	李维安
36	《中国现代服务经济理论与发展战略研究》	陈 宪
37	《中国转型期的社会风险及公共危机管理研究》	丁烈云
38	《人文社会科学研究成果评价体系研究》	刘大椿
39	《中国工业化、城镇化进程中的农村土地问题研究》	曲福田
40	《中国农村社区建设研究》	项继权
41	《东北老工业基地改造与振兴研究》	程 伟
42	《全面建设小康社会进程中的我国就业发展战略研究》	曾湘泉
43	《自主创新战略与国际竞争力研究》	吴贵生
44	《转轨经济中的反行政性垄断与促进竞争政策研究》	于良春
45	《面向公共服务的电子政务管理体系研究》	孙宝文
46	《产权理论比较与中国产权制度变革》	黄少安
47	《中国企业集团成长与重组研究》	蓝海林
48	《我国资源、环境、人口与经济承载能力研究》	邱 东
49	《"病有所医"——目标、路径与战略选择》	高建民
50	《税收对国民收入分配调控作用研究》	郭庆旺
51	《多党合作与中国共产党执政能力建设研究》	周淑真
52	《规范收入分配秩序研究》	杨灿明
53	《中国社会转型中的政府治理模式研究》	娄成武
54	《中国加入区域经济一体化研究》	黄卫平
55	《金融体制改革和货币问题研究》	王广谦
56	《人民币均衡汇率问题研究》	姜波克
57	《我国土地制度与社会经济协调发展研究》	黄祖辉
58	《南水北调工程与中部地区经济社会可持续发展研究》	杨云彦
59	《产业集聚与区域经济协调发展研究》	王 珺

序号	书 名	首席专家
60	《我国货币政策体系与传导机制研究》	刘 伟
61	《我国民法典体系问题研究》	王利明
62	《中国司法制度的基础理论问题研究》	陈光中
63	《多元化纠纷解决机制与和谐社会的构建》	范 愉
64	《中国和平发展的重大前沿国际法律问题研究》	曾令良
65	《中国法制现代化的理论与实践》	徐显明
66	《农村土地问题立法研究》	陈小君
67	《知识产权制度变革与发展研究》	吴汉东
68	《中国能源安全若干法律与政策问题研究》	黄 进
69	《城乡统筹视角下我国城乡双向商贸流通体系研究》	任保平
70	《产权强度、土地流转与农民权益保护》	罗必良
71	《我国建设用地总量控制与差别化管理政策研究》	欧名豪
72	《矿产资源有偿使用制度与生态补偿机制》	李国平
73	《巨灾风险管理制度创新研究》	卓 志
74	《国有资产法律保护机制研究》	李曙光
75	《中国与全球油气资源重点区域合作研究》	王 震
76	《可持续发展的中国新型农村社会养老保险制度研究》	邓大松
77	《农民工权益保护理论与实践研究》	刘林平
78	《大学生就业创业教育研究》	杨晓慧
79	《新能源与可再生能源法律与政策研究》	李艳芳
80	《中国海外投资的风险防范与管控体系研究》	陈菲琼
81	《生活质量的指标构建与现状评价》	周长城
82	《中国公民人文素质研究》	石亚军
83	《城市化进程中的重大社会问题及其对策研究》	李 强
84	《中国农村与农民问题前沿研究》	徐 勇
85	《西部开发中的人口流动与族际交往研究》	马 戎
86	《现代农业发展战略研究》	周应恒
87	《综合交通运输体系研究——认知与建构》	荣朝和
88	《中国独生子女问题研究》	风笑天
89	《我国粮食安全保障体系研究》	胡小平
90	《我国食品安全风险防控研究》	王 硕

序号	书 名	首席专家
91	《城市新移民问题及其对策研究》	周大鸣
92	《新农村建设与城镇化推进中农村教育布局调整研究》	史宁中
93	《农村公共产品供给与农村和谐社会建设》	王国华
94	《中国大城市户籍制度改革研究》	彭希哲
95	《国家惠农政策的成效评价与完善研究》	邓大才
96	《以民主促进和谐——和谐社会构建中的基层民主政治建设研究》	徐 勇
97	《城市文化与国家治理——当代中国城市建设理论内涵与发展模式建构》	皇甫晓涛
98	《中国边疆治理研究》	周 平
99	《边疆多民族地区构建社会主义和谐社会研究》	张先亮
100	《新疆民族文化、民族心理与社会长治久安》	高静文
101	《中国大众媒介的传播效果与公信力研究》	喻国明
102	《媒介素养：理念、认知、参与》	陆 晔
103	《创新型国家的知识信息服务体系研究》	胡昌平
104	《数字信息资源规划、管理与利用研究》	马费成
105	《新闻传媒发展与建构和谐社会关系研究》	罗以澄
106	《数字传播技术与媒体产业发展研究》	黄升民
107	《互联网等新媒体对社会舆论影响与利用研究》	谢新洲
108	《网络舆论监测与安全研究》	黄永林
109	《中国文化产业发展战略论》	胡惠林
110	《20世纪中国古代文化经典在域外的传播与影响研究》	张西平
111	《国际传播的理论、现状和发展趋势研究》	吴 飞
112	《教育投入、资源配置与人力资本收益》	闵维方
113	《创新人才与教育创新研究》	林崇德
114	《中国农村教育发展指标体系研究》	袁桂林
115	《高校思想政治理论课程建设研究》	顾海良
116	《网络思想政治教育研究》	张再兴
117	《高校招生考试制度改革研究》	刘海峰
118	《基础教育改革与中国教育学理论重建研究》	叶 澜
119	《我国研究生教育结构调整问题研究》	袁本涛 王传毅
120	《公共财政框架下公共教育财政制度研究》	王善迈

序号	书　名	首席专家
121	《农民工子女问题研究》	袁振国
122	《当代大学生诚信制度建设及加强大学生思想政治工作研究》	黄蓉生
123	《从失衡走向平衡：素质教育课程评价体系研究》	钟启泉 崔允漷
124	《构建城乡一体化的教育体制机制研究》	李　玲
125	《高校思想政治理论课教育教学质量监测体系研究》	张耀灿
126	《处境不利儿童的心理发展现状与教育对策研究》	申继亮
127	《学习过程与机制研究》	莫　雷
128	《青少年心理健康素质调查研究》	沈德立
129	《灾后中小学生心理疏导研究》	林崇德
130	《民族地区教育优先发展研究》	张诗亚
131	《WTO主要成员贸易政策体系与对策研究》	张汉林
132	《中国和平发展的国际环境分析》	叶自成
133	《冷战时期美国重大外交政策案例研究》	沈志华
134	《新时期中非合作关系研究》	刘鸿武
135	《我国的地缘政治及其战略研究》	倪世雄
136	《中国海洋发展战略研究》	徐祥民
137	《深化医药卫生体制改革研究》	孟庆跃
138	《华侨华人在中国软实力建设中的作用研究》	黄　平
139	《我国地方法制建设理论与实践研究》	葛洪义
140	《城市化理论重构与城市化战略研究》	张鸿雁
141	《境外宗教渗透论》	段德智
142	《中部崛起过程中的新型工业化研究》	陈晓红
143	《农村社会保障制度研究》	赵　曼
144	《中国艺术学学科体系建设研究》	黄会林
145	《人工耳蜗术后儿童康复教育的原理与方法》	黄昭鸣
146	《我国少数民族音乐资源的保护与开发研究》	樊祖荫
147	《中国道德文化的传统理念与现代践行研究》	李建华
148	《低碳经济转型下的中国排放权交易体系》	齐绍洲
149	《中国东北亚战略与政策研究》	刘清才
150	《促进经济发展方式转变的地方财税体制改革研究》	钟晓敏
151	《中国—东盟区域经济一体化》	范祚军

序号	书　名	首席专家
152	《非传统安全合作与中俄关系》	冯绍雷
153	《外资并购与我国产业安全研究》	李善民
154	《近代汉字术语的生成演变与中西日文化互动研究》	冯天瑜
155	《新时期加强社会组织建设研究》	李友梅
156	《民办学校分类管理政策研究》	周海涛
157	《我国城市住房制度改革研究》	高　波
158	《新媒体环境下的危机传播及舆论引导研究》	喻国明
159	《法治国家建设中的司法判例制度研究》	何家弘
160	《中国女性高层次人才发展规律及发展对策研究》	佟　新
161	《国际金融中心法制环境研究》	周仲飞
162	《居民收入占国民收入比重统计指标体系研究》	刘　扬
163	《中国历代边疆治理研究》	程妮娜
164	《性别视角下的中国文学与文化》	乔以钢
165	《我国公共财政风险评估及其防范对策研究》	吴俊培
166	《中国历代民歌史论》	陈书录
167	《大学生村官成长成才机制研究》	马抗美
168	《完善学校突发事件应急管理机制研究》	马怀德
169	《秦简牍整理与研究》	陈　伟
170	《出土简帛与古史再建》	李学勤
171	《民间借贷与非法集资风险防范的法律机制研究》	岳彩申
172	《新时期社会治安防控体系建设研究》	宫志刚
173	《加快发展我国生产服务业研究》	李江帆
174	《基本公共服务均等化研究》	张贤明
175	《职业教育质量评价体系研究》	周志刚
176	《中国大学校长管理专业化研究》	宣　勇
177	《"两型社会"建设标准及指标体系研究》	陈晓红
178	《中国与中亚地区国家关系研究》	潘志平
179	《保障我国海上通道安全研究》	吕　靖
180	《世界主要国家安全体制机制研究》	刘胜湘
181	《中国流动人口的城市逐梦》	杨菊华
182	《建设人口均衡型社会研究》	刘渝琳
183	《农产品流通体系建设的机制创新与政策体系研究》	夏春玉